V&R

Das Alte Testament Deutsch
Apokryphen

Neues Göttinger Bibelwerk

In Verbindung mit Hans Hübner, Ingo Kottsieper,
Reinhard G. Kratz, Hermann Lichtenberger, Karl Lüning,
Manfred Oeming, Georg Sauer, Odil Hannes Steck
und Erich Zenger

herausgegeben von Otto Kaiser und Lothar Perlitt

Band 4

Göttingen · Vandenhoeck & Ruprecht · 1999

Die Weisheit Salomons

Liber Sapientiae Salomonis

Übersetzt und erklärt von
Hans Hübner

*Herrn Kollegen
Hans Dieter Betz mit
herzlichem Gruß!
Hans Hübner*

Göttingen · Vandenhoeck & Ruprecht · 1999

Catharinae
uxori meae

Die Deutsche Bibliothek – CIP-Einheitsaufnahme

Das *Alte Testament deutsch*:
neues Göttinger Bibelwerk / in Verbindung mit Hans Hübner …
hrsg. von Otto Kaiser und Lothar Perlitt. –
Göttingen: Vandenhoeck und Ruprecht.
Teilw. hrsg. von Artur Weiser. – Teilw. in Fraktur. –
Teilw. mit Nebent.: ATD

Apokryphen. –
Göttingen: Vandenhoeck und Ruprecht
(Das Alte Testament deutsch; …)
Bd. 4. Die Weisheit Salomons /
übers. und erkl. von Hans Hübner – 1999
ISBN 3-525-51404-2

Vorwort

Der letzte wissenschaftliche Kommentar im evangelischen deutschen Sprachbereich zur „Weisheit Salomons", in der wissenschaftlichen Literatur zumeist „Sapientia Salomonis" genannt[1], erschien 1938: Johannes Fichtners Kommentar im „Handbuch zum Alten Testament". Mehr als sechzig Jahre sollten vergehen, bis wieder ein Kommentar zu diesem Buch aus evangelischer Feder vorliegt[2].

Da der jetzt neu herauskommende Kommentar für eine Reihe von Jahren der einzige evangelische Kommentar der Sapientia Salomonis in deutscher Sprache sein dürfte und gemäß der Anlage des ATD sowohl für den Nichttheologen lesbar als auch für den Theologen informativ sein sollte, habe ich den durchlaufenden Text der Auslegung möglichst ohne griechische Begriffe geschrieben oder, wo es sinnvoll war, ein griechisches Wort zu nennen, dieses neben seiner originalen Schreibweise lateinisch transkribiert. Ausführlichere griechische Texte sind nur in den Anmerkungen abgedruckt, ebenso Zitate aus fremdsprachlicher Literatur. Damit erhält der Kommentar ein gewisses Janusgesicht; doch das ist intendiert. Für die Anmerkungen sind damit einige Schwierigkeiten gegeben. Denn einerseits mußte ich auf Grundfragen der wissenschaftlichen Diskussion eingehen, andererseits stand aber nicht soviel Platz zur Verfügung, um sie ausführlich zu dokumentieren. Auswahl war also geboten, damit jedoch ein gewisses Moment der Willkür. Durch das ausführliche Literaturverzeichnis, wenn auch immer noch in Auswahl, hoffe ich, zumindest auf die wichtigsten Publikationen hingewiesen zu haben. Wer sich intensiv mit der Sapientia Salomonis vertraut machen will, muß entweder den 1860 erschienenen Kommentar von Carl Ludwig Willibald Grimm zu Rate ziehen oder zu neueren ausführlichen katholischen Kommentaren greifen, vor allem zu dem französischen von C. Larcher, dem spanischen von Jose Vilchez Lindez oder dem italienischen von Giuseppe Scarpat. Neidlos ist evangelischerseits anzuerkennen, daß das Schwergewicht der Forschung an der Sapientia Salomonis bei katholischen Autoren liegt. Dieser recht große wissenschaftliche Vorsprung hängt natürlich auch mit dem Urteil über die Kanonizität des Buches zusammen. Insofern möge mein Kommentar, der als Auslegung eines biblischen Buches geschrieben ist, vielleicht im evangelischen Raum den einen oder die andere animieren, hier noch mehr zu investieren, als ich es vermochte.

---

[1] Da in der wissenschaftlichen Lit. für dieses Buch zumeist das Sigel *Sap* statt *Weish* verwendet wird, habe ich auch in diesem Kommentar für Stellenangaben des Buches das Sigel Sap verwendet, um nicht in Zitaten und eigenen Texten unterschiedliche Buchbezeichnungen zu bringen.

[2] Lediglich in „Jüdische Schriften aus hellenistisch-römischer Zeit" liegt eine nur in Anmerkungen kommentierte Übersetzung von *Dieter Georgi* vor.

Ein Wort zur Übersetzung. Ich habe mich nicht um eine sklavisch wortgetreue Übersetzung bemüht, sondern versucht, durch eine möglichst *inhaltsgetreue* Übertragung den Sinn des Buches optimal wiederzugeben. Dabei habe ich zuweilen nicht die Paraphrase gescheut, auch nicht die etwas freiere Übersetzung, wenn dadurch der Sinn adäquater zum Ausdruck kommt. So habe ich z. B. mehrfach das sogenannte *passivum divinum* als Aktiv mit dem Subjekt „Gott" wiedergegeben, im Gebet sogar in der 2. Person Singular, um die Anrede an Gott deutlich werden zu lassen. Eine freiere Übersetzung dürfte auch dadurch gefordert sein, daß es sich bei unserem Buch um ein *poetisches Buch* handelt und daher eine wörtliche Übersetzung problematisch ist. Eigentlich müßte der Ausleger, wenn zu seinem Geschäft notwendig die Übersetzung gehört, den alten griechischen poetischen Text als poetischen Text in deutscher Sprache vortragen. Damit ist aber der Exeget überfordert; er ist ja kein Dichter. Hier und da habe ich auf ältere Übersetzungen zurückgegriffen, wo sie mir besonders gut vorkamen. Ich hatte nicht den Ehrgeiz, etwas Besseres zu bieten, wenn bereits das Beste vorlag.

Die Sapientia Salomonis ist, wenn ich es recht sehe, von den sogenannten Apokryphen des Alten Testaments das theologischste Buch. Also lege ich hier einen *theologisch-hermeneutischen Kommentar* vor (s. u. Einleitung 4).

Zu danken habe ich in vielfacher Weise. Zunächst dem Herausgeber der Apokryphen des ATD, Herrn Prof. Otto Kaiser, daß er mir für die Art, wie ich meinen hermeneutischen Kommentar schreiben wollte und dann auch geschrieben habe, freie Hand ließ. Ich danke ihm auch für eine Reihe kritischer Anregungen, die mit Sicherheit dem Buch zugute gekommen sind. Den größten Dank spreche ich dem Verleger Dr. Arndt Ruprecht vom Verlag Vandenhoeck & Ruprecht aus, weil er den Plan zur Kommentierung der Apokryphen schon seit Jahren mit Energie verfolgt hat. Ebenso danke ich allen in diesem Verlag, die sich dort um das Buch verdient gemacht haben, vor allem Frau Renate Hartog. Dank schulde ich ferner Herrn Landesbischof i. R. Prof. Eduard Lohse, der wiederum einen großen Teil des Manuskripts sorgsam und kritisch gelesen hat, ebenso meinem ehemaligen Studenten Pfarrer Klaus Wöhrmann, der bei seiner kritischen Lektüre des Manuskripts nicht nur so manchen Schreibfehler aufgedeckt, sondern auch immer wieder, wie schon bei anderen Büchern, Verbesserungsvorschläge gemacht hat, die in die hier vorliegende Endfassung des Buches eingearbeitet sind. Meinem Fakultätskollegen Prof. Berndt Schaller danke ich für einen interessanten bibliographischen Hinweis, Herrn Prof. Dr. jur. Oko Behrens für bereitwillige Hilfe in rechtsgeschichtlichen Fragen, Herrn Prof. Dr. Giuseppe Scarpat vor allem für die Zusendung von seinen, meist schwer zugänglichen, Aufsätzen zur Sap. Last but not least: Sehr herzlich danke ich meiner Frau! Sie mußte, gerade in der letzten Zeit, schmerzlich erfahren, daß ich für die zweitausendjährige Dame Sophia von Alexandrien mehr Zeit hatte als für sie. Dennoch hat sie mir an einigen Stellen der Sap bei der Übertragung in eine der Poesie angemessene Sprache geholfen. Ihr sei dieses Buch gewidmet!

Göttingen, Pfingsten 1999   Hans Hübner

Inhalt

Literatur

(in Auswahl)

Textausgaben, Kommentare und Übersetzungen: Alonso Schökel, L. (Zurro, E.; Valverde, J. M.), Sabiduría, Los Libros Sagrados 17, Madrid 1974, 71–206; Cornely, R., Commentarius in librum Sapientiae. Opus postumum, ed. F. Zorell, CSS II, 21, Paris 1910; Engel, H., Das Buch der Weisheit, Neuer Stuttgarter Kommentar AT 16, 1998; Feldmann, F., Das Buch der Weisheit, HSAT VI,4, Bonn 1926; Fichtner, J., Weisheit Salomos, HAT II/6, 1938; Georgi, S., Weisheit Salomos, JSHRZ III,4, Gütersloh 1980; Grimm, C. L. W., Das Buch der Weisheit, KEH.Apokr 6, Leipzig 1860; Heinisch, P., Das Buch der Weisheit, EHAT 24, Münster 1912; Larcher, C., Le livre de la Sagesse ou La Sagesse de Salomon, I–III, EtB.NS 1, Paris 1982–1985; Rahlfs, A., Septuaginta, Stuttgart 1935 ff.; Reider, J., The Book of Wisdom, JAL, New York 1957; Schmitt, A., Weisheit, NEB.AT, Würzburg 1989 (in den Anm. abgekürzt: Schmitt K I); ders., Das Buch der Weisheit. Ein Kommentar, Würzburg 1986 (in den Anm. abgekürzt: K II); Siegfried, K., Die Weisheit Salomos, APAT I, 1900, 476–507; Thiele, W., Sapientia Salomonis. A Critical Text of the Old Latin Version, Freiburg 1977–1986; Vilchez Lindez, J., Sabiduría, Nueva Biblia Espanola, Pamplona 1990; Winston, D., The Wisdom of Solomon, AncB 43, New York 1979, 3. Aufl. 1982; Ziegler, J., Sapientia Salomonis. Vetus Testamentum Graecum. Auctoritate Academiae Scientiarum Gottingenses editum XII,1, Göttingen 1962, 2. Aufl. 1980

Hilfsmittel: Arzt, P., Ernst, M., Niklas, W., Bergmayr, M., Falzberger, J., Sprachlicher Schlüssel zur Sapientia Salomonis (Weisheit) mit dem Text der Göttinger Septuaginta, Salzburg 1995; Hübner, H., Wörterbuch zur Sapientia Salomonis mit dem Text der Göttinger Septuaginta (Joseph Ziegler), Göttingen 1985, Rehkopf, F., Septuaginta-Vokabular, Göttingen 1989.

Monographien, Aufsätze und dgl.: Beauchamp, P., De libro Sapientiae Salomonis. Annotationes, Roma 1964; ders., Le salut corporel des justes et la conclusion du livre de la Sagesse, Bib. 45, 1964, 491–526; ders., La cosmologie religieuse de Philon et la lecture de l'Exode par le Livre de la Sagesse. Le thème de la manne, in: Philon d'Alexandrie. Lyon 11–15 Sept. 1966, Colloques Nationaux du CNRS, Paris 1967, 207–218; ders., Épouser la Sagesse – ou n'épouser qu'elle? Un énigme du Livre de la Sagesse, in: Gilbert (ed.), La Sagesse de A. T., 347–369; Bizzeti, P., Il libro della Sapienza. Struttura e genere letterario, Brescia 1984; Bückers, H., Die Unsterblichkeitslehre des Weisheitsbuches. Ihr Ursprung und ihre Bedeutung, Münster 1938; Castellino, G. R., Il paganesimo di Romani 1, Sapienza 13–14 e la storia delle religioni, in: Studiorum Paulinorum Congressus Internationalis Catholicus 1961 II, AnBib 18, Roma 1963, 255–263; Delcor, M., L'immortalité de l'âme dans livre de la Sagesse et dans le documents de Qumran, NRTh 77, 1955, 614–630; Di Lella, A.A.; Conservative and Progressive Theology Sirach and Wisdom, CBQ 28, 1966, 139–154; Dubarle, A.-M., La tentation diabolique dans le Livre de la Sagesse (2,24), in: Mélanges E. Tisserant, StT 231, Roma 1964, 187–195; Dupont-Sommer, A., Les „impies" du Livre de la Sagesse sont-ils des Épicuriens?, RHR 111, 1935, 90–112; ders., Adam, „Père du monde" dans la Sagesse du Salomon, RHR 119, 1939, 182–203; ders., De l'immortalité astrale dans la Sagesse de Salomon, REG 62, 1949, 80–87; Eising, H., Die theologische Geschichtsbetrachtung im Weisheitsbuch, In: FS M. Meinertz, Münster 1951, 20–40; ders.,

Der Weisheitslehrer und die Götterbilder, Bib. 40, 1959, 393–408; Engel, H., Wem nimmt unrechtes Denken und Reden das Leben? Zur Deutung von Weish 1,11d, in: Hentschel/ Zenger, Lehrerin der Gerechtigkeit, 62–66; ders., „Was Weisheit ist und wie sie entstand, will ich euch verkünden." Weish 7,22–8,1 innerhalb des ἐγκώμιον τῆς σοφίας (6,22–11,1) als Stärkung der Plausibilität des Judentums angesichts hellenistischer Philosophie und Religiosität (mit 2 Anhängen: 1. Der literarische Aufbau des Buches der Weisheit 2. Isis-Hymnen und Isis-Aretologien), in: Hentschel/Zenger, Lehrerin der Gerechtigkeit, 67–102; Feldmann, F., Zur Einheit des Buches der Weisheit, BZ 7, 1909, 140–150; Fichtner, J., Die altorientalische Weisheit in ihrer israelitisch-jüdischen Ausprägung, BZAW 62, Gießen 1933; ders., Die Stellung der Sapientia Salomonis in der Literatur- und Geistesgeschichte ihrer Zeit, ZNW 36, 1937, 113–132; Focke, F., Die Entstehung der Weisheit. Ein Beitrag zur Geschichte des jüdischen Hellenismus, FRLANT 5/NF 22, Göttingen 1913; Gärtner, E. Komposition und Wortwahl des Buches der Weisheit, Berlin 1912; George, S., Der Begriff analogos im Buch der Weisheit, in: Parousia, FS J. Hirschberger, Hg. K. Flasch, Frankfurt 1965, 189–197; ders., Philanthropie im Buche der Weisheit, BiLe 11, 1970, 189–198; Gese, H., Das biblische Schriftverständnis, in: ders., Zur biblischen Theologie. Atl. Vorträge, BEvTh 78, München 1977; Gilbert, M., La structure de la prière de Salomon (Sg 9), Bib. 51, 1970, 301–331; ders., Volonté de Dieu et don de la Sagesse (Sg 9,17s), NRTh 93, 1971, 145–166; ders., La critique des dieux dans le Livre de la Sagesse (Sg 13–15), AnBib 53, Roma 1973; ders., „On est puni par l'on peche" (Sg 11,16), in: Mélanges bibliques et orientaux en l'honneur de M. Mathias Delcor, ed. A. Caquot, S. Légasse et M. Tardieu, Kevelaer/Neukirchen-Vluyn 1985, 183–191; ders., Art. Sagesse de Salomon: DBS XI, 1986, 58–119; ders., (Hg.), La Sagesse de A.T., BEThL 51, Leuven 2. Aufl. 1990; Görg, M., Die Religionskritik in Weish 13,1f. Beobachtungen zur Entstehung der Sapientia-Salomonis im späthellenistischen Alexandria, in: Hentschel/Zenger, Lehrerin der Gerechtigkeit, 13–25; Grabbe, L. L., Wisdom of Solomon, Sheffield 1997; Grafe, E., Das Verhältnis der paulinischen Schriften zur Sapientia Salomonis, in: Theologische Abhandlungen, FS C. von Weizsäcker, Freiburg 1892, 251–286; Grelot, P., Sagesse 10,21 et le Targum de l'Exode, Bib. 42, 1961, 49–60; ders., De la mort à la vie éternelle. Études de théologie biblique, LeDiv 67, Paris 1971, 187–199; Haag, E., „Die Weisheit ist nur eine und vermag doch alles." Weisheit und Heilsgeschichte nach Weish 11–12, in: Hentschel/Zenger, Lehrerin der Gerechtigkeit, 103–155; Häffner, G., Weisheit und Heil. Ein Vergleich des aristotelischen Protreptikon mit dem Mittelstück des biblischen Buches der „Weisheit Salomonis", in: Der Mensch vor dem Anspruch der Wahrheit und der Freiheit, FS J. B. Lotz, Frankfurt 1973, 13–32; Haufe, G., Die Mysterien, in: Leipoldt/Grundmann, Umwelt des Urchristentums II, 81–101; Heidegger, M. Sein und Zeit, Tübingen 14. Aufl. 1977; Heinemann, I., Die griechische Quelle der „Weisheit Salomos", in: Poseidonios' Metaphysische Schriften I, Breslau 1921 (= Reprint Hildesheim 1968), 136–153; Heinisch, P., Die griechische Philosophie im Buche der Weisheit, ATA I.4, Münster 1908; Hengel, M., Judentum und Hellenismus, WUNT 10, Tübingen 3. Aufl. 1988; Hentschel, G./Zenger, E., Lehrerin der Gerechtigkeit. Studien zum Buch der Weisheit von H. Engel, M. Görg, E. Haag, J. Marböck, W. Werner, EThS 19, Leipzig 1991; Hübner, H., Zur Ethik der Sapientia Salomonis, in: Schrage, W. (Hg.), Studien zum Text und zur Ethik des Neuen Testaments, FS H. Greeven, Berlin 1986, 166–187; Hübner, H. (Hg.), Die Weisheit Salomos im Horizont Biblischer Theologie. Mit Beiträgen von L. Ruppert, H. Hübner und N. Walter, BThSt 22, Neukirchen-Vluyn 1993; ders., Die Sapientia Salomonis und die antike Philosophie, ib. 55–81; ders., Existentiale Interpretation von Sap 7. Zur Hermeneutik der Sapientia Salomonis, in: B. Kollmann, W. Reinbold und A. Steudel (Hgg.), Antikes Judentum und Frühes Christentum, FS H. Stegemann, Berlin 1999, 266–277; ders., Biblische Theologie des NT I–III, Göttingen 1990–1995; Kaiser, O., Grundriß der Einleitung in die kanonischen und deuterokanonischen Schriften des Alten Testaments, Bd. 3: Die poetischen und weisheitlichen Werke, Gütersloh 1994, 106–120; ders., Gottes und der Menschen Weisheit. Ges. Aufsätze, BZAW 261, Berlin 1998; ders., Einfache Sittlichkeit und theonome Ethik in der atl. Weisheit, ib. 18–42; ders., Die Botschaft des Buches Kohelet, ib. 126–148; ders., Anknüpfung und Widerspruch. Die Antwort der jüdischen Weisheit auf die Herausforderung durch den Hellenismus, ib. 201–216; ders., Carpe diem und Memento mori bei Ben Sira, in: dubsar antan-men. Studien zur Altorientalistik, FS W. H. Ph. Römer, hg. von M. Dietrich und O. Loretz, München 1998, 185–203; Kayatz, Ch., Studien zu Proverbien 1–9. Eine form- und motivgeschichtliche Untersuchung unter Einbeziehung ägyptischen Vergleichsmaterials, WMANT 22, Neukirchen-Vluyn 1966; Keyser, P.-G., Sapientia Salomonis und Paulus. Eine Analyse der Sapientia Salomonis und ein Vergleich ihrer theol. und anthropologischen Probleme mit denen des Paulus im Röm, theol. Diss. Halle 1971; Kloppenburg, J. S., Isis and Sophia in the Book of Wisdom, HThR 75, 1982, 57–84; Koch, K., Gibt es ein Vergeltungsdogma im AT?, in: ders., Spuren des hebräischen Denkens. Beiträge zur atl. Theologie. Ges. Aufs. I, Neukirchen-Vluyn 1991, 65–103; Kolarcik, M., The Ambiguity of Death in the Book of Wisdom 1–6. A Study of Literary Structure and Interpretation, AnBib 127, Roma 1991; Kuhn, G., Beiträge zu Erklärung des Buches der Weisheit, ZNW 28, 1929, 334–341; ders., Exegetische und textkritische Anmerkungen zum Buch der Weisheit, ThStK 103, 1931, 445–452; Laato, T., Paulus und das Judentum. Anthropologische Erwägungen, Aabo 1991; Lagrange, M.-J., Le Livre de la Sagesse, sa doctrine des fins dernières, RB 4, 1907, 85–104; Lange, St., The Wisdom of Solomon and Plato, JBL 55, 1936, 293–302; Larcher, C., Études sur le Livre de la Sagesse, Paris 1969; Lyonnet, St., Le sens de πειράζειν en Sap 2,24 et la doctrine du péché originel, Bib. 39, 1958, 27–36; Leipoldt, J./Grundmann, W., Umwelt des Urchristentums II. Texte zum ntl. Zeitalter, Berlin 7. Aufl. 1986; Mack, B. L., Logos und Sophia. Untersuchungen zur Weisheitstheologie im hellenistischen Judentum, StUNT 10, Göttingen 1973; Maneschg, H., Die Erzählung von der ehernen Schlange (Num 21,4–9) in der Auslegung der frühen jüdischen Literatur. Eine traditionsgeschichtliche Studie, Frankfurt 1981, 101–191; ders., Gott, Erzieher, Retter und Heiland seines Volkes. Zur Interpretation von Num 21,4–9 in Weisheit 16,5–14, BZ 28, 1984, 214–219; Marböck, J., „Denn in allem, Herr, hast du dein Volk großgemacht!“ Weish 18,5–19,22 und die Botschaft der Sapientia Salomonis, in: Hentschel/Zenger, Lehrerin der Gerechtigkeit, 156–178; Mazzinghi, L., Notte di paura e di luce. Esegesi di Sap 17,1–18,4, AnBib 134, Roma 1995; Müller, Mogens, The First Bible of the Church. A Plea for the Septuagint, JSNT.S 206, Sheffield 1996; Neumark, D., Geschichte der jüdischen Philosophie des Mittelalters, 2. Bd. 1: Die Grundprinzipien II, Berlin 1910; Norden, E., Agnostos Theos. Untersuchungen zur Formengeschichte religiöser Rede, Darmstadt 6. Aufl. 1974 (1. Aufl. 1911); Offerhaus, U., Komposition und Intention der Sapientia Salomonis, theol. Diss. Bonn 1981; Perrenchio, F., Struttura e analisi letteraria di Sapienza 1,1–15, nel quadro des suo contesto letterario immediato, Sal. 37, 1975, 289–325; ders., Struttura e analisi letteraria di Sapienza 1,16–2,24 e 5,1–23, Sal. 43, 1981, 3–43; Places, É., Un emprunt de la „Sagesse“ (11.20–21) aux „Lois“ de Platon, Bib. 40, 1959, 1016–1017; ders., Le Livre de la Sagesse et les influences grecque, Bib. 50, 1969, 536–542; ders., Épithètes et attributs de la Sagesse (Sg 7,22– 23 et SVF I 557 Arnim), Bib. 57, 1976, 414–419; Rad, G. von, Weisheit in Israel, Neukirchen-Vluyn 3. Aufl. 1985; Reese, J. M., Plan and Structure in the Book of Wisdom, CBQ 27, 1965, 391–399; ders., Hellenistic Influence on the Book of Wisdom and ist Consequences, AnBib 41, Roma 1970; Ricken, F., Gab es eine hellenistische Vorlage für Weish 13–15?, Bib. 49, 1968, 54–86; Romaniuk, C., Le Livre de la Sagesse dans le Nouveau Testament, NTS 14, 1967/68, 498–514; Ruppert, L., Der leidende Gerechte. Eine motivgeschichtliche Untersuchung zum AT und zwischentestamentlichen Judentum, fzb 5, Würzburg 1972; ders., Jesus als der leidende Gerechte?, SBS 59, Stuttgart 1972; ders., Gerechte und Frevler (Gottlose) in Sap 1,1–6,21, in: Hübner (Hg.), Die Weisheit Salomos im Horizont Biblischer Theologie, 1–54; Scarpat, G., Un passo della Sapienta (2,9 a), in: Tetraonyma, Genova 1966, 247–249; ders., Ancora sulla data di composizione della Sapientia Salomonis. Il termine διάγνωσις (Sap 3,18; At 25,21), RivBiblIt 36, 1988, 363–375; ders., Salomone re e comune mortale, in: Atti dell'Accademia Ligure di Scienze e Lettere 47 (1990) = Genova 1991, 491–505; ders., Salomone astronomo come Empedocle, in: Studia classica Ioanni Tarditi oblata, a cura L. Belloni, G. Milanese, A. Porro, Milano 1995, 739–748; ders., L'idolatria nell' antichità classica e nel libro della Sapienza, Paideia 52, 1997, 307–353; Schmitt, A., Struktur, Herkunft und Bedeutung der Beispielreihe in Weish 10, BZ.NF 21, 1977, 1–22; Schumacher, W., Die Sprache der

Sapientia Salomonis, Hausarbeit zur Ersten Staatsprüfung für das Lehramt am Gymnasium, Köln 1971; Siebeneck, R. T., The Midrash of Wisdom 10–19, CBQ 22, 1960, 176–182; Skehan, P. W., Studies in Israelite Poetry and Wisdom, CBQ.MS 1, Washington D. C. 1971; ders., Isaias and the Teaching of the Book of Wisdom, ib. 163–171; ders., The Text and Structure of the Book of Wisdom, ib. 132– 162; ders., Borrowings from the Psalms in the Book of Wisdom, ib. 149–162; ders., The Literary Relationship of the Book of Wisdom to Earlier Wisdom Writings, ib. 172–236; Speiser, E. A., The Hebrew Origin of the First Part of the Book of Wisdom, JQR 14, 1923/24, 453–487; Stein, E., Ein jüdisch-hellenistischer Midrasch über den Auszug aus Ägypten, MGWJ 78, 1934, 558–575; Suggs, M. J., Wisdom of Solomon 2,10–5,1: A Homily Based on the Fourth Servant Song, JBL 76, 1957, 26–33; Walter, N., Sapientia Salomonis und Paulus. Bericht über eine Hallenser Dissertation von Paul-Gerhard Keyser aus dem Jahre 1971, in: Hübner (Hg.), Die Weisheit Salomos im Horizont Biblischer Theologie, 84–108; ders., Jüdisch-hellenistische Lit. vor Philon von Alexandrien (unter Ausschluß der Historiker), in: ANRW II, 20/1, Berlin 1987, 67–120 (zur Sap: 88–90); Werner, W., „Denn Gerechtigkeit ist unsterblich." Schöpfung, Tod und Unvergänglichkeit nach Weish 1,11–15 und 2,21–24, in: Hentschel/Zenger, Lehrerin der Gerechtigkeit, 26–61; Wright, A. G., The Structure of Wisdom 11–19, CBQ 27, 1965, 28–34; ders., The Structure of the Book of Wisdom, Bib. 48, 1967, 165–184; ders., Numerical Patterns in the Book of Wisdom, CBQ 29, 1967, 524–538; Zeller, E., Die Philosophie der Griechen in ihrer geschichtlichen Entwicklung III/2, Darmstadt 3. Aufl. 1963 (= Leipzig 5. Aufl. 1923), 292–296; Ziener, G., Die theol. Begriffssprache im Buche der Weisheit, BBB 11, Bonn 1956.

Nicht mehr berücksichtigt:
Cheon, S., The Exodus Story in the Wisdom of Solomon. A Study in Biblical Interpretation, JSPE.S 23, Sheffield 1997.

Abkürzungen:
MT   Masoretischer Text der Biblia Hebraica
LXX   Septuaginta
K   Kommentar (z. B. *Grimm* K 217; *Scarpat* K II 110)
SVF   Stoicorum veterum fragmenta, collegit Ioannes ab Arnim. Vol. I–IV, Stuttgart 1964

Einleitung

1. Orient und Okzident

*Friedrich Focke*s bahnbrechende Monographie „Die Entstehung der Weisheit Salomos" aus dem Jahre 1913, wie auch der jetzt vorgelegte Kommentar im Verlag Vandenhoeck und Ruprecht erschienen, hat den Untertitel „Ein Beitrag zur Geschichte des jüdischen Hellenismus". Unbestreitbar geht es damit um eine Grundfrage der Sapientia Salomonis. In ihr begegnen sich nämlich *biblisch-alttestamentliches* und *griechisch-hellenistisches Denken*. Das Buch atmet ganz den Geist des AT, es ist aber auch von essentiellen Gedanken der griechischen Philosophie durchdrungen. Vor allem sind es platonische und stoische Terminologie und, darüber hinaus, platonische und stoische Denkweisen, die zuweilen recht dominant sind. Und so hat Focke damals mit vollem Recht seinem Buch das Epigramm Johann Wolfgang von Goethes vorangestellt:

> Wer sich selbst und andre kennt,
> Wird auch hier erkennen:
> Orient und Okzident
> Sind nicht mehr zu trennen.
>
> Sinnig zwischen beiden Welten
> Sich zu wiegen lass' ich gelten;
> Also zwischen Ost und Westen
> Sich bewegen, sei's zum besten.

Erscheint nun der Sap-Kommentar im Goethe-Jahr 1999, so hat es einen doppelten Grund, dieses Epigramm erneut zu zitieren. Zunächst ist es die geniale Erkenntnis des Dichters, mit der er ein sich über einen langen Zeitraum erstreckendes Geschehen beschreibt, ein Geschehen von hoher geschichtlicher Relevanz, nämlich die Begegnung des semitischen Denkens mit dem abendländischen Denken, das seinerseits weitgehend in der antiken griechischen Philosophie beheimatet ist. Und zu dieser Begegnung zählen auch wichtige biblische Bücher, vor allem unsere Sapientia Salomonis. Diese Symbiose von Abendland und Morgenland ist das Erbe Europas. Der zweite Grund ist folgender: In der Forschungsgeschichte der beiden biblischen Wissenschaften hat sich in der zweiten Hälfte des nun zu Ende gehenden zwanzigsten Jahrhunderts immer mehr die Einsicht durchgesetzt, daß die Spätgeschichte des Alten Testaments, die Literatur des Frühjudentums und das Neue Testament vom Einfluß des griechisch-hellenistischen Denkens in einem ungeheuer starken Maß geprägt sind. Verwiesen sei dafür vor allem auf das Standardwerk „Judentum und Hellenismus" von *Martin Hengel*. Wir haben in

Europa – und weithin auch darüber hinaus – diese Symbiose derart verinnerlicht, daß wir, selbst wenn wir wollten, nicht mehr hinter sie zurückgehen können.

Mit dieser Feststellung ist aber das eigentliche Problem erst gegeben. Zwar bildet sich, wo zwei geistige Strömungen geschichtlich aufeinander stoßen, unausweichlich etwas Neues. Aber eine von beiden Richtungen bleibt doch in der Regel die dominante, mag sie auch noch so sehr durch die andere durchdrungen und durch-„wirkt" sein. Für Focke war diese Frage beantwortet. Er wertete den Einfluß des griechisch-philosophischen Denkens auf den Verf. der Sap erheblich ab. Es handele sich bei „Auswahl, Verwertung und Gehalt jener philosophischen Zutaten (!) ... keineswegs um Entlehnungen aus einem bestimmten philosophischen System", nein, „bald diese, bald jene Lehre steuert ein Scherflein bei".[1] Es handele „sich stets nur um die Herübernahme einzelner philosophischer Brocken, nicht durchdachter und tiefer begründeter Anschauungen", das Ganze sei „stockjüdisch geblieben".[2] Nun trifft sicherlich zu, daß keineswegs eines der philosophischen Systeme der griechischen Antike das Denken unseres Autors so sehr bestimmt hat, daß die Sap einer philosophischen Schule zugerechnet werden könnte.[3] Die Sap ist weder eine platonische noch eine stoische Schrift. Und keinesfalls kann man bestreiten, daß bei ihm das vorliegt, was man gemeinhin *Eklektizismus* nennt. Aber eklektisch bedeutet nicht, daß im Vollzug der Rezeption von Gedanken aus unterschiedlichen Denksystemen nur planlose Addition geschähe. Eine derartige Rezeption kann durchaus, wenn sie in einer fruchtbaren geistesgeschichtlichen Epoche stattfindet, eine neue Synthese und somit einen *neuen geistigen Gehalt* hervorbringen. Da sich im Grunde jeder denkende Mensch seinen eigenen Horizont aus notwendig unterschiedlichen Einflüssen erbaut, dürfte ihn eine grundsätzliche Diskreditierung des Eklektischen letztlich zum gedankenlosen Epigonen degradieren. Es wird sich bei der Einzelexegese zeigen, daß der Verf. der Sap theologisch und auch philosophisch *gedacht* hat und daß er dabei unterschiedliche Denkansätze *zusammenzudenken* imstande war. Gerade das war seine enorme geistige Leistung! Was dies im einzelnen bedeutet und, mehr noch, bedeutsam macht, muß die Auslegung des Buches zeigen.

2. Die Sapientia Salomonis – ein biblisches Buch?

Es ist bekannt, daß das Urteil über die *Kanonizität* der Sap unter den christlichen Konfessionen umstritten ist. Für die katholische Kirche wie auch für die orthodo-

---

[1] *Focke,* Die Entstehung der Weisheit Salomos, 89.

[2] Ib. 90.

[3] Eine interessante, aber eigenwillige Sicht der Sap, gerade im Blick auf die antike griechische Philosophie, vertritt *David Neumark,* Geschichte der jüd. Philosophie im Mittelalter, 365 ff. Das Hauptthema der Sap sei die politische Sophia. Unter diesem Generalthema erfolgt die Auseinandersetzung mit Platon. Ganze Partien der Sap versteht er z. B. von platonischen Reden her, etwa über die Gerechtigkeit oder die Erziehung. Auch auf den Materiebegriff des Aristoteles geht er ein (S. 371). Die Kenntnis der Sap bei mittelalterlichen jüdischen Gelehrten sieht *Neumark* auch als „sehr wichtiges Bindeglied zwischen Altertum und Mittelalter jüdischer Philosophie" (S. 372).

xen Kirchen ist sie ein genuin biblisches Buch. In der katholischen Theologie wird sie, da sie in griechischer Sprache verfaßt wurde und somit nur in der Septuaginta[4] steht, also nicht in der Biblia Hebraica[5], als deuterokanonisch klassifiziert. Deuterokanonizität bedeutet aber im Verständnis der genannten Kirchen keine kanonische Wertminderung. Im Streit zwischen Hieronymus und Augustinus um die *veritas Hebraica* und *veritas Graeca* ließ ersterer nur die *veritas Hebraica* als ein Kriterium für Kanonizität gelten, während Augustinus die *veritas Graeca* nicht als Ausschlußgrund aus der Heiligen Schrift gelten ließ. Die Reformatoren haben sich der Auffassung des Hieronymus angeschlossen, ohne jedoch dafür einsichtige Gründe angeben zu können. Seither heißen die deuterokanonischen Schriften des AT in den evangelischen Kirchen und in der evangelischen Theologie „Apokryphen". Schaut man auf den *theologischen Gehalt der Sap,* so bringt sie, wie die Auslegung noch im einzelnen zeigen wird, eine erheblich engere Affinität zum Zeugnis des NT als manches andere atl. Buch. Für ihr theologisches Gewicht spricht zudem, daß zumindest Paulus sie gekannt und aus ihr geschöpft haben dürfte[6]; auch dies wird in der Einzelexegese deutlich.[7] M. E. ist die Exklusivität der *veritas Hebraica* als Authentizitätskriterium nicht haltbar. Und eine Reihe evangelischer Autoren setzt sich inzwischen auch über dieses weder theologisch noch historisch verifizierbare Urteil hinweg.[8] Ich gehe also davon aus, daß die sogenannten Apokryphen essentielle Teile des AT sind und als biblische Bücher zu exegesieren sind. Daß eine solche Entscheidung von hohem ökumenischen Wert ist, dürfte evident sein.

3. *Ort und Zeit der Entstehung des Buches*

Äußere Kriterien für die Frage nach dem Ort der Entstehung der Sap und nach ihrer Datierung besitzen wir nicht.[9] Nirgends wird in dem Buch in dieser Hinsicht etwas gesagt. Mehr noch, in ihr begegnet, abgesehen von vereinzelten geographi-

---

[4] Im folgenden mit dem üblichen Sigel LXX abgekürzt.

[5] Abkürzung für den masoretischen Text der Biblia Hebraica im folgenden mit dem Sigel MT.

[6] Grundlegend ist *Grafe,* Das Verhältniss der paulinischen Schriften zur Sap (1892); dann ist zu nennen *Keyser,* Sap und Paulus (Diss. Halle 1971; konnte in der DDR nicht gedruckt werden), über ihn *Walter,* Sap und Paulus; s. auch *Laato,* Paulus und das Judentum, 109 ff.

[7] Das gilt nicht nur für einzelne Termini, sondern, entschieden wichtiger, auch für bestimmte *Denkstrukturen.*

[8] In nenne hier nur zwei Autoren: *Gese,* Das biblische Schriftverständnis, 13: „Man muß darauf hinweisen, daß die reformatorische Kirche mit ihrer Aussonderung der Apokryphen einer Gesamtsicht biblischer Tradition keinen Dienst geleistet hat … Seit den historischen Entdeckungen des 19. Jh. und vollends nach der Qumrans haben wir keinen wissenschaftlichen Grund mehr, die Apokryphen auszusondern. Aber gerade seit dieser Zeit scheinen sich die Bibelgesellschaften verschworen zu haben, uns vor den Apokryphen zu bewahren." Vor allem ist hinzuweisen auf *Mogens Müller,* The First Bible of the Church.

[9] Ausführliche Übersicht über die unterschiedlichen Hypothesen s. z.B. *Vilchez* K 59–63; seine eigene Auffassung ib. 63–69.

schen Angaben (10,6: Pentapolis; 10,18; 19,7: Rotes Meer), noch nicht einmal
ein Orts- oder Landesname, auch kein Personenname. Alle Gestalten, die in den
19 Kapiteln auftauchen, sind anonym. Doch jeder, der das AT – und vornehmlich
den Pentateuch und das deuteronomistische Geschichtswerk – auch nur einigermaßen kennt, weiß, daß es der weise König Salomon ist, der hier vom Wirken
der Weisheit in seinem eigenen Leben und in der Geschichte Israels spricht. Und
er weiß auch, daß es in Sap 11–19 um den Exodus aus Ägypten und die Wüstenwanderung des Volkes Israel geht. Der Unterschied zwischen den damaligen Lesern und uns ist allerdings: Wir wissen heute, daß es sich um eine pseudosalomo-
nische Schrift handelt. Die Frage stellt sich nach der Intention des Autors: Warum
nannte er damals keine Namen? Doch lassen wir sie zunächst noch für einen Augenblick offen.

Wahrscheinlich ist die Frage nach dem *Ort* der Niederschrift der Sap leichter
zu beantworten als die nach der Zeit. In der Regel wird angenommen, sie sei im
ägyptischen *Alexandrien* verfaßt worden, also dort, wo auch die griechische
Übersetzung des AT, die Septuaginta, angefertigt wurde. Als einer der Haupt-
gründe wird zumeist angegeben, in der Sap sei Ägypten so sehr Gegenstand der
Darlegungen, daß gerade deshalb in Ägypten wohnenden Diasporajuden das
Schicksal der israelitischen Sklaven in diesem Land vor und bei dem Exodus vor
Augen gestellt wird. Daher sei eine bestimmte Situation der ägyptischen Diapora-
juden in hellenistischer Zeit, womöglich eine Verfolgungssituation, Anlaß für die
dortige Abfassung des Buches gewesen. Man könnte zunächst einwenden, der
Exodus als Befreiungstat Gottes sei so zentral für den Glaubens Israels gewessen,
daß überall da, wo sich in hellenistischer Zeit Juden niedergelassen hatten, für sie
dieses wichtige Ereignis von hoher Bedeutsamkeit war. Grundsätzlich wird man
diesem Argument nicht widersprechen können. Doch redet der Verf. der Sap derart dezidiert vom Exodus und zudem in einem so aggressiven Ton von Ägypten,
auch und gerade in seiner Polemik gegen die ägyptische Religion, daß ein direkter Bezug zwischen dem Autor und diesem Land, genauer noch: zwischen dem
Autor und ägyptischen Diasporajuden in einer wahrscheinlich nicht ungefährli-
chen Situation, anzunehmen ist. Hinzu kommt die Überlegung, daß Alexandrien
als Ort der Entstehung der Sap auch deshalb nahe liegt, weil ihr Autor mit philo-
sophischem Denken vertraut war und so diese Stadt, immerhin eines der bedeu-
tendsten Zentren hellenistischer Bildung im ägyptischen Raum, am ehesten als
Ort der Niederschrift in Frage kommen dürfte.

Dieses Argument wird noch dadurch gestärkt, daß der Klassische Philologe
Giuseppe Scarpat dieses Buch vom philologischen Standpunkt aus als „typisches
Produkt der alexandrinischen Gräzität" beurteilt.[10] Sein Verdienst ist es, in einer
Reihe von kleineren Publikationen und seinem großen Sap-Kommentar die philo-
logisch relevanten Sachverhalte für die Auslegung der Sap fruchtbar gemacht und

---

[10] *Scarpat* K I 29: „Il nostro libro è un tipico prodotto delle grecità alessandrina …" Freilich
sagt er kurz davor (Kursive durch mich): „*La lingua è* spesso composita, quindi più o meno *artifi-
ciosa,* come tutto il greco alessandrino oscillante sempre tra i due poli, delle tradizione classica et
della lingua parlata e nel Nostro i due poli sono la tradizione biblica e la cultura profana."

die Probleme des Buches aus der soliden Kenntnis der griechischen und lateinischen Literatur in einen größeren philologischen und somit geistesgeschichtlichen Horizont gestellt zu haben. Immer wieder ist es die Geschichte der Begriffe, die er für die Auslegung der Sap ausgewertet hat. Damit sind wir aber bereits bei der Frage nach der *Zeit* der Entstehung dieser alexandrinischen Schrift.

Der für die Datierungsfrage zunächst entscheidende Begriff ist nach Scarpat κράτησις, *kratesis*. Es ist der für die Einnahme Alexandriens durch Augustus am 1. August 30 v. Chr. (Sieg über Antonius und Kleopatra)[11] und dann auch für die seit diesem Tag bestehende Herrschaft Roms – übrigens ist dieser Tag das Fest der *Victoria Virgo*! Und so dürfte Scarpat mit Recht in Sap 6,3, wo es heißt, daß „euch vom Herrn die *kratesis* gegeben wurde", einen Hinweis auf dieses Ereignis sehen. Dann ist durch Sap 6,3 der früheste Entstehungszeitpunkt (*terminus post quem*) gegeben. Das Buch kann also, wenn dieser Begriff auch in ihm im genannten Sinn gemeint ist (und davon sei hier ausgegangen) nicht vor diesem Termin geschrieben worden sein.

Nun stützt sich Scarpat für seine Spätdatierung der Sap noch auf einen weiteren Begriff, nämlich den *juristischen Begriff* διάγνωσις, *diagnosis,* d. i. die griechische Übersetzung für die im Römischen Recht gegebene *cognitio,* genauer noch: *cognitio extra ordinem,* gemäß der der Imperator bzw. sein *consilium* als Appellationsgericht im Strafprozeß entscheidet.[12] Es geht also um die Entscheidungsvollmacht des Kaisers. Nun möchte Scarpat „Tag der *diagnosis*" in 3,18 von diesem juristischen Begriff aus deuten: Der Tag des Gerichts ist der Prozeß des ewigen Richters, vorgestellt nach der Analogie des Kaisers in den *cognitiones extra ordinem,* der in unmittelbarer und definitiver Weise sein Strafurteil über die Gottlosen ausspricht.[13] Eine gewisse Plausibilität dieser Auslegung von 3,18 ist offenkundig, ohne daß sie jedoch als bewiesen gelten könnte. Nun liegt Scarpat daran, mit dieser Interpretation eine bestimmte Spätdatierung der Sap, nämlich in die Zeit Kaiser Caligulas (37–41)[14], zu begründen. Daß der lateinische Begriff *cognitio* dafür nicht taugt, sieht er klar. Wohl aber nimmt er für seine Begründung das griechische Äquivalent in Anspruch. Er wirft den Exegeten vor, nicht auf den Zeitpunkt geachtet zu haben, von dem an διάγνωσις die spezifische griechische Übersetzung von *cognitio* geworden ist. Er setzt also eine bestimmte Entstehungszeit (*terminus ante quem non*) fest, und zwar aufgrund der *uns* vorliegenden Bezeugungen dieses griechischen Wortes.[15] Das ist aber ein *argumentum e silentio,* das keinesfalls als zwingend angesehen werden kann.

Das wohl wichtigste Argument gegen eine so späte Datierung dürfte sein, daß

---

[11] Belege ausführlich bei *Scarpat* K I 16 und *ders.*, RivBib 36, 363–375 (mit spezifischer Bibliographie).

[12] *A. Söllner,* Einführung in die römische Rechtsgeschichte, München 3. Auflage 1985, 116. Allerdings wurde auch noch in der Kaiserzeit im normalen Gerichtsverfahren zuweilen von der *cognitio* oder der *causa cognita* gesprochen.

[13] *Scarpat* K I 247 f.

[14] Ib. 21 f.

[15] Vor allem beruft er sich ib. 19 auf *Philon,* In Flaccum § 100 (Alexandrien von 35–40 n. Chr.).

Paulus die Sap kannte, diese Kenntnis aber wenig wahrscheinlich wäre, falls wir sie erst in die Regierungszeit Caligulas datierten. Daß der Apostel mit der Sap vertraut war, wird sich mehrfach im Verlauf der Auslegung dieser Schrift zeigen. Scarpat selbst nennt dieses Argument, will es aber nicht gelten lassen, weil die Benutzung der Sap durch Paulus oder andere neutestamentliche Autoren keineswegs absolut sicher sei.[16] Ist aber ihre Rezeption durch Paulus nicht *absolut* sicher, also nicht mit letzter Sicherheit beweisbar, so ist sie doch im hohen Maße wahrscheinlich.

Scarpat konnte also zeigen, daß durch 6,3 eine Datierung der Sap vor 30 v. Chr. so gut wie ausgeschlossen ist. Doch vermag seine Interpretation von 3,18 nicht zu überzeugen. So wird man die Niederschrift des Buches in die Zeit nach der Einnahme Alexandriens durch Augustus datieren, aber doch so früh, daß noch genügend Zeit bis zur Kenntnisnahme durch Paulus bleibt. Dann allerdings könnte man als Zeit der Niederschrift der Sap die Regierungszeit Caligulas erwägen, wenn man mit Gerhard Sellin annähme, daß Paulus durch Apollos in Kontakt mit der Theologie Alexandriens gekommen wäre und im 1Kor ihre kritische Rezeption vorläge.[17] Aber daß er über ihn damit auch die Sap kennengelernt hätte, ist äußerst hypothetisch, selbst wenn man Sellin i.g.g. zustimmt.

Auch für *José Vilchez Lindez* ist die Argumentation Scarpats insofern überzeugend, als er mit ihm in *kratesis* von 6,3 die Einnahme Alexandriens durch Augustus ausgesagt sieht und somit im Jahre 30 v. Chr. den *terminus post quem*. Er nimmt an, daß die Sap während der *Regierungszeit des Augustus* (30 v. Chr. bis 14 n.Chr) geschrieben wurde[18] – wahrscheinlich der plausibelste Ansatz. Ähnlich urteilt *Otto Kaiser:* Während der Regierungszeit des Kaisers Augustus, vermutlich nach 27 v. Chr.[19]

David Winston votiert wie Scarpat für die Regierungszeit Caligulas, doch von einem anderen Ansatz aus. Er geht zwar wie dieser auch auf den Wortschatz der Sap ein, beruft sich aber dann vor allem auf das Judenpogrom in Alexandrien (38 n. Chr.) und sieht es in der „apokalyptischen Vision" von 5,16–23 verarbeitet, wo die Vernichtung des Armen nur mit einer solch hoffnungslosen historischen Situation, in der die jüdische Gemeinschaft in Alexandrien in gefährlicher Weise bedroht war, erklärt werden könne.[20] Gegen eine derartige Hypothese wendet sich mit Recht Vilchez. Denn der verfolgte Gerechte im ersten Teil der Sap präsentiere sich als Individuum, nicht aber als Repräsentant des jüdischen Volkes. Der Autor denke vielmehr an jüdische Apostaten und nicht an eine blutige Verfolgung.[21]

---

[16] *Scarpat* K 21, Zitat *Larcher*, Études, 29: „l'utilisation du *Sap.* par le N. T. n'apparaît nulle parte absolutement certaine".

[17] G. *Sellin*, Der Streit um die Auferstehung der Toten. Eine religionsgeschichtliche und exegetische Untersuchung von 1. Korinther 15 (FRLANT 138), Göttingen 1986, passim, vor allem 171 ff.; s. meine Rezension in KuD 33 (1987), 319–323.

[18] *Vilchez* K 66–68; er bezieht auch *Scarpat*, RivBib 36, 487–494, in seine Überlegungen ein und somit dessen Argumentation mit dem Begriff διάγνωσις, nicht aber die Datierung in die Regierungszeit Caligulas. Auf den Sap-Kommentar *Scarpats* konnte er nicht mehr eingehen.

[19] *Kaiser,* Grundriß der Einleitung III, 116.

[20] *Winston* K 23.

[21] *Vilchez* K 64 f.

Ist die Datierung des Sap in die Zeit des Augustus die wahrscheinlichste der Spätdatierungen, so muß doch noch auf jene Versuche hingewiesen werden, die die Entstehungszeit des Buches in die *Ptolemäerzeit* setzen. Genannt sei hier für viele nur *Ulrich Offerhaus,* der in seiner Dissertation als „wahrscheinliche Entstehungszeit das ausgehende zweite bzw. die Wende vom zweiten zum ersten vorchristlichen Jahrhundert" annimmt.[22] Wieviel man in diesen zeitlichen Ansatz investiert, hängt vor allem davon ab, wie man Scarpats Exegese von 6,3 beurteilt.

Eine besonders eigenwillige Art der Beweisführung für die frühe Zeit des späten 2. Jh. versucht *Dieter Georgi.* Er bestreitet zunächst die alexandrinische Herkunft. Eine Lokalisierung des Buches in Ägypten sei nicht nur nicht nötig, sondern auch nicht möglich (!). Für die Entstehung in Syrien spricht seiner Meinung nach die intensive Bekanntschaft der Sap mit der palästinischen Apokalyptik. Außerdem sieht Georgi in der starken Beziehung dieser Schrift zur philosophischen Ideologie des hellenistischen Königtums einen Hinweis auf eine Entstehung in den letzten Jahrzehnten des 2. Jh., jedoch keinen Bezug zum Imperium Romanum; es gebe „nicht die leiseste Spur eines Hinweises auf die siegreiche römische Republik". Zu all dem ordnet er die Sap in den ältesten *gnostischen* Zweig der Weisheitsbewegung ein.[23] Zur Beurteilung: Die behauptete Beziehung zur Apokalyptik läßt sich nur teilweise aufrechterhalten; wenige so interpretierbare Bilder fügen sich zu keiner apokalyptischen Gesamttendenz. Zum angeblich fehlenden Bezug zum Imperium Romanum wurde bereits das Nötige gesagt. Und vollends abzulehnen ist die Auffassung, wir hätten es hier mir einer Frühform von Gnosis zu tun. Das reichlich bunte Bild, das Georgi von der Sap zeichnet, kann nicht überzeugen.[24]

4. Die Weisheit und die Weisheit Salomons

Ausgangspunkt der folgenden Überlegungen soll *Werner H. Schmidt*s Charakterisierung der frühen Weisheit sein: „‚Weisheit' meint zunächst weniger die Fähigkeit, theoretisch-grundsätzliche Fragen zu beantworten, als sich im Lebensalltag zurechtzufinden, mit den Dingen und Menschen zurechtzukommen. Weisheit ist … ein *Erfahrungswissen.* Es beruht auf der Beobachtung von Lebensvorgängen, der Zuordnung von Vergleichbarem und der Erkenntnis von Regeln. Die Einsicht in vorgegebene Ordnungen … wird in bildkräftige, in Parallelismen … gegliederte Sprache gefaßt und damit behaltbar."[25] Es fällt auf, daß in dieser zutreffenden Umschreibung dessen, was frühe Weisheit ist, Gott weder benannt noch genannt ist. Weisheit kann also „definiert" werden, ohne daß von Gott die Rede ist.

---

[22] *Offerhaus,* Komposition und Intention der Sap, 270; s. auch den ganzen Abschnitt ib. 260–270: Die Entstehungszeit der Sapientia Salomonis.

[23] *Georgi* K 395–397.

[24] Eine gute und ausführliche Übersicht über die unterschiedlichen Lösungsvorschläge, vor allem hinsichtlich der zeitlichen Ansetzung der Sap, s. *Vilchez* K 60 ff.

[25] *W. H. Schmidt*, Einführung in das Alte Testament, Berlin/New York 4. Aufl. 1989, 320.

Man gewinnt den Eindruck – ob zu Recht oder nicht, sei im Augenblick dahingestellt –, als könnte man sie danach geradezu als utilitaristisches Mittel werten.
Spiegelt sich in dieser anscheinend Gott-losen Konzeption der historische Tatbestand, daß die Weisheit ein ursprünglich gemeinorientalisches Phänomen war? In
seinem programmatischen Aufsatz „Gibt es ein Vergeltungsdogma im Alten Testament?" hat *Klaus Koch* im Blick auf einige Verse in Spr 25–29 erklärt, daß sie
zunächst den Eindruck erweckten, „daß eine *böse Tat* – der Notwendigkeit eines
Naturgesetzes vergleichbar – *unheilvolles Ergehen zwangsläufig zur Folge hat*".[26]
Er hat diesen *Tun-Ergehen-Zusammenhang* bekanntlich als „*schicksalwirkende
Tatsphäre*" beschrieben.[27] Koch hat dann die Entwicklung dieses weisheitlichen
Gedankens durch das ganze AT hindurch verfolgt und ist schließlich zum Resul-
tat gelangt: „In den späten alttestamentlichen Schriften Kohelet und Hiob zeigt
sich also wohl eine *Erschütterung der Auffassung schicksalwirkender Tat*, aber *kein
grundsätzlicher Durchbruch zu einem anderen Denkschema*."[28] Für die theologische
Gesamtbeurteilung der Sap ist von entscheidender Bedeutung, wie Koch die in
seinen Augen einmütige und unbedenkliche Mißdeutung der schicksalwirkenden
Tat als Vergeltungslehre innerhalb der alttestamentlichen Wissenschaft[29] erklärt.
Denn er verweist hierfür auf die *Septuaginta,* zu der ja unsere Sap gehört. Kochs
Antwort: „In der Septuaginta ist die Auffassung von schicksalentscheidender Tatsphäre an den meisten Stellen, wo sie im masoretischen Text eindeutig zu erken-
nen ist, unkenntlich geworden … Hier, in der Septuaginta, wird die Religion in
Rechtsbegriffe gefaßt, nicht schon im Alten Testament."[30] Und es ist bezeichnend, daß er in der Anmerkung zum letzten Zitat ausdrücklich auf eine Sap-Stelle
hinweist: „Die LXX steht mit dieser Umgestaltung der alttestamentlichen Religion nicht allein, sondern in einem breiten Strom zumindest des hellenistischen
Judentums. So spricht Weish z.B. 2,22 davon, daß die Gottlosen nicht einen
Lohn der Herrlichkeit erhoffen; 5,15 heißt es, daß die Gerechten ewig leben und
im Herrn ihr Lohn ist, vgl. 10,15."[31] Noch auffallender ist für Koch, daß δίκη, *dike,* also „Strafe", in der Sap und anderen jüdisch-hellenistischen Schriften als
Hypostase erscheint.[32] Am Rande muß allerdings registriert werden: Koch rechnet also die Sap nicht zur LXX! Betrachten wir aber die Sap, weil sie Teil der
LXX ist, also derjenigen Ausgabe des AT, die damals für die meisten Juden im
Imperium Romanum die maßgebende Heilige Schrift war, als Teil des biblischen
Kanons, dann allerdings haben wir in einem atl. Buch diejenige Theologie, die
nach Koch unter dem Zeichen der Verrechtlichung steht. Die Einzelexegese muß
zeigen, wie Strafe und Lohn hier theologisch zu verstehen sind. In der Einleitung
sollte nur der Problemhorizont sichtbar werden.

So viel läßt sich aber an dieser Stelle unserer Vorüberlegungen schon erkennen:

---

[26] *Koch,* Gibt es ein Vergeltungsdogma im AT?, 67.
[27] Ib. 93.
[28] Ib. 98.
[29] Ib. 99.
[30] Ib. 100.
[31] Ib. 100, Anm. 107.
[32] Ib. 100, Anm. 107.

Das ungebrochene Vertrauen in den Tun-Ergehen-Zusammenhang ist mit der späten Weisheit innerhalb des AT erschüttert. Die vielgenannte *Krise der Weisheit* ist durch diese Erschütterung provoziert worden. Inwieweit man im AT ein Vergeltungsdogma sich durchsetzen sieht oder nicht – unzweifelhaft ist, daß im Gegensatz zur frühen Spruchweisheit der Gottesgedanke ins weisheitliche Denken hineingenommen wird, *Weisheit wird Theologie.* Über die Problematik des Verhältnisses von menschlichem und göttlichem Verhalten wird nun theologisch reflektiert. Konnte Schmidt noch, wie oben zitiert, die Fähigkeit des theoretisch-grundsätzlichen Fragens mit Recht als absent in der frühen Weisheit erklären, so ist in Hiob oder Kohelet das grüblerische, das theoretische und grundsätzliche Moment des Nachdenkens „über Gott und die Welt" konstitutiv geworden. Und so ist auch unsere *Sapientia Salomonis* in diesem Sinne ein *theologisch-theoretisches Buch,* ein Buch, das sehr grundsätzlich reflektiert – re-flektiert im wörtlichen Sinne dessen, was Reflexion ist, nämlich das Beugen, *flectere,* auf sich selbst als Denkenden, Glaubenden, mit Gott Rechnenden. Sie ist das Einbeziehen der eigenen Existenz in das Nach-Denken über Gottes voraus-gehendes Handeln. Sie ist die von *seinem* Ansatz her unverzichtbare „existenziale Interpretation" eines atl. Autors, der weiß, daß man von Gott nicht sprechen kann, ohne über den Menschen zu sprechen und *vice versa.*[33]

In diesem Sinn ist es unsere Aufgabe, daß wir dem theologischen Nach-Denken des Autors der Sap nun unsererseits nach-denken – ein doppeltes „nach" also – und so dem theologischen *re-flectere* theologisch gerecht werden. Dieses theologische Buch will also theologisch interpretiert werden. Solche Theologie ist aber nach Maßgabe des soeben Dargelegten – wiederum: notwendig – Hermeneutik. Wir können, wir müssen sogar diesen Satz vergrundsätzlichen: Theologie ist von ihrem Sein her Hermeneutik – oder sie ist nicht Theologie, sondern nur positivistisch kastrierte „Theologie"!

Ist nun die Theologie des theologischen Buches Sap ihrem *Sein* nach Hermeneutik, weil Theologie, sofern sie ihren Grund in der Heiligen Schrift hat, *per definitionem* die Hermeneutik des sich offenbarenden Gottes ist, so ist sie ihrer *Form* nach Dichtung, Poesie. Die Sap dürfen wir somit als poetische Kunde von Gott lesen, Theologie in diesem Sinne ist Poesie geworden.[34] Ist, grundsätzlich gesagt, Theologie wesensmäßig Hermeneutik, weil es in ihr darum geht, den sich in seiner Offenbarung erschließenden Gott hinsichtlich seines Wortes „verstehbar" zu machen, so gilt gleiche Grundsätzlichkeit nicht für die Theologie als Poesie. Das ist sie jedoch im konkreten Fall der Sap. Soll nun der heute exegesierende Theologe mit dem damaligen Theologen, dem Verf. der Sap, mit-denken, so kann er jedoch nicht, jedenfalls nicht in der Regel, mit dem Dichter der Sap mit-dichten; er wird dem Dichter nicht nach-dichten können. Der Exeget ist *qua* biblischer Wissenschaftler kein Poet. Seine Übersetzung in eine moderne Sprache wird in der Regel nicht das poetische Niveau des antiken Originals erreichen kön-

---

[33] *R. Bultmann,* Welchen Sinn hat es, von Gott zu reden?, in: *ders.,* Glauben und Verstehen, Gesammelte Aufsätze I, Tübingen 8. Aufl. 1980, 26–37.

[34] Mit den meisten Interpreten sehe ich dies für alle 19 Kapitel als gegeben an.

nen. Aber er muß sich immer darüber im klaren sein, daß es Dichtung ist, die er
übersetzt und interpretiert.[35]

Dichtung sind freilich auch jene Stellen in der Sap, in der es um die *relative Präexistenz* der Weisheit geht, relativ deshalb, weil ihr nicht die absolute Präexistenz
Gottes eignet, wohl aber eine Präexistenz gegenüber der Schöpfung der Welt
(9,1f. 9). Diese *religiöse Aussage,* die allerdings auch theologische Reflexion impliziert, hat ihre atl. Tradition in den Sprüchen Salomons, in Jesus Sirach und auch
in Hiob. Für unsere Überlegungen ist Spr 8 von wesentlicher Bedeutung: Die präexistente Weisheit ist wie in Sap 9 vor der übrigen Schöpfung von Gott erschaffen
(Spr 8,22f. LXX), ihre Zunge spricht die Wahrheit (8,7), ihr gehören Klugheit,
φρόνησις, *phronesis,* und Macht, ἰσχύς, *is-chys* (8,14). Vor allem ist wichtig, daß
durch sie die Könige regieren und die Herrscher das Recht kodifizieren (8,15
LXX; MT: die Machthaber entscheiden, was Recht ist). Die Kontinuität zur Sap
hin ist offenkundig. Den Einfluß ägyptischer Weisheits-Vorstellungen in Spr 8
hat *Christa Kayatz* gut herausgearbeitet.[36] Vor allem der Vergleich des mehr oder
weniger festgeprägten Aufbauschemas der ägyptischen Götterreden mit der Ich-
Rede der Weisheit in diesem Kapitel zeigt eindeutig ägyptischen Einfluß.[37] Auf
Kayatz aufbauend, hat *Burton Lee Mack* die Fragestellung weitergetrieben und
vor allem den Einfluß der ägyptischen *Maat* und der *Isis* auf die jüdischen Weisheitsschriften untersucht.[38] Der Sap widmete er dabei einen sehr ausführlichen
Abschnitt.[39] Im letzten Teil der Einleitung ist auf dieses religionsgeschichtliche
Problem noch näher einzugehen. Hier soll zunächst die Erkenntnis genügen, daß
Religion, Theologie und Dichtung in der Sap engstens zusammenhängen und dies
auch religionsgeschichtliche Fragen aufwirft.

5. Zur Einheitlichkeit der Sapientia Salomonis

Die Gliederung des Buches ist aus dem Inhaltsverzeichnis des Kommentars ersichtlich, auch die Rätsel, die sie aufgibt. Daß die Sap aus drei großen Teilen besteht, wird zumeist angenommen[40]; allerdings sieht man sowohl den Übergang
vom ersten zum zweiten als auch vom zweiten zum dritten Teil unterschiedlich.
Vor allem ist man sich in der Forschung uneinig, ob der Hymnus von Kap. 10
zum zweiten oder zum dritten Teil gehört. Über diese Probleme gibt erst die Auslegung Auskunft. In der Einleitung soll aber zumindest auf jene Aspekte aufmerk-

---

[35] Zur Sprache der Sap s. die bei *Albrecht Dihle* angefertigte Kölner Staatsexamensarbeit von
Winfried Schumacher, Die Sprache der Sapientia Salomonis. Schon *Grimm* K 6 meinte, daß die
Sap „zu den ausgezeichnetsten Erzeugnissen der biblischen Literatur gehört".
[36] *Ch. Kayatz,* Studien zu Prov 1-9, 76-119.
[37] Ib. 86-93.
[38] *Mack,* Logos und Sophia.
[39] Ib. 63-107.
[40] Anders *Scarpat* K I 13: zwei Teile, 1,1-6,21; 6,22-19,22; andere Autoren, die die Sap,
wenn auch in unterschiedlicher Weise, in zwei Teile gliedern, s. *Vilchez* K 23 f.

sam gemacht werden, die den Eindruck erwecken könnten, die Gesamtkonzeption des Buches wäre in sich unstimmig, wenn nicht gar widersprüchlich.

Der *erste Teil* der Sap ist ihr *eschatologischer* Teil. Es geht um das ewige Heil oder Unheil der Menschen. Angesprochen werden die Herrscher der Welt, die schon in 1,1 aufgefordert werden, die Gerechtigkeit zu lieben. Diese ist aber Geschenk der Weisheit, der σοφία, *sophia*. Es geht dem Autor hier vor allem um das ewige Heil der Gerechten, der Armen, der Verfolgten, und es geht ihm gleicherweise um das ewige Unheil der Ungerechten, die in ihrer Ungerechtigkeit den/ die Gerechten verfolgen, wenn nicht gar töten. Es ist demnach die *transzendente Sanktion*, die die Menschen als Strafe oder als Belohnung zu erwarten haben. Der Verf. der Sap fordert also dazu auf, Gerechtigkeit in dieser irdischen Welt zu verwirklichen. Aber vor allem steht unserem Autor in Sap 1–5 das jenseitige Schicksal der Verfolger und Verfolgten vor Augen·

Der *zweite Teil* der Sap steht unter der in 6,22 ausgesprochenen Frage nach dem Wesen und dem Ursprung der Weisheit. Er ist der eigentliche sapientiale Teil des Buches. Theologie ist hier *Sapientiologie*. Viele Ausleger sehen daher mit Recht in 6,22 den Beginn des Mittelteils der Sap.[41] Inhaltlich sieht es – zumindest auf den ersten Blick – so aus, als sei er das Zentrum des ganzen Buches. Auf jeden Fall ist er, was das Thema „Weisheit" angeht, in wesentlicher Hinsicht zentral. Kap. 10 ist ein Hymnus auf das Wirken der Weisheit in der Urgeschichte und der Geschichte Israels. Da der *dritte Teil* der Sap ebenfalls die Geschichte Israels behandelt, ist für viele Ausleger sein Beginn bereits dieser Hymnus.[42] Doch steht dem eine erhebliche theologische Schwierigkeit im Weg. In 6,22–11,1 ist das alles entscheidende Thema die *Weisheit,* angefangen von ihrem Wirken in Salomon, ihrem Wesen, ihrem Ursprung und schließlich in Kap. 10 ihrem Heilswirken in der Geschichte. In 11,2–19,22 geht es hingegen um *Gottes* Wirken in der Geschichte Israels, vor allem beim Exodus und bei der Wüstenwanderung (hier nun im Gegensatz zum ersten Teil die *immanente Sanktion* !). Nur im zweiten theologischen Exkurs innerhalb Sap 11–19 begegnet in Kap. 14 zweimal das Wort „Weisheit", davon einmal nur im Sinne von „Weisheit Gottes" (14,5). In der siebenfachen Synkrisis, d. h. im eigentlichen Vergleich zwischen Gottes strafendem Handeln an den Ägyptern und seinem rettenden Handeln an Israel, findet sich das Wort „Weisheit" kein einziges Mal! Wo man erwartet hätte, daß gerade an der betreffenden Stelle die Weisheit erwähnt würde, wird das betreffende Geschehen von Gott ausgesagt. Also legt es sich nahe, daß wir unterteilen: 6,22–11,1: Das Wesen und Wirken der Weisheit; 11,2–19,22: Das Wirken Gottes. Es ist zwar immer wieder gesehen worden, daß ab Kap. 11 die Weisheit (bis auf die genannte Ausnahme in Kap. 14, die aber für Sap 11–19 nicht konstitutiv ist) nicht

---

[41] So z. B. *Winston, Gilbert, Bizzeti, Vilchez, Engel.* Andere Vorschläge lauten: Der Beginn des zweiten Buchteils ist 6,1 (z. B. *Grimm, Heinisch, Focke, Feldmann, Fichtner, Reider, Larcher*); 6,9 (z. B. *Offerhaus*).

[42] So z. B. *Grimm, Heinisch, Feldmann, Fichtner, Reider, Offerhaus, Gilbert, Bizzeti, Vilchez.* Den Beginn des 3. (bzw. letzten) Buchteils sehen in 11,2 (oder 11,1) z. B. *Wright, Ziener, Larcher, Winston, Engel.*

thematisiert wird; dennoch findet man Auslegungen, in denen sie in die Aussagen von Kap. 11–19 eingetragen ist. Eine ausführliche Auslegung des dritten Teils, in der dieser Tatbestand theologisch reflektiert würde, findet in der Regel und im Grunde nicht statt. Sie soll aber in unserem Kommentar zumindest versucht werden.[43] Denn nur durch eine Interpretation der Sap, in der die Frage gestellt wird, ob und wie die weisheitlich-theologische Konzeption des zweiten Buchteils mit der theologischen Konzeption des dritten Teils theologisch vermittelbar ist, kann die Einheit beider Teile begründet ausgesagt werden. M. E. kann diese Frage bejaht werden, ja, es zeigt sich sogar erst im Zueinander von beiden theologischen Ansätzen die eigentliche theologische Intention des Verf. der Sap. So wird es Aufgabe des Lesers sein, zu urteilen, ob und inwieweit man dem „Vermittlungsversuch" folgen kann, der in der Auslegung des Kommentars geboten wird.

Für die Argumentation der genuinen Einheit des Buches muß aber noch auf einen anderen methodischen Ansatz verwiesen werden, der sich für die hier anstehende Frage als sehr fruchtbar erwiesen hat und in der Literatur auch immer wieder aufgegriffen wird. Es ist die Argumentation von *James M. Reese* in seiner Monographie „Hellenistic Influence on the Book of Wisdom and its Consequences" mit sogenannten „flashbacks". Er definiert sie als die häufige Wiederholung von signifikanten Begriffen in ähnlichen Wendungen; es handele sich um eine Interaktion zwischen zwei Passagen.[44] Mit diesen flashbacks weist er überzeugend die terminologische Verklammerung der drei Buchteile miteinander nach.

6. Die Anonymität der dargestellten Gestalten und die Adressatenfrage

Ist die Sap in Alexandrien geschrieben und sollte sie auch dort gelesen werden, so ist zu fragen, welcher Adressat dort einen verschlüsselten Text lesen konnte und sollte. Denn daß in der Regel nur diejenigen die Sap verstehen konnten, deren geistige und religiöse Heimat das AT war, konkret also die LXX, dürfte man wohl als Prämisse weiterer Überlegungen nehmen. Dann ist an die *Diasporajuden* in dieser Großstadt gedacht (einschließlich der „Gottesfürchtigen"?). Daß diese aber eine allegorische Schrift in die Hände bekommen sollten, die sie erst zu entschlüsseln hätten, gibt keinen rechten Sinn, zumal die dann anzunehmende Allegorie durch eine geographische Angabe schon entschlüsselt ist, nämlich durch „Pentapolis" (10,6) und „Rotes Meer" (10,18; 19,7). Die allegorische Schriftdeu-

---

[43] Geht *Engel,* „Was Weisheit ist und wie sie entstand …", 89–91, zumindest im Ansatz, in seiner Sicht der Sap-Konzeption ein wenig in die Richtung, die auch in diesem Kommentar verfolgt wird? S. z. B. seine Darlegungen, in denen er 6,22–11,1 und 11,2–19,2 in ihrem gegenseitigen Enkomion-Charakter aufeinder bezieht.

[44] *Reese,* Hellenistic Influence, 123: „ … the frequent repetition of significant ideas in similar phrasing; for convenience these are called ‚flashbacks‘. The term ‚flashback‘ simply implies an interaction between the two passages." „His (der Verf. der Sap, H. H.) tendency is to concentrate upon one detail or aspect of a concept at a time and then to complete the concept by an allusion later in a different context. This stylistic tendency has produced the ‚flashbacks‘." Der entsprechende Abschnitt innerhalb des 4. Kap. ib. 123–140.

tung des Pentateuchs durch Philon gibt als Parallele zum Vorgehen des Verf. der Sap ebenfalls keinen rechten Sinn. Denn die Sap ist wahrscheinlich älter als dessen Schriften, und zudem ist die von Philon praktizierte Methode der Allegorie mit einer zu postulierenden Allegorie in der Sap so gut wie nicht vergleichbar. Aber auch die Hypothese, die Sap sei als Schrift für interessierte Nichtjuden intendiert gewesen (Mission?), will nicht recht einleuchten. Waren Nichtjuden wirklich an einer Entschlüsselung interessiert? Und Ägypter, die am Judentum nicht interessiert waren oder ihm gar feindlich gegenüberstanden, hätten mit der Sap erst recht nichts anfangen können.

Wie immer man hier die Argumente hin und her wendet, als m. E. einzige Plausibilität bleibt, daß die Adressaten Diasporajuden waren, die durch diese Schrift in schwieriger Situation Trost und Halt bekommen sollten. Daß die Sap (auch?) eine Trostschrift für solche ist, die des Trostes und der Stärkung in ihrem Glauben bedurften, ist wohl nicht zu bestreiten. Daß die Warnungen, obwohl vordergründig an die Herrscher der ganzen Welt gerichtet, (auch?) Apostaten in Alexandrien galten, kann erwogen werden, auch wenn man keinen Beweis für eine derartige Hypothese führen kann. Hat vielleicht der Verf. der Sap bedrängten Glaubensbrüdern und -schwestern Argumente für ihre eigene Verteidigung an die Hand geben wollen, aber deshalb alles verschlüsselt, weil er fürchtete, die Schrift könnte in falsche Hände geraten, also in die Hände derer, die die Schrift entschlüsseln konnten und sich dann wegen der ägyptenfeindlichen Passagen an den Juden der Stadt rächen würden?[45]

Da wir also auf Vermutungen angewiesen sind, dürfte in der Tat nur eines feststehen: Die primären Adressaten waren Juden in der ägyptischen Diaspora. Alles weitere bleibt, was die Adressatenfrage angeht, hypothetisch.[46] Was noch zu klären ist, betrifft die rhetorische Klassifizierung der Sap; dieses Problem der *Rhetorik* tangiert zumindest das Verhältnis „Autor – Adressaten". Nun ist Rhetorik allerdings eine Kompetenz der mündlichen Kommunikation. Regeln der Rhetorik gab es in der Antike für den forensischen Bereich, um eine Verteidigungs- oder Anklagerede möglichst wirkungsvoll zu gestalten *(genus iudiciale)*, für den politischen Bereich, um ein Auditorium dazu zu bringen, eine bestimmte Entscheidung zu treffen oder Wahl vorzunehmen *(genus deliberativum)*, und schließlich für Festversammlungen, um eine Lobrede auf eine Person, Gemeinschaft oder Sache

---

[45] Nicht überzeugen kann m. E., wenn *Reese,* Hellenistic Influence, 119, meint, daß die Anonymität auf den protreptischen Stil zurückgehe, der Personen als Typen betrachte, und dafür die Charakterbilder von *Theophrast* und die Gestalten in der Neuen Kommödie als Belege anführt: „The heroes of sacred history are types of the saved."

[46] Beachten sollte man aber die Überlegungen von *Reese,* Hellenistic Influence, 146–152, zusammenfassend 151 (Kursive durch mich): „The Book of Wisdom was not written for a popular audience but for the *religious education* of a group of *Jewish students* who were preparing for life in the hellenistic metropolis. It is an intricate and artistic appeal that does not make easy reading." Liegt aber nicht eine gewisse Abwertung der sprachlichen Kompetenz des Verf. der Sap vor, wenn er unmittelbar danach sagt, ib. 151: „The vocabulary is deliberately pedantic, the presentation obviously artificial and sophisticated … This is the style of writing that appealed to students of Greek rhetoric in the first century B. C., although modern readers find it heavy and tedious."?

zu halten *(genus demonstrativum)*.[47] Ist aber ein Buch etwas Schriftliches, so kommt gemäß dem Prinzip der Schriftlichkeit die Sprachgewalt eines Menschen nicht zum Zuge. Denn in der Rede geht es ja um das Prinzip der Mündlichkeit. Und die ist beim Lesen höchstens indirekt gegeben, wenn das Lesen zum Vorlesen wird. Doch ist bei den biblischen Büchern, die immerhin das mündliche Moment des Vorlesens intendieren, die Grenze zwischen Schriftlichkeit und Mündlichkeit fließend. Und so spielt die Rhetorik z. B. in der Paulusforschung eine wichtige Rolle. Dieter Betz war es, der am Beispiel des Galaterbriefs aufzeigen konnte, daß dieser nach Regeln des *genus iudiciale* konzipiert ist.[48] Die Aufgabe stellt sich dann, das Verhältnis von Rhetorik und Epistolographie zu klären.[49]

Haben wir es nun in der Sap hauptsächlich mit dem *genus deliberativum* zu tun? Sollten also die Juden Alexandriens dazu bewegt werden, sich in ihrer Situation glaubensfest zu verhalten? In diesem Sinne hat sich *James M. Reese* ausgesprochen, der die Sap als λόγος προτρεπτικός, *logos protreptikos,* klassifizierte, d. h. als eine Ermahnungsrede, die zu einem bestimmten Verhalten bewegen soll.[50] Oder soll man nicht in ihr eher eine Eloge oder ein Enkomion sehen, also eine Lobrede auf die Weisheit im Sinne des *genus demonstrativum*? So hat z. B. *Helmut Engel* Sap 6,22–11,1, also den Mittelteil des Buches, als Enkomion auf die Sophia charakterisiert und somit nicht die Sap als ganze.[51] Diese Kennzeichnung lediglich für den Mittelteil ist diesem angemessen. Und gerade der Tatbestand, daß er emphatisch mit dem Hymnus von Kap. 10 schließt, spricht dafür. Doch will Engel auch die Synkrisis von 11,2–19,22 noch als Enkomion verstehen. Er wirft *Paolo Bizzeti,* der das ganze Buch dem *genus demonstrativum* zuordnen wolle, vor, die Bedeutung des bucheröffnenden und tatsächlich prägenden Imperativs „Liebet die Gerechtigkeit!" unterschätzt zu haben; er gerate so in die Gefahr, die Textpragmatik zu verkennen.[52] Und er folgert, das Enkomion auf die Weisheit sei in seiner motivierenden Funktion für das Bemühen um die Gerechtigkeit zu sehen. Insofern nun „Gerechtigkeit" für das Judesein und Judebleiben im umfassenden Sinn stehe, dürfte es berechtigt sein, die Sap insgesamt einen *logos protreptikos* zu nennen.[53] Dem ist zuzustimmen, und zwar auch im Blick darauf,

---

[47] *H. Lausberg,* Handbuch der literarischen Rhetorik. Eine Grundlegung der Literaturwissenschaft, München 2. Aufl. 1973, 59–65.

[48] *H. D. Betz,* Der Galaterbrief (Hermeneia), München 1988 (amerikanisches Original: Galatians, Philadelphia 1979); die Klassifizierung des Gal als „apologetischer Brief" des *genus iudiciale* ist nicht unumstritten, wohl aber ist es das Verdienst von *Betz,* den rhetorischen Charakter des Gal als eines Briefes, der anstelle einer nicht möglichen mündlichen Rede deren Funktion übernimmt, nachgewiesen zu haben.

[49] Dazu und auch speziell zum Gal-Kommentar von *H. D. Betz: H. Hübner,* Der Galaterbrief und das Verhältnis von antiker Rhetorik und Epistolographie, ThLZ 109 (1984), 241–250.

[50] *Reese,* Hellenistic Influence, 90–121, vor allem den Abschnitt „The Genre of the Book of Wisdom as a Whole", ib. 117–121; er stellt den *logos protreptikos* als „a didactic exhortation" vor, ib. 117.

[51] *Engel,* „Was Weisheit ist und wie sie entstand …", 88 f.

[52] Ib. 90.

[53] Ib. 90.

daß wir immer wieder auf Schriften stoßen, die hinsichtlich der Klassifizierung in die drei rhetorischen *genera* keine reinen *genera* sind.

7. Jüdischer Glaube an Gott – griechische Philosophie – ägyptische Religion

Wurde im letzten Abschnitt vor allem der Mittelteil 6,22–11,1 als Enkomion gefaßt, so impliziert dies auch einen *religionsgeschichtlichen* Sachverhalt. Die Frage ist, ob der Lobpreis auf die Weisheit nicht deshalb einen polemischen Akzent trägt, weil es dem Autor darum ging, daß auch in der heidnischen Diapora Alexandriens *dieser* Weisheit das sonst Isis entgegengebrachte Lob zukomme, da *sie* doch die Weisheit Gottes ist und gerade nicht ihre gefährliche „Konkurrentin" *Isis,* die – welche Blaphemie! – ihrerseits als Göttin der Weisheit verehrt wird. Die Isis-Aretalogie von Kyme[54] ist für die Zeit der Niederschrift der Sap aufschlußreich, auch wenn sie vielleicht in die Zeit kurz danach zu datieren ist. Sie hat den Menschen die Gesetze gegeben (8.60), ist also Ursprung allen Rechts, sie hat deshalb das Recht stark gemacht (21), sogar noch stärker als Gold und Silber (35). Und so legt sie denen, die Unrecht tun, die Strafe auf (43). Sie hat kosmische Macht, denn sie hat die Erde vom Himmel geschieden (17), hat den Sternen die Wege gezeigt (18), den Gang von Sonne und Mond geordnet (19). Die engste, auch literarische Beziehung zwischen der Isis-Religion und der Sap hat Mack (s. o.) nachzuweisen versucht. Mit *John S. Kloppenburg*[55] und *Engel*[56] ist zu kritisieren, daß er sich zu sehr auf die Wortübereinstimmungen der Epitheta gestützt hat; doch *im Prinzip* hat Mack mit seiner Argumentationsrichtung recht. Kloppenburgs Feststellung, von Engel positiv aufgegriffen, kann zugestimmt werden, daß die Sap „Antwort" ist „auf die unmittelbare Herausforderung des Judentums durch eine andere weibliche Figur, Retterin und Offenbarerin, eine Göttin, die verknüpft ist mit dem Streben nach Weisheit/Wissen und verbunden mit dem Thron/Königtum: Isis".[57] Der Verf. der Sap hat also Gedanken der zeitgenössischen Philosophie zustimmend und ohne Kritik für seine theologische Argumentation aufgegriffen und sie in sein Denken integriert. Er hat zugleich religiöse Aussagen aus dem Isisglauben inhaltlich übernommen, z. T. auf dem Weg über frühere atl. Weisheitszeugnisse, z. T. auf dem Weg der direkten Rezeption aus der Isisreligion – aber unter schärfster Kritik an eben dieser Religion, die Götterbilder anbetet und selbst die Göttin Isis z. T. kuhköpfig abbildet. Dazu noch einmal die Isis-Aretalogie von Kyme (30): „Ich habe die Götterbilder verehren gelehrt." Aber Isis wollte ja nicht die Verehrung der Bilder *als* Bilder, sondern, daß ihre Herrschaft anerkannt wird (5): „Isis bin ich, die Beherrscherin des ganzen Landes!" Was freilich Isis über die Weisheit der Sap hinaushebt, ist, daß sie nicht

---

[54] Im folgenden nach der deutschen Übersetzung in *Haufe,* Die Mysterien, 96 ff. (*Leipoldt/ Grundmann* II).
[55] *Kloppenburg,* HThR 75, 61.
[56] *Engel,* „Was Weisheit ist und wie sie entstand …", 83.
[57] *Kloppenburg,* HThR 75, 67; deutsche Übersetzung von Engel, op. cit. 84.

die Weisheit eines Gottes ist, sondern selbst Göttin (15): „Ich bin es, die bei den Frauen (!) Göttin genannt wird." Aber Lucius in den Metamorphosen des Apuleius, der in die Mysterien des Isis eingeweiht wird, der vor dem Bild der Göttin steht – er ist ein Mann![58]

---

[58] *Apuleius,* metamorphoses XI,21–26; jedoch XI,27,2: „deae quidem me tantum sacris inbutum, at magni dei deumque summi parentis invicti Osiris necdum sacris inlustratum." Osiris steht hier über Isis!

Erster Teil
Sap 1,1–6,21: Gerechte und Gottlose

1,1–15 Das Proömium

1. Teil 1,1–11 Gottes Weisheit – Quell irdischer Gerechtigkeit

1 Liebt die Gerechtigkeit, die ihr über die Erde herrscht!
 Denkt in guter Gesinnung über Gott nach!
 Und sucht ihn in der Einfalt des Herzens!
2 Denn er läßt sich (nur) von denen finden, die ihn nicht versuchen,
 Und nur denen offenbart er sich, die ihm nicht mißtrauen.
3 Verkehrte Gedanken nämlich trennen von Gott,
 Doch dessen prüfende Macht überführt die Toren.
4 Denn in eine Seele, die auf Böses sinnt, geht die Weisheit nicht ein,
 Und sie wohnt nicht in einem Leib, der in die Sünde verstrickt ist.
5 Der heilige Geist der Zucht flieht nämlich die Falschheit.
 Und er bleibt unverständigen Gedanken fern.
 Und er wird geschmäht, wenn Unrecht naht.
6 Ist doch die Weisheit ein menschenfreundlicher Geist!
 Und nicht läßt sie den Lästerer wegen seiner (schuldigen) Lippen
 ungestraft.
 Denn Gott ist Zeuge seines innersten Wesens,
 Ist untäuschbarer Beobachter seines Herzens
 Und Hörer (seines) Redens.
7 Denn der Geist des Herrn erfüllt den Erdkreis.
 Und der das All umfaßt, hat Kenntnis von dem, was auch immer gespro-
 chen wird.
8 Deshalb bleibt keiner, der Unrecht redet, verborgen.
 Und keinesfalls geht die strafende Gerechtigkeit an ihm vorbei.
9 Denn über die Intrigen des Gottlosen wird eine strenge Untersuchung
 stattfinden.
 Und die Kunde von seinen Worten wird bis zum Herrn gelangen,
 Um so seiner Gesetzlosigkeiten überführt zu werden.
10 Denn (Gottes) eiferndes Ohr hört alles,
 Und selbst sein murrendes Gemurmel bleibt nicht verborgen.
11 Hütet euch dementsprechend vor unnützem Murren!
 Und bewahrt eure Zunge vor Verleumdung!
 Denn heimliches Reden bleibt nicht ohne Folgen.
 Und ein verleumderischer Mund vernichtet die Seele.

1-11 Wird hier 1-11 als Einheit und 12 als Beginn eines neuen Abschnitts, nämlich des
zweiten Teils des Proömiums, gesehen, so ist das ein Ermessensurteil. Denn die
Imperative von 11 könnte man schon als Beginn der zweiten Einheit sehen, die
dann, parallel zur ersten, mit Aufforderungen begänne. Aber die Übergänge sind
in der Sap recht fließend, so daß die Auslegung der Gedanken ihres Autors oft
unabhängig von der Abgrenzung der Abschnitte ist.

Salomon – in seiner Person redet der Verf. der Sap, ohne seine in Anspruch ge-
1 nommene „Identität" auszusprechen – spricht in 1 als König die Könige der Welt
an, die „Richtenden der Erde". Wie auch sonst im AT ist Richten, vom Herrscher
ausgesprochen, eine seiner vornehmsten Aufgaben (z. B. 1Sam 8,20); darüber hinaus ist damit sein Herrschen schlechthin gemeint. Daß er als König von Jerusalem
den Königen der ganzen Welt autoritativ Befehle erteilt und somit bereits im ersten Vers des Buches sein *universaler* Anspruch klar ausgesprochen wird, ist auch
in älteren atl. Texten gesagt. Bezeichnend ist dafür Ps 2. In ihm fordert Jahwäh
nicht nur die Könige zur Einsicht auf (V. 10), er gibt sogar dem Jerusalemer König als seinem Sohn die Völker zum Erbe (V. 7 f.).

Die erste Forderung, die Salomon (nennen wir im folgenden Pseudo-Salomon
um der Kürze willen einfach Salomon) an die Könige der Welt stellt, ist die Liebe
zur *Gerechtigkeit.* Scarpat spricht von diesem Imperativ als einem feierlichen Anfang des Buches.[1] Mit „Gerechtigkeit" (11mal in der Sap) ist ein zentraler theologischer Begriff des Buches bereits zu Beginn betont genannt, ein Begriff, der in
fast allen Schichten des AT von erheblicher Bedeutung ist, in der LXX mit δικαιοσύνη, *dikaiosyne,* übersetzt. Gerade dieses griechische Wort ist für die ntl. Theologie höchst bedeutsam, vor allem für die Rechtfertigungstheologie des Paulus.
Meint es dort die rechtfertigende Wirklichkeit Gottes, so ist das jedoch nicht
seine spezifische Bedeutung in der Sap. Denn in ihr benennt es zunächst das von
Gott gebotene Tun. In Richtung paulinische Theologie geht aber dann doch, daß
es nur der mit der Weisheit begnadete und begabte Mensch ist, der die Gerechtigkeit zu üben vermag.[2] Ist nun in 1 von dieser Gerechtigkeit die Rede, so geht es
auch um den gerechten Menschen (Adjektiv δίκαιος, *dikaios,* in der Sap 27mal),
vor allem in Sap 2-5 um den verfolgten Gerechten. Hat die Sap allem Anschein
nach vor allem die Funktion, verfolgte Juden in der ägyptischen Diaspora zu trösten und in ihrem Glauben zu stärken, so sollen sich die gerechten Leser in dem
verfolgten Gerechten wiedererkennen.

In 1 b ermahnt Salomon die Herrscher der Welt, über den Herrn in „Gutheit"
(ἐν ἀγαθότητι, *en agathoteti*) nachzudenken. Dieses seltene Wort findet sich in der
klassischen Gräzität noch nicht. In der LXX begegnet es aber schon vor seiner
dreifachen Bezeugung in der Sap (1,1; 7,26; 12,22) in Sir 45,23 (für Pinhas). In
Sap 1,1 wird seine Bedeutung aufgrund der Konnotation ersichtlich. Der Impera-

---

[1] *Scarpat* K I 47.
[2] Zum griechischen und atl. Hintergrund der δικαιοσύνη s. ib. 47-51. Gerechtigkeit ist als
Tun, als Handlung zu verstehen, ib. 110: „La ‚giustizia' è azione …" *Scarpat* verweist dafür zutreffend auf ψ 14,2: πορευόμενος ἄμωμος καὶ ἐργαζόμενος δικαιοσύνην.

tiv in 1 c fordert, Gott in der Einfalt des Herzens zu suchen.[3] So ist damit die
Aufrichtigkeit, die Geradheit, gemeint, die keine Hintergedanken, keine *Hinter-*
List kennt, somit die absolute Ehrlichkeit und Wahrhaftigkeit. Und ist von der
Aufrichtigkeit des *Herzens*[4] die Rede, so geht es dabei um die Gesamtausrichtung
der Person, um ihre vom Willen gelenkte Denk-Richtung. Folglich ist in 1 b das
Denken in „Gutheit" keine rein theoretische Reflexion über Gottes Wesen. Vielmehr sollen die Könige aus ihrem von innen kommenden Gut-*Sein* über Gott
nachdenken. Im Vorgriff auf noch folgende Verse: Gottes heiliger und somit guter, nämlich menschenfreundlicher Geist (V. 6) soll die Adressaten dazu bewegen,
als gute, d. h. gerechte Könige zu wirken. Kurz: Wer über den guten Gott nach-
denkt, kann dies nur als der, der das Gute tut. Das Gut-Sein ist demnach die Entsprechung von Gott und König, generell: von Gott und Mensch – vorausgesetzt,
dieser läßt sich von Gott leiten!

Begann Sap 1 mit drei Imperativen, so zeigte sich doch, daß der theologische
Einsatz keinesfalls beim Tun des Menschen liegt. Das wird in 2 noch deutlicher.   2
Hier wird immerhin 1 begründet, zugleich jedoch auch, wenn auch unausgesprochen, der *Adressatenkreis erweitert*, da von 2 ab die meisten Ermahnungen jedem
Menschen gelten und die Aussagen alle betreffen.[5] Gott läßt sich von denen finden, die ihn nicht versuchen, also mit seiner Erhabenheit und Heiligkeit nicht ihr
infames Spiel treiben. Gott ist für den Menschen da, sofern dieser es nicht durch
seine Bosheit verhindert. „Sich finden lassen" wird in 2 b theologisch präzisiert:
Gott offenbart sich, erscheint denen, die ihm nicht mißtrauen (Litotes), also ihm
voll vertrauen. Das griechische Verb für diesen Offenbarungsvorgang (ἐμφανίζειν,
emphanizein) findet sich auch in der theologisch so bedeutsamen Stelle Ex 33,13:
„Wenn ich Gnade vor dir gefunden habe, zeige dich mir!"[6] Gott ist also *der sich*
offenbarende Gott, das Sich-Offenbaren gehört zu seinem Wesen. Von diesem
Wesen können wir aber nur so viel wissen, wie er sich als *deus pro nobis* zu erkennen gibt. Die Theologie der Sap ist *Offenbarungstheologie*, mag sie auch weithin
in der Denkform und Terminologie griechischer Philosophie begegnen·

Von zentraler theologischer Bedeutsamkeit ist der von Wolfgang Werner her-
ausgestellte *existentiale* Aspekt, daß schon an den ersten zwei Versen deutlich
werde, wie sich an der Einstellung zu Gott *zwei menschliche Existenzweisen* pro-
filieren.[7] Das ist in der Tat ein fundamentaler Strukturzug der Sap: Wie sich einer
zu Gott verhält, so *ist* Gott für ihn; einen neutral erfaßbaren Gott gibt es nicht.
Er wäre nur ein vom Menschen hergestelltes Pro-Dukt. Die existentiale Denkwei-

---

[3] Zu Sap 1,1 c.2 καὶ … ζητήσατε αὐτόν. ὅτι εὑρίσκεται τοῖς μὴ πειράζουσιν αὐτόν vgl. Dtn 4,29
καὶ ζητήσετε ἐκεῖ κύριον τὸν θεὸν ὑμῶν καὶ εὑρήσετε, ὅταν ἐκζητήσητε αὐτὸν ἐξ ὅλης τῆς καρδίας
σου …

[4] καρδία in der Sap sonst noch 1,6; 2,2; 8,17. 21; 15,10.

[5] So z.B. *Werner,* „Denn Gerechtigkeit ist unsterblich.", 30: „Dieser Appell (an die Herrscher, H.H.) wird ab V. 2 nicht mehr weitergeführt, vielmehr begründet V. 2 mit der Zusage, daß
Gott sich finden läßt, die Aufforderung zur aufrechten Gottessuche aus V. 1 c."

[6] Ebenso Ex 33,18 B u. a. Textzeugen statt δεῖξον; s. auch das gleichzeitige Vorkommen von
εὑρίσκειν und ἐμφανίζειν in Sap 1,2 und Ex 33,13!

[7] *Werner,* „Denn Gerechtigkeit ist unsterblich.", 30. 33.

se ist kennzeichnend für die Sap. Wer sie in Nichtachtung theologischer Hermeneutik verkennt, verbaut sich den Zugang zu ihren wichtigsten theologischen
Aussagen.

3   3 setzt die Begründungssequenz fort, die erst mit 10 endet. Der Verf. der Sap.
argumentiert also, will seine Adressaten zum Mitdenken bewegen. Er dekretiert
nicht. Ver-kehrte Gedanken trennen von Gott. Es sind nach 1 nicht Gedanken
falscher Diskurse, sondern Gedanken, die nicht zur Gerechtigkeit führen. Deshalb begegnet Gott so „Denkenden" nicht. Aber nicht so sehr der Tor verschließt
sich den Weg zu Gott, sondern Gott den Weg zu ihm, dem Ahnungslosen. Zugespitzt: *Der Tor „macht" Gott zum sich abwendenden Gott.* Das ist seine „Macht"!
3b bietet ein Übersetzungsproblem. Entweder heißt es (das Partizip δοκιμαζο-
μένη, *dokimazomene,* als Passiv verstanden): Die (versucherisch) auf die Probe
gestellte Macht Gottes überführt die Unverständigen. So die meisten Ausleger.
Oder man faßt diese Verbform als Medium: Die prüfende Macht (Gottes) überführt sie. Diese Deutung paßt besser zu „überführen"[8]; deshalb soll ihr der Vor-
zug gegeben werden, ohne die andere völlig auszuschließen.

4   In 4 wird das bisherige Anliegen, wie es scheint, im Horizont des anthropologischen Dualismus Platons – der Mensch als Seele und Leib – begründet: Die Weisheit geht weder in eine „arglistige Seele" (wörtlich übersetzt) ein, noch wohnt sie
in einem von der Sünde beherrschten Leib. Liegt aber hier wirklich ein syntheti-
scher Parallelismus vor? Unbestreitbar ist, daß der Autor Aussagen bringt, denen
ein solcher Dualismus zugrunde liegt (s. zu 8,19f.). Da dieser aber in 4 keine
rechte Argumentationsfunktion besitzt, dürfte eine Aussage über den *ganzen*
Menschen vorliegen, zumal hier zum ersten Mal von der *Weisheit,* der σοφία, *sophia,* die Rede ist. Sie geht nicht in einen Menschen ein, dessen ganzes Denken
und Wollen die Bosheit intendiert und so in die Sünde verstrickt ist. Wo aber
diese den Menschen bis in seine Leiblichkeit hinein in ihre Fänge verstrickt, da ist
kein Ort, keine Wohnung für die Weisheit! Für Sünde steht hier ἁμαρτία, *hamartia,* also genau der Begriff, der bei Paulus die kosmische Macht des Bösen zum
Ausdruck bringt (Röm 1,18ff.; besonders Röm 3,9). 5 führt diese Begründung

5   fort: „Der heilige Geist der Zucht"[9] flieht die Falschheit, d.h. die grundsätzlich
falsche Aus-Richtung des Menschen, sein Falsch-*Sein.* Weisheit und heiliger
Geist werden demnach identifiziert. Die Heiligkeit des Geistes bzw. der Weisheit
verbietet den Kontakt mit der Macht des Bösen. Der heilige Geist hält Abstand
von „unverständigen Gedanken". Diese meinen nicht so sehr im intellektuellen
Sinne falsche Begriffe, sondern vor allem das Gefangensein des Menschen in seiner denkend-wollenden Existenz, wiederum: in seiner Gesamtausrichtung. Gefangenschaft im Unverstand ist nur Symptom eines ver-kehrten Lebens. Der böse
Mensch sieht nicht klar. Und wo Unrecht naht (auch dieses ist hier wie eine bos-
hafte hypostasierte Macht eingeführt), da wird der heilige Geist geschmäht. Und

---

[8] ἐλέγχειν ist hier im forensischen Sinn gemeint.

[9] παιδεία meint hier dem Zusammenhang nach „Zucht", in 6,17f. jedoch „Belehrung", in
7,14 „Bildung". Das Wort wird also in der Sap in unterschiedlicher Bedeutung ausgesagt. S. auch
Exkurs in: *Scarpat* K I 70–79.

der läßt sich eben nicht schmähen, sondern bleibt dem Menschen fern und läßt ihn so schutzlos dem Bösen preisgegeben sein. Doch der Mensch der Sünde verkennt in tragischer Weise seine Existenz und erkennt folglich in seinen unverständigen Gedanken seine Katastrophe nicht. Die Vorstellung vom heiligen Geist bzw. vom Geist Gottes/Geist des Herrn ist zunächst atl.; vom heiligen Geist sprechen Jes 63,10 f. und Ps 51,13 (ψ 50,13), vom Geist des Herrn Jes 11,2 ff.

Eigentümlich ist in 6 die nächste Begründung. Zuvor war davon die Rede, daß 6 die Weisheit bzw. der heilige Geist den Bösen in sein Verderben rennen läßt. Das aber geschieht, weil die Weisheit ein menschenfreundlicher[10] Geist ist! Gemeint sein kann dann nur, daß sie menschenfreundlich zu den Guten ist. So ist sie in 6 b wieder die strafende Weisheit, die den Lästerer nicht ungestraft läßt. In 6 c werden Weisheit und Gott in engsten Zusammenhang gebracht: Die *Weisheit* kann strafen, weil *Gott* Zeuge der Nieren, d. h. des innersten Wesens des Lästerers ist. Gott und Weisheit sehen sozusagen mit denselben Augen; was Gott sieht, sieht auch die Weisheit. Gott – und also auch die Weisheit – beobachtet das Herz (s. 1Sam 16,7), auch das des Bösen; Gott – also auch die Weisheit – hört, was der Böse sagt.

In 7 weitet sich die Perspektive: Der heilige Geist wird jetzt als Geist des Herrn 7 identifiziert. Er erfüllt den Erdkreis, wörtlich: die bewohnte Welt. Hier geschieht Anleihe an *stoische Terminologie.*[11] Nach Auffassung der Stoa durchwaltet der Geist das All. Der Unterschied zu Sap 1,7 ist aber, daß die stoische Vorstellung pantheistisch ist, der Verf. der Sap sie aber in sein monotheistisches Denken, in seinen Glauben an den einen Gott integriert hat. Weil der Geist den Erdkreis erfüllt und er so das All umfaßt, hat er Kenntnis von dem, was auch immer gesprochen wird. Also bleibt nach 8 keiner, der Unrecht redet[12], vor dem Geist Gottes 8 und somit vor Gott selbst verborgen. Er ist, ohne daß er sich wehren kann, der strafenden Gerechtigkeit[13] preisgegeben.

Vom bösen Reden geht es in 9 zum bösen Tun. Denn wenn nun von Intrigen 9 gesprochen wird, dann ist das erheblich mehr als bloßes Reden. Hier wird das Böse vom Bösen gegen seinen Nächsten in Szene gesetzt. Doch dieses Tun findet ein strenges Gericht bei Gott. Der nämlich weiß, weil er es gehört hat, von den boshaften Worten des Intriganten; er überführt ihn seiner bösen und gesetzwidrigen Taten, die aus seinem gottlosen Denken und Reden erwachsen sind. Und so in 10 noch einmal: Gott hört alles, und mag es noch so sehr in aller Heimlichkeit 10 gesprochen sein! Denn er hat ein „eiferndes Ohr", das selbst nur leise Gemurmeltes (wörtlich: Geräusch des Gemurmels) vernimmt.

So wird dann in 11 die *Konsequenz* aus dem bisher Gesagten gezogen: Auffor- 11 derung zum rechten Umgang mit dem Wort. Kein unnützes Murren! Keine Ver-

---

[10] S. aber Anm. zu Sap 12,19!

[11] SVF II, Nr. 439 ff.; s. vor allem zu Sap 7,22 ff. und die dort in den Anmerkungen gebrachten Zitate.

[12] Man achte darauf, daß hier das Reden der ἄδικα *im Machtbereich* der in 5 genannten ἀδικία geschieht. Sie ist demnach der Grund der ἄδικα.

[13] Hier nicht δικαιοσύνη, sondern δίκη.

leumdung! Denn derartiges Verhalten führt zur Selbstzerstörung. Bedenkt also
die Folgen!

2. Teil 1,12–15 Sein oder Nichtsein – Leben oder Tod!

12 **Sucht nicht den Tod in der Illusion eures nur eingebildeten Lebens!**
     Zieht euch nicht das Verderben in euren üblen Machenschaften zu!
13 **Denn nicht Gott hat den Tod gemacht,**
     Auch hat er keinerlei Freude am Verderben der Lebenden.
14 **Er hat nämlich alles geschaffen, damit es sei.**
     Und heilvoll ist sein jeweiliges Schöpfungshandeln in der Welt.
     Weder ist in ihm das Gift des Verderbens,
     Noch die Herrschaft der Unterwelt auf der Erde.
15 **Ist doch die Gerechtigkeit unsterblich!**

12–15   Es geht in 12–15 um *Leben* und *Tod*! Anscheinend wendet sich der Autor an diejenigen, bei denen er sich noch eine Hinwendung zum Guten erhofft. Er stellt sie
vor die Entscheidung von Gut und Böse, von Leben und Tod. Ihnen stellt er vor
Augen, welche Torheit die Wahl des Bösen ist.

12   Leben, zunächst in 12 in der Negativfolie gebracht, ist im Sinne des Verf. der Sap
13   mehr als das biologische Leben. Und der Tod, in 13 genannt, ist mehr als nur der
medizinische Tod. Denn Leben ist Leben von Gott her, ist Leben vor Gott, ist Leben in der Gemeinschaft mit Gott. Nur dieses Leben ist *eigentliches* Leben, vor
und nach dem physischen Tod. Hingegen hat den Tod auch schon erfahren, wer
in diesem irdischen Leben sein eigentliches Leben verspielt hat. Leben und Tod
sind also Relationsbegriffe, Begriffe nämlich in Relation zu Gott. Auch sonst findet sich im AT dieser Gedanke, sei es im Blick auf das elende Ergehen des Sünders, sei es im Blick auf den Gerechten, der entgegen dem weisheitlichen Tun-Ergehen-Zusammenhang im Elend vegetiert und deshalb seine Existenz als Existenz
in der Unterwelt, der Scheol, und folglich als Todesexistenz versteht. So dankt in
Ps 30,4 der Beter Jahwäh dafür, daß er ihn aus der Scheol als der Machtsphäre
des Todes herausgerissen hat. Ebenso ist dieses Verständnis von Tod und Leben
gut ntl., wie vor allem das Joh deutlich macht: Der Glaubende hat bereits das Leben schlechthin, das „ewige Leben"; er ist bereits vom Tode zum Leben hindurch-
gedrungen, Joh 5,24; er ist nämlich aus dem Machtbereich des Todes gnadenhaft
in den Machtbereich des göttlichen Lebens versetzt worden (s. auch Kol 1,13!).
   Vom Tod und vom Leben ist in der Sap also da zum ersten Mal die Rede, wo
es in theologisch spezifischer Art um das *eigentliche* Leben und den *eigentlichen*
Tod geht.[14] Und noch ein zweiter Vorstellungskomplex begegnet in genau diesem
Zusammenhang: Vom Leben und vom Tode ist *hermeneutisch*, also im Kontext
des Verstehens, die Rede. Es geht um Verstehen und Mißverstehen beider Mäch-

---

[14] Zu Sap 1,13 ὅτι ὁ θεὸς θάνατον οὐκ ἐποίησεν / οὐδὲ τέρπεται ἐπ' ἀπωλείᾳ ζώντων vgl.
Jes 54,16 ἐγὼ δὲ ἔκτισά σε οὐκ εἰς ἀπώλειαν φθεῖραι πᾶν σκεῦος φθαρτόν. *Scarpat* K I 129 macht
u. a. auch auf PsSal 3,11 aufmerksam: ἡ ἀπώλεια τοῦ ἁμαρτωλοῦ εἰς τὸν αἰῶνα.

te. Die Gottlosen, von denen anfangs die Rede war, leben in gefährlicher Selbstillusion. Sie verstehen ihr eigene Existenz nicht, sie können sie nicht verstehen. Sie meinen, sie hätten das Leben; doch was sie als Leben zu sehen wähnen, ist in Wirklichkeit furchtbarste Illusion, ist täuschender Wahn. Denn sie suchen in ihrer törichten Verblendung den Tod statt das Leben. So ermahnt sie unser Autor in 12: „Zieht euch nicht in den Werken eurer Hände – wir haben übersetzt: „in euren üblen Machenschaften" – das Verderben zu!" Die aber im Bösen verharren, erkennen nicht, daß Bosheit den Blick auf das eigene Dasein verstellt und sie in Wahrheit Opfer ihres eigenen bösen Wesens sind. Nicht Gott, nein, sie selbst haben sich der Vernichtung preisgegeben! Genauer noch: Sie selbst haben sich Gott zur Vernichtung preisgegeben. Ausdrücklich heißt es in 13, daß *Gott* den Tod nicht geschaffen hat. Gemeint ist auch hier der eigentliche Tod, nicht der physische Tod als das natürliche Ende eines Menschenlebens. Was in Wahrheit Leben bedeutet, kann nur verstehen, wer Gott als den Schöpfer des Lebens in all seinen Dimensionen anerkennt. Gott hat keinerlei Freude am Verderben des Menschen – eine Aussage z. B. parallel zu Ez 18,23: Gott will nicht den Tod des Sünders, sondern daß er sich bekehre und lebe.

14 begründet 13: Gott hat alles, d. h. die ganze Welt, geschaffen, damit es sei   14
(εἰς τὸ εἶναι, *eis to einai*). Ist hier vom *Sein* die Rede, so dürfen wir annehmen, daß der alexandrinische Autor diese Aussage im Horizont des griechischen Seinsdenkens formuliert hat.[15] Doch geht es dabei nicht um Ontologie um ihrer selbst willen; wohl aber hat der Verf. der Sap hier eine ontologische Aussage gemacht, um mit ihr einen theologischen „Sach"-Verhalt im hellenistischen Denkmilieu zum Verstehen zu bringen. Von der Schöpfung als ganzer und folglich auch von all ihren Teilen läßt sich sagen, daß sie *ist* bzw. daß sie *sind*. Wer einmal den Seinsgedanken gedacht hat, ist nicht mehr in der Lage, ontologisches Denken aus seinem theologischen Denken zu entfernen. Der Schöpfungsgedanke und der Seinsgedanke lassen sich für einen im griechischen Denken aufgewachsenen Juden nicht voneinander trennen. Das zeigt sich auch an der nächsten Aussage. Heilshaft (σωτήριοι, *soterioi*) sind die Schöpfungsakte Gottes. Somit ist das Heil (σωτηρία, *soteria*) bereits mit der Schöpfung gegeben; Seiendes ist die Verwirklichung und Wirklichkeit des kontinuierlichen Schöpfungshandelns Gottes. Ist diese *creatio* als *creatio continua* ein kreatives Handeln Gottes durch alle Zeiten hindurch oder meint sie nur das Wirken Gottes in den ersten sechs Tagen gemäß Gen 1? Lassen wir jedoch diese Frage unbeantwortet, weil es fraglich ist, ob sie hinsichtlich ihrer begrifflichen Struktur überhaupt im Problemhorizont des Verf. der Sap lag. Der positiven Aussage von 14 b entspricht die negative von 14 c: Es gibt kein Verderben wirkendes Gift in den göttlichen Schöpfungsakten, also keinen Tod, sondern nur Leben. Und keine Todesherrschaft einer teuflischen Unter-

---

[15] Als Parallele nennt *Scarpat* K I 129 *Philon*, De vita Mosis 2,100: τὰ μὴ ὄντα ἤγαγεν εἰς τὸ εἶναι und 2,267: ἐκ τοῦ μὴ ὄντος εἰς τὸ εἶναι τὸ τελειότατον ἔργον, τὸν κόσμον, ἐνέφηνε. Ist εἰς τὸ εἶναι eine im jüdischen Alexandrien gebräuchliche Wendung? Liegt stoischer Einfluß vor? Vgl. z. B. SVF II Nr. 440: ... ἅπαν τὸ ὂν ἔφασαν αἰτίας δεῖσθαι συνεκτικῆς εἰς τὸ εἶναι. Die Philon-Stellen erinnern an Röm 4,17, dort aber ohne die Wendung εἰς τὸ εἶναι.

welt ist in ihnen impliziert. *Gott will* das Leben seiner Geschöpfe, und vornehmlich das Leben der Menschen, nämlich deren eigentliches Leben. Und untrügli-
15 ches Zeichen des gottgefälligen Lebens ist nach 15 die bereits programmatisch in
1,1 genannte Gerechtigkeit. Sie ist unsterblich. Also existiert, wer sie in die Tat
umsetzt, nicht mehr in der Gefangenschaft des eigentlichen Todes. Vielmehr befindet er sich jetzt im Machtbereich des gnadenhaft von Gott geschenkten Lebens. Wer die unsterbliche Gerechtigkeit übt, ist (so ist die Rede von der Unster-
lichkeit der Gerechtigkeit zu interpretieren) als Gerechter unsterblich, nämlich
nicht primär im medizinischen, sondern essentiell im theologischen Sinn.[16]

1,16–2,20 Die Rede der Gottlosen

1. Teil 1,16–2,9 Resignation und zugleich Lebensgenuß

16 Die Gottlosen aber riefen (den Tod) mit (ihren) Taten und Worten herbei,
    Sie hielten ihn für einen Freund und sehnten sich nach ihm.
    Sie schlossen sogar einen Bund mit ihm,
    Weil sie es verdienten, zum ihm zu gehören.
 1 Sie sprachen zueinander in törichten Gedanken:
    „Kurz und traurig ist unser Leben,
    Und es gibt keine Heilung am Ende des menschlichen Lebens.
    Und keinen kennt man, der aus der Welt der Toten befreit.
 2 Sind wir doch durch dummen Zufall ins Dasein geworfen.
    Und nach unserem Leben werden wir sein, als wären wir nie gewesen.
    Denn nur Rauch ist der Atem in unserer Nase,
    Und unser Reden nur ein Funke unseres Herzschlags.
 3 Wenn dieser erlischt, wird unser Leib zu Asche,
    Und unser Geist zerstiebt wie dünne Luft.
 4 Und im Laufe der Zeit vergißt man sogar unsere Namen.
    Keiner wird sich mehr unserer Taten entsinnen.
    Und unser Leben wird wie die Spur einer Wolke vorbeigehen
    Und wie Nebel zerstäuben,
    Gejagt von den Strahlen der Sonne
    Und von deren Hitze beschwert.
 5 Denn unser Leben ist nur der Vorübergang eines Schattens,
    Und kein Weg führt wieder von unserem Ende zurück,
    Denn dann ist es versiegelt, und kein einziger kehrt mehr zurück.
 6 Wohlan denn! Laßt uns alles Gute, was immer auch vorhanden ist,
                                                    genießen!
    Und laßt uns eifrig wie in unserer Jugend die Dinge der Welt gebrauchen!
 7 Laßt uns in Fülle erlesenen Wein trinken und uns mit Duftöl salben!

---

[16] Einige Handschriften der Vetus Latina fügen zu 1,15 noch hinzu: *iniustitia autem mortis
est acquisitio.* Dieser Text ist aber mit Sicherheit nicht ursprünglich.

Und keine einzige „Frühlingsblume" soll an uns vorbeigehen!
8 Bekränzen wir uns mit der Blüte der Rosen, ehe sie verblühen!
9 Keine „Wiese" sei aus unserem Ungestüm ausgeschlossen!
Überall wollen wir die Zeichen unseres Vergnügens zurücklassen.
Das ist nämlich *unser* Anteil und *unser* Los!

Von 1,16 an ist nun von den *Gottlosen,* den ἀσεβεῖς, *asebeis,* die Rede. Man hätte   1,16
zwar nach der Gerechtigkeitsthematik von 1,1–15 eher erwartet, daß der Verf.
der Sap als negatives Gegenbild der Gerechten die Ungerechten auftreten ließ.
Aber daß mit den Gottlosen diejenigen gemeint sind, die die Gerechtigkeit mit
Füßen treten, versteht sich von selbst. Man könnte sogar argumentieren, daß mit
der Bezeichnung „Gottlose" die überaus große Boshaftigkeit der Ungerechten in
drastischer Weise deutlich gemacht werden soll. Man kann auch fragen, ob die in
1–15 Angesprochenen mit den Gottlosen von 16 identisch sind. Aber vielleicht
würde man mit einer solchen Annahme die Ernsthaftigkeit der Imperative zu Beginn des Buches zu sehr relativieren.

In 1,16 wird die Rede der Gottlosen eingeleitet, deren erster Teil 2,1–9 umfaßt.   1,16. 2,1–9
Dieser enthält seinerseits zwei Abschnitte: 1–5 Worte der Resignation angesichts   1–5
der Kürze des Lebens und der Endgültigkeit des Todes. Anscheinend rechnen die
Gottlosen nicht mit einem Leben nach dem Tode. Die Konsequenz aus dieser de-
solaten Situation ziehen 6–9: *Hedonismus* sei's Panier! Die Frage, ob man diese   6–9
Hedonisten philosophisch einordnen kann, läßt sich mit Vilchez beantworten: Es
sind oberflächliche, eklektische Materialisten, ohne philosophisches System; sie
beziehen ihre Überzeugung aus umlaufenden Popularphilosophien.[17]

In 6–9 begegnet in diesem Zusammenhang das *Carpe-diem*-Motiv des Horaz.[18] Wie sich die Gottlosen von Sap 2 einander mit „Wohlan denn!" zu totaler
sittlicher Zügellosigkeit animieren, läßt sich gut mit „Nutze den Tag!" umschreiben. Otto Kaiser hat, allerdings im Blick auf Ben Sira, die entsprechenden Texte
aus der Antike zusammengestellt, dabei aber auch auf biblische Texte aufmerksam gemacht wie z.B. auf Pred 3,10–15, wo das Motiv des *Carpe diem* im Kontext des Lebens als Gabe Gottes und der Unergründbarkeit des eigentlichen Handelns Gottes ausgesagt ist.[19] Kaiser nennt hier auch den Verf. der Sap, der die geläufige Sentenz des Meander „Wenn die Götter lieben, den lassen sie jung sterben" aufnimmt (s. u. zu Sap 4,12 f.).[20] Zitiert sei hier nur das Harfnerlied des An-
tef, das er als ersten Beleg nennt[21]:

Genieße den Tag,
dessen werde nicht müde.
Denn niemand nahm mit sich,
woran er gehangen,

---

[17] *Vilchez* K 156.
[18] *Horaz,* carmen I,11,8: *Carpe diem quam minimum credula postera.* S. vor allem den Exkurs
„Il *carpe diem* dell'empio" in *Scarpat* K I 143–147.
[19] *Kaiser,* Carpe diem und Memento mori bei Ben Sira; Hinweis auf Pred 3,10 ff. ib. 189 f.
[20] Ib. 193 f.
[21] Ib. 185.

und niemand kehrt wieder,
der einmal gegangen.[22]

1,16   Mit 1,16 beginnt die Ausmalung einer recht üblen Szene. Ehe überhaupt ein einziges Wort des Gerichts über die Gottlosen ob ihres elenden Verhaltens gesprochen
ist, wird offenkundig: „Die Szene wird zum Tribunal, und es gestehn die Böse-
wichter." Doch sie gestehen anders als in Schillers „Die Kraniche des Ibykus".
Denn im Grunde richten sich die unmenschlichen Kreaturen von Sap 2 durch ihr
Verhalten selbst! Sie riefen „ihn", d. h. den Tod[23], mit ihren „Händen", also mit
ihren bösen Taten, und ihren lasterhaften, blasphemischen Worten herbei.[24] Sie
betrachteten ihn als einen Freund und sehnten sich daher nach ihm.[25] Der Leser
sagt sich zunächst: „Welche Torheit!" Und in der Tat fragt man sich, ob denn
nicht selbst der verworfenste Mensch, ja gerade er, sein eigenes Leben sucht –
und nicht den eigenen Tod! Doch die Fortsetzung zeigt, daß die Gottlosen nicht
im Masochismus befangen sind. Das wird bereits durch 16c deutlich, wo das Verhalten der Gottlosen eskaliert: Sie schlossen sogar einen Bund mit dem ersehnten
Tod. Die Begründung unseres Autors: Sie verdienen wirklich, Anteil am Tod zu
haben. Der Verf. der Sap greift hier auf *Jes 28,15* zurück. Danach entschieden
sich die vom Propheten Beschuldigten, mit der Unterwelt[26] einen *Bund* zu schließen und mit dem Tod[27] Bundesschlüsse auszuhandeln. Die dort Inkriminierten
sind mit dem Tod (er ist als hypostasierte Gestalt gesehen, der die Macht hat,
Menschen zu töten) vertraglich übereingekommen, daß er sie noch nicht sterben
läßt.[28] Vermutlich begreift der Verf. der Sap die Jes-Stelle in einem *Doppelsinn:*
Die Gottlosen haben den Tod herbeigesehnt, nach 16d auch Anteil an ihm gewonnen, gehören ihm also, jedoch, sie durchschauen nicht sein grausames Spiel:
Wenn sie kraft eines Vertrags ihm gehören und er ihnen, dann sind sie tatsächlich
des Todes habhaft, freilich – des eigenen Todes! Der Verf. der Sap wird also iro-
nisch, wird sarkastisch und makaber. Die Gottlosen „leben" in tödlicher Selbstillusion! In Erinnerung kommt die Warnung von 1,12: Sucht nicht in furchtbarer

---

[22] Weitere *Carpe-diem*-Texte bei *Engel* K 68–70.
[23] So fast alle Ausleger.
[24] Man beachte den Gegensatz: Nach 1,15 ist die *Gerechtigkeit* ist unsterblich, ἀθάνατος,
athanatos; nach 1,16 schließen die *Ungerechten* einen Pakt mit dem Tod, θάνατος, *thanatos.* Die
Ungerechten schlagen also in ihrer Torheit die Gerechtigkeit als Unterpfand der Unsterblichkeit
aus!
[25] *Engel* K 65: Die Frevler verwenden in 1,16a „erotische Sprache ‚sie schmelzen dahin'". *Engel* verweist in diesem Zusammenhang auf Spr 8,36, wo die Weisheit von sich sagt: „Die mich
hassen, lieben den Tod, ἀγαπῶσιν θάνατον, *agaposin thanaton.*"
[26] Nach dem MT schlossen sie einen Bund mit der Scheol, nach der LXX mit dem ᾅδης, *hades.* Der mythologische Hintergrund des Hades spielt hier keine Rolle.
[27] Die Reihenfolge ist in MT und LXX unterschiedlich; da der Verf. der Sap auf den LXX-
Text zurückgreifen dürfte, hat er wohl zuerst Hades, dann Tod gelesen. Für die Sache selbst
macht dies nichts aus.
[28] Zum Literalsinn von Jes 28,15 s. O. *Kaiser,* ATD 18, Göttingen 1973, 200: Der Vers dürfte
im übertragenen Sinn in Rechnung zu stellen sein: „Die Spötter verhalten sich so, als hätten sie einen Vertrag mit dem Tod und der Unterwelt abgeschlossen; als hätten ihnen beide zugesichert,
sie nicht in ihre Gewalt zu bringen; als wären sie gleichsam, wenn natürlich auch nur auf Zeit, unsterblich."

Selbsttäuschung euren Tod! Zieht euch nicht durch böse Taten euer Verderben zu! Der Bund mit der „Person" des Todes ist also in Wahrheit ein „Bund" mit dem eigenen Tod!

Die Torheit der Gottlosen wird in 2,1 noch klarer erkennbar. Ausdrücklich ist 2,1 von ihren törichten Gedanken die Rede. Eigentümlicherweise sprechen sie aber zunächst einmal mit Worten voller weinerlicher Resignation zueinander. Kurz und traurig sei ihr Leben.[29] Kurz – also hilft der Bund mit dem Tod gar nichts! Traurig – die gottlose Grundausrichtung des Lebens läßt keine Freude aufkommen! Das Leben strebt auf ein schnelles Ende zu, das kein Heilmittel verhindern kann.[30] Gilt einerseits für die Gerechten, daß sie trotz des vielleicht vorzeitigen und gewaltsamen Todes keine Herrschaft des Hades erdulden werden (Kap. 3 wird das noch anschaulich schildern), so müssen sich andererseits die Gottlosen eingestehen, daß *sie* keinen Retter kennen, der sie aus diesem Hades befreien kann.[31] Durch puren Zufall, so 2, sind sie ins Dasein geworfen.[32] Doch der bloße 2 Zufall bedarf keines Ethos! Denn als Zufalls-„Produkt" ist der Gottlose wirklich los von Gott, d. h. ohne eine göttlich-transzendente Sinngebung, die, weil nicht existierend, folgerichtig auch keine fordernde Kraft haben kann. Der Gott-Lose ist somit dem Nichts preisgegeben. Er kann sich selbst nur aus dem nichtenden Zufall verstehen, also ohne Halt jenseits der eigenen zufälligen Existenz. *Gottlosigkeit führt* – im Verständnis des Autors sogar zwangsläufig – *in eine ethoslose Welt.* Doch der gott- und zugleich ethoslose Mensch der Sap, mag er noch so sehr durch seine Grundausrichtung ohne Sinn- und Lebenserfüllung existieren, er erlebt nicht die *Tiefe des Ab-Grundes der Gottlosigkeit,* unter der einmal ein Friedrich Nietzsche litt und der deshalb das Grauenvolle des atheistischen Nihilismus erfuhr: „Wer gab uns den Schwamm, um den ganzen Horizont wegzuwischen? Was taten wir, als wir diese Erde von ihrer Sonne losketteten? Wohin bewegt sie sich? Wohin bewegen wir uns? ... Gibt es noch ein Oben und ein Unten? Irren wir nicht wie durch ein unendliches Nichts?"[33] Die „Atheisten" von Sap 2 sind ja so oberflächlich, daß sie unfähig sind, die Tiefen des wirklichen Atheismus und Nihilismus zu durchschreiten und zu durchleiden. *Als Gottlose wissen sie nicht, was Atheismus ist!* Dennoch, gewisse Konsequenzen ihrer Gottlosigkeit sehen sie schon, trotz ihrer blamablen Beschränktheit: Nach unserem Leben werden wir sein, als wären wir nicht gewesen. Und dann im Bilde: Unser Atem ist nur vergänglicher Rauch, unser Reden nur Funke des Herzschlags.[34] Mag dieses Bild auch ein wenig verunglückt sein, so weiß doch jeder, was mit ihm gemeint ist. Der

---

[29] Angespielt wird hier auf ψ 36,10 καὶ ἔτι ὀλίγον καὶ οὐ μὴ ὑπάρξῃ ὁ ἁμαρτωλός. Kurz danach heißt es dort in V. 12: παρατηρήσεται ὁ ἁμαρτωλὸς τὸν δίκαιον. S. auch Hiob 10,20f.; 14,1.

[30] Zu Sap 2,1c s. ψ 37,4: οὐκ ἔστιν ἴασις ἐν τῇ σαρκί μου ἀπὸ προσώπου τῆς ὀργῆς σου.

[31] Ganz anders spricht Hiob davon, daß er nicht mehr aus dem Hades aufsteigt, Hiob 7,9f. S. auch die bekannte Stelle Hiob 14,1f.

[32] Zu Sap 2,2b καὶ μετὰ τοῦτο ἐσόμθα ὡς οὐχ ὑπάρξαντες s. Obd 16 καὶ ἔσονται καθὼς οὐχ ὑπάρχοντες und Sir 44,9 καὶ ἀπώλοντο ὡς οὐχ ὑπάρξαντες.

[33] *F. Nietzsche,* Die Fröhliche Wissenschaft, Nr. 125, in: *ders.,* Werke II, hg. von K. Schlechta, Frankfurt a. M. u. a., 6. Aufl. 1969, 127.

[34] Lucretius, De rer. nat. III, 455f.

3 Tod wird von diesen Menschen, wie auch 3 zeigt, nur primitiv materialistisch gesehen. Wenn der Funke ausgelöscht ist, ist der Weg des Leibes zu Asche hin vorgezeichnet, und der Geist verflüchtigt sich wie zerstäubende Luft. Also wird man

4 nach 4 mit der Zeit den Namen der Gottlosen vergessen, und kein einziger wird sich mehr ihrer bösen Taten entsinnen.[35] Auch das Böse verfällt der Vergessenheit! Wie die Spur einer Wolke vergeht das Leben derer, die in seinem Bannkreis existieren, wie Nebel wird es sich verflüchtigen.[36] Und dann ein eigentümliches, aber einprägsames Bild: Wie von Sonnenstrahlen gejagt, geschieht diese Verflüchtigung, wie von der Hitze dieser Strahlen „bedrückt".

5 In 5 läßt der Verf. der Sap die Gottlosen immerhin das Phänomen der *Zeit* ein wenig reflektieren: Unsere Zeit, nämlich die uns vergönnte Zeitspanne, ist der schnelle Vorübergang eines Schattens. Das menschliche Leben – nur eine kurzatmige Schattenexistenz! Der Zeitpunkt des Todes ist nicht mehr rückgängig zu machen. Ist erst einmal das Ende besiegelt, so gibt es keine Rückkehr mehr.[37]

6 Genug der larmoyanten Äußerungen! Mit 6 geschieht der Umschwung. Welche Konsequenzen ziehen die Gottlosen? Genießen wir das Leben! So sagen sie es in
6-9. 10-20 6-9. Und in 10-20 sprechen die Gottlosen in aller Offenheit aus, zu welch unmenschlichen Mitteln sie ohne jegliche Gewissensbisse greifen werden, um diesen Lebensgenuß zu ermöglichen.

6 Mit „Wohlan denn!" beginnt der neue Abschnitt in 6. Laßt uns alles Gute genießen! Resignation schlägt um in grenzenlose Genußsucht. Mit aller Energie und ohne uns im geringsten beeinträchtigen zu lassen wollen wir von der Schöpfung zu unserem eigenen Nutzen Gebrauch machen! Ist hier die Rede von der Schöpfung, der κτίσις, *ktisis,* so ist dieses Wort nicht im theologischen Sinn gebraucht. Anscheinend sind es nicht mehr die Jüngsten, die sich hier äußern; denn sie wol

7 len es ja wieder „wie in ihrer Jugend" machen. Hemmungslos! In 7 wird zunächst der Genuß von teurem Wein genannt. Man muß sich also die Genießer als Männer auf einem Gelage vorstellen. Alkohol zuerst, das ist ja ein zeitloses Programm. Ist übermäßiger Alkoholkonsum gemeint? Dafür könnte sprechen, daß Wein in Fülle getrunken werden soll. Paßt dazu jedoch das ästhetische Moment, daß sich die Männer salben? Aber vielleicht handelt es sich um trinkfeste Männer, die schon einiges vertragen können und danach immer noch in der Lage sind, in ihrer Eitelkeit Salben aufzutragen. Zu fragen ist ferner, ob die Rede von den Frühlingsblumen, von denen keine an ihnen vorübergehen (!)[38] soll, im wörtli

---

[35] Gut *Grimm* K 70: „denn eben weil nach nach der Ansicht der Materialisten die Erinnerung an *jegliches* Handeln der Menschen schwindet, brauchen dieselben sich auch vor schlechtem Handeln nicht zu scheuen."

[36] Steht dahinter *Platon,* Phaidon 77 b, wonach sich die Seele nach ihrem Tod verflüchtigt, διασκεδάννυται? In Sap 2,4 heißt es: ὁ βίος ἡμῶν … ὡς ὁμίχλη διασκεδασθήσεται …, jedoch hat für Sap 2,3 f. weder *Grimm* noch *Scarpat* auf diese Platon-Stelle verwiesen.

[37] S. im AT z.B. Hos 13,3; Hiob 7,9; in der profanen Gräzität z.B. *Horaz,* carmen 4,7,16: *pulvis et umbra sumus.*

[38] παροδεύω heißt vorübergehen. Es heißt in V. 6, daß keine Blume an uns vorübergehe. Subjekt ist also ἄνθος ἔαρος! Nicht heißt es: Keiner gehe an den Blumen vorbei!

chen oder übertragenen Sinn gemeint ist. Ist wirklich in 8 gemeint, daß sich die 8
Männer mit Rosenblüten bekränzen? Oder ist hier nicht vielmehr im Bilde ausgesagt, daß kein junges Mädchen, das ihnen über den Weg läuft, von ihnen unbe-
helligt bleibt? Ist es Goethes Bild „Sah ein Knab' ein Röslein stehn", „Knabe
sprach: Ich breche dich"? Für diese Deutung kann man anführen, daß von der
Blume des Frühlings, also von einer *jungen* Blume, vielleicht einer sich gerade öff-
nenden Knospe, gesprochen wird.[39] Doch kann ebenso 9 für diese Interpretation 9
herangezogen werden, vorausgesetzt, man faßt auch das griechische Wort
λειμών[40] – wörtlich übersetzt: Wiese – als Metapher für die weibliche Scham[41],
also: jedes Mädchen, das uns entgegenkommt, wird unser sexuelles Opfer! Was
mit der Aussage, man wolle überall Zeichen der Lust zurücklassen, konkret gemeint ist, läßt sich nicht genau sagen. Sind es die Kinder der Promiskuität? Das
Fazit dieses antiken „Macht euch das Leben nur bequem, kein Jenseits gibt's, kein
Wiedersehen!" (der Verf. der Sap spielt in diesem Abschnitt vielleicht auf
Jes 22,13 an[42]) wird als Teil und Los bezeichnet. Dazu vergleiche man 1,16.[43]
Wollte der Verf. der Sap damit das blasphemische Verhalten der Gottlosen (oder
sollte man gar sagen: ihre blasphemische Existenz?) noch mehr entlarven? Ent-
weihen sie doch die geheiligten Worte der Schrift! Wahrscheinlich ist diese Frage
zu bejahen.

2. Teil 2,10–20 Die Ungerechtigkeit der Gottlosen

10   **Unterdrücken wir den armen Gerechten!**
     Schonen wir nicht die Witwe!
     Versagen wir dem weißen Haar des greisen Mannes den Respekt!
11   **Unsere Stärke –** *die* **sei das Gesetz der „Gerechtigkeit"!**
     Denn was schwach ist, das erweist sich doch als unnütz.
12   **Wir wollen dem Gerechten auflauern, denn er ist uns unbequem**
     Und steht unserem Tun im Wege.

---

[39] S. auch *Grimm* K 74: „κάλυξ … die noch nicht aufgeblühte Blume, besonders Rosenknos-
pe, treffend zur Zeichnung des Eifers der Wollüstlinge, mit welchem sie die Rosen brechen, sobald sie nur als Knospen sich zeigen, d. h. das Vergnügen ergreifen so wie es sich darbietet, sollte
es auch nur in unvollkommener Art seyn."

[40] λειμών findet sich nicht in den griechischen Handschriften, statt dessen steht dort ἡμῶν.
λειμών ist Konjektur nach der Vetus Latina: *pratum.* Diese Konjektur dürfte mit großer Wahrscheinlichkeit zutreffen, so z. B. Rahlfs, Göttinger LXX und vor allem *Scarpat* K I 182 f.

[41] Diesen Vorschlag habe schon ich unter Hinweis auf *Euripides,* Kyklops 171 in meinem
Wörterbuch zur Sap, z. St., gemacht. Ich freue mich, feststellen zu können, daß *Giuseppe Scarpat*
schon 1966, damals von mir unbeachtet, in seinem Aufsatz Un passo delle Sapientia (2,9 a), in:
Tetraonyma. Miscellanea Graeco-Romana, Università di Genova, Facoltà di Lettere, Istituto di
Filologia Classica e Medioevale 1966, 247–249, diesen Vorschlag publiziert hatte. Jetzt auch in
ders. K I 182 f. Er wurde auch übernommen in *Arzt* u. a., Sprachlicher Schlüssel zur Sap, z. St.,
neuerdings als Möglichkeit auch *Engel* K 67.

[42] S. auch 1Kor 15,32, wo Jes 22,13 wörtlich zitiert ist.

[43] In beiden Versen μερίς, ein atl. theologischer Zentralbegriff (z. B. Dtn 10,9: μερὶς καὶ
κλῆρος; ψ 72,26: καὶ ἡ μερίς μου ὁ θεὸς εἰς τὸν αἰῶνα)!

> Er hält uns unsere Übertretungen des Gesetzes vor
> Und behaftet uns bei unseren Vergehen gegen die Zucht.
> 13 Er behauptet, er hätte die Erkenntnis Gottes,
> Und nennt sich sogar Knecht (Kind?) des Herrn.
> 14 Unsere bösen Gedanken hat er aufgedeckt.
> Schon allein sein Anblick ist uns unangenehm.
> 15 Sein Lebenswandel ist von dem der anderen so völlig verschieden,
> Und befremdlich sind seine Wege.
> 16 In seinen Augen sind wir Heuchler,
> Er hält sich fern von unseren Wegen, als seien wir unreines Gesindel.
> Doch das Ende der Gerechten preist er glücklich
> Und rühmt sich damit, Gott zum Vater zu haben.
> 17 Laßt uns also sehen, ob seine Worte Bestand haben,
> Und prüfen wir, wie sein Ende tatsächlich ist!
> 18 Ist der Gerechte wirklich ein Sohn Gottes, so wird der sich ja seiner
> annehmen
> Und ihn aus der Hand seiner Feinde befreien.
> 19 Wir wollen ihn also mit spöttischem Übermut und Folter prüfen,
> Damit wir seine Anständigkeit erkennen
> Und erproben, wie es tatsächlich mit seiner Langmut steht!
> 20 Zu schimpflichem Tode laßt uns ihn verurteilen!
> Nach seinen Worten soll ihm ja göttliche Rettung zuteil werden.“

Ist unsere Abgrenzung richtig, wenn wir den neuen Abschnitt innerhalb der Rede
10 der Gottlosen mit 10 beginnen lassen? Daß ein gewisser Bruch innerhalb dieser
Rede vorliegt, ist unbestreitbar. Denn die weinerliche Lamentation über das kurze Leben, angesichts dessen nur ungehemmter Libertinismus angebracht ist, und
die Selbstaufforderungen, den Gerechten zu quälen und schließlich zu liquidieren, sind ja Redeteile recht unterschiedlicher Intention. Ist in 10 mit dem „armen
Gerechten“, der neben der Witwe und dem ehrwürdigen Greis genannt wird, der
12ff. Gerechte von 12 ff. gemeint, den die Gottlosen unter allen Umständen beseitigen
2,12*-20 wollen? Dies bestreitet energisch Lothar Ruppert, der in 2,12*-20 und 5,1-7 eine
5,1-7 dem Verf. der Sap vorgelegene Quelle von zwei sich entsprechenden Reden sieht,
die er als *Diptychon* charakterisiert.[44] 10 f. sei gedanklich eindeutig zu 6-9 zu
rechnen[45], da in 6-11 die tyrannische Bedrückung der sozial und physisch
Schwachen nur die Kehrseite der in 6-9 beschriebenen Lebenshaltung sei, die
Feinde in 12-20 den Gerechten aber aus ganz anderen Motiven verfolgen.[46] Von
besonderem Gewicht ist für Ruppert, daß lediglich im Diptychon ein Bezug auf
Jes 53 vorliege.[47] Wir lassen die Frage, ob tatsächlich dem Verf. der Sap ein solches Diptychon vorgelegen hat, noch offen und suchen erst nach der Exegese von
5,17 nach einer Antwort.

---

[44] *Ruppert,* Der leidende Gerechte, 70-105; *ders.* Gerechte und Frevler (Gottlose) in Sap 1,1-
6,21.
[45] Auch wegen der Inklusion χρησώμεθα/ἄχρηστον.
[46] *Ruppert,* Der leidende Gerechte, 75 f.
[47] S. vor allem *ders.,* Gerechte und Frevler, 22 ff.

Jetzt sind es die Gottlosen selber, die durch ihre niederträchtigen Reden die Ver-
worfenheit ihrer Gesinnung verraten. Schon der erste Satz in 10 ist überdeutlich: 10
Unterdrückung des armen Gerechten![48] Selbst die hilflose Witwe ist das ausge-
suchte Opfer maßloser und ungehemmter Bosheit. Und Achtung vor dem weißen
Haar des alten Menschen kennen diese Gottlosen auch nicht. Wo die Ausbeutung
eines wehrlosen Menschen materielle Vorteile verschafft, da verachten sie alle
Menschlichkeit. Das ist das wahre Gesicht der Ungerechten: Vernichtung des Gerechten, Vernichtung des Armen – wo immer es nur nützt! Ungerechtigkeit eskaliert zur Brutalität und Menschenverachtung. Diese Leute sind die Ausgeburt der
Inhumanität, und sie sind es sehr bewußt. Über die Gerechtigkeit machen sie sich
in 11 nur lustig. Zynisch verdrehen sie das Recht: Was Gerechtigkeit ist, das be- 11
stimmen *wir*! 11 a ist das Grundprinzip aller Diktaturen. Und wer noch die Erinnerung an das nationalsozialistische Regime hat, wird in 11 b sofort an deren
Ideologie erinnert: Das Schwache hat keine Existenzberechtigung! 11 spricht geradezu prophetisch die menschenverachtende Sprache der damaligen braunen
Machthaber. Ihre Nachfolger, auch außerhalb des braunen Spektrums, sprechen
sie noch heute.

Gehören 10 und 11, Sätze sehr unterschiedlicher Art, zum Vorhergehenden
oder zum danach Folgenden? Man kann die beiden Verse als Übergangsverse sehen. Einerseits sind sie die Konsequenz aus dem Hedonismus von 6–9, andererseits begegnet bereits in ihnen der Topos „gerechter Mensch". Ruppert hat auf jeden Fall insofern recht, als die Motivation der Unterdrückung des in 10 genannten „armen Gerechten" nicht mit der Motivation der Verfolgung des Gerechten
von 12 ff. zusammenfällt. Also ist 10 f. gut als Abschluß von 6 ff. denkbar, doch
ebenso gut als vom Verf. der Sap formulierter Übergang zu 12 ff. Entschieden
über eine literarkritische Frage ist damit noch nicht.

Die Selbstaufforderung der Gottlosen geht in 12 weiter. Sie wollen dem Ge- 12
rechten auflauern, weil er ihnen „unbequem" ist (Anspielung auf Jes 3,10 LXX[49]).
Damit ist das Stichwort gefallen, das in allen Diktaturen kursiert. Wer gerecht
ist, wer Charakter besitzt, der ist schon allein durch sein Dasein unbequem, der
bringt durch seine bloße Existenz Irritation in die trüben Machenschaften der
Verächter des Rechts. Ein solcher „muß weg", er stört durch seine Gerechtigkeit
die Pläne der Ungerechtigkeit. Allein schon dadurch, daß sein öffentliches Eintreten für die Gerechtigkeit Einfluß auf Menschen hat und er somit das allgemeine Bewußtsein für das Recht verstärkt, steht er den Bösen im Wege. Und dann
wagt er es auch noch, das Böse böse zu nennen! Er ist also so etwas wie ein öffentliches Gewissen, weil er *coram publico* die Gesetzesübertretungen der Mächtigen rügt und sie als Übeltäter bei ihrem Unrechttun behaftet. Zudem beruft er

---

[48] In der Verurteilung dieser Leute steht der Verf. der Sap in biblischer Tradition, z. B. Hab
1,4: ὅτι ἀσεβὴς καταδυναστεύει τὸν δίκαιον, und Jer 22,3: καὶ προσήλυτον καὶ ὀρφανὸν καὶ χήραν
μὴ καταδυναστεύετε καὶ μὴ ἀσεβεῖτε καὶ αἷμα ἀθῷον μὴ ἐκχέητε.

[49] Jes 3,10: εἰπόντες Δήσωμεν τὸν δίκαιον, ὅτι δύσχρηστος ἡμῖν ἐστι. *Ruppert,* Gerechte und
Frevler, 27, sieht aber in ἐνεδρεύσωμεν von Sap 2,12 eine Fehlübersetzung des hebräischen Textes
von Jes 3,10 und insofern ein weiteres Argument für seine Hypothese einer ursprünglich hebräischen Quelle von Sap 2,12 ff.

13 sich in 13 auf eine höhere Instanz, nämlich auf Gott. Er weiß, wer Gott ist. Und
    das heißt, er weiß, was Gott fordert, nämlich die Gerechtigkeit zu lieben (1,1!).
    Gotteserkenntnis wird da für mächtige Gottlose gefährlich, wo die ethische Kon-
    sequenz aus dieser Erkenntnis bewußt wird. Unklar ist zunächst, wie 13 b zu
    übersetzen ist. Will sich der Gerechte, wie es durch 18 nahegelegt sein könnte,
    Sohn Gottes nennen[50], oder meint παῖς θεοῦ, *pais theou,* im Sinne von Jes 53
    Knecht des Herrn (Knecht Jahwähs)? Sollte wirklich für das Diptychon der Bezug
    auf Jes 53 konstitutiv sein, dann könnte das zwar für die Übersetzung „Knecht
    des Herrn" sprechen. Doch ist es wegen 2,18 und 5,5 wenig wahrscheinlich. Nach
14 14 deckt der Gerechte die bösen Gedanken der Gottlosen auf; er tut es durch
    seine Worte, aber auch schon allein durch seine integre Person. Er (so ein heutzu-
    tage oft gebrauchtes Modewort) „entlarvt" die Anschläge der Bösen. Und daher
15 ist schon allein sein Anblick für die Rechtsbrecher „unangenehm". 15 sagt im
    Grunde nichts Neues: Der Gerechte unterscheidet sich so deutlich von seinen Wi-
    dersachern, daß diese Unterschiedlichkeit für sie zur Gefahr wird. Er ist ihnen
    „*fremd*". Und alles Fremde muß weg! Denn es ist gefährlich. Eine auch heute
16 noch beliebte Parole! Man sollte allerdings nicht übersehen, daß es nach 16 den
    ungerechten Gottlosen doch etwas ausmacht, in den Augen des Gerechten
    Heuchler zu sein. Irgendwie haben zumindest doch manche von ihnen noch das
    Gespür, wenn auch nur ganz rudimentär, daß es letztlich eine *Überlegenheit der*
    Gerechtigkeit über die Ungerechtigkeit gibt und daß sie deshalb ständig auf der
    Hut sein müssen, um nicht der machtvollen Gerechtigkeit Angriffspunkte gegen
    sie zu liefern. Daß der Gerechte zu den Ungerechten Distanz hält, ist für viele
    schon auffällig genug. Schon allein dadurch sind sie gezeichnet. Kein Wunder,
    daß Unrechtsregime ständig auf Geheimpolizei und Spitzelwesen angewiesen
    sind! Das nämlich ist ein ehernes Gesetz: Unrecht muß weiteres Unrecht zeugen,
    um als Unrecht überhaupt bestehen zu können. Mit Friedrich von Schiller: „Das
    ist der Fluch der bösen Tat, daß sie fortzeugend immer Böses muß gebären."[51] Es
    muß den Gottlosen trotz ihres rudimentären Gespürs für die sich immer wieder
    meldende Überlegenheit der Gerechtigkeit geradezu lächerlich vorkommen,
    wenn der Gerechte ausgerechnet das schmähliche Ende der Gerechten glücklich
    preist. Die Gottlosen wollen ihre *Gegenwart* ausleben, der Gerechte aber schaut
    auf die *Zukunft,* die eschatologische Zukunft. Doch davon verstehen seine Feinde
    nichts! Rühmt er sich noch zudem, daß er Gott zum Vater hat, so sagt er ihnen
    damit stillschweigend und gerade dadurch sie provozierend, daß sie ihn nicht
    zum Vater haben.
17   Also machen sie, so 17, die Probe. Sie wollen „testen", was mit ihm geschieht,
    wenn sie ihn vernichten, nämlich herausfinden, ob sein Vertrauen „wahr" ist, d. h.
    ob ihm sein Gottvertrauen wirklich die Rettung bringt. Natürlich ist das nicht
    ganz ernst gemeint. Denn sie gehen ja im Vertrauen auf ihre intelligente Boshaf-

---

[50] So z. B. *Vilchez* K 160. 163; *Engel* K 73.
[51] *F. von Schiller,* Die Piccolomini, V,1. S. schon vor der Sap *Aischylos,* Agamemnon, 758 f.:
„Denn wie ruchlos schlimmes Tun nur / Immer zahlreichere Brut zeugt", τὸ δυσσεβὲς γὰρ ἔργον
/ μετὰ μὲν πλείονα τίκτει.

tigkeit überhaupt nicht davon aus, daß das Rechnen mit Gott das letzthin einzige Rechnen mit der Realität ist. In ihren Augen ist aber ein solches Rechnen mit Gott lediglich ein nutzloses Spekulieren mit einer bloß eingebildeten Wirklichkeit. *Das ist ihr praktischer Atheismus.* Sie bestreiten zwar nicht in theoretischer Reflexion das Dasein Gottes. Aber dieser ist für sie nichts, was in ihrem Leben bestimmend sein könnte. Ihre Rede in 17 ist also sarkastische Ironie. Ebenso 18: Wenn der Ge- 18 rechte wirklich Sohn Gottes ist, wird dieser sich ja seiner annehmen und ihn aus der Hand seiner Widersacher befreien. Also „prüfen" sie ihn gemäß 19 in Hybris 19 – gemeint ist wohl spöttischer Übermut – und Folter. Was die Gottlosen sagen, trieft nur so von Hohn und Gemeinheit: Wir wollen doch auf diese Weise nur her-ausfinden, ob er wirklich so sanftmütig und geduldig ist. Wir geben ihm doch so eine Chance! Nicht mehr zu solcher „Prüfung" gehört die ungerechte Verurtei-lung zum Tode in 20. Denn ist er erst einmal tot, dann hat sich das Gerede von 20 göttlicher Rettung als Farce herausgestellt. Damit, daß sich nach dem Tod des Gerechten noch eine jenseitige Wendung der Dinge ereignen könnte, rechnet selbstverständlich keiner der Gottlosen. Denn ihr ganzes Sinnen und Trachten bleibt in den Fesseln der Immanenz gefangen. Es wird sich noch zeigen, wie be-*schränkt* ihr Horizont ist, wie – im wörtlichen Sinne – *kurz*-sichtig und somit un-realistisch das sich Einrichten in der nur immanenten Realität ist. Das will unser Autor mit allem Nachdruck sagen: Wer nur *diese* Welt gelten läßt, der ist kein Realist! Er ist nur ein armer Diesseitsfetischist.

2,21–24 Bosheit macht dumm

21 Das also waren ihre Gedanken – doch sie täuschten sich!
    Denn ihre Bosheit hatte sie geblendet.
22 Also verstanden sie von Gottes Geheimnissen nichts.
    Auch setzten sie ihre Hoffnung nicht auf Lohn für ein gewissenhaftes
                                                                    Leben.
    Und so konnten sie auch nicht die Belohnung für tadellose Menschen
                                                                    beurteilen.
23 Denn Gott hat den Menschen für die Unvergänglichkeit erschaffen
    Und ihn sogar zum Bilde seines eigenen Wesens gemacht.
24 Doch durch den Neid des Teufels kam der Tod in die Welt,
(25) Und den erleiden die, welche zu ihm gehören.

Mit 21 beginnt die *Reflexion* des Verf. der Sap. Fast meint man einen ein wenig 21 spöttischen Ton zu vernehmen. Diesmal jedoch nicht auf seiten der Gottlosen! Auch der Autor der göttlichen Weisheit spricht mit etwas Emotion: *Das* also wa-ren ihre Gedanken! Solche Dummheit schwätzten sie daher! Aber wie sehr haben sie sich getäuscht! Kann man sagen, man höre hier einen triumphierenden Ton des Verf. der Sap? Jedenfalls stellt er fest: Ihre eigene Bosheit war es, die die Bö-

sen in ihre die Blindheit führte! Der „Lohn" der Bosheit ist die Verblendung. Und
so ist eben die notwendige Konsequenz der Bosheit, ganz trivial gesagt, die
Dummheit. Das meint nicht die Negation der heute vielzitierten „instrumentellen
Vernunft", nicht den Verlust der Intelligenz, wohl aber die Denkunfähigkeit im
Blick auf die eigene Existenz. Die Bösen wissen, wie sie Menschen zerstören können, sie wissen es leider nur zu genau! Hierin können sie äußerst intelligent sein,
wie ja technische Fähigkeiten in Folterkellern oft übergroß waren und sind. Aber
ihre Augen sind gegenüber dem gehalten, was sie mit ihrer grauenvollen Zerstö-
rungsintelligenz gegen sich selbst anstellen.

22 Wer Menschen quält und liquidiert, der weiß nach 22 nichts von Gottes Geheimnissen; denn *das eigentliche Geheimnis Gottes* ist *der Mensch,* ist dessen Heil.
Wer auf das Unheil des anderen sinnt, vor allem das des Gerechten und Glaubenden, kann das Heil, also den eigentlichen Gedanken Gottes, nicht verstehen.[52]
Daß Unheil wollen und zugleich Heil verstehen ein Unding ist, ist eigentlich ein
selbstverständlicher hermeneutischer Sachverhalt. Und so versagen die Bösen und
Ungerechten auch in dem, was dem Menschen als grundsätzliches Existential eignet, nämlich in ihrem Ausgerichtet-Sein auf die Zukunft. Sie begreifen ihre *Zeit-*
lichkeit nicht, die ja die *Zukünftigkeit* notwendig impliziert. Sie haben ihre eigene
Hoffnung pervertiert, nämlich die Erwartung des Lohns für ein gewissenhaftes
Leben. Natürlich ist mit 22b nicht der Werkgerechtigkeit das Wort geredet. Auch
das NT spricht bekanntlich von Lohn. Es geht vielmehr darum, daß der Verf. der
Sap den Gottlosen anlastet, Gott nicht mehr als den ewigen Richter zu sehen oder
gar aufgrund eigener Schuld nicht mehr sehen zu können. In diesem Sinn ist auch
22c zu verstehen: Sie sind nicht in der Lage, über die Konsequenz des Leben eines
verantwortungsvollen Menschen zu urteilen. Hierin sind sie völlig inkompetent,
eben – dumm!

23 23 bringt die *theologische Begründung* der in 21 einsetzenden Reflexion. In
theologischer Programmatik heißt es: Gott hat den Menschen zur Unvergänglichkeit, ἀφθαρσία, *aphtharsia,* erschaffen. Das Bedeutungsspektrum des Verbs
φθείρω, *phtheiro,* von dem dieser Begriff abgeleitet ist, ist breit: verderben, vernichten, zugrunde richten, in sittlicher Hinsicht: verführen; im Passiv: zugrunde
gehen, sterben. Damit rückt das Verb in die Nähe des dynamischen Gegensatzes
werden – vergehen, eines Gegensatzes, der in der griechischen Philosophie und
überhaupt im griechischen und hellenistischen Denken von hoher Bedeutsamkeit
war.[53] Wenn in 23 von der Unvergänglichkeit die Rede ist, dann geschieht das zunächst im Horizont griechisch-hellenistischen Denkens, wonach das Vergängli-

---

[52] *Scarpat* K I 197: Gottes Geheimnisse sind seine geheimen Pläne mit seinen Gläubigen. Es
ist aber zu fragen, ob es bei den Mysterien von Sap 2,22 nicht eher um die Würde des Menschen
geht, die in seinem gottgeschenkten Heil ihren Grund hat und die sich in ihrem Wesen nur dem
Glaubenden, nicht aber dem Gottlosen erschließt. Wenn *Scarpat* von „i segreti piani" spricht, so
kann das leicht im Sinne von heilsgeschichtlichen Plänen verstanden werden. Um diese geht es im
Zusammenhang von Sap 2 aber höchstens in zweiter Linie.
[53] Zum Gegensatz von γίγνεσθαι und φθείρεσθαι bzw. φθαρτόν und ἄφθαρτον, vergänglich und
unvergänglich, s. *G. Harder,* ThWNT IX, 96 ff., vor allem die Abschnitte über den philosophischen Wortgebrauch und über das hellenistische Judentum.

che zu dieser irdischen Welt gehört, das Unvergängliche aber zur himmlischen Welt. Die Worte „vergänglich" (φθαρτός, *phthartos*) und „unvergänglich" (ἄφθαρτος, *aphthartos*) begegnen mehrfach in der Sap. Vergänglich sind der Leib (9,15) und das Götzenbild (14,8), unvergänglich hingegen Gottes Geist (12,1) und das Licht des Gesetzes (18,4). Insofern der Mensch Anteil am göttlichen Gnadengeschehen und folglich an der himmlischen Welt hat (und das heißt: der ihn vernichtenden Welt des Unrechts entnommen ist), hat ihn Gott zur eschatologischen Unvergänglichkeit geschaffen, allerdings erst nach seinem Tod, der unter Umständen ein schimpflicher Tod ist. Mit dieser Vorstellung ist die ursprüngliche weisheitliche Grundvorstellung vom Tun-Ergehen-Zusammenhang aufgehoben, nämlich als ein auf immanentes Geschehen bezogenes Dogma. Diese Aufhebung ist ja das konstituierende Moment der sogenannten Krisis der späteren Weisheit. Aber das alte Dogma ist nicht einfach verworfen; es ist vielmehr in die Transzendenz transferiert: Das gute Tun auf dieser Erde zeitigt das gute Ergehen nach dem Tode in der Gegenwart Gottes. Kap. 3 wird dies dem Leser noch deutlich vor Augen führen. Daß Gott den Menschen geschaffen hat, ist zentrale Aussage der beiden Schöpfungsberichte Gen 1 und 2. In Sap 2,23 ist die Schöpfung zur *eschatologischen Neuschöpfung* erhöht, so daß in etwa die Formulierung des Paulus von der „neuen Schöpfung" (Gal 6,15; 2Kor 5,17) zutrifft, wenn auch noch nicht im christologischen Horizont. Die Schöpfung ist also für den Verf. der Sap auf Neuschöpfung angelegt. Sein Rekurs auf Gen 1,26 f. liegt somit auf dem Wege zu Paulus. Daß in Sap 2,23 auf diese Stelle Bezug genommen ist, geht auch aus 23 b hervor, wo vom „Bild des göttlichen Wesens" die Rede ist.[54] Wir übersetzen ἰδιότης, *idiotes,* mit „Wesen".[55] Daß der Mensch nach Gen 1,16 Bild Gottes ist, versteht also der Verf. der Sap eschatologisch.

Der in 23 ausgesprochene Gedanke begegnete bereits in 1,13 ff. Auch dort war vom Erschaffen Gottes die Rede, auch dort, daß Gott der Gott des Lebens, nicht aber des Todes sei. Die Spitzenaussage von 1,14, Gott habe alles geschaffen, damit es sei, entspricht der Aussage in 2,23, daß Gott den Menschen zu seinem unvergänglichen Ebenbild gemacht habe. Gottes Erschaffen hatte der ursprünglichen Intention nach Ewigkeitssinn, Gottes Schöpfung kennt eigentlich keine Ende.[56] Aber eben: nur eigentlich! Denn nach 24 kommt der Gegenspieler Gottes 24 und in einem zugleich der Gegenspieler des Menschen hinzu: der *Teufel.* Ist Gott der Gott des Lebens, so der Teufel der Gegen-„Gott" des Todes. Woher dieses

---

[54] Sap 2,23 a ὁ θεὸς ἔκτισεν τὸν ἄνθρωπον entspricht Gen 1,27 καὶ ἐποίησεν ὁ θεὸς τὸν ἄνθρωπον. Sap 2,23 b καὶ εἰκόνα τῆς ἰδίας ἰδιότητος ἐποίησεν αὐτὸν entspricht Gen 1,26 ποιήσωμεν ἄνθρωπον κατ' εἰκόνα ἡμετέραν καὶ καθ' ὁμοίωσιν.

[55] So die meisten Autoren, z.B. *Grimm* K 82 und *Feldmann* K 35; s. auch *Winston* K 121: „his own proper being"; *Vilchez* K 168: „su propio ser", *Scarpat* K I 171: „immagine della propria natura". *Fichtner* K 14. 17 (mit *Rahlfs,* Sept.) hingegen liest das nur schwach bezeugte ἀϊδιότητος: „zum Abbild seiner eigenen Ewigkeit" – sehr unwahrscheinlich!

[56] *Engel* K 76 f.: „Anders als in der griechischen Denkweise, wonach die *Seele* als Geist von Natur aus unsterblich ist, handelt es sich hier um eine Aussage über den *Menschen,* der nicht von Natur aus, sondern durch die Zielbestimmung des Schöpfers an dessen eigener Unvergänglichkeit, am *Leben,* teilhaben darf."

diabolische Wesen gekommen ist[57], wird nicht gesagt. Sein Dasein und sein Wirken werden einfach vorausgesetzt, ohne daß die *uns* bedrängende Frage nach seinem Woher auch nur ansatzweise gestellt wäre. Der „Neid des Teufels" dürfte der Neid auf den mit ewigem Leben bedachten Menschen sein. Das tödliche Wirken des Widersachers hat dann den Menschen so stark infiziert, daß er sich vom Bewirker des Todes in dessen Todesbann ziehen ließ. Der Teufel wollte und will den Tod des Menschen, um ihn aus Neid um sein Ureigenes zu bringen. Und der Mensch in seiner Dummheit macht sich sogar zum Agenten seines eigenen Todes. Er sagt Ja zu seinem Unheil – ein Akt nicht zu überbietender Blindheit und Torheit! So kommt dann auch der Tod in die Welt, in den Kosmos; Kosmos aber bedeutet hier (wie auch im NT) die Menschheit, die unter die Macht der Sünde (s. 1,4: ἁμαρτία, hamartia, als Herrscherin über den Menschen) geraten und so der Macht des Todes (2,24: θάνατος, thanatos) preisgegeben ist. Sap 2,24 erinnert an Röm 5,12: „Durch einen Menschen kam die Sünde in die Welt (auch hier dieselbe Bedeutung von Kosmos wie in Sap 2,24!) und durch die Sünde der Tod."[58.59] Die wörtlichen Übereinstimmungen, hier durch Unterstreichung kenntlich gemacht, sind so frappierend[60], daß Sap 2,24 ein starkes Indiz, wenn nicht sogar mehr!, dafür ist, daß Paulus die Sap gekannt hat.[61] Der Verf. der Sap und Paulus haben beide die Sequenz „Kommen der Macht der Sünde in den Kosmos – Kommen der Macht des Todes in den Kosmos – Erlösung des Menschen von beiden Mächten durch Gott – unvergängliches Leben nach dem Tode" theologisch reflektiert. 24 b bringt inhaltlich erneut die Aussage von 1,16, daß die Menschen[62] (die Ungerechten sind gemeint) dem Tode gehören.[63]

---

[57] εἰσῆλθεν!

[58] Geht es in Sap 2,24 beim „Neid des Teufels" um Gen 3? Nach *Engel* K 77 steht Sap 2,24 in einer Auslegungstradition, nach der der Beweggrund der Schlange in Gen 3 der „Neid des Teufels" gewesen sei; er findet, falls „Das Leben Adams und Evas" auf ein griechisch-jüdisches Original vor 70 n. Chr. zurückginge, darin ein ungefähr gleichzeitiges, unabhängiges Zeugnis für diese Auffassung. Daß dem Verf. der Sap für Sap 2,24 Gen 3 vor Augen stand, scheint mir sicher. Auch *Vilchez* K 173 sieht eine Beziehung in Sap 2,24 auf Gen 3. Anders *Scarpat* K I 163: „La morte di cui parla il Nostro non è quella dal peccato originale (*Gen.* 3,19), né il diavolo è il serpente del paradiso terrestre; la morte di cui si parla è quella spirituale, è quella dovuto al peccato attuale …" *Vilchez* K 163 findet in Sir 15,14. 16 f. eine Parallele zu Sap 2,24.

[59] S. auch Vit. Adae 12–16; es ist aber eine schwer datierbare Schrift: *O. Merk/M. Meiser,* JSHRZ II/5, 764 ff.; *Kaiser,* Anknüpfung und Widerspruch, 209 ff., vermutet hinter Sap 2,24 eine apokalyptische Tradition.

[60] Sap 2,24: θάνατος εἰσῆλθεν εἰς τὸν κόσμον, Röm 5,12: ἡ ἁμαρτία εἰς τὸν κόσμον εἰσῆλθεν καὶ διὰ τῆς ἁμαρτίας ὁ θάνατος.

[61] M. E. ist mit an Sicherheit grenzender Wahrscheinlichkeit damit zu rechnen. Grundlegend ist *Grafe,* Das Verhältniss der paulinischen Schriften zur Sap (1892). *Paul-Gerhard Keyser* hat in seiner Hallenser Dissertation „Sapientia Salomonis und Paulus" (1971) weiteren Nachweis geführt. Doch konnte seine Arbeit wegen der bekannten Zustände in der DDR-Diktatur damals nicht gedruckt werden. Ein gute Übersicht über Keysers Dissertation gibt *Walter,* Sapientia Salomonis und Paulus. Bericht über eine Hallenser Dissertation von Paul-Gerhard Keyser aus dem Jahre 1971; s. auch *Laato,* Paulus und das Judentum, 109–113.

[62] πειράζουσιν als *constructio ad sensum* zu κόσμος.

[63] Wie in 1,16 auch in 2,24 b der Begriff μερίς im negativen Sinne.

3,1–9 Die eschatologische Zukunft der Gerechten

1 Die Seelen der Gerechten aber sind in Gottes Hand!
   Die Qual erreicht sie nicht mehr.
2 In den Augen der Toren sind sie gestorben.
   Und ihr Tod galt als schlimmes Übel,
3 Und ihr Weggang von uns als Katastrophe.
   Doch sie leben in Frieden!
4 Und wenn sie auch in der Sicht der Menschen gestraft wurden,
   So ging doch ihre Hoffnung ganz und gar auf die Unsterblichkeit.
5 Und nach nur geringer Züchtigung erfuhren sie große Wohltat.
   Denn *Gott* war es, der sie geprüft hatte
   Und sie dabei seiner würdig fand.
6 Wie Gold im Schmelzofen hatte er sie geprüft
   Und wie ein Ganzopfer hat er sie daraufhin angenommen.
7 Und zu der Zeit, da sich Gott ihrer annehmen wird, werden sie aufleuchten
   Und wie Funken durchs Stoppelfeld jagen.
8 Sie werden die Völker richten und die Nationen beherrschen.
   Doch *ihr* König wird für alle Zeiten der Herr sein!
9 Die auf ihn vertraut haben, werden die Wahrheit verstehen.
   Und die ihm treu waren, werden in Liebe bei ihm bleiben.
   Denn Gnade und Erbarmen werden unter seinen Heiligen sein,
   Und seine gnädige Gegenwart bei denen, die er erwählt hat.[64]

Kap. 3 und 4 werden in der Regel als eine eigene, in sich geschlossene Einheit gesehen[65], die zwischen die beiden Reden der Gottlosen eingeschoben ist. Dafür
spricht, daß sich diese beiden Kapitel dem Leser als eine Argumentationskette
darbieten, in denen ein Argument aus dem jeweils vorhergehenden erwächst oder
zumindest durch Assoziation entsteht. Kann man aber schon 2,21–24 als Reflexion des Verf. der Sap verstehen, so ist zu erwägen, ob dieses Stück nicht zu diesen beiden Kapiteln hinzugezogen werden sollte. Denn ging es in 2,21–24 um das
Geschick der Gottlosen, so in 3,1–9 um das entgegengesetzte Geschick der Ge-   3,1–9
rechten. Durch „aber" in 3,1 wird dieser Gegensatz zum Ausdruck gebracht und
somit 3,1ff. als unmittelbare Fortsetzung von 2,21–24 signalisiert.[66] Bizzeti erklärt gerade im Blick auf diesen Gegensatz mit vollem Recht, daß hier die literari-

---

[64] Mit der Göttinger LXX (אA) lese ich: ὅτι χάρις καὶ ἔλεος ἐν τοῖς ὁσίοις (א: ἐκλεκτοῖς) αὐτοῦ
/ καὶ ἐπισκοπὴ ἐν τοῖς ἐκλεκτοῖς αὐτοῦ. *Rahlfs* liest: ὅτι χάρις καὶ ἔλεος τοῖς ἐκλεκτοῖς αὐτοῦ.

[65] *Bizetti*, Il libro della sapienza, 56ff. u.ö.; *Engel*, „Was Weisheit ist …", 92: „Gegenüber-
stellungen – δίκαιος – ἀσεβεῖς."

[66] *Bizzeti*, Il libro della sapienza, 55, listet folgende Parallelen auf:

2,17	ἀληθεῖς	3,9	ἀλήθειαν
2,17b	πειράσωμεν	3,5b	ἐπείρασεν
2,19	βασάνῳ	3,1b	βάσανος
2,19c	δοκιμάσωμεν	3,6	ἐδοκίμασεν
2,10b	ἐπισκοπή	3,7	ἐπισκοπῆς

sche Struktur ganz und gar einem äußerst reichen theologischen Diskurs dient.[67] Über die Gerechten wird zwar erheblich mehr gesagt als unmittelbar zuvor über die Gottlosen; aber beide Aussagenkomplexe liegen auf *einer* Ebene. Daß mit 3,1 ein neues Kapitel beginnt, ist daher für die Gliederung der Sap irrelevant. In 3,10 ff. wird dann wieder in einer an 2,21 anklingenden Terminologie auf die Gottlosen Bezug genommen.[68] Immer wieder wechseln dann in den folgenden Abschnitten Aussagen über den Gerechten mit solchen über die Gottlosen bis zum Ende von Kap. 4.

1   Der Blick wendet sich in 1 in die *Zukunft,* nämlich hinaus über den – nach irdischen Maßstäben – schimpflichen Tod in das Leben nach dem Tode. War in Kap. 2 von *dem* Gerechten die Rede, der durch gewollten Justiz-„Irrtum" liquidiert wurde, so wird jetzt von *den* Gerechten gesprochen, genauer: von ihren Seelen (ψυχαί, *psychai*). Schon in 1,4 ging es um die Frage, ob dort eine Aussage im Horizont des platonischen Dualismus von Leib und Seele vorliegt. Hier dürfte nun tatsächlich in dieser anthropologischen Denkweise von den vom Leibe gelösten Seelen die Rede sein, die sich in der himmlischen Herrlichkeit befinden. Keine irdische Qual ist mehr möglich, denn einen Leib, der in irdischen Folterkellern geschunden werden könnte, haben ja die verstorbenen Gerechten nicht mehr. Ihre Seelen, also ihr eigentliches Ich, befinden sich in der Hand Gottes. Von ihr ist im AT über 200mal die Rede.[69] Sie ist anthropomorpher Ausdruck für Gottes Macht (z. B. Dtn 32,39), auch für die heilvolle Macht Gottes zugunsten der Men-

2. 3   schen. In 2 und 3 wird wieder auf die realitätsferne Optik der törichten Gottlosen hingewiesen. In ihren Augen sind die Gerechten gestorben, sie hielten den Tod der Gerechten für deren Lebenskatastrophe. Denn sie schauten nicht über die Grenzen des irdischen Lebens hinweg. Sie waren Gefangene ihrer engen Diesseitsoptik, in der sie, obgleich sie theoretisch die Existenz Gottes nicht bestritten, in Wahrheit doch nichts anderes als Atheisten waren. In dieser Einstellung können sie auch jetzt immer noch nicht begreifen: Die Gerechten leben im Frieden, im Frieden Gottes.

Spricht also der Verf. der Sap in 3 davon, daß sie im *Frieden* sind, so ist das die Parallele zu 1: Sie befinden sich in der Hand Gottes.[70] Deutlich ist dadurch, daß dieser Friede weit mehr ist, als dieses Wort gemeinhin besagt. Es ist ja der Friede *Gottes,* der Friede von Gott her, der Friede, welcher der Bereich der Gnade Gottes ist. Daß hier all das mitschwingt, was in dem hebräischen atl. Begriff *Schalom* ausgesagt ist, nämlich die Existenz im Bereich des gottgeschenkten Heils[71] und somit das gnadenhaft heilvolle Sein einer Gemeinschaft oder eines Individuums, dürfte als selbstverständlich vorauszusetzen sein, da der Verf. der Sap im AT beheimatet ist. Das ist auch trotz des nur zweimaligen Vorkommens des Wortes

---

[67] Ib. 55.

[68] 2,21: ταῦτα ἐλογίσαντο, 3,10: καθὰ ἐλογίσαντο.

[69] S. u. a. *A. S. van der Woude,* Art. *jad,* THAT I, (667–674) 672 f.

[70] Vgl. auch Sir 44,14 (in der Einleitung zum Lob der Väter!): τὰ σώματα αὐτῶν ἐν εἰρήνῃ ἐτάφη, / καὶ τὸ ὄνομα αὐτῶν ζῇ εἰς γενεάς. Unmittelbar danach ist von ihrer Weisheit die Rede.

[71] *G. Gerlemann,* Art. *šlm,* THAT II, (919–935)927–931.

„Friede" (εἰρήνη, *eirene*) in der Sap anzunehmen (3,4; 14,22). Bewußt war eben vom Bereich die Rede, also von einem Begriff der *Räumlichkeit,* verstanden als *Existential,* also Räumlichkeit menschlicher Existenz, freilich – auch[72] – mit metaphorischem Akzent.[73] So ist immerhin auffällig, daß sich sowohl in 1 als auch in 3 die Präposition „in" (ἐν, *en*) findet.

In 4 dann wieder der Perspektivenwechsel; wieder die Sicht der Gottlosen.   4
Diese können die Gerechten, wohl mit Schadenfreude, nur als Gequälte sehen. Doch schon 4b führt erneut von der Illusion zur Realität zurück. Die Gerechten sind die Menschen der Hoffnung, und die ist „voll der Unsterblichkeit"; sie haben somit ihre ganze Hoffnung auf die Unsterblichkeit, ἀθανασία, *athanasia,* gesetzt.[74] Wenn sie schon als Gerechte die Menschen der Gerechtigkeit sind und wenn schon nach 1,15 die Gerechtigkeit unsterblich ist, dann partizipieren sie ja an der Unsterblichkeit. Diese Unsterblichkeit ist synonym mit der kurz zuvor genannten Unvergänglichkeit. 5 bringt die Erklärung für das Leiden der Gerechten   5
während ihrer irdischen Zeit: Gott hat sie, um sie zu prüfen, ein wenig gezüchtigt. Dafür hat er ihnen aber nach ihrem Tode in überaus großzügieger Weise Wohltaten erwiesen.[75] 5bc begründet 5a: Gott hat die Gerechten geprüft und sie seiner würdig befunden.[76] 6 veranschaulicht 5 in zwei Bildern. Ist von der Erprobung   6
wie Gold im Schmelztiegel die Rede, so spricht dieses Bild für sich. „Prüfen" (δοκιμάζειν, *dokimazein*) ist *terminus technicus* für die Läuterung edler Metalle und als Bild der Prüfung und Läuterung des Charakters gebräuchlich.[77]

Heißt es in 7, daß die im Ganzopfer Geprüften zur Zeit der „Heimsuchung"   7
(d.h. zur Zeit, da Gott als Begnadender ihnen nahekommt) aufleuchten werden, so ist wiederum ein damals bekanntes Bild verwendet. Zu nennen ist zunächst *Dan 12,3,* jedoch mit entscheidender Modifikation. Denn dort geht es um die Auferstehung der Toten, in Sap 3 aber um das Weiterleben der Seelen der Ge-

---

[72] Nicht nur!

[73] Weithin ist akzeptiert, daß *Rudolf Bultmann* von *Martin Heidegger* das Existenzial der *Geschichtlichkeit,* das dieser in seiner Fundamentalontologie in „Sein und Zeit" ausgearbeitet hatte, für sein Verständnis von „existentialer Interpretation" und damit auch für die Auslegung des Neuen Testaments fruchtbar gemacht hat. Ein gewisses Defizit ist aber m. E. damit gegeben, daß er dem Existenzial der *Räumlichkeit* nicht die nötige Aufmerksamkeit geschenkt hat. Hier vermag vielleicht der Hinweis auf *Ernst Cassirer* hilfreich sein. Zum Existenzial der Räumlichkeit im Rahmen einer existentialen Interpretation s. *H. Hübner,* Biblische Theologie des Neuen Testaments II, Göttingen 1993, 179–189.

[74] S. Exkurs „Una speranza piena d'immortalità" in: *Scarpat* K I 208–218. Er interpretiert ἀθανασία nicht vom griechischen Begriff der Unsterblichkeit der Seele her, sondern vom Handeln Gottes am Tage der Heimsuchung, also am Tage des Gerichts, ib. 217; ib. 218: „ ... ‚immortalità' va intesa come somma delle cose immortali, cioè divine." Wenn der Verf. der Sap. auch in der griechischen Begriffsweise der dualistischen Anthropologie formuliert, so doch in der Intention, die *Scarpat* herausgearbeitet hat.

[75] εὐεργετηθήσονται ist *passivum divinum.*

[76] 2Makk 7,33 sollte man nicht,wie gelegentlich geschehen, als Parallele zu Sap 3,5 nennen. Die Aussagerichtung ist eine andere. In Sap 3,5 ist im Gegensatz zu 2Makk 7,33 nicht von der Schuld der Gezüchtigten die Rede.

[77] Z. B. ψ 65,10: ὅτι ἐδοκίμασας ἡμᾶς, ὁ θεός, / ἐπύρωσας ἡμᾶς, ὡς πυροῦται τὸ ἀργύριον. (= Ps 66,10: „Denn, Gott, du hast uns geprüft und geläutert, / wie das Silber geläutert wird.")

rechten. Eine weitere Parallele von besonderer Wichtigkeit ist *aethHen 104,2*. Im
Kontext des eschatologischen Gerichtstages ist wieder wie in Dan 12 von der Auferstehung die Rede. Trotzdem auch hier die Nähe zu Sap 3! Erneut klingt das
Thema Gerechte und Gerechtigkeit an, so in aethHen 102,4 f.: „Fürchtet euch
nicht, ihr Seelen der Gerechten, und hofft, die ihr in Gerechtigkeit gestorben
seid. Und seid nicht traurig, weil eure Seele mit Kummer in das Totenreich hinab-
fährt und euer Leib während eures Lebens nicht gefunden hat, (was) eurer Tugend entsprechend (gewesen) wäre." Und 104,2 heißt es dann: „Hofft, denn zuerst (hattet) ihr Schmach durch Unglück und Not, aber jetzt werdet ihr leuchten
wie das Licht des Himmels, ihr werdet leuchten und werdet scheinen, und das
Tor des Himmels wird für euch geöffnet werden."[78] Es ist die in fast allen Religionen vorkommende Lichtmetaphorik, die hier, wie schon im AT, in der zwischentestamentlichen jüdischen Religion begegnet.[79] In 7 b findet sich eine Anspielung auf den LXX-Text von Jes 1,31, nach dem die Gesetzlosen und Sünder
verbrannt werden, weil ihre Werke wie Feuerfunken sind.[80] Vielleicht hatte der
Verf. der Sap aber auch Obd 18 vor Augen: Das Haus Jakob ist ein Feuer und das
Haus Josef eine Flamme, die das Haus Esau, das mit Stroh verglichen wird, an-
zünden und verzehren. Vilchez bemerkt mit Recht, daß in der Sap die partikula-
ristische Sicht von Jes durch die universalistische ersetzt ist; es geht um den defi-
nitiven Sieg der Gerechten über die Gottlosen.[81]

8   Auch für 8 sind Anspielungen auf Aussagen anderer atl. Bücher konstitutiv.
Wenn die verstorbenen Gerechten die Völker richten und beherrschen werden,
dann dürfte auf *Dan 7,27* angespielt sein: Das Reich und die Herrschaft sind den
Heiligen des Höchsten gegeben. Und wiederum gilt, was bereits für den Bezug
auf atl. Stellen in 7 gesagt wurde: Es geht in Sap 3 nicht um die Erwählung Isreals!
Es geht auch nicht um eine irdische Herrschaft der Gerechten. Die Annahme liegt
nahe, daß mit dem Blick auf das Gericht über die Völker das universale Endgericht gemeint ist. Das würde freilich bedeuten, daß in der Sap nicht allein die in
3,1 zu Worte kommende Eschatologie vorliegt, die die Heilszukunft der Seelen
der Gerechten kennt, sondern auch die (apokalyptische?) Vorstellung vom Endgericht über alle Völker (s. auch Mt 19,28/Lk 22,30). Über die Gerechten aber
regiert allein der Herr, der göttliche Kyrios, der sie über die Maßen für ihre
Standhaftigkeit belohnt. Sie sind nun so sehr erhöht, daß sie Mitregenten, Mit-
herrscher mit Gott geworden sind. Auch hier noch einmal exemplarisch ein Blick
auf die ntl. Wirkungsgeschichte der Sap, zunächst auf Mt 19,28/Lk 22,30, vor allem aber auf Eph 2,6. Denn dort heißt es, daß Gott die ehemals sündigen Menschen mit Christus *mitinthronisiert* (συνεκάθισεν, *synekathisen*) hat. Sie sitzen mit

---

[78] Übersetzung nach *S. Uhlig,* Das Äthiopische Henochbuch, JSHRZ V, Gütersloh 1984,
734 f. 739.
[79] S. auch Sap 17,1–18,4 mit der theologischen Reflexion über Licht und Finsternis als physische Phänomene und als theologische Termini.
[80] Jes 1,31: ... καὶ αἱ ἐργασίαι αὐτῶν ὡς σπινθῆρες πυρός, καὶ κατακαυθήσονται οἱ ἄνομοι καὶ
ἁμαρτωλοὶ ἅμα, καὶ οὐκ ἔσται ὁ σβέσων. In Jes 1,31Mt ist von Gesetzlosen und Sündern nicht die
Rede.
[81] *Vilchez* K 182.

ihm sozusagen „zur Rechten Gottes"![82] Partizipiert Christus an der Herrschaft Gottes, so auch „in ihm" die Christen. Eine Steigerung der Würde des Menschen ist kaum noch möglich!

In 9 zeigt sich wieder der eminent *hermeneutische* Charakter des ganzen Bu- 9 ches. Das wird schon am hermeneutisch so zentralen Verb *verstehen* deutlich. Denn Verstehen ist ja nicht einfach das rein intellektuelle Begreifen eines Sachverhaltes (*Sach*-Verhalt im strengen Sinne des Wortes, nämlich als „objektives" Registrieren), sondern ein hoch existentieller Vorgang: Man versteht einen *Existenz-Verhalt*[83], wenn man etwas im Blick auf die eigene Existenz erfaßt.[84] Das gilt in besonderer Weise für das religiöse und theologische Verstehen. Man versteht *Gottes* Handeln am Menschen, wenn man das, was durch göttliches Handeln mit dem *eigenen Ich* geschieht, *mit*-versteht. Und so heißt es dann in 9 a, daß die, die ihr ganzes Vertrauen auf Gott setzen und deshalb mit seinem gnadenhaften Tun an sich selbst rechnen, dessen Wahrheit verstehen. Ist dann auch noch von der *Wahrheit* die Rede, so liegt hier mit eben diesem Wort, und zwar bezeichnenderweise im Kontext von „verstehen", einer der wichtigsten *offenbarungstheologischen* Begriffe der Heiligen Schrift vor. Da sich aber in der Sap die Verschmelzung von atl.-semitischem und hellenistisch-griechischem Denken findet, sind beide Komponenten des Wahrheitsbegriffs gegeben. Erstens *vom AT her:* Dort bedeutet Wahrheit, hebräisch *'ämät,* so viel wie Zuverlässigkeit, Verläßlichkeit, Treue, vor allem im Blick auf Gott.[85] Dazu fügt sich in 9 a gut, daß vom *Vertrauen auf Gott* in Verbindung mit dem *Verstehen der Wahrheit* gesprochen wird. Zweitens *vom griechischen Denken her:* Das griechische Wort für Wahrheit, ἀλήθεια, *aletheia,*[86] bedeutet etymologisch „Unverborgenheit" – ein philologischer Sachverhalt, den Martin Heidegger in § 44 von „Sein und Zeit" in existenzialer Intention analysiert hat und den dann Rudolf Bultmann theologisch fruchtbar gemacht hat. Ein Begriff aber, der das Entbergen zum Ausdruck bringt, eignet sich natürlich in hervorragender Weise für den Offenbarungsvorgang.[87] In 9 a wird also gesagt, daß die, die mit ihrer ganzen Person Gott vertrauen, die Wahrheit Gottes und somit sein sich in seinem Handeln erschließendes Tun ver-

---

[82] Eph 2,6: συνεκάθισεν! S. *H. Hübner,* An Philemon. An die Kolosser. An die Epheser (HNT 12), Tübingen 1997, 161–163: Theologischer Exkurs: Die im Himmel inthronisierten Christen.

[83] Ich unterscheide bewußt zwischen *Sachverhalt* und *Existenzverhalt.*

[84] *Scarpat* K I 237: „συνίημι … è ,penetrare' nell'essenza della verità."

[85] S. vor allem *A. S. van der Woude,* Art. *'mn* E. *'ämät,* THAT I, 201–208.

[86] In der Sap sonst nur noch 5,6 und 6,22.

[87] Diesen theologischen Aspekt habe ich in meinem EWNT-Artikel ἀλήθεια (I, 138– 145) für das NT dargestellt Was aber für das ntl. Wahrheitsverständnis zu sagen ist, gilt – freilich *mutatis mutandis,* also ohne christologisches Vorzeichen – auch für die Sap. Inzwischen ist allerdings die Diskussion über die Heidegger-Rezeption in der Theologie, vor allem die des späten Heidegger, in erheblichem Außmaß weitergeführt worden; s. dazu *H. Hübner,* „Vom Ereignis" und vom Ereignis Gott. Ein theologischer Beitrag zu Martin Heideggers „Beiträgen zur Philosophie", in: „Herkunft aber bleibt stets Zukunft". Martin Heidegger und die Gottesfrage, hg. von P.-L. Coriando (Martin-Heidegger-Gesellschaft – Schriftenreihe Bd. 5), Frankfurt a. M. 1998, 135–158; *ders.,* Martin Heideggers Götter und der christliche Gott. Theologische Besinnung über Heideggers „Besinnung" (Band 66), Heidegger Studien 15 (1999), 127–151.

stehen: Gott erschließt seine Wahrheit und folglich sich selbst – Wahrheit als *Ereignis Gottes* verstanden – demjenigen, der ihm vertrauend glaubt. Das ist in der Tat, zumindest tendenziell, gut neutestamentlich.

9 b setzt diesen Gedanken fort. Die Gott gegenüber treu sind[88], bleiben in ihrer Liebe zu ihm bei ihm. Treue und Liebe zu Gott (Dtn 6,5) gehören engstens zusammen. Liebe hat Ewigkeitscharakter, wenn sie in Treue geschieht. Darüber hinaus: Liebe ist nur dann Liebe, wenn sie treue Liebe ist. In 9 c gibt der Verf. der Sap die Begründung: Mit seiner Gnade und seinem Erbarmen ist Gott mitten unter seinen Heiligen.[89] Wo seine Heiligen sind, da ist Gott. Und zugleich: Wo Gott ist, das sind seine Heiligen. Der „Raum" Gottes (s. o.) ist der „Raum" seiner Heiligen. Das gilt alttestamentlich, und das gilt ekklesiologisch mit christologischem Vorzeichen auch neutestamentlich. Wo sich Gottes „Heimsuchung" (s. zu 2,20) ereignet, da ist er unter (ἐν, *en*!) seinen Auserwählten. Da ist Gottes *gratia praeveniens:* Denn allem voraus geht seine *Auserwählung.*[90]

3,10–12 Die Gottlosen – Menschen ohne Hoffnung!

10   Die Gottlosen aber werden nach dem Maß ihrer Gedanken die Strafe
       erhalten, Sie, die sich um keinerlei Recht und Gerechtigkeit gekümmert
                                                    hatten und so vom Herrn abfielen.
11   Wer nämlich Weisheit und Zucht für nichts hält, der ist ein elender Wicht!
       Und nichtig ist daher die Hoffnung solcher Menschen,
       Und vergeblich ihre Bemühungen.
12   Ihre Frauen sind törichte Weiber,
       Und verkommen ist ihr Nachwuchs.
       Ja, verflucht ist ihr Geschlecht!

Das Malen in Schwarz-Weiß geht weiter. Jetzt also wieder die Gottlosen! Wie in
10 1 die Seelen der Gerechten mit „aber" eingeführt werden, so nun in 10 mit gleichem „aber" die Gottlosen. War in 1 ff. vom eschatologischen Geschick der Gerechten die Rede, so jetzt von dem der Gottlosen. Die Strafe erfolgt nach dem Maß ihres Denkens, d.h. ihres Planens, gerechte Menschen zu liquidieren.[91] Nicht im geringsten kümmerte sie – sind sie doch die Inkarnation des Unrechts! – Recht und Gerechtigkeit. Verlust des Rechtsbewußtseins zieht aber den Gottesverlust geradezu automatisch nach sich; nach 10 b sind ja Menschen ohne Senso-

---

[88] πιστός heißt hier treu, nicht glaubend.

[89] Ich übersetze sehr bewußt ὅσιος mit heilig, um den Gedanken der Teilhabe derer, die Gott vertrauen und sein Handeln verstehen, an Gottes Heilssphäre deutlich werden zu lassen. *H. Balz,* Art. ὅσιος, EWNT II, 1310–1312, nennt als erste Bedeutung „heilig".

[90] ἐκλεκτός in Sap noch in 3,14 mit der bezeichnenden Wendung χάρις ἐκλεκτή; 4,15 ist textgeschichtlich sekundär.

[91] Wie hier auch Sap 2,21: ταῦτα ἐλογίσαντο; s. auch 2,1.

rium für Recht und Gerechtigkeit durch ihr schlechtes Sein von Gott abgefallen. Die Folgen dieses doppelten Verlustes werden programmatisch in 11 genannt: Wer Weisheit und Zucht für nichts achtet[92], wird Opfer seines eigenen Nihilismus, wird somit ein elendes Wesen, ein elender Wicht. Wer nämlich andere ins Nicht treibt, katapultiert sich selbst in dieses Nichts hinein. Auch das ist eben ein ehernes Gesetz aller Geschichte: *Wer andere vernichtet, vernichtet sich selbst.* Schlimmer, furchtbarer noch – in moderner philosophischer Terminologie gesagt –: *Wer andere nichtet, nichtet sich selbst.* Insofern ist – trotz aller „Krise der Weisheit" – doch noch etwas von der alten weisheitlichen Überzeugung bewahrt und gewahrt, daß es einen Tun-Ergehen-Zusammenhang gibt.

In 11 b ist der Gegensatz von Gerechten und Gottlosen unter dem Gesichtspunkt der *Hoffnung* ausgesprochen. In 4 war die Rede davon, daß die Hoffnung der Gerechten voller Unsterblichkeit sei. Jetzt heißt es im Gegenzug dazu, daß die Hoffnung der Gottlosen leer, ohne Substanz sei. Das ist das eigentliche Elend aller Gottlosen – sie haben *keine Zukunft*! Diesen Gedanken kennt ja der Leser der Sap bereits: Die Bösen ketten sich an die Gegenwart, doch die Gerechten haben ihre Zukunft noch vor sich. Was die Gottlosen auch immer tun, es hat keinen Erfolg; sie sind blind gegenüber ihrer eigenen Erfolglosigkeit. So sind ihre Werke unnütz. Sie strafen sich selbst durch ihr eigenes böses, weil dummes *Tun,* strafen sich so durch ihr heilloses *Sein.* Über den armen Gerechten haben sie in 2,11 f. gespottet, daß das Schwache nutzlos sei, ἄχρηστον, *achreston.* Nach 3,11 sind es aber nun in auffälliger Korrespondenz die Taten der Gottlosen, auf die dieses ἄχρηστον, *achreston,* zutrifft!

In 12 werden die Ehefrauen der Gottlosen töricht genannt. Sie partizipieren an der existentiellen Dummheit ihrer Männer. Die ganze Familie ist in den grauenvollen Strudel des Bösen hineingezogen. Selbst die Kinder trifft das vernichtende Urteil. Der Nachwuchs ist verdorben. Böse und törichte Eltern können nur böse und törichte Kinder haben! Verflucht ist das ganze Geschlecht! Unter dem Fluch zu stehen ist aber nach atl. Sicht das Schlimmste, was überhaupt denkbar ist. Dtn 27 mit seinen Aussagen über Segen und Fluch veranschaulicht bestens, was es heißt, verflucht zu sein, also unter Gottes Nein zu vegetieren und somit bereits lebend zu den Toten zu gehören. Steht hinter 12 b das furchtbare Wort Ex 20,5 vom eifernden Gott, der der Väter Missetat bis ins dritte und vierte Glied heimsucht?

3,13–4,6 Die Ambivalenz von Kinderlosigkeit und Kinderreichtum

3,13 **Denn selig ist die Unfruchtbare, die unbefleckt ist,**
Die den sündigen Beischlaf nicht gekannt hat!
Denn sie wird *diejenige* Frucht haben,

---

[92] S. Spr 1,7: σοφίαν δὲ καὶ παιδείαν ἀσεβεῖς ἐξουθενήσουσιν.

Die in der gnädigen Heimsuchung der Seelen besteht.
14 Und der Unfruchtbare, der mit seinen Händen nichts Gesetzloses tat
Und keine bösen Gedanken wider den Herrn hegte –
Ihm nämlich wird Gott für seine Treue die Gnade geben, die in der Auserwählung begründet ist.
Und das so überaus freudenvolle Los – das hat er im Tempel des Herrn.
15 Denn herrlich ist die Frucht guter Bemühungen,
Und unzerstörbar die Wurzel der Einsicht!
16 Aber die Kinder der Ehebrecher erreichen nichts.
Und der Nachwuchs aus widergesetzlichem Beischlaf wird untergehen.
17 Und sollten sie dennoch ein langes Leben haben, so werden sie nichts
gelten.
Am Ende wird ihr Alter doch nur ehrlos sein.
18 Sollten sie aber frühzeitig sterben, so haben sie keine Hoffnung
Und keinen Trost am Tage des Gerichts.
19 Denn das Ende eines ungerechten Geschlechts ist katastrophal.
4,1 Besser ist Kinderlosigkeit in Verbindung mit der Tugend!
Denn in der Erinnerung ist sie unsterblich,
Weil Gott und die Menschen sie gut kennen.
2 Ist sie gegenwärtig, so ahmt man sie nach.
Und verschwindet sie, so begehrt man sie.
Und in der Ewigkeit schreitet sie mit dem Siegerkranz daher.
Hat sie doch im Wettstreit den Kampfpreis der Reinen gewonnen!
3 Hingegen wird der zahlreiche Nachwuchs der Gottlosen nutzlos sein.
Und da er von unedlen Schößlingen stammt, kann er keine Wurzeln in die
Tiefe treiben
Und sich keinen festen Boden schaffen.
4 Und mögen seinen Zweige auch eine Zeitlang grünen,
So werden sie, weil sie keinen festen Halt haben, vom Winde hin und her
geschüttelt
Und von der Gewalt der Stürme entwurzelt.
5 Die Zweige, noch ganz jung, werden abgebrochen.
Und ihre Frucht wird unbrauchbar, wird unreife Nahrung,
Zu nichts verwendbar.
6 Denn die aus gesetzlosem Beischlaf gezeugten Kinder –
Sie sind lebendige Zeugen gegen ihre Eltern im göttlichen Gericht.

3,10–12 gehören insofern zusammen, als es um die erneute Charakterisierung der Gottlosen geht. Aber 12 hat auch schon Übergangscharakter, weil das Thema der Frau und ihrer Mutterschaft angesprochen ist. In 3,13–15 geht es zunächst um die unbefleckte unfruchtbare Frau, danach um den nach dem Gesetz lebenden Eunuchen (gemeint ist wohl der unfruchtbare Mann) und dann im Blick auf beide um die wahre Frucht des Menschen, nämlich das, was sein gutes Innere fruchtbar sein läßt. 3,16–19 und 4,3–6 schildern das ehrlose Leben der ungesetzlich gezeugten Kinder, 4,1–2 das Lob derer, die als tugendhafte Menschen kinderlos bleiben.

3,13-15

3,16-19
4,3-6
4,1-2

13 Daß in 13 die *unfruchtbare Frau* selig gesprochen wird, entspricht nicht atl. Ein-

stellung und Empfinden. Klassisch hat es Friedrich Horst formuliert: „Höchster Dienst der Frau aber war es, Mutter zu sein."[93] Die Unfruchtbare litt ungeheuer unter ihrem Zustand (z. B. Gen 16,1 ff.: Sara; Gen 30,1: Rahel; Sam 1,5–7: Hanna). Und so ist es Gott selbst, der Unfruchtbare fruchtbar werden läßt, 1Sam 1 und 2; Ps 113,9. In der Sap wird aber eine Umwertung vorgenommen, nämlich die Umwertung aller *irdischen* Werte. Nicht mehr die biologische, also leibliche Dimension der menschlichen Existenz ist das eigentlich Entscheidende, sondern die ethisch-religiöse Dimension, die innere Gesinnung nämlich. Keineswegs soll damit im Sinne von Max Webers Unterscheidung von Verantwortungsethik und Gesinnungsethik letzterer das Wort geredet werden. Wohl aber geht es darum, die *innere Ausrichtung des Menschen* als das *eigentliche Konstitutivum seines Daseins vor Gott* deutlich werden zu lassen. Die unfruchtbare Frau ist also dann seligzupreisen, wenn sie in ihrer Haltung „unbefleckt" ist. Die Rangordnung von innen und außen ist als Kriterium unverzichtbar, wenn es um das *Sein vor Gott* geht. Unbefleckt ist sie, wenn sie keinen sündigen Beischlaf gekannt hat, sei es als Ehebruch (Sechstes Gebot), sei es ein Vergehen gegen Lev 18, also als Vollzug der vom Gesetz verbotenen Ehen. Sie wird ihre „Frucht" haben, καρπός, *karpos,* wenn Gott sich begnadend in ihre Nähe begibt und sie „heimsucht". Aller Biologismus ist also dem Verf. der Sap suspekt. Biologistische Kriterien dürfen niemals theologische Kriterien sein!

Parallel zur unfruchtbaren Frau ist in 14 der *unfruchtbare Mann* dem Leser vor   14 Augen gestellt. Denn unter dem Begriff des Eunuchen dürfte wohl er hier verstanden sein. Zumindest legt dies die Parallele von 13 und 14 nahe.[94] Zu ergänzen wäre zu Beginn von 14 in Analogie zu 13 „selig".[95] Selig ist der kinderlose Mann, der nichts Böses und Gottwidriges getan hat, der bis in die Tiefen seiner Seele hinein Gott gegenüber keine boshaften Gedanken dachte. 14 c ist recht umständlich übersetzt. Die Kürze des griechischen Textes gibt die theologische Intention des Autors in 14 c nur unscharf zu erkennen. Deshalb ist gerade hier die paraphrasierende und vielleicht etwas umständliche Übertragung ins Deutsche angebracht (s. o.). Das *passivum divinum* „ihm wird gegeben werden" übersetzt man am besten als Aktiv: „Gott wird ihm geben". Das griechische Wort πίστις, *pistis,* meint hier nicht Glaube an Gott, sondern Treue gegenüber Gott[96], dieser gibt dem gottesfürchtigen „Eunuchen" die auserwählende Gnade, der Treue fähig zu sein. Es handelt sich somit um Lohn. Aber dieser gründet letztlich in Gottes begnadendem Tun. Die „erwählende Gnade" (wörtlich „erwählte Gnade", d. h. die von Gott erwählte Gnade) ist im hiesigen Zusammenhang die aus der Erwählung Gottes resultierende Gnade. Somit ist die *theologische Sequenz* von 14 c: *Erwählung* als grundlegende Tat Gottes – *Treue* des Menschen gegenüber dem erwählenden Gott, die aber ihrerseits wieder in seiner *Gnade* gründet. Die theologische

---

[93] F. *Horst,* RGG 3. Aufl. II, 1067.

[94] Doch kann nicht ausgeschlossen werden, daß der Verf. der Sap den Eunuchen meinte.

[95] Also μακάριος.

[96] Anders *Grimm* K 95: „die feste und freudige Überzeugung von der Wahrheit der theokratischen Idee".

Überschrift von 14 (und Kontext) heißt also: *Gott gibt!* In 14 d ist wieder vom Los[97] die Rede, diesmal jedoch nicht wie in 2,9 im negativen Sinn, sondern als Gottes Gabe. Eigenartig ist vielleicht, daß in 14 d vom Tempel des Herrn gesprochen wird, obwohl die Adressaten des Buches im ägyptischen Alexandrien, nicht aber in Jerusalem zu vermuten sind.[98] Könnte „Tempel" im übertragenen Sinn gemeint sein? Als die Gemeinde des Herrn, also Israel? Dann wäre die Präposition „in" wieder bezeichnend (s. o.). Auf jeden Fall ist bedeutsam, daß der Verf. der Sap angesichts der wohl nicht einfachen Situation der Juden in der Diaspora deren Los als äußerst freudenvoll bezeichnet.

Der Vf. der Sap ist allerdings nicht der erste, der die hier ausgesprochene Umwertung der Werte vornimmt. Er hat sie allem Anschein nach aus *Jes 56,3–5* übernommen. Allerdings ist hier „Eunuch" im eigentlichen Sinne des Wortes verstanden, nämlich als physisch Verschnittener.[99] Und die tröstende Antwort Gottes in Sap 4,1 mit „besser", κρείσσων, *kreisson*, findet sich mit demselben Wort in Jes 56,5, wo der Herr den Eunuchen, die seinen Bund halten, einen namhaften Ort in seinem Hause verheißt. In Sap 3,14 ist parallel dazu vom Los im Tempel des Herrn (s. u.) die Rede. Nicht übersehen darf man zudem, daß Jes 56 mit der Aufforderung eingeleitet wird, Gerechtigkeit – die programmatisch zu Beginn des Buches genannte Gerechtigkeit! – zu tun. Wer so handelt, der wird in gleicher Weise in Jes 56,2 und in Sap 3,13 (implizit auch 3,14) glücklich gepriesen.

15   In 15 dominiert immer noch das Thema der im übertragenen Sinne verstandenen Frucht. Sie ist als das Resultat guter Anstrengungen „herrlich". Heißt es dann, daß die Wurzel der Einsicht unzerstörbar sei, so müssen wir diese Formulierung umsprechen. Nach der Intention des Autors ist es ja, existential verstanden, nicht so sehr die Einsicht als solche, die unzerstörbar ist. Vielmehr geht es in erster Linie um den Einsichtigen, den Gott gnadenhaft mit der Unzerstörbarkeit, sprich: mit der Unsterblichkeit begabt hat. Der Mensch, der die Einsicht, φρόνησις, *phronesis*, zur Wurzel hat, der also aus dieser „Einsicht", existential verstanden: aus seinem Klugsein, lebt, der ist es, dem von Gott die Zusage der Unsterblichkeit gilt. Der und allein der ist es auch, der Gottes Handeln am Menschen versteht und *in einem damit* sich selbst versteht als den, der durch dieses göttliche Handeln reich beschenkt ist.

In 12 waren bereits die *Kinder der Gottlosen* genannt; zusammen mit ihren Familien waren sie dort als Verfluchte inkriminiert. Jetzt in 16 geht es speziell um
16   die Kinder der Ehebrecher. Sie erreichen in ihrem Leben nichts. Und zugleich wird ihnen sogar der frühzeitige Untergang vorhergesagt. Wer in widergesetzlichem Beischlaf gezeugt ist, verschwindet, wörtlich: der wird zum Verschwinden gebracht, ἀφανισθήσεται, *aphanisthesetai*; dessen „Phänomen" also wird beseitigt.
17   Und sollte es nach 17 doch noch so sein, daß einige von ihnen wider alles Erwar-

---

[97] In Sap 2,9 war ja im Munde der Gottlosen blasphemisch vom κλῆρος (neben μερίς) die Rede. In 3,14 wird der Begriff zum ersten Mal in seiner positiv theologischen Bedeutung gebracht; ebenso noch in 5,5. κλῆρος begegnet also nur im ersten Teil der Sap.

[98] An den Tempel im ägyptischen Leontopolis hat der Verf. der Sap wohl kaum gedacht.

[99] So heißt es auch im LXX-Text: εὐνοῦχος.

ten lange leben, dann werden sie es nicht zu Ansehen bringen, dann werden sie eben nichts gelten. Wiederum noch ein Relikt des Tun-Ergehen-Zusammenhangs, jedoch nicht im Blick auf das Individuum, sondern, abschätzig gesagt, auf die Sippschaft. Wer nun einmal „von schlechten Eltern ist", dessen Alter wird, wenn er es überhaupt erlebt, elend und ehrlos sein. Und sollte, so 18, ein solcher, wie in der Regel anzunehmen, frühzeitig sterben, dann ist es eben ein Sterben ohne Hoffnung, ohne Hoffnung nämlich auf ein gottgeschenktes ewiges Leben. Wieder stoßen wir auf das theologische Schlüsselwort „Hoffnung", ἐλπίς, *elpis,* das bereits in 4 die Hoffnung der Gerechten auf die Unsterblichkeit aussagte. Wenn der Sohn oder die Tochter von Gottlosen ohne selige Hoffnung stirbt (im Sinne des Verf. der Sap geradezu „verreckt"), dann gibt es in einem solchen Sterben keinerlei Trost. Gottes Gericht, der Tag des göttlichen Urteils[100], wird für solche Art von Menschen furchtbar sein. Denn die Gottlosigkeit seiner Eltern wird über ihn kommen (Ex 20,5!; s.o.). Und so resümiert 19 das Ganze: Katastrophal ist das Ende eines ungerechten Geschlechtes! Hier aber ist der Punkt erreicht, wo der Standpunkt des atl. Autors vom NT überwunden wird. So sehr die Sap in vieler Hinsicht auf dem Weg zur ntl. Verkündigung ist, auf dem Wege zur ntl. Sicht des Menschen – hier widerspricht Jesus, hier widerspricht das ganze NT dem Verf. der Sap (Mt 21,31f.).

In 4,1 schwenkt der Blick wieder um. Zuvor war von der sündigen Brut der Gottlosen die Rede. Jetzt geht es um die *Kinderlosigkeit der Gerechten.* In jüdischer Optik eine groteske Situation! Kinder sind Gabe Gottes. Haben doch jetzt ausgerechnet die Bösen ihre Kinder, also diese Gabe Gottes; doch manche der Guten haben sie nicht! Aus der Sicht des jüdischen Gesetzes eine verkehrte Welt! Womöglich haben sogar einige der Gottlosen solchen kinderlosen Gerechten höhnisch ihre Kinderlosigkeit vorgehalten. Nach dem Tun-Ergehen-Zusammenhang wäre dieses Manko ein Indiz für das Unrecht ausgerechnet der Gerechten! In genau diese Situation hinein (sei es die des höhnischen Anwurfs seitens der Ungerechten, sei es die des Selbstzweifels von Gerechten) spricht der Verf. der Sap sein *theologisches Urteil:* Besser als der Kinder-„Segen" der Gottlosen ist die Kinderlosigkeit der Gerechten. Denn sie ist eine Kinderlosigkeit, die mit der *Tugend,* der ἀρετή, *arete,* verbunden ist.[101] Und allein sie zählt! Tugend bleibt nämlich in der Erinnerung unsterblich. Von der Unsterblichkeit war schon in 3,4 die Rede, genauer: von der Hoffnung, die voller Unsterblichkeit ist. Dort ging es um die künftige, nämlich himmlische Unsterblichkeit der Gerechten. Jetzt in 4,1 geht es um die Unsterblichkeit des Ansehens dieser Gerechten. Gott weiß um die Tugend, die Menschen wissen um sie. Es ist ein Wissen im Himmel und auf Erden. Die Tugend ist nach 2 sogar so attraktiv, daß man sie nachahmt, wo sie präsent ist, und daß man sie begehrt, wo sie nicht präsent ist. Sie ist so vollkommen, daß sie sogar im Himmel ihren Triumphzug veranstaltet. Denn sie hat den Siegespreis für ihr tugendhaftes Sein erkämpft. Als Existenzaussage: Der tugendhafte Mensch kann sogar im Himmel vor Gott aufgrund seiner Tugend bekränzt auf-

---

[100] ἐν ἡμέρᾳ διαγνώσεως.

[101] ἀρετή ist bekanntlich Grundbegriff vieler griechischer Philosophen.

treten! Das ist – auch hier sollte es noch einmal in aller Klarheit gesagt werden – keine Werkgerechtigkeit; denn letztlich war es ja Gott, der dem Tugendhaften die Kraft zur Tugend gegeben hatte. Der Triumphzug der Tugend und somit der Triumphzug des tugendhaften Menschen ist eigentlich *Gottes* ureigener Triumphzug, ist Gottes Sieg über alle Tugendlosigkeit der Gottlosen.

3 In 3 sind wieder die Gottlosen im Blick. Laufend wechselt ja der Blick von der einen Seite zur anderen. Erneut wird das Verdikt über die Kinder der Bösen ausgesprochen. Nutzlos sind sie![102] Das Motiv von Nutzen und Nutzlosigkeit wird noch einmal vorgeführt. War in 3,11 von der Nutzlosigkeit der Hoffnung der Gottlosen zu lesen, so jetzt von der Nutzlosigkeit ihrer Nachkommenschaft. Selbst wenn sie zahlreich ist, nutzt sie den Gottlosen nichts. Das nächste wird im Bilde gesagt, im Vergleich gottloser Menschen mit nutzlosen Bäumen. Diese Menschen sind wie ehrlose Schößlinge, die wegen ihres schandhaften Daseins keine Wurzeln in die Erde treiben können und deshalb, da sie so ohne jeglichen

4 Halt sind – so führt 4 den Gedanken weiter –, vom Winde hin und her geschüttelt und von der Gewalt der Stürme entwurzelt werden. Die Gottlosen sind also entwurzelte Existenzen, haltlos in ihrer eigenen „Haltung", aber gerade deshalb ohne Halt allem anderen preisgegeben. Nur – sie wissen nicht, daß sie, in all ihrer vermessenen Selbstsicherheit, in Wirklichkeit der Macht des Bösen hilflos ausgesetzt sind. Sie verstehen die eigene Misere überhaupt nicht! Auch in diesem Vergleich zeigt sich erneut der hermeneutische Impetus des Verf. der Sap, hier wieder in der Schilderung der Unfähigkeit der Gottlosen, Gottes Handeln und ihr eige-

5 nes Schicksal zu verstehen. In 5 wird das Bild weiter ausgemalt. Die jungen Zweige werden von der Gewalt des Sturmes abgebrochen. Und – noch einmal das Motiv der Nutzlosigkeit – ihre Frucht, eine unreife Nahrung, ist nicht zu gebrauchen.

6 In 6 geht das Bild wieder zur Sachaussage über: Die im gesetzlosen Beischlaf Gezeugten (s. o.) werden im eschatologischen Gericht zu Belastungszeugen gegen die eigenen Eltern. Auch dazu ist das Erforderliche bereits gesagt.

4,7–20 Der vorzeitig verstorbene Gerechte

7 Stirbt aber der Gerechte vorzeitig, so wird er in der Ruhe sein.
8 Die Ehrenhaftigkeit des Alters – nicht nach irdischer Zeit wird sie chro-
                                                      nologisch festgestellt
  Und nicht durch die Zahl der Jahre quantitativ gemessen.
9 Graues Haar – das meint in Wirklichkeit die dem Menschen zukommende
                                                      Lebensklugheit.
  Und der Maßstab für das Alter? – Das ist ein unbeflecktes Leben!
10 Weil einer Gott wohlgefällig war, hat dieser ihn geliebt.
   Und weil einer unter Sündern leben mußte, hat Gott ihn entrückt.

---

[102] οὐ χρησιμεύσει, s. dazu 3,11: καὶ κενὴ ἡ ἐλπὶς αὐτῶν.

11 Gott hat ihn hinweggenommen, damit nicht die Bosheit sein Denken
                                                              vergifte
      Oder die Arglist seine Seele verführe.
12 Denn die Verführungsmacht der Schlechtigkeit schwächt, was gut ist,
      Und der Taumel der Sinne verkehrt den guten Geist ins Böse.
13 Zu früh verstorben, hat (der Gerechte) dennoch lange Zeiten gelebt.
14 Denn wohlgefällig war dem Herrn seine Seele.
      Gerade deshalb enteilte sie mitten aus der Bosheit.
      Die Menschen aber, die das sahen, sie verstanden's nicht!
      Und sie nahmen's sich auch nicht zu Herzen,
(15 Daß Gnade und Erbarmen unter denen sein werden, die er erwählt hat.
      Und seine gnädige Gegenwart bei seinen Heiligen.)
16 Der Gerechte aber, ist er erst gestorben, wird die noch lebenden Gottlosen
                                                              richten,
      Und seine so früh verstorbene Jugend das – nur an Jahren gemessene – hohe
                                                              Alter des Ungerechten.
17 Denn (die Gottlosen) werden zwar den Tod des Weisen sehen,
      Aber sie werden nicht verstehen, was der Herr über ihn beschlossen
      Und zu welch sicherem Zustand er ihn gebracht hat.
18 Sie werden ihn sehen und für nichts halten.
      Aber der Herr wird sie auslachen!
19 Und danach werden sie zum verachteten Leichnam werden
      Und zum ewigen Spott unter den Toten.
      Denn Gott wird sie als Stumme herabstürzen
      Und sie aus ihren (zuvor so sicheren) Fundamenten reißen.
      Und ganz und gar wird er sie zum elenden Nichts machen.
      Und sie werden in Qualen dahinvegetieren.
      Die Erinnerung an sie wird aber völlig schwinden.
20 Mit Zittern werden sie bei der Aufrechnung ihrer Sündentaten erscheinen.
      Werden doch ihre Missetaten sie überführen, wenn diese ihnen
                                                              „gegenüber"- stehen.

Der Einwand, Kinderlosigkeit spreche gegen den Anspruch des Gerechten, der
von Gott Angenommene zu sein, ist nun widerlegt. Es bleibt aber noch der unbe-
streitbare Sachverhalt, daß es *Gerechte* gibt, die *jung sterben,* obwohl doch Gott
den Seinen ein langes Leben gibt. Sind dann nicht diese vorzeitig Verstorbenen
aufgrund des Tun-Ergehen-Zusammenhangs in Wirklichkeit von Gott Verwor-
fene? Nach der alten weisheitlichen Dogmatik muß die Frage unbedingt bejaht
werden. Aber die Sap ist ja, wie sich in den bisherigen Kapiteln schon mehrfach
gezeigt hat, ein Dokument der Krise dieser alten Weisheitsnorm. Also muß auch
hier von diesem theologischen Denken der Krise her der eben genannte Einwand
der Gottlosen widerlegt werden.[103] Und das geschieht nun in 7–19, einem reich-   7–19
lich langen Abschnitt. Erneut argumentiert unser Autor mit der Vorstellung der
transzendenten Sanktion. Erneut läßt er uns ins Eschaton schauen, um mit einem
eschatologischen Argument den gottlosen Gegnern des Gerechten ihre Argu-

---

[103] S. den Exkurs „Morte prematura del giusto" in *Scarpat* K I 263–267.

mente aus der Hand zu schlagen, die sie doch nur aus dem Diesseits genommen
haben. Wer Gottes gerechtes Handeln ins Feld führt, der darf mit seiner Beweisführung nicht innerhalb der engen Grenzen des Diesseits verbleiben! Der Verf.
der Sap hat gegen Ludwig Wittgenstein (Tractatus 5.6: *„Die Grenzen meiner
Sprache* bedeuten die Grenzen meiner Welt") seinen Wittgenstein *modificatus* gestellt: Die Grenzen meiner Sprache liegen jenseits der Grenzen dieser Welt. Es gehört also zur Argumentationsstrategie des Verf. der Sap, daß er den folgenden
Gedanken laufend wiederholt: Gottes *transzendentes* Handeln kann nicht mit ein-
gefahrenen *immanenten* Denkmustern begriffen werden – ein im Grunde *funda-
mentaltheologisches Axiom*! Wer nur in solchen „Denk"-Mustern „denkt", verfehlt
Gedanken-*los* Gottes Wirklichkeit. Der Gott-Lose versteht nicht – und nach all
dem, was bisher gesagt worden ist, kann er nicht verstehen, weil er in der spezifischen Dummheit der Gottlosen gefangen ist.

7   7 wiederholt 3,1, wenn auch in anderer Terminologie: Wer in der eschatologischen Ruhe weilt, befindet sich in Gottes Hand. Das griechische Wort für Ruhe,
ἀνάπαυσις, *anapausis,* kommt zwar in der Sap nur hier vor; es ist aber immerhin
ein für das AT wichtiger Begriff. Es ist vor allem die heilige Ruhe des Sabbats
(z.B. Ex 16,23; 31,15; 35,2; Lev 23,3). Ohne Hoffnung auf ein jenseitiges Leben
spricht Hiob, geradezu in Resignation, vom Tode als der Ruhe, sieht sie aber als
Erlösung von seinem Leid (Hiob 3,23 LXX, s. auch 3,3.11 ff.). Bemerkenswert
oft begegnet dieses Wort in Sir, jedoch mit recht unterschiedlicher Intention.

8   8 bringt wieder die inzwischen bekannte Argumentationsfigur der „Umdefini-
tion": Das Alter wird nicht bestimmt durch die quantitative Chronologie, sondern
durch die Qualität der Person. Nicht die Arithmetik der Jahre[104] ist das Bewer-
9   tungskriterium, das graue Haar ist nach 9 vielmehr Metapher für existentielle
Klugheit (oder sollte man besser sagen: Klugheit aus erfahrener Existenz?), nämlich jene Klugheit, die die Torheit der Gottlosigkeit überwindet. In der Regel ist
der Greis mit seinem grauen Haar der Lebenserfahrene, der weiß, wie man sein
Leben verantwortlich vor Gott und den Menschen gestaltet. Der Verf. der Sap ist
aber davon überzeugt, daß der vorzeitig verstorbene Gerechte mit der geringen
Zahl an Lebensjahren in seiner sittlich-religiösen Reife schon so weit gekommen
ist, wie das in der Regel bei einem alten Mann der Fall ist. Es war bei seinem so
frühen Tode, als habe er schon den größten Teil seines Lebens samt aller Lebens-
10. 11 erfahrung hinter sich. In 10 und 11 finden sich drei *passiva divina*, die wir am besten aktivisch mit dem Subjekt Gott übersetzen: Gott hat den, der ihm wohlgefällt, geliebt; Gott hat ihn aus der Mitte der Sünder entrückt; Gott hat ihn von
dort hinweggenommen. Heißt es in 10, daß der Gerechte „Gott wohlgefällig"
war, so ist das eine Wendung, die in der LXX nur hier und im NT lediglich bei
Paulus bzw. im Corpus Paulinum begegnet (so oder auch leicht verändert in
Röm 12,1; 14,18; 2Kor 5,9; Phil 4,18; Kol 3,20; Eph 5,10).[105] Das Partizip „ge-

---

[104] Der griechische Text von Sap 4,8 b ist bezeichnend: οὐδὲ *ἀριθμῷ ἐτῶν μεμέτρηται.*
[105] εὐάρεστος θεῷ in Sap 4,10; εὐάρεστος(ν) τῷ θεῷ in Röm 12,1 und 14,18. In Sap 9,10: τί εὐά-
ρεστόν ἐστιν παρὰ σοί.

worden" in 10 a kann, wie auch in unserer Übersetzung, kausal aufgelöst werden.
Doch sollte die kausale Relation nicht in der Weise überinterpretiert werden, als
werde die Gottwohlgefälligkeit als Grund der göttlichen Liebe verstanden. Die
bereits deutlich gewordene *gratia praeveniens* ist auch hier mitzubedenken. Denn
Gottes Liebe ist das Urdatum auch des theologischen Denkens des Verf. der Sap.
Und zur liebenden Gnade Gottes gehört, daß dieser den Gerechten nicht lange
unter den Gottlosen leben läßt. Gott erspart ihm diese Gesellschaft! Es ist die biblische Variante des Plautus: „Wen die Götter lieben, der stirbt jung."[106] Daß
Gott ihn entrückte, ist eine Anspielung auf Henochs Entrückung, Gen 5,24 (s.
auch Sir 44,16). Das wird auch daran deutlich, daß es dort heißt, Henoch habe
Gott wohlgefallen (!) und dieser habe ihn (deshalb) entrückt.[107] Eigentümlich ist
aber, daß in 11 a als Grund für die Hinwegnahme die Sorge angegeben wird, die
Bosheit der Gottlosen könne das Denken des Gerechten vergiften und die Arglist
seine Seele verführen. Also doch ein gewisses Mißtrauen ihm gegenüber? Oder
sollte die übergroße Macht der gottlosen Bosheit durch den verneinten Finalsatz
unterstrichen werden? Immerhin ist 12 mit der Aussage ernst zu nehmen, daß die   12
Verführungsmacht der Schlechtigkeit das Gute in der Tat zu schwächen ver-
möchte. Gott rettet also den Gerechten vor seiner möglichen Pervertierung! Selbst
der Sinnentaumel könnte für ihn zur tödlichen Gefahr werden – tödlich wohlver-
standen im Blick auf das Leben mit Gott. 13 faßt das Ganze noch einmal pro-   13
grammatisch zusammen: Wer als Gerechter früh verstorben ist, also nur eine
quantitativ geringe Zahl an Lebensjahren aufweisen kann, hat in Wirklichkeit
lange gelebt, weil er dasjenige Ziel erreicht hat, das in der Regel nur alten Menschen gegeben ist (s. zu 9). Denn in äußerst kurzer Zeit hat er die notwendige
Vollkommenheit erreicht, hat er – noch einmal wird es gesagt – die Kompensati-
on für eine quantitativ lange Zeit geschaffen. Mit „wohlgefällig"[108] ist sicherlich
auf die Wendung „Gott wohlgefällig" von 10 angespielt.[109] 14 bringt zunächst   14
eine Begründung, die jedoch inhaltlich nur bereits Gesagtes wiederholt. 14 b modifiziert dann aber in bezeichnender Weise den Gedanken von 10 b–12. Denn was
dort mit Nachdruck als Aktivität *Gottes* geschildert wurde, erscheint nun überraschend als Aktivität des *Menschen:* Weil seine Seele dem Herrn wohlgefällig war,
deshalb (!) enteilte sie aus der Mitte der Bosheit. Der Gerechte selbst ist es nun,
der dem Bereich des Bösen entflieht! Gottes und des Menschen Wirken werden
also in der Diktion unseres Autors ineinandergeschoben. Einige Exegeten erblik-
ken jedoch in dieser Interpretation, die in 14 b die Seele des Gerechten (oder auch
den Gerechten) als Subjekt sieht, einen Verstoß gegen den Kontext und deuten

---

[106] *Plautus,* Bacchides IV,7,18: „*Quem di diligunt, adolescens moritur.*
[107] Gen 5,24: καὶ εὐηρέστησεν (!) Ἐνὼχ τῷ θεῷ καὶ οὐχ ηὑρίσκετο, ὅτι μετέθηκεν αὐτὸν ὁ θεός.
[108] Mit ἀρεστὴ greift der Autor εὐάρεστος von 10 wieder auf.
[109] Man vergleiche damit Aussagen der Propheten. Hier für die Überzeugung, daß derjenige
stirbt, der sündigt, nur 2 Beispiele aus der LXX, die der Verf. der Sap gekannt hat: Jer 38,30
(31,30MT): ἀλλ' ἢ ἕκαστος ἐν τῇ ἁμαρτίᾳ αὐτοῦ ἀποθανεῖται, Ez 18,4: ἡ ψυχὴ ἡ ἁμαρτάνουσα,
αὕτη ἀποθανεῖται. S. auch den ganzen Zusammenhang von Ez 38,1–4 LXX.

deshalb Gott als Subjekt.[110] Aber mit einer solchen Argumentation ist das Kontext-Prinzip überzogen. Einen Text wie den der Sap darf man nicht wie eine begriffliche Argumentation interpretieren. Außerdem spricht der natürliche Sprachduktus dagegen.[111]

Mit 14 c ändert sich wieder die Perspektive. Erneut erscheint im Szenario das Ensemble der Gottlosen[112], und zwar wiederum in der durch ihre Bosheit geschaffenen und somit von ihnen selbst zu verantwortenden Torheit: Sie sehen nur vordergründig, was mit dem Gerechten geschieht, nämlich sein frühes Sterben. Aber sie sehen dahinter nicht Gottes Gnadenwirken am Gerechten. Sie „durch-schauen" das Ganze nicht. Und folglich nehmen sie es sich auch nicht zu Herzen. Für 14, im Grunde sogar für den ganzen Komplex 10–14, ist eine Anspielung auf *Jes 57,1* äußerst wahrscheinlich; immer wieder zeigte sich ja, daß der Verf. der Sap gern auf Jes zurückgreift. In Jes 57,1 also geht es um den Gerechten, der zugrunde geht, jedoch keiner nimmt es sich zu Herzen; die Gerechten werden hinweggenommen, der Gerechte nämlich vor dem Angesicht der Ungerechtigkeit. Und bezeichnenderweise heißt es dann in 57,2, daß sein Grab in Frieden sein wird (!, nicht er selbst, so LXX; nach MT geht aber der Gerechte selbst in den Frieden ein).

15 Ob 15 zum ursprünglichen Text gehört, ist fraglich. Möglicherweise ist es nur mit geringer Modifikation die Wiederholung von 3,9 durch einen späteren Inter-
16 polator. Auch 16, nun wieder ein originaler Text[113], bringt eine Wiederholung: Die Vorstellung, daß der Gerechte die noch lebenden Gottlosen verdammen wird, brachte, allerdings im Plural, schon 3,8. In 16 b wird sie in Anlehnung an
17 unmittelbar zuvor Gesagtes neu formuliert. Auch 17 geht darüber kaum hinaus. Immer wieder erscheint das Gegenüber von dem Gerechten und den Gottlosen. Gerade deren Unfähigkeit, Gottes Wirken am elenden Gerechten zu verstehen, stellt der Verf. der Sap immer wieder neu heraus. Wer das Buch liest, bekommt diesen Gedanken refrainhaft eingehämmert. Allerdings taucht hier zum ersten Mal das Wort „Weiser", σοφός, *sophos,* auf (σοφία, *sophia,* aber bereits 1,6; 3,11): *Der Gerechte ist der Weise.* Vilchez sieht hier das Zusammenfließen von biblisch-weisheitlichen und hellenistisch-philosophischen Strömungen, Larcher hingegen in der Bezeichnung „Weiser" einen gegenüber der biblischen Weisheit
18 und verschiedenen griechischen Philosophien unterschiedlichen Begriff.[114] In 18

---

[110] Z. B. *Feldmann* K 42; *Vilchez* K 202 f.: In Sap 4,10 f. liegt die Initiative immer bei Gott; deshalb sollte dies auch für 4,14 b gelten.

[111] S. vor allem *Grimm* K 105; *Larcher* K II 337– 339.

[112] Daß hier die Gottlosen als οἱ λαοί, „die Völker", erscheinen, beruht wohl darauf, daß in der Diaspora Alexandrien zu den Gegnern der gläubigen Juden hellenistisch denkende Ägypter (Griechen?) zählen. Versuche, mit der Lesart A* ἄλλοι, „andere", oder mit *Kuhn,* ThStK 1931, 445 ff. und *Lacher* K II 344 οἱ δ' ἀλαοί, „die Blinden", zu lesen, sind daher überflüssig.

[113] Anders *Winston* K 143 (unter Bezug auf *Goodrick*); *Larcher* K II 339 f. ordnet die Reihenfolge der Verse neu: 16, 17, 15, 14 c-d, 18; doch fordert die bereits in den ältesten Handschriften vorliegende Sequenz der Verse nicht zwingend eine derartige Umstellung, wie auch unsere Auslegung zeigen dürfte; ib. 342 gegen *Goodrick.*

[114] *Vilchez* K 204; *Larcher* K II 342.

wird das Gegenüber von Gott und Gottlosen, die im Gericht, wider Willen, nicht mehr Gott-*los* sein können, vor Augen gestellt. Gott als ihrem Richter können sie nicht ausweichen. Nun hört ihre Gottlosigkeit auf. Doch ist *für sie* jetzt der nahe Gott der sie verdammende Gott. Hier zeigt sich in aller Deutlichkeit wieder einmal der existentiale Gottesgedanke der Bibel: *Gott ist so, wie der Mensch ihm im Glauben oder in der Glaubenslosigkeit begegnet.* Diesen zentralen theologischen Gedanken hat Martin Luther in der Erklärung des Ersten Gebots seines Großen Katechismus einzigartig formuliert: „Ist der Glaube und Vertrauen recht, so ist auch Dein Gott recht, und wiederümb, wo das das Vertrauen falsch und unrecht ist, da ist auch der rechte Gott nicht. Denn die zwei gehören zuhaufe, Glaube und Gott. Worauf Du nu (sage ich) Dein Herz hängest und verlässest, das ist eigentlich Dein Gott."[115] So ist es auch in Sap 4 dieser Gottesgedanke, der die Darlegungen bestimmt: Es ist *für* die Gottlosen der lachende, der sie auslachende Gott (in anderem Zusammenhang findet sich dieses Motiv in Ps 2,4, wo er die Könige der Welt verlacht; aber die Sap wendet sich ja an diese!), der für die Ausgelachten die furchtbare, nicht mehr erträgliche Situation bereitet! Sie sind nicht zum Spott von Menschen geworden, so wie einst der Gerechte von ihnen grausam und höhnisch verspottet worden war; nein, zum Spott von Gott sind sie geworden, sie sind dem Allmächtigen in diesem seinem höhnischen Spott hilflos preisgegeben; genau das ist die Strafe, die ihr ehemaliges böses Tun an Grauenhaftigkeit weit übertrifft! Später wird unser Autor dieses Gesetz eines überbietenden *ius talionis* in die Worte kleiden: Wodurch einer sündigt, damit wird er gestraft, 11,16.

Die Wirkung des Strafgerichts durch den sie verlachenden Gott wird, wie der **19** etwas längere Vers 19 ausführt, für die Gottlosen katastrophal sein: Wegen ihrer Bosheit und ihrer daraus erwachsenen Dummheit werden sie, die bereits zu ihren Lebzeiten zum Nichts *coram Deo* geworden sind, nach ihrem Tode zum ehrlosen Leichnam. Die Folge ihres Verhaltens auf Erden ist im jenseitigen Dasein schlimm: Sogar die Toten – gemeint sind die Seelen der Gerechten – verspotten sie; unter ihnen sind *sie* jetzt die Ausgestoßenen. Wiederum also eine gewisse Modifikation des Tun-Ergehen-Zusammenhangs: Der Gerechte wurde erlöst, als er aus der Mitte der Ungerechten entrückt wurde. Sie aber, die Gottlosen, müssen in der Gesellschaft der sie verspottenden Gerechten bleiben! Für sie gibt es kein vorzeitiges Ende dieser ihrer Höllenqual. Und schließlich greift Gott selbst in dieses jenseitige Geschehen ein. Er wird sie, die in der Gerichtssituation nichts mehr zu sagen haben (stumm!), in die Tiefe stürzen; denn es gibt für sie in ihrer neuen Existenzform kein Fundament mehr, auf dem sie sicheren Halt hätten. Es ist ihnen unter den Füßen weggerissen. Sie, die während ihres irdischen Lebens kein religiöses und ethisches Fundament hatten, haben nun nach dem über sie ergangenen Gericht Gottes keinerlei Fundament mehr für ihr Dasein. Sie sind – so wäre wörtlich χερσωθήσονται, *chersothesontai*, zu übersetzen – „öde gemacht", „zur Wüste gemacht", also an den Ort verbannt, wo für sie kein wirkliches, kein ei-

---

[115] Die Bekenntnisschriften der evangelisch-lutherischen Kirche. Herausgegeben im Gedenkjahr der Augsburgischen Konfession 1930, 11. Aufl. 1992, 560.

gentliches Leben möglich ist. 19 schließt mit der *damnatio memoriae*. Keiner wird sich mehr auf die Dauer an sie, die Verdammten, erinnern!

20 Die Zugehörigkeit von 20 ist umstritten. Bildet der Vers den Abschluß von 10–20? Oder gehört er schon zum folgenden Abschnitt 5,1ff., weil 5,1 mit „dann" eingeleitet wird und folglich der Bezug auf 4,20 gegeben ist? In 4,20 werden wir wohl am besten wieder einen Übergangsvers sehen. Dem Inhalt nach gehört er unbestreitbar zu 4,10ff., der Zusammenhang mit 5,1 ist aber ebenso evident. Deshalb sei hier der Vers noch im Zusammenhang mit Kap. 4 ausgelegt, zugleich aber gesagt, daß er auch in Verbindung mit Kap. 5 gesehen werden muß. Wie im Vorhergehenden ist die Gruppe der Gottlosen als Einheit gleichartiger Menschen vorgestellt. Sie werden zum Gericht kommen (Futur!). Und dort geschieht dann die Aufrechnung ihrer Sündentaten. Es wird Bilanz gezogen, ganz unerbittlich. Von einem Ankläger wie in anderen Gerichtsszenen ist keine Rede. Denn ihre Untaten sind es, die sie überführen. Es ist ihr ureigenes Wirken, das gegen sie zeugt. Und da ihre Taten im Grunde sie selbst als die sind, die das Unrecht getan haben – das *Handeln* der Menschen gehört ja zu ihrem *Sein* –, sind sie selbst ihre eigenen Ankläger! Es steckt zwar schon ein Stück Wahrheit in dem Satz *agere sequitur esse,* aber es gibt auch eine Korrespondenz dieses Satzes zu dem Satz *esse sequitur agere.* Denn Tun und Sein lassen sich dort, wo es um die menschliche Existenz geht, nicht trennen. Wenn also die Gottlosen von ihren eigenen Taten überführt werden, so zeugen sie als die böse Handelnden gegen sich selbst in ihrem bösen Sein. Der Mensch als forensisches Wesen, d.h. als verantwortliches Wesen, *ist* sein eigenes Forum. Die im göttlichen Gericht stehenden Gottlosen stehen sich sozusagen selbst gegenüber. Sie stehen im forensischen Geschehen ihrem eigenen, sie verurteilenden, Sein und Wirken gegenüber. Gott als der ewige Richter braucht nur noch dieses Selbsturteil zu übernehmen, das die Gottlosen eigentlich gar nicht gegen sich selbst sprechen wollten. Die Gottlosen haben, ohne es verhindern zu können, anstelle Gottes das Gericht über sich gehalten: Wir sind schuldig! Wir haben das göttliche Leben verwirkt. Wir haben uns verurteilt – gegen unser eigenes Wollen! Wir haben uns selbst das Todesurteil gesprochen.

5,1–13 Die eschatologische Gerichtsszene

1 Der Gerechte aber, er wird mit großer Zuversicht
  Denen ins Angesicht hinein gegenüberstehen, die ihn gefoltert
  Und seine Bemühungen für nichts geachtet haben.
2 Wenn sie ihn sehen, werden sie sich in schrecklicher Furcht und in völliger
                                                                  Verwirrung befinden
  Und über die (in ihren Augen) paradoxe Situation seines Heils außer sich
                                                                  sein.
3 Voller Reue werden sie zueinander sprechen
  Und in der Beklommenheit des Geistes seufzen:

4 „Der da war's,
   Den wir einst zum Gelächter machten
   Und zum lebendigen Beispiel des Spottes – ach, wir Toren!
   Sein Leben betrachteten wir als Wahn
   Und seinen Tod als Ehrlosigkeit.
5 Wie konnte er nur unter die Söhne Gottes gerechnet werden,
   Wie sein Los unter den Heiligen sein!
6 Also haben wir uns getäuscht! Vom Wege der Wahrheit sind wir abge-
                                                              kommen.
   Und das Licht der Gerechtigkeit schien uns nicht,
   Und die Sonne ist uns nicht aufgegangen.
7 Im Gestrüpp der Gesetzlosigkeit und des Verderbens haben wir uns ver-
                                                              fangen
   Und durch unwegsame Wüsten hindurch unseren Weg gesucht.
   Doch den Weg des Herrn, den haben wir nicht erkannt!
8 Was hat uns unser Übermut genutzt?
   Und welcher Reichtum, mit dem wir auch noch prahlten, hilft uns jetzt?
9 Das alles verging wie ein Schatten
   Und wie ein paar Worte, die vorbeirauschten,
10 Wie ein Schiff, das die wogende See durchzieht,
   Dessen Spur, nachdem es hindurchgefahren ist, nicht mehr zu finden ist,
   Noch dessen Kiels Weg in den Wellen.
11 Oder wie von einem Vogel, der die Luft durchflogen hat,
   Kein Zeichen seines Fluges zu finden ist.
   Nur der leichte Luftzug ist zu spüren, der von Flügelschlag herrührt,
   (Die Luft, die,) gespalten von der pfeifenden Kraft der bewegten Schwin-
                                                              gen, ihren Weg nahm.
   Doch danach wurde in ihr kein Zeichen des Durchflugs mehr gefunden.
12 Oder wie es ist, wenn ein Geschoß auf ein Ziel gefeuert
   Und dabei die Luft durchschnitten wurde, die aber dann wieder zusammen-
                                                              fließt,
   So daß man seine Bahn nicht kennt.
13 So steht es auch mit uns: Wir sind geboren und dann verschwunden.
   Kein Zeichen der Tugend können wir aufweisen.
   In unserer eigenen Boshaftigkeit haben wir uns selbst verschlungen!"

Das also ist die *zweite Rede der Gottlosen* – ein radikaler Kontrast zu ihrer ersten
Rede in Kap. 2! In dieser gaben sich die Gottlosen in bemerkenswerter Offenheit
als Verächter jeglicher Humanität zu erkennen, in zynischer Weise verhöhnten
sie Recht und Gerechtigkeit. Gerechtigkeit ist das, was *wir* wollen! Keiner kann
uns hindern! Wir sind die Starken, die anderen doch nur die Schwachen! Und
jetzt in Kap. 5? Trotz des fast totalen Gegensatzes – eine gewisse Parallele läßt
sich nicht übersehen. Die erste Rede begann immerhin mit resignativen Tönen:
Unser Leben ist so kurz. Also – laßt es uns ausleben! In Kap. 5 ist diese Resignation zur Verzweiflung eskaliert. Alle Frechheit, alle Unverfrorenheit ist dahin.
Doch gerade diese Eskalation führt zum Gegensatz der beiden Reden zueinander. Denn die damals herzlos Verhöhnenden sind jetzt zu erbarmungslos Verhöhnten geworden. Damals haben *sie* Menschen gequält und gefoltert. Jetzt aber

sind sie durch Gottes Gericht der Qual und Folter preisgegeben. Es ist die *trans-zendente Sanktion,* das transzendente *ius talionis.*

Bei der Exegese von Kap. 2 war die Frage offengeblieben, ob uns Kap. 5 Kriterien an die Hand gibt, um zum Urteil über Rupperts Hypothese vom Diptychon zu gelangen. Ist, so lautet nun die entscheidende Frage, die Doppelrede dadurch als zusammenhängende Einheit und somit als literarische Vorlage des Verf. der Sap zu verstehen, daß in beiden Teil Jes 53 das dominierende Moment ausmacht? Doch zuerst zum Aufbau der zweiten Rede und Vergleich der beiden Reden!

1-3   Zum *Aufbau:* 1-3 stellt den rehabilitierten Gerechten und die in großer Furcht verwirrten Gottlosen angesichts des göttlichen Gerichts gegenüber und leitet so
4-13 deren Rede ein. Diese wird dann in 4-13 zitiert. Ihre Struktur nennt Vilchez: In
4-5. 6-7 4-5 erkennen die Gottlosen den Sieg des Gerechten an, in 6-7 bekennen sie ihren
8-13 Irrtum und ihr totales Scheitern, in 8-13 reflektieren sie die Leere und Vergeblichkeit ihres Lebens. Ihre Reflexion geht der des Verf. der Sap in 13-23 voraus.[116]

Zum *Vergleich* der beiden Reden (einschließlich der Einleitung in Kap. 5): Die alles dominierende Parallele und eigentliche Konstante in beiden Kapiteln ist das Gegenüber *der Gottlosen* und *des Gerechten* (Singular wie in 2,10 ff.!).[117] Vom *Reden* und *Denken*[118] lesen wir dort. Beides wird aber nur von den Gottlosen ausgesagt, nicht aber vom Gerechten. Das einzige, was wir in diesem Zusammenhang vom seinem Verhalten erfahren, ist in 5,1, daß er mit großer Zuversicht – schweigend! – seinen ehemaligen Peinigern ins Angesicht hinein entgegensteht.[119] Die beiden Kapitel sind also derart strukturiert, daß die Gottlosen den Gerechten in *doppelter Perspektive* sehen, zunächst in Kap. 2 als den schwachen Gerechten, den sie ohne weiteres physisch zu vernichten imstande sind, in Kap. 5 dann aber als den, der jetzt wegen seiner Gerechtigkeit, die sie noch in ihrer ersten Rede als Schwächlichkeit verhöhnt haben, als der Siegreiche und somit Starke auftritt.

Das Wort *Gerechtigkeit* führen die Gottlosen in beiden Reden im Munde. In 2,11 machen sie sie lächerlich: Was Gerechtigkeit ist, das bestimmen wir als diejenigen, die die Macht haben – Macht diktiert, was Gerechtigkeit ist! In 5,6 klagen sie, daß ihnen das Licht der Gerechtigkeit nicht geleuchtet habe. Natürlich meinen sie nicht, sie hätten sich nur geirrt und in ihrem Irrtum falsch gesehen, was Gerechtigkeit wesensmäßig ist. Sie wissen nur zu genau, daß sie ihren Spott über sie ausgegossen haben und so ihre Verachtung der Gerechtigkeit zwangsläufig zur Verachtung und Liquidierung des Gerechten führte. Sie erkennen jetzt, daß sie sich selbst mit der Verachtung der Gerechtigkeit und der Vernichtung des Gerechten ins Nichts hinein geführt haben. Sie erkennen, daß ihre eigene Ungerechtigkeit, also ihr eigener böser Wille, sie der strafenden Gerechtigkeit Gottes an-

---

[116] *Vilchez* K 211 ff.

[117] ὁ δίκαιος in 5,1 wie zuvor in 2,12. 18, ἀσεβής jedoch erst in 5,14, also erst in der Reflexion des Verf. der Sap.

[118] λογισάμενοι, 2,1; ἐλογίσθημεν, 2,16; ἐλογίσαντο, 2,21; ἐλογισάμεθα, 5,4.

[119] S. die aufschlußreichen Ausführungegn im Exkurs „La *parrhesia* del giusto" in *Scarpat* K I 298–307!

heimgestellt hat. Wer die Gerechtigkeit mit Füßen tritt, den holt die Gerechtigkeit ein.

Zusammengebunden sind die beiden Reden auch durch den Begriff des *Sohnes Gottes*. Nach 2,13 ist der Gerechte Sohn Gottes[120], nach 2,16 nennt er Gott seinen Vater und nach 2,18 ist er Sohn Gottes, υἱὸς θεοῦ. Diese letzte Stelle ist das Bindeglied zu Kap. 5. Denn in 2,17f. findet sich die höhnische Selbstaufforderung der Gottlosen, den Gerechten zu foltern und zu töten, um zu erkennen, ob er wirklich der Sohn Gottes sei, der sich rettend seiner annimmt. Die Antwort erhalten sie in Kap. 5. Denn sie müssen in 5,5 erfahren, daß Gott ihn in der Tat zu seinen Söhnen zählt. Ein schreckliches Aufwachen für sie!

Eine weitere Entsprechung ist mit dem Stichwort *Resignation* gegeben. Denn in beiden Reden beklagen, ja bejammern die Gottlosen die Kürze ihres Lebens. In 2,1–9 ziehen sie daraus die Konsequenz eines grenzenlosen Libertinismus und Hedonismus, in 5,8–13 beklagen sie ihr so schnell verflossenes Leben und damit das Ende ihres Sich-ausleben-Könnens. Kein Hedonismus, kein Libertinismus mehr! Von ihrer *dolce vita* ist ihnen nicht das Geringste geblieben. In beiden Reden findet sich als einer der zentralen Begriffe der Schatten (2,5; 5,9).[121] Allerdings sind es jetzt Aussagen in denjenigen Abschnitten der beiden Kapitel, in denen es nicht um das Verhältnis der Gottlosen zu dem Gerechten geht. Beide Male finden sich diese Aussagen in den Reflexionen der Gottlosen über ihr beklagenswertes, weil so kurzes Dasein. Mit dem Aufweis all dieser Parallelen hat sich der Horizont einigermaßen abgezeichnet, innerhalb dessen wir die Frage nach dem Einfluß von Jes und speziell von Jes 53 stellen. Die Einzelexegese wird hier noch weitere Klärung bringen.

In 1 steht – der Verf. der Sap schildert in 1–13 wahrscheinlich eine Szene des göttlichen Endgerichts (Futur des Prädikats!), obwohl von Gott hier überhaupt nicht die Rede ist – der Gerechte mit Zuversicht seinen ehemaligen Folterern gegenüber, die damals sein Streben nach Gerechtigkeit für nichts erachteten. In 2 erkennen diese im Gerechten den, welcher einst ihr Opfer war und nun von Gott rehabilitiert wurde. Das wird so nicht direkt gesagt, aber vom Autor vorausgesetzt. Sie sehen ihn und geraten darüber in furchtbare Verwirrung und große Furcht. Daß der Gerechte während der Lebenszeit der Gottlosen vor diesen Furcht gezeigt hätte, wird in Kap. 2 nicht gesagt und sicherlich auch vom Verf. der Sap nicht angenommen. Er, der auf Gott hoffte und vertraute, hatte ja auch gar keinen Grund, sich vor solchen Feinden Gottes zu fürchten! Die wollten ihn das Fürchten lehren; aber Furcht haben am Ende allein sie. Sie geraten außer sich angesichts des in ihren Augen paradoxen, nämlich völlig unerwarteten Ausgangs. Sie hatten ja, wie wir schon sahen, nur in Kategorien des Diesseits gedacht; jetzt müssen sie schmerzlich erfahren, daß sie mit ihrem rein diesseitigen Denken und

---

[120] παῖς θεοῦ ist wegen der Parallelen 2,16.18 und jetzt auch 5,5 mit „Sohn Gottes" (oder „Kind Gottes") zu übersetzen; so die meisten Exegeten von *Grimm* K 77 bis zu *Larcher* K I 239.245f. und *Vilchez* K 160.163, nicht aber mit „Knecht Gottes", obwohl der Verf. der Sap Jes 52,13 vor Augen gehabt haben könnte: ὁ παῖς μου (s.u.).

[121] Sap 2,5: σκιᾶς γὰρ πάροδος ὁ καιρὸς ἡμῶν, 5,9: παρῆλθεν ἐκεῖνα πάντα ὡς σκιά.

Planen – im wörtlichen Sinne – zu kurz gedacht hatten. Gottes Gericht hatten sie
natürlich in ihrer Kurzsichtigkeit nicht eingeplant – nach Bertolt Brecht: „Ja,
mach nur einen Plan, sei nur ein großes Licht!"[122] Sie sind außer sich, ἐκ- στήσον-
ται, *ek-stesontai*; nimmt man das „aus" ganz wörtlich: Gott hat sie *aus* ihrem
selbstverschuldeten Gefängnis der Diesseitigkeit herausgerissen und in das himmlische Forum versetzt. Und da müssen sie das sehen, was sie in ihrem irdischen
Dasein nicht sehen wollten. Das nämlich ist ein konstitutives und integrales Element ihrer Strafe, die himmlische „Ek-Stase".

3   In 3 sprechen sie nun zueinander, wobei ihre Haltung mit einem Partizip gekennzeichnet ist, das nach ntl. Sprachgebrauch „sich bekehrend" heißt. Aber dieses griechische Wort μετανοοῦντες, *metanoountes*, darf keinesfalls in diesem positiven Sinn verstanden werden. Denn sie „denken um", weil sie, wie schon deutlich
wurde, ihre Blickrichtung ändern *müssen*. Gott zwingt sie, ihren Blick darauf zu
richten, wohin sie nun wahrlich nicht schauen wollen. So seufzen sie, weil Gott
ihren beklommenen Geist in die Enge jenes Blickwinkels zwingt, innerhalb dessen
sie einzig und allein auf das sie anklagende Forum sehen können und dort die Gegenwart des Gerechten aushalten müssen. Jetzt ist er ihnen erst recht „unbequem"
(2,12)!

4   Und also beginnt in 4 dann ihre Rede. Sie bestätigen sich gegenseitig, daß der,
den sie da sehen, in der Tat derjenige ist, den sie einmal verlacht und „fertigge-
macht" haben. Und deshalb, so erkennen sie jetzt im Nachhinein, waren sie damals dumm, ohne jegliche Vernunft. Jetzt reden sie, geradezu sich entschuldi-
gend, von ihrem damaligen „Denken"[123], das jedoch das Prädikat Denken nicht
im mindesten verdient. Hielten sie doch das Leben des Gerechten, d.h. seine gerechte Lebensart, für Wahnsinn. In Wirklichkeit waren *sie* die Wahnsinnigen! Sie
waren es, die im Wahn lebten, in der Illusion und somit in der Selbstillusion, daß
für den anderen galt, was in Wirklichkeit auf sie selbst zutrifft. Den anderen aus
Bosheit zu verkennen bedeutet ja, sich selbst in eigener Heillosigkeit zu verkennen. Die Gottlosen betrachteten seinen Tod als Ehrlosigkeit und waren gerade in

5   diesem Sehen die Ehrlosen. Immer wieder dieselbe Denkfigur in der Sap! Nach 5
können sie in ihrer eschatologischen Stunde nicht verstehen, wie Gott den Gerechten unter seine Söhne zählt (wieder ein *passivum divinum*). Umstritten ist der
Sinn von „Söhne Gottes" und „Heilige". Sind es Engel, weil nach dem Kontext
der glorifizierte Gerechte in die himmlische Sphäre versetzt ist und ohnehin die
Bezeichnung „Söhne Gottes" im AT für himmlische Wesen verwendet wird (z.B.
Gen 6,2.4; Hiob 1,6)?[124] Gegen diese Auffassung wandte sich schon Grimm, der
auf die unverkennbar gegensätzliche Beziehung von 5,5 auf 2,13.18 verwies: Es
sind „durch Frömmigkeit Gotte geweihte und darum nun in seine unmittelbare

---

    [122] *B. Brecht,* Die Dreigroschenoper, 3. Akt, Peachums Lied von der Unzulänglichkeit men-
schlichen Strebens.
    [123] Sap 5,4: ἐλογισάμεθα.
    [124] So z.B. noch in neuerer Zeit *Larcher* K II 362–364 und *Vilchez* K 213; ähnlich früher *Ficht-
ner* K 23.

Gemeinschaft erhobene Menschen".[125] Diese Auffassung Grimms erhellt schon allein daraus, daß die Gottlosen in ihrer ersten Rede, wenn auch nicht wirklich ernsthaft (s. o.), prüfen wollen, ob er Sohn Gottes sei. Und wenn sie nun in 5,5 auf ihre unernste Frage eine ernste Antwort erhalten, so kann „Sohn Gottes" an beiden Stellen nur dieselbe Bedeutung haben. Ebenso geht aus dem Text von 5 eindeutig hervor, daß „Söhne Gottes" und „Heilige" Synonyme sind.

Von besonderem theologischen Gewicht ist 6. Dieser Vers bringt die *Weg-Me-* 6 *taphorik,* eine bekanntermaßen für das AT charakteristische Vorstellung.[126] Der bildliche Gebrauch von Weg für den *Lebensweg* liegt nahe. Und so ist verständlicherweise diese Metaphorik auch keine spezifisch biblische. Sprichwörtlich geworden ist die Prodikos-Fabel von Herakles am Scheideweg.[127] Im AT wird vom Weg oder den Wegen Gottes gesprochen, ebenso von denen der Menschen. Beide Bilder stehen in enger Beziehung zueinander. Das Bild von Gottes Weg bzw. seinen Wegen meint sein Planen und Verhalten, vor allem gegenüber seinem Volk. Und da es zunächst Gottes gnädiges Handeln ist, das in dieser Metaphorik ausgesagt wird, kann die Antwort Israels oder auch des einzelnen Menschen nur der Gehorsam sein. Weil aber dieser wesenhaft die freie Tat des Menschen ist, gibt es auch den Weg des Ungehorsams. So ist notwendig mit der Weg-Metaphorik die Vorstellung von der Wahl zwischen zwei Wegen angelegt, die später in der Bergpredigt des NT besonders eindrücklich ausgesagt ist (Mt 7,13 f.). Tragisch ist es vor allem, wenn der Mensch in seiner Verblendung meint, er befände sich auf dem Weg zum Leben, aber in Wirklichkeit in die ver-kehrte Richtung geht, nämlich auf dem Weg zum Tode (s. auch Röm 7,7 ff.).

In der Sap sprechen die Gottlosen in beiden Reden vom Weg. In 2,16 formulieren sie noch wenig präzise. Der Gerechte, so klagen sie heuchlerisch, meidet unsere Wege, als wären diese unrein. In 5,6 hingegen (und der Verf. der Sap dürfte hier bewußt 2,16 aufgreifen) bekennen sie, daß sie vom Weg der Wahrheit abgeirrt seien. „*Weg der Wahrheit*" findet sich auch in ψ 118,30 (Ps 119,30). Da unser Autor in den Psalmen bestens bewandert ist, dürfte er bei der Formulierung von 6 diese Stelle vor Augen gehabt haben.[128] Und da er zudem Wahrheit als offenbarungstheologischen Begriff verstehen dürfte (s. zu 3,9), will er in 5,6 zum Ausdruck bringen, daß sich die Gottlosen dem sich ihnen *er*-schließenden Gott gegenüber *ver*-schlossen haben. Aber gerade dieses Sich-Verschließen verschließt ihnen den Weg zum Heil, weil Gott das Heil schlechthin ist. Deshalb täuschten sich die Gottlosen in der für sie so katastrophalen Weise. Sich-Täuschen, und zwar in schuldhafter Hinsicht, gehört zum Wortfeld der Weg-Metaphorik (z. B. Spr 21,16; 28,10, s. auch Sap 12,24). Aus 6 a folgt also: Wer den Weg der Wahr-

---

[125] *Grimm* K 112 f.; ebenso u. a. *Feldmann* K 45; *Scarpat* K I 323 f.
[126] G. *Sauer,* Art. *däräk,* THAT I, 454–460; K. *Koch,* Art. *däräk,* ThWAT II, 294–312; W. *Michaelis,* Art. ὁδός κτλ, ThWNT V, 42–118 (für die Griechen 42–47, für die LXX 47–56).
[127] *Xenophon,* Memorabilia Socratis 2,1,21–34 unter Rückgriff auf *Hesiod,* Opera et dies 287 ff.
[128] Ob auch ψ 118,151 in Frage kommt, ist aufgrund des schwierigen textkritischen Problem nicht zu entscheiden. Mit א könnte man durchaus ὁδοί statt ἐντολαί lesen. *Rahlfs* und die Göttinger LXX lesen aber ἐντολαί.

heit verläßt, begibt sich auf den Weg der Lüge. Wer sich aber selbst belügt, der betrügt sich am Ende auch selbst. Er sieht zunächst die irdische Katastrophe nicht, in die er sich bereits nichtsahnend begeben hat und somit ins Nichts. Und erst recht sieht er dann nicht die letztlich entscheidende, nämlich eschatologische Katastrophe, die für ihn die ewige, die absolute Heillosigkeit bedeutet. Der „Weg der Wahrheit", den der Mensch zu gehen hat, ist aber nach der atl. Idiomatik in den Wegen Gottes gegründet, die alle nach ψ 24,10 (Ps 25,10) Erbarmen und Wahrheit sind.

Die idiomatische Untersuchung vermag noch weiterzuführen. Im AT ist nicht nur vom Weg der Wahrheit die Rede. Öfters begegnet dort die Wendung „Weg(e) der Gerechtigkeit", vor allem in den *Sprüchen Salomons* (z. B. Spr 8,20; 12,28; 16,17; 21,16). Auch findet sich dort „Weg des Lebens" (Spr 6,23; 15,24) und, theologisch gefüllter noch, „gerechte Wege des Lebens" (Spr 10,17). Sieht man also die Wege der Wahrheit, der Gerechtigkeit und des Lebens synoptisch, so umschreibt das gut die theologische Aussagetendenz der Sap. Hinzunehmen ist noch Ps 1,6, wo das Weg-Motiv in die Struktur einer antithetischen Aussage eingebunden ist und damit diejenige Antithetik zum Ausdruck bringt, die für die Sap bestimmend ist: „Der Herr kennt den Weg der Gerechten, / aber der Gottlosen Weg vergeht." Es ist sicherlich bezeichnend, daß sich dieser Text der LXX ganz nahe bei der Terminologie der Sap befindet.[129]

Die Gottlosen haben sich nach 6a getäuscht und sind so vom Weg der Wahrheit abgekommen. Auch hierzu gibt es eine frappierende Parallele in den Spr. Denn in Spr 21,16 ist die Rede von dem Mann, der, sich täuschend, vom Wege der Gerechtigkeit abirrt.[130] Vermutlich hatte der Verf. der Sap diesen Satz bei der Niederschrift von 6a vor Augen, zumal bereits in 6b wieder der theologische Schlüsselbegriff der Sap begegnet: *Gerechtigkeit*. Er steht auch in der ersten Rede der Gottlosen in 2,11, wo sie ja in ihrer heuchlerischen Haltung eben diese Gerechtigkeit verhöhnen und als Dummheit des schwachen Gerechten lächerlich machen. Jetzt aber bekennen sie, daß ihnen damals das Licht der Gerechtigkeit nicht geleuchtet habe (und sie sich deshalb im Dunkeln notwendig täuschen mußten?, also eine Art Selbstentschuldigung, die der Leser der Sap sofort durchschaut?). Auch hierzu die entsprechende Parallele aus den Spr, nämlich 4,18: „Die Wege der Gerechten leuchten wie das Licht."[131] Wieder können wir mit großer Sicherheit davon ausgehen, daß diese Stelle für die Formulierung von 6b mit ausschlaggebend war. Der Einfluß von Spr ist also gerade für Sap 5,6ab unübersehbar. In 6c bringt der Verf. der Sap als Veranschaulichung von 6b das Bild von der Sonne, in deren Schein die Gottlosen damals nicht gestanden hatten und folglich ungerecht dachten und handelten. Noch einmal: Liegt darin ein gewisser Versuch der, natürlich fruchtlosen, Entschuldigung?

---

[129] ψ 1,6 ὅτι γινώσκει κύριος ὁδὸν δικαίων, / καὶ ὁδὸς ἀσεβῶν ἀπολεῖται.

[130] Spr 21,16: ἀνὴρ πλανώμενος (!) ἐξ ὁδοῦ δικαιοσύνης.

[131] Spr 4,18: αἱ δὲ ὁδοὶ τῶν δικαίων ὁμοίως φωτὶ λάμπουσιν. In 4,19 folgt sofort die Antithese: αἱ δὲ ὁδοί τῶν ἀσεβῶν σκοτειναί. Und bezeichnend ist die *hermeneutische* Folgerung in 19b: οὐκ οἴδασιν πῶς προσκόπτουσιν.

Wer so im Dunkeln stand, mußte nach 7 in das Gestrüpp der Gesetzlosigkeit 7 und des Verderbens – das griechische Wort ἀπώλεια, *apoleia,* dürfte hier das ewige Verderben aussagen – geraten. Wiederum darf im Sinne des Autors diese Aussage nicht im apologetischen Sinn verstanden werden. Für die Gottlosen gibt es *post mortem* keine Entschuldigung! Das sie blind machende Dunkel ist schließlich das Resultat ihrer eigenen unsagbaren Bosheit. Und so müssen sie bekennen, daß sie durch unwegsame Wüsten wanderten, Wüsten, die sie damals – um im Bild zu bleiben – als Oasen betrachteten. Denn da hielten sie ja den Tod für das Leben. Und sie bekennen weiter, daß sie den Weg des Herrn nicht erkannt hatten. Ihr Weg war falsch, weil sie den Weg Gottes samt allen Konsequenzen für sich selber ignorierten. Denn das *Nicht-Erkennen gründet im Nicht-erkennen-Wollen,* im sehr bewußten Ignorieren.

Für diesen Anfang der zweiten Rede der Gottlosen wird gern auf *Jes 59,7ff.* als atl. Parallele hingewiesen.[132] Die Anspielung ist zwar sehr frei. Aber der Grundgedanke, der hier von Tritojesaja ausgesprochen ist, liegt unserem Abschnitt aus Sap 5 durchaus zugrunde. Auch in ihm findet sich die Weg-Metaphorik, diesmal als „Weg des Friedens", Jes 59,8.[133] Und so sind auch ihre Wege ver-kehrt[134]. Die Gerechtigkeit hat sie nicht erfaßt. Das Licht ist ihnen zur Finsternis geworden. Wir dürfen also den Einfluß dieser Jes-Stelle und überhaupt den Einfluß dieses atl. Buches auf den Verf. der Sap nicht geringschätzen. Die Frage bleibt allerdings, wie es bei dieser zweiten Rede, und zwar in diesem ersten Teil, mit dem Bezug auf *Jes 53* steht. Hinsichtlich dieses Kapitels des Deuterojesaja drängt sich folgende Parallele auf: Nach dem Tode des Gottesknechtes schauen „wir" verwundert auf seine Rettung durch Gott. Auch er ist – wie der arme Gerechte der Sap – durch den Tod hindurch gerettet worden, wie immer man die textkritisch mit großen Problemen behafteten Aussagen des Jes beurteilt. Da steht jeweils ein durch Gott Gerechtfertigter, nach Jes 53,3 ein zuvor Verachteter, ein Mann mit Schmerzen und Krankheit, nach Sap 5,4 ein zuvor Verspotteter und Verhöhnter. Er ist nach Jes 53,12 einer, dem Gott Anteil unter den Großen gegeben hat[135], nach Sap 5,5 einer, der zu den Söhnen Gottes gezählt wird und bei den Heiligen sein Erbteil hat. Nach Jes 53,6 waren „wir" wie verirrte Schafe, weil jeder seine (falschen) Wege ging. Nach Sap 5,6 bekennen die Gottlosen, daß sie vom Wege abgeirrt sind. Diese Gegenüberstellung der betreffenden Stellen der beiden Bücher wurde hier bewußt und auch zustimmend nach der Übersicht gebracht, wie sie Ruppert auflistet.[136] Den Unterschied zwischen Jes 53 und Sap 5 sieht auch

---

[132] So z. B. *Fichtner* K 23; *Vilchez* K 213.

[133] Dem griechischen Text von Jes 59,8 eignet unverkennbar sprachliche Dynamik. Anfang und Ende des Verses bringen in unterschiedlicher Reihenfolge dieselben Worte und betonen sie so: καὶ ὁδὸν εἰρήνης οὐκ οἴδασι ... καὶ οὐκ οἴδασιν εἰρήνην.

[134] διεσταμμέναι. Dem διωδεύσαμεν von Sap 5,7 entspricht in Jes 59,8 διοδεύουσι.

[135] So die Übersetzung von Jes 53,12a durch *C. Westermann,* ATD 19, 206; s. aber *B. Duhm,* Das Buch Jesaja, Göttingen 1892; 5. Aufl. 1958, 405 f. der dort folgende Übersetzung begründet: „Darum wird er erben an Vielen / Und mit Zahlreichen Beute teilen." Nach beiden Übersetzungen ist der Gottesknecht am Ende der angesehene und geehrte Mann.

[136] *Ruppert,* Gerechte und Frevler, 22.

Ruppert: Vor allem ist in der Sap nicht von der stellvertretenden Sühne die Rede,
die immerhin zur theologischen Kernaussage des Vierten Gottesknechtsliedes gehört. Und das „wir" in Jes 53 ist nicht so disqualifiziert wie das „wir" in Sap 5:
Die Gottlosen der Sap sind eschatologisch verloren, die Betrachter in Jes 53 aber
durch das stellvertretende Leiden des Gottesknechtes erlöst. Sind nun die beiden
Reden der Gottlosen in der Sap aufeinander bezogen, so ist die *erste Rede auch in
der Optik der zweiten zu lesen.* Deshalb ist anzunehmen, daß auch Sap 2 irgendwie mit Jes 53 zu tun hat, mag auch der *Bezug der ersten Rede auf dieses Kapitel
wesentlich schwächer* sein. Ob man daraus für das Diptychon folgern darf, es liege
ihm eine literarische Quelle zugrunde, die der Verf. der Sap in sein Buch eingearbeitet habe, sei dahingestellt. Ich sehe nicht, daß diese Hypothese zwingend ist,
halte sie aber für heuristisch weiterführend. Auf jeden Fall schärft sie den Blick
auf das theologische Charakteristikum der beiden Kapitel der Sap.

8   In 8 beginnt innerhalb der zweiten Rede die *Reflexion der Gottlosen* über ihren
Zustand. Schon zu Beginn der ersten Rede zeigte sich ja ein gewisser resignieren-
der Zug bei diesen Leuten. Er ist auch jetzt wieder zu spüren, freilich viel stärker
als in Sap 2. Geht man zu weit, wenn man sagt, das Ganze wirke jetzt sogar ein
wenig weinerlich? Vergegenwärtigen wir uns noch etwas genauer den gegenseitigen Bezug der beiden Reden aufeinander. In 2,11 sehen die Gottlosen den armen
Gerechten als nutzlos, weil er schwach ist. Jetzt fragen sie in 5,8 nach dem Nutzen ihres ehemaligen Stolzes und Übermuts. Nichts hat ihnen diese Haltung aus
der Sicht des Eschatons eingebracht! Jetzt sind *sie* die Nutzlosen, die Schwachen!
Auch ihr einstiger Reichtum, mit dem sie so prahlten, ist jetzt völlig wertlos. Sie
besitzen nichts mehr – außer ihrer Schuld, die ihnen selbst Gott nicht abnimmt.
Jetzt sind *sie* die Armen! Und sieht man zudem Schuld als Armut an Gnade Got-
9   tes, so sind sie jetzt doppelt arm. Nach 9 ist all das, was einmal ihr Reichtum war,
jetzt nur noch wie ein Schatten (dieses Wort in der Sap nur in 2,5 und hier). Dort
beklagten die Gottlosen die so rasch verstreichende Zeit, jetzt ist sie mit all dem,
von dem sie wähnten, es würde ihr Leben bereichern, ein für allemal vorbei.[137]
Wie ein paar gesprochene Worte ist alles vorbeigerauscht.

10   Dieser Vergleich wird mit drei weiteren Vergleichen konkret ausgemalt. In 10
soll ein Schiff ihre Situation veranschaulichen. Ist es durch das Meer gefahren,
läßt sich im Wasser nichts mehr von seiner Durchfahrt erkennen. Gleiches gilt in
11   11 vom Vogel, der durch die Lüfte fliegt. Nach seinem Flug kann man in der Luft
12   nichts mehr vom diesem Flug feststellen. In 12 wird Analoges von einem Geschoß
gesagt. Hat es die Luft pfeifend durchrissen und sein Ziel erreicht, so kann man
13   seine Bahn im Nachhinein nicht mehr sehen. In 13 folgt dann das *Fazit* aus dem
Ganzen. Irgendwie schwingt, ohne daß es eigens gesagt wird, das „zufällig" von
2,2 mit, diesmal mit den Worten: So, wie es mit Schiff, Vogel und Geschoß der
Fall ist, so auch mit uns: Wir wurden geboren, sind ins Dasein geworfen (Heidegger). Wir sind dann wieder verschwunden, aus dem irdischen Dasein geworfen.
Und wie der Vogel kein Zeichen seines Fluges hinterläßt, so haben auch wir kein

---

[137] Nicht mehr zurücknehmbares παρῆλθεν!

Zeichen der Tugend hinterlassen. Die Gottlosen haben also nichts, gar nichts mehr, was sie vorweisen könnten. Das einzige, was jetzt im Eschaton Wert hätte, wäre ein solches Zeichen der Tugend, also der Gerechtigkeit. Doch daran mangelt es ihnen völlig. Nochmals: Sie sind völlig arm, weil sie nichts besitzen, was nach himmlischer Währung Geltung besäße. Die Gottlosen haben sich in ihrer irdischen Bewährungszeit, die sie aber als solche nicht erkannt hatten, in ihrer eigenen Bosheit verfangen, haben sich in ihr, wie das Bild hier sagt, selbst verschlungen. Das war ihr *eschatologischer Selbstmord*.

5,14–23 Die Reflexion des Autors

14 Denn die Hoffnung des Gottlosen ist, als würde Spreu vom Winde verweht,
Als würde leichter Schnee vom Sturme hinweggefegt,
Als würde Rauch vom Winde verjagt,
Als würde die Erinnerung an einen flüchtigen Gast schwinden.
15 Die Gerechten aber leben in Ewigkeit!
Und im Herrn haben sie ihren Lohn,
Und ebenso beim Höchsten das, worum es ihnen letztlich geht.
(oder: Und beim Höchsten die Sorge für sie.)
16 Deshalb werden sie die ihnen zustehende Königsherrschaft
Und die überaus schöne Königskrone aus der Hand des Herrn empfangen.
Denn er wird sie mit seiner Rechten beschützen
Und mit seinem starken Arm beschirmen.
17 Er wird seinen Eifer als seine Rüstung ergreifen
Und seine Schöpfung zur Waffe machen, um die Feinde abzuwehren.
18 Er wird seine Gerechtigkeit als Panzer anziehen
Und sein unbestechliches Gericht als Helm aufsetzen.
19 Er wird seine Heiligkeit als unangreifbaren Schild zur Hand nehmen.
20 Er wird seinen erbitterten Zorn zum scharfen Schwert machen.
Der ganze Kosmos aber wird zusammen mit ihm gegen die Toren Krieg führen.
21 Die genau aufs Ziel gerichteten Geschosse der Blitze werden dort ankommen,
Sie werden wie von einem zum festen Rund gespannten Bogen genau zu diesem Ziel fliegen.
22 Und aus der Steinschleuder, die voller Zorn ist, werden Hagelkörner geschleudert.
Es werden die Wasser des Meeres gegen (die Gottlosen) wüten,
Die Flüsse werden in einem einzigen Augenblick über ihnen zusammenschlagen.
23 Ein machtvoller Wind wird ihnen entgegenwehen,
Ja, wie ein Orkan wird er sie auseinandertreiben.
Und die Gesetzlosigkeit wird die ganze Erde zur Einöde machen,
Und das Verbrechen wird die Throne der Dynasten umstürzen.

14   Eine Reihe von Exegeten zieht 14 noch zum Vorhergehenden[138]; doch schon al-
      lein der Wechsel in der Person (13: 1. Person Plural; 14: 3. Person Plural) spricht
14-23 für diesen Vers als Beginn der Einheit 14-23.[139] Sie ist die *Reflexion* des *Verf. der
      Sap* über das das unmittelbar zuvor Gesagte, also über das Weltgericht. Gilt das
      aber für den gesamten Abschnitt?[140] Die Meinungen sind geteilt. Erschwert ist ein
      Urteil, weil dieser Schlußabschnitt von Kap. 5 ein Konglomerat aus Einzelab-
      schnitten ist[141], deren Zusammenstellung nicht ganz unproblematisch sein dürfte.
14-16 14-16 stellt noch einmal das eschatologische Schicksal der Gottlosen und der Ge-
      rechten vor. Eine gewisse Redundanz der Aussagen ist also gegeben, was dafür
      spricht, daß der Autor auf einige Traditionsstücke zurückgreift, wobei wir nicht
      mehr rekonstruieren können, inwieweit er in ihm vorgegebene Texte eingreift.
      Daß er dies getan hat, ist jedoch wahrscheinlich, da die ganze Sap in einer be-
17-20 stimmten poetischen Form gehalten ist. In 17-20 bereitet der Herr seinen Krieg
      gegen die Gottlosen vor; seine militärische Ausrüstung wird im Detail genannt,
21-23b aber allegorisch interpretiert. 21-23b schildern dann den Krieg Gottes. Ist der
23cd eschatologische Krieg als erster Akt des Weltgerichts gemeint? 23cd fügt eine Be-
      merkung über die Wirkkraft der Gesetzlosigkeit und des Verbrechens an.

14   14 bringt in einem mehrfachen Vergleich die Nichtigkeit der Hoffnung des Gott-
      losen (Singular!). Sie hat keinerlei Substanz. Die Einzelvergleiche - Spreu[142], lok-
      kerer Schnee[143], Rauch[144] - sind gut gewählt und brauchen keine Deutung. Das
      gleiche gilt für den Kurzbesuch eines fremden Gastes, den man schnell vergessen
      hat. Aber das eine ist doch auch deutlich genug ausgesagt: Der Gottlose ist zu sei-
      nen Lebzeiten auf Erden ein Mensch, der hofft. Er ist zwar ein charakter- und
      gottloser Mensch, aber er hat seine spezifische Hoffnung. Denn das gehört ja
      zum menschlichen Dasein, die Ausrichtung auf die Zukunft, wie immer man sie
      auch erwartet. Der Mensch ohne Hoffnung hat sich selbst aufgegeben. Doch das
      kann man von den Gottlosen, wie die Sap sie in Kap. 2 in ihrer irdischen Existenz
      vorstellt, nicht sagen. Sie sind ganz und gar von sich überzeugt, sie hoffen auf ih-
      re Macht und Stärke, auf ihre List und Durchsetzungskraft. Sie sind vom Erfolg
      ihrer boshaften Energie völlig überzeugt, weil sie *nur in Machtkategorien denken,*
      nur in ihnen denken können. In ihrer Torheit sind ihre Augen so sehr gehalten,
      daß Selbstkritik für sie ein Ding der Unmöglichkeit ist. Unser Autor will sagen:
      Diese Gottlosen denken, sie seien hoffnungsvolle Menschen; aber in Wirklichkeit
      sind sie hoffnungslose Existenzen, denen ihre Heillosigkeit erst beim Gericht be-
      wußt wird. Dann allerdings wird es ihnen wie Schuppen von den Augen fallen.
      Dann werden sie begreifen, begreifen müssen, daß sie mit ihrer Hoffnung all das
      verloren haben, was menschliches Leben lebenswert macht. Der Mensch ohne

---

[138] So z.B. *Feldmann* K 48.
[139] So z.B. *Scarpat* K I 234.
[140] Z.B. *Offerhaus,* Komposition und Intention der Sap, 49; *Vilchez* K 216ff.
[141] *Vilchez* K 217.
[142] Z.B. ψ 1,4; ψ 34,5; Jes 17,13.
[143] πάχνη eigentlich „Reif".
[144] Z.B. ψ 101,4.

Hoffnung ist der Mensch ohne Zukunft. Und *sie* haben keine Zukunft! Im Gericht Gottes *macht ihre Vergangenheit ihre Zukunft zunichte!*

Ganz anders die Gerechten! Sie werden, so sagt es mit Betonung 15, in Ewig   15
keit *leben.* Sie, die zunächst Vernichteten, waren nur scheinbar Vernichtete.
Wenn aber Gott ihnen – nur ihnen! – im Endgericht das Leben als das eschatologische Leben schenkt und wenn es in der Antithese der Aussage heißt „aber die
Gerechten", heißt das dann, daß die Gottlosen als Menschen ohne Hoffnung und
Zukunft in der Ewigkeit kein Leben haben werden? Sind sie, die zu ihrer noch irdischen Zeit als *ge*-nichte Menschen, also als Menschen des Nihilismus, existierten und somit als Menschen ohne wahren Lebenssinn, dann *ver*-nichtete
Menschen? Anders gefragt: Ist gemeint, daß sie nicht in die ewige Verdammnis
kommen, sondern Gott am Jüngsten Tage ihre Existenz auslöschen wird? Soll also hier ausgesagt sein, daß die Gerechten das Leben haben werden, die Ungerechten aber den Tod? Will man 15 so auslegen, so wäre diese Annahme jedoch
nur eine Konklusion. Denn die Intention von 15 ist zunächst einmal das ewige
Schicksal der *Gerechten.* Man gewinnt den Eindruck, daß die Aussagen über das
furchtbare eschatologische Los der Gottlosen vor allem als Negativfolie für das
positive Bild der Gerechten dienen; denn um diese geht es dem Verf. der Sap *eigentlich.* Das ewige Leben der Gerechten ist nach 15 b Lohn für ihr so standhaft
gewesenes irdisches Leben. Besteht nun dieser Lohn „im Herrn", so läßt sich
diese Aussage zuspitzen: Gott *ist* ihr Lohn. Für die Gerechten wird Gott in alle
Ewigkeit *ihr* Gott sein.

15 c wird fast durchgehend so ausgelegt, daß beim Höchsten die Sorge für die
Gerechten liegt. Die Einheitsübersetzung formuliert verbal: „Gott sorgt für sie."
Diese Deutung von φϱοντὶς αὐτῶν, *phrontis auton,* ist nicht nur philologisch möglich, sondern als Ergänzung zu 15 b auch durchaus sinnvoll: Gott ist für sie da, er
sorgt für sie. Könnte aber das Personalpronomen nicht ein *genetivus subiectivus* sein, so daß vom Denken, Sorgen oder geistigen Ausgerichtet-Sein der Gerechten die Rede ist? Lexikographisch ließe sich nämlich φϱοντίς, *phrontis,* auch
derart umschreiben, daß man interpretiert: das, worum es ihnen letztlich geht,
woran ihnen letztendlich liegt, also die ureigene Intention dieser Menschen. Dann
könnte man 15 c im Blick auf die eschatologische Existenz der Gerechten in folgender Weise deuten: Ist Gott selbst der eschatologische Lohn der Gerechten, so
entspricht dem auf ihrer Seite, daß ihr ganzes Sinnen und Trachten auf eben diesen Gott, der für sie da ist, gerichtet ist. Der sich ihnen zusagende Gott ist Mitte
ihrer Existenz, Mitte ihres Denkens, Wollens und Gemüts. Ob ein *genetivus obiectivus* oder ein *genetivus subiectivus* vorliegt, muß aber m. E. offen bleiben. In
16 wird das in 15 ausgesagte ewige Sein der Gerechten mit Gott konkretisiert.   16
Sind sie bei Gott, so partizipieren sie an der Herrschaft Gottes. Es ist der bereits
aus Dan 7 bekannte Gedanke (s. zu 3,8).

Mit 17 beginnt ein neuer Gedanke. In den folgenden Versen wird Gottes   17
Kriegsvorbereitung ausgemalt. Die Frage ist allerdings, wieso dann erst nach der
Schilderung des Endgerichts von Gottes Feldzug gegen seine Feinde berichtet
wird. Ist denn nicht mit dem Gericht schon alles gesagt? In der „Zeit" nach Gottes
Urteil im Endgericht kann doch gar kein Enddrama mehr stattfinden! Wenn die

Rede von einem solchen Krieg ist, dann kann er doch sinnvollerweise nur als letzter Akt auf der Erde verstanden werden. Das Endgericht aber findet doch im Himmel statt. Kein Wunder, daß in der Frage nach dem Ort des Krieges die Exegeten uneins sind.[145] Geht man davon aus, daß es sich nicht um „eine bildliche Darstellung des Begriffs der jenseitigen Vergeltung" und auch nicht um „eine Schilderung des messianischen Weltgerichts im mythologisch-eschatologischen Sinne der gewöhnlichen jüdischen Volksvorstellung" handelt[146], so ist als Ort dieses Geschehens die Erde gedacht.[147] Eine Erklärung für eine solche achronologische Ordnung könnte sein, daß unterschiedliche Traditionselemente in zu sorgloser Redaktionsarbeit zusammengefügt wurden. Doch paßte eine derartige Sorglosigkeit nicht so recht zum Verf. der Sap. Eher sollte man im Zusammenhang mit Sap 5 erwägen, daß unsere moderne Zeit-*Vor*-Stellung, in der wir uns die Zeit recht vordergründig in bloß linearer Weise *vor Augen* stellen, nicht die unseres antiken Autors war. Es könnte durchaus etwas mehr an Realitätsbewußtsein in einer Auffassung stecken, in der sich Zeiten ineinanderschieben und so in ihrer Bezogenheit aufeinander manifest werden. Das würde in Blick auf Sap 5 bedeuten, daß sich hier die Aufgabe stellt, die existentielle Relevanz der irdischen und der himmlischen Eschata in ihrem gegenseitigen Bezug zu verstehen. Das nämlich würde auch zum Verstehen der *geschichtlichen* Bedeutsamkeit führen, die in der nichtgeschichtlichen, weil transzendenten Gerichtsszene impliziert ist. Die zunächst so rätselhafte Aufeinanderfolge einer himmlischen und dann erst irdischen Szene ist also von höchster hermeneutischer Relevanz.

Nun zur Detailauslegung von 17 ff.! In diesen Versen stehen mehrere doppelte Akkusative. Und so ist zu fragen, was *als* was zur Sprache gebracht wird. Wird Gott seinen Eifer als Rüstung ergreifen oder die Rüstung als Eifer? Grammatisch kann die Frage nicht beantwortet werden, sondern nur aus der „Sache" selbst. Dann aber legt sich die Annahme nahe, daß es der Eifer Gottes ist, der ihn die Rüstung ergreifen läßt. Denn Gottes Eifer ist ja nicht eine von ihm ablösbare Eigenschaft, sondern dieser Eifer ist er selbst als der Eifernde, genauso wie in der paulinischen Theologie die Gerechtigkeit Gottes nicht als Eigenschaft von ihm ablösbar ist. Denn nach Paulus ist die Gerechtigkeit Gottes der gerechte, nämlich gerechtmachende Gott selbst (Röm 1,17 u. ö.). So ist es nach Sap 5,17 auch das Wesen Gottes als Eifer, der ihn wesenhaft dazu treibt, seinen Zorn militärisch gegen die Aggressoren (Abwehr durch Gott!) wirksam werden zu lassen. Und da der eifernde Gott zugleich der Schöpfer ist, nimmt er seine Schöpfung mit hinein in den Krieg gegen seine Feinde. Er macht *sie* zur Waffe (s. auch 20). Wenn er

18   dann nach 18 seine Gerechtigkeit als Panzer anlegt, so liegt die gleiche Argumentationsfigur vor: Ihn selbst als den Gerechten schützt seine Gerechtigkeit – in diesem Fall seine strafende Gerechtigkeit – als Panzer gegen die angreifenden Fein-

---

[145] Bereits *Grimm* K 118 f. listet die verschiedenen Hypothesen auf.
[146] Dagegen auch schon *Grimm* K 118.
[147] Anders z. B. *Heinisch* K 104 f.; doch ist gerade seine Interpretation von Sap 5,17 ff. in K 104 ff. immer noch sehr instruktiv und lesenswert.

de. In gleicher Weise ist es dann sein gerechtes, ungeheucheltes Gericht[148], das er sich als Helm aufsetzt. 19 beginnt mit demselben Verb wie 17. Gottes Heiligkeit, **19** also Gott als der Heilige, ergreift seinen unangreifbaren Schild. In 20 schärft er **20** seinen erbitterten Zorn zum scharfen Schwert. Als der Heilige, so könnte man in eben nur menschlicher Sprache unzulänglich sagen, kann er gar nicht anders als gegen alle Unheiligkeit mit dem Schwert einschlagen. Der Gedanke von 17 begegnet erneut: Der Kosmos, der alle seine Elemente aufbietet, kämpft mit ihm Seite an Seite gegen die, die in ihrer Bosheit die Gefangenen ihrer eigenen, aus eben dieser Bosheit erwachsenen Dummheit sind. Die folgenden Verse malen dieses Mitstreiten des Kosmos, also der Schöpfung, aus.

21 bringt in diesem Sinne zunächst das Bild der Blitze, die wie genau aufs Ziel **21** gerichtete Geschosse exakt dieses treffen. Diese Blitze werden dann weiter in militärischer Sprache ausgemalt. Sie fliegen wie Pfeile (atl. Vorbild z. B. 2 Sam 22,15; Ps 18,15; 144,6), die, von einem straff gespannten Bogen abgeschossen, ihr Ziel treffsicher erreichen. Wenn es dann heißt, es sei der Bogen der Wolken, so mag man fragen, ob sich hier nicht das militärische Bild des Bogens und das Naturbild des Regenbogens vermischen und folglich die Vorstellung vorliegt, daß Gott den Regenbogen als Waffe nimmt.[149] In 22 wechselt das Bild; aber wieder **22** sind es Naturgewalten, die im Kontext von Kriegswaffen vor unseren Augen stehen. Das Verb in 22 a ist wieder ein *passivum divinum,* also zu interpretieren: Gott schleudert in seinem Zorn wie von einer Steinschleuder Hagelkörner, ein Bild, das sich auch in Ez 13,11. 13 findet. Der in 20 genannte Kosmos bietet dann, in seinem Zorn den Zorn Gottes repräsentierend, auch noch die Wasser des Meeres auf (im Urtext gemäß der griechischen Idiomatik Singular). Das bekannteste atl. Beispiel für dieses Element als Strafe Gottes ist die Vernichtung des ägyptischen Heeres im Schilfmeer, Ex 14 (s. auch Ps 18,17, und zwar im Kontext der eben genannten Stelle Ps 18,15!; 42,8; 46,3 f.). Das Bild vom zerstörenden Element des Wassers wird in 22 c fortgeführt, sicherlich auch im Blick auf die ertrunkenen Ägypter. Daß hier nicht vom Meer die Rede ist, sondern von Flüssen (ποταμοί, *potamoi*), die in einem einzigen Augenblick zusammenschlagen, sollte nicht verwundern; es ist dichterische Freiheit. Auch Flüsse und Ströme können als Naturgewalten, denen Menschen hilflos preisgegeben sind, ihr zerstörerisches Werk betreiben. Verheerrende Überschwemmungen kennen wir auch in unseren geographischen Breiten.

Daß die ganze Schöpfung in den Krieg Gottes hineingezogen ist (κτίσις, *ktisis,* „Schöpfung" in 17; κόσμος, *kosmos,* „Welt" als von Gott erschaffene Welt in 20), läßt an die Synkrisis des dritten Teils der Sap denken. Denn dort veranlaßte Gott die Schöpfung, beim Rettungswerk an seinem Volk mitzuwirken, gerade auch bei der Vernichtung der Ägypter im Roten Meer (19,6: ὅλη ἡ κτίσις, *hole he ktisis,*

---

[148] δικαιοσύνη in 18 a und κρίσις in 18 b sind im synonymen Parallelismus Synonyme.

[149] *Grimm* K 121 will hier eine nachlässig gebildete Rede sehen statt: ἀπὸ τῶν νεφῶν ὡς ἀπὸ εὐκύκλου τόξου. Für die Auslegung, die im Bogen die Wolken sieht, s. z. B. *Heinisch* K 105 f.: Bogen = Wolken, Pfeile = Blitze; die Wolken sind also der Bogen, von dem die Pfeile entsandt werden. Auch diese Auslegung hat, wie ich gern zugebe, eine gewisse Plausibilität für sich.

„die ganze Schöpfung"; Naturwunder in 19,7 f.; programmatisch im Epilog 19,10–22). Trifft unsere Vermutung zu, daß in 5,17 ff. kein bloß chronologisches Vorstellen vorliegt, so sollte auch die Reihenfolge in Kap. 5 „eschatologisches Gericht – eschatologischer Krieg Gottes" hermeneutisch keine Schwierigkeiten mehr bereiten. Denn der Verf. der Sap mutet hier seinen Lesern zu, daß sie in der Lage sind, die verschiedenen Wirklichkeitsdimensionen seiner Ausführungen zu erkennen und zu verstehen. Er mutet ihnen zu, ineinandergeschobene Zeiten in ihrem inneren Verflochtensein in der Zusammenschau zu verstehen. Er rechnet also mit Lesern, die des hermeneutischen Denkens fähig sind.

23   In 23 ist umstritten, ob πνεῦμα δυνάμεως, *pneuma dynameos,* mit „Geist der Macht" oder „Wind der Macht" zu übersetzen ist. Der Genitiv ist auf jeden Fall Hebraismus, so daß entweder vom mächtigen Geist Gottes oder vom starken Wind, der nach 23 b Orkanstärke erreicht, die Rede ist. Meint unser Autor hier den Geist Gottes[150], dann will er sagen, daß Gott kraft seines mächtigen heiligen Geistes alle unheiligen Gottlosen vernichten wird. Meint er aber den Sturmstärken erreichenden Wind[151], so schildert er eine neue Naturmacht des den Krieg Gottes mitführenden Kosmos. Sollte Vilchez damit recht haben, daß der Kosmos als Verbündeter Gottes[152] all seine Elemente in den eschatologischen Endkampf führt, so liegt nahe, daß der Verf. der Sap an einen orkanstarken Wind gedacht hat und wir auf den theologisch so schönen Gedanken, daß Gottes starker heiliger Geist alle gottlose Unheiligkeit auf Erden vernichtet, verzichten müssen. Die Vorstellung in 23 ab dürfte daher wohl die sein, daß der zum Orkan anschwellende Wind die Feinde vor sich herjagt, sie so auseinandertreibt und schließlich vernichtet.

23 cd   23 cd bringt aus einer etwas anderen Perspektive das Fazit: Es ist die ἀνομία, *anomia,* die Gesetzlosigkeit selbst, es ist ihre verbrecherische Praxis, die das Verderben in sich trägt, es ist ihre Entelechie, die mit unumgänglicher Konsequenz auf den Untergang hinführt. Wurde zuvor immer wieder gesagt, daß sich die Gottlosen selbst ihr Unheil durch ihre Bosheit zuziehen, so ist dieser Gedanke jetzt insofern modifiziert, als die Bosheit, hier nun nahezu hypostasiert, als Macht vorgestellt wird, der die Bösen preisgegeben sind. Die Gesetzlosigkeit wird – so also in 23 c die kosmische Perspektive auf das Böse – die ganze Erde zur leblosen Öde machen. Und die verbrecherische Praxis wird die Throne der Herrscher stürzen – ein Gedanke, der uns aus dem Magnificat vertraut ist (Lk 1,52) und der sich auch in unserem Jahrhundert mehrfach vor unser aller Augen demonstriert hat. Indem aber vom Untergang der Dynasten und Dynastien

---

[150] Z. B. *Scarpat* K I 311–313; sein Hauptargument scheint mir zu sein, daß der Verf. der Sap nicht mit derselben Wendung sowohl den Geist Gottes von 1,3.7 – er versteht die δύναμις in 1,3 als das πνεῦμα κυρίου – als auch den orkanhaften Wind meinen kann. S. schon *Grimm* K 121: „πνεῦμα δυνάμεως nicht *gewaltiger Wind, heftiger Sturm* …, denn da dieses πνεῦμα in ὡς λαῖλαψ mit dem Sturm *verglichen* wird (Joh. 3,8), kann es nicht selbst Sturm oder Wind seyn, sondern *Hauch der* (göttlichen) *Macht* oder der göttliche Geist in seiner Aeusserung als die Raschheit und Gewalt des Sturmwindes zu vergleichende, vertilgende Strafmacht."
[151] Z. B. *Feldmann* K 49.
[152] *Vilchez* K 221: „La creación, aliada de Dios, en acción."

gesprochen wird, ist der Bogen zum Anfang unseres Buches geschlagen. Dort
wurden ja die Herrscher der Erde im Imperativ angeredet, hier wird von ihnen in
der 3. Person gesprochen. Während jedoch 23 c die Totalität des Gerichtsgeschehens vor Augen stellt, braucht 23 d keineswegs in solch weltweiter Perspektive
verstanden zu werden. Von Thronen ist nämlich hier ohne Artikel die Rede. Insofern kann dieser Stichos als Warnung gelesen werden.[153] Für eine solche Deutung
könnte sprechen, daß 23 d der Übergang zu 6,1–21 ist, wo die Könige zum Verstehen aufgefordert werden. Und bezeichnenderweise endet dieser Abschnitt von
Kap. 6, der mit 1,1 ff. zusammen die *inclusio* des ersten Teils der Sap bildet[154],
mit der Mahnung an die Könige, die Weisheit zu ehren, damit sie für alle Zeiten
regieren können.

6,1–21 Also: Sucht die Weisheit, ihr Könige!

1 (2)   So hört doch nun, ihr Könige, und versteht!
     So lernt doch nun, ihr Richter, die ihr bis an die Enden der Erde herrscht!
2 (3)   Hört doch hin, die ihr das Volk regiert
     Und die ihr euch mit der großen Masse eurer Völker brüstet!
3 (4)   Denn *Gott* ist es, der euch die Herrschaft gegeben,
     Und der Höchste, der euch die Macht verliehen hat,
     Der eure Werke prüfen und eure Pläne erforschen wird!
4 (5)   Denn ihr, die ihr doch (nur) *Seine* Herrschaft ausübt – ihr habt nicht nach
                                           Recht gerichtet.
     Und ihr habt auch nicht das Gesetz beachtet.
     Und ihr seid auch nicht nach dem Willen Gottes euren Weg gegangen.
5 (6)   Schrecklich wird er sehr bald über euch kommen.
     Denn gerade über die Machthaber wird er ein unerbittliches Gericht
                                           halten.
6 (7)   Dem Geringen nämlich wird aus Erbarmen Nachsicht zuteil,
     Die Mächtigen hingegen werden eine machtvolle gerichtliche Unter
                                        suchung erfahren.
7 (8)   Denn der Herrscher über alle kennt kein Ansehen der Person,
     Und er hat keinerlei Respekt vor der Größe.
     Hat er doch Klein und Groß erschaffen
     Und kümmert sich in gleicher Weise um alle.
8 (9)   (Also:) Den Starken droht ein strenges Gericht!
9 (10) An euch nun, ihr Herrschenden, richte ich meine Worte,
     Damit ihr Weisheit lernt und nicht euer Ziel verfehlt.
10(11) Denn die, die das Heilige heilig halten, die wird Gott heiligen.

---

[153] In Hag 2,21 f. wird allerdings vom Sturz der Königsthrone im Blick auf das göttliche Gericht über die Völker gesprochen.
[154] *Schmitt* K I 37: „eine treffliche Inklusion; zugleich bilden beide Abschnitte die äußeren
Glieder einer konzentrischen Struktur".

Und die hierin unterrichtet sind, werden ihre Rechtfertigung finden.

11(12) Begehrt also meine Worte!
Verlangt nach ihnen! Und ihr werdet geistliche Bildung erhalten.

12 (13) (So wisset:) Leuchtend und unvergänglich ist die Weisheit,
Und mühelos wird sie von denen, die sie lieben, erblickt.
Und sie wird von denen gefunden, die sie suchen.

13 (14) Ja, sie ist schon da, um schon im voraus erkannt zu werden, wenn Menschen
sie begehren.

14 (15) Wer früh aufsteht, braucht sich nicht um sie zu bemühen,
Denn er wird sie (dann schon) finden, sitzt sie doch bereits an seiner Tür!

15 (16) Denn über sie nachzudenken ist (bereits) die Vollendung der Klugheit,
Und wer ihretwegen wach bleibt, wird schnell aller Sorgen ledig.

16 (17) Denn sie geht umher, um die zu suchen, die ihrer würdig sind.
Und mit Wohlwollen zeigt sie sich ihnen auf ihren Wegen.
Und in jedem ihrer Gedanken begegnet sie ihnen.

17 (18) Denn ihr Anfang ist nämlich das überaus wahrhaftige Streben nach
Belehrung.

18 (19) Sorge um *Belehrung* ist aber *Liebe*.
Liebe ist aber das Halten ihrer *Gebote*.
Beachtung der *Gebote* ist aber die Sicherung der *Unvergänglichkeit*.

19 (20) *Unvergänglichkeit bewirkt* aber die Nähe zu Gott.

20 (21) Also: Nur das Verlangen nach Weisheit führt (euch Könige) zur wahren
Herrschaft!

21 (22) Habt ihr nun wirklich Freude an Thronen und Szeptern, ihr Herrscher der
Völker,
So habt Ehrfurcht vor der Weisheit, damit ihr für alle Zeiten Könige seid!

6,1–21 Ob 6,1–21 zum ersten oder zweiten Teil der Sap zu rechnen ist, wird kontrovers
beantwortet.[155] Diese Verse sind aber unbestritten eine Parallele zu 1,1–11, sie
nehmen die Ermahnungen des Anfangs des Buches auf und spitzen sie auf die
Weisheitsthematik zu. Die in 1,1 angesprochenen Herrscher werden nun ausführlicher über den Besitz der Weisheit als unumgängliche Voraussetzung für ein gerechtes Regieren informiert und aufgefordert, nach ihr zu streben. Daher läßt
sich 6,1–21 wohl doch besser als Abschluß des ersten Teils des Buches verstehen.
Wird in 6,22 nach dem Wesen und dem Ursprung der Weisheit gefragt, so ist damit das Thema der nächsten Kapitel angezeigt. Diese Frage läßt sich also unge-
zwungen als Beginn eines neuen, als des zweiten Teils der Sap begreifen. Die Einzelexegese wird den genaueren Bezug von 1–21 zu Aussagen der zuvorstehenden
Kapitel zeigen.

1 Wie in 1,1 werden die Herrscher der Welt in 1 ermahnt, diesmal jedoch nicht mit
einem Imperativ, der bereits eine inhaltliche Anweisung enthielte. Vielmehr wird
nur zum Hören und Verstehen aufgefordert. Ein derartiger Imperativ des Hörens
ist bereits in der atl. weisheitlichen Literatur vorgegeben, z.B. Hiob 13,6.17 oder
Spr 4,1. Wer vom NT her 1 liest, wird sofort an das Jesuswort Mk 7,14/Mt 15,10

---

[155] Für 6,1 als Beginn des zweiten Teils der Sap z.B. *Grimm* K 123; *Feldmann* K 50; für 6,1–
21 als Abschluß des ersten Teils z.B. *Vilchez* K 223; *Schmitt* K I 37f.

erinnert: „Hört alle auf mich und versteht!"[156] Aber auch im AT kommen beide
Verben zusammen vor, in Jes 6,9, allerdings in anderer Sinnrichtung.[157] Der Imperativ „Lernt!" in 1 b ist synonym zur Aufforderung in 1 a. Angesprochen sind
zuerst die Könige, dann die Richter. Von 1,1 her ist aber deutlich, daß beide
Worte dieselbe Personengruppe meinen. Der bereits in Kap. 1 begegnende Uni-
versalismus findet sich auch hier, wenn von den „Richtern der Grenzen der Welt"
– gemeint ist: alle Richter bis an die Grenzen der Welt – gesprochen wird. Salomon wendet sich also wieder an die Könige aller Völker. In 2 lesen wir bereits den   2
vierten Imperativ. Das griechische Wort ἐνωτίσασθε, enotiasasthe, besagt ein ver-
stärktes Hören, also: „Hört genau hin!" Die Angesprochenen, mit „ihr über das
Volk Herrschenden" bezeichnet, werden nun ermahnt – es ist hier die erste mate-
riale Ermahnung –, sich nicht wegen der Größe ihrer Völker zu brüsten. Vor Gott
gilt nicht die Quantität! 3 bringt wieder ein passivum divinum: „Gott hat euch ge-   3
geben." Er hat den Herrschern der Welt ihre Herrschaft gegeben, als der Höchste
hat er ihnen ihre Macht verliehen. Und so nimmt er für sich das Recht in Anspruch, ihre Werke genau zu prüfen und ihre Pläne zu erforschen. 4 wird mit ei-   4
ner Begründung noch deutlicher: Diener, Knechte, Gehilfen, Handlanger (so die
Bedeutung von ὑπηρέτης, hyperetes) seid ihr nur! Gott ist der eigentliche Inhaber
ihrer königlichen Macht. Sie haben nur Stellvertreterfunktion hinsichtlich der
Königsherrschaft Gottes. Also: Wer seid ihr denn! Was habt ihr denn! Nichts Eigenes! Nur Geborgtes, Verliehenes, und dies auch nur mit zeitlicher Befristung!
Es ist die Ermahnung zur Bescheidenheit vor Gott. Macht verführt bekanntlich
dazu, sie als zu seinem eigenen Wesen gehörend zu verstehen. Macht verblendet,
ja, sie vergöttlicht. Denn wer seine nur verliehene Macht absolut setzt, der be-
trachtet sie nur allzu schnell als absolute Macht, die in Wirklichkeit nur Gott zukommt. Der „König" ist immer nur der Vertreter des eigentlichen, des göttlichen
Königs; er ist nur „Vizekönig". Aller Absolutismus eines irdischen Königs ist
schreckliche Anmaßung vor Gott. Der Verf. der Sap macht also die Großen der
Welt ganz klein: Reductio ad realitatem. Ein König ohne Demut vor dem göttlichen König verkennt seine Stellung und somit sich selbst; er ist auf dem Wege ins
ewige Unheil. Die „königlichen" Handlanger Gottes – so werden sie nun im folgenden beschuldigt – haben nicht nach Recht geurteilt. Also Verstoß gegen
Sap 1,1! Sie haben das Gesetz nicht beachtet. Dieses ist natürlich nicht das mosai-
sche Gesetz, sondern jeweils das in den einzelnen Ländern geltenden Gesetz. Dabei ist es für die Interpretation der Intention unseres Autors letztlich unwichtig,
ob man es mit Grimm als die natürlichen Grundsätze des Rechts und der Billig-
keit versteht[158], mit Feldmann als das Naturgesetz[159] oder mit Vilchez als die jeweils positiven Gesetze eines Landes im Gegensatz zum Naturgesetz, nämlich als

---

[156] Sap 6,1: ἀκούσατε οὖν, βασιλεῖς, καὶ σύνετε, Mk 7,14: ἀκούσατέ μου πάντες καὶ σύνετε.
Ähnlich Mt 15,10.
[157] Jes 6,9: ἀκοῇ ἀκούσετε καὶ οὐ μὴ συνῆτε.
[158] Grimm K 121.
[159] Feldmann K 50.

Ausdruck des Willens Gottes.[160] Den Königen wird des weiteren vorgeworfen, sie
5   seien nicht ihren Weg nach dem Willen Gottes gegangen. Deshalb kommt nach 5
bald in schrecklicher Weise das Gericht über sie, weil der Urteilsspruch Gottes
über die Mächtigen besonders streng ergeht. Dem „kleinen Mann" hingegen wird
6   nach 6 Schonung aus göttlichem Erbarmen zuteil. Doch denen, die im irdischen
Leben Macht hatten, wird alles scharf nachgerechnet und nachgeprüft. Auch das
gehört somit zum Gericht Gottes: Er berücksichtigt, wieviel Verantwortung und
zumutbares Wissen einer hatte. Im guten Sinne des Wortes: Ein Urteil *secundum*
7   *hominem*. Der Herrscher von allen, so 7, kennt kein Ansehen der Person – ein
Gedanke der späten Weisheit, wie Hiob 34,38 f. zeigt. Auch dort ist vom König
und vom Fürsten die Rede. Und noch einmal wird ein Denken in Quantitäten ab-
gewiesen. Größe nach menschlichem Maßstab ist für Gott uninteressant. Dies
wird *schöpfungstheologisch* begründet: Hat doch Gott das Große und das Kleine
geschaffen, also auch die Großen und die Kleinen. Und deshalb kümmert er sich
um alle. Noch einmal kann man auf die atl. Weisheitsschriften verweisen, nämlich
auf Spr 22,2 (aller Wahrscheinlichkeit nach hatte der Verf. der Sap diese Stelle
vor Augen): „Reiche und Arme begegnen einander; der Herr hat sie alle ge-
8   macht." 8 wiederholt nur mit anderen Worten, was unmittelbar zuvor gesagt worden ist. Es ist sozusagen das Fazit der letzten Ausführungen.
9   Mit 9 beginnt einer neuer Abschnitt. Nachdem zuvor das totale Verdikt über
die Herrscher gesprochen wurde (nach dem Wortlaut von 4 f. haben die Angesprochenen ihre Chance endgültig verspielt), werden sie jetzt überraschend aufgefordert, Weisheit zu lernen. Rechnet also der Autor damit, daß die Könige
doch noch im Streben nach dieser Weisheit zu einem verantwortungsvollen Umgang mit ihrer Macht gelangen? Dann aber stellt sich unausweichlich die Frage,
wie die, denen zunächst ein endgültiges, nicht mehr abwendbares Urteil Gottes
angekündigt wurde, zur Besserung aufgerufen werden können. Unabwendbarkeit
und Abwendbarkeit – schließt sich nicht beides gegenseitig aus?[161]
    Nun ist dieser Sachverhalt allerdings kein Spezifikum der Sap. Er findet sich
weithin im AT, auch und gerade in den prophetischen Büchern. Hier sei nur auf
Amos hingewiesen. Am 3,10 heißt es: „Sie achten kein Recht." Und unmittelbar
darauf folgt die Androhung der unabwendbaren Strafe. Am 5,6 bringt aber die
Aufforderung Gottes, nach der noch alles offen zu stehen scheint: „Sucht mich,
so werdet ihr leben!" Diese Unausgeglichenheit bleibt freilich nur solange ein logischer Widerspruch, wie man beide Aussagen auf *einer* Ebene gelegen sieht. Die
biblischen Autoren haben diesen Fehler nicht gemacht. Sie dürften das unab-
wendbare Unheil durch das Gericht Gottes als die Konsequenz des *tatsächlichen*
Verhaltens der Menschen verstehen, die Imperative jedoch als die auf der *grundsätzlichen* Ebene befindlichen Forderungen Gottes, die auf taube Ohren stoßen.
Es handelt sich also um eine Verschiebung der Zeiten, wie sie uns in anderer Weise in Sap 5 begegnete. Um der Konkretheit der Aussagen willen, aber auch wegen

---

[160] *Vilchez* K 227.
[161] Es ist auffällig, daß dieser Kontrast in manchen Kommentaren nicht zur Kenntnis genommen wird.

größerer Realitätsnähe wird die zeitliche Abfolge umgekehrt. Lineare Chronologie wird ignoriert, wenn dadurch das zu Sagende plastischer erscheint. Ein logischer Purismus lag nie in der Intention biblischen Denkens „über" Gott.

Also richtet der Verf. der Sap seine Worte an die „Tyrannen".[162] Sie sollen Weisheit lernen. Von *Weisheit, σοφία, sophia,* ist in den nun folgenden Versen nahezu ununterbrochen die Rede. Während im Parallelstück 1,1ff. nur in 4 und 6 von ihr gesprochen wird[163], werden in 6,9–21 laufend Aussagen über sie gemacht.[164] Nur bei ernsthafter Suche nach der Weisheit verfehlen die Herrscher ihr Ziel nicht. Daß der Verf. der Sap als Weisheitslehrer auftritt, hat sein atl. Vorbild vor allem im Buch der Sprüche Salomons.[165] Es ist ja derselbe „Salomon", der auch in der Sap spricht, selbst wenn er hier seinen Namen nicht nennt.

In 10 könnte der Eindruck entstehen, daß durch diesen, mit Ernst Käsemann 10 gesprochen[166], „Satz heiligen Rechtes" der Zusammenhang unterbrochen werde. Das ist aber nicht im Sinne unseres Autors. Denn wer das Heilige heilig hält, hält ja die Weisheit heilig, die nach 1,5f. der heilige Geist ist, und wird ihrer teilhaft. Und dementsprechend werden diejenigen, die in ihr unterwiesen werden, ihre Apologie finden, mit Feldmann: ihre Rechtfertigung finden.[167] So erfolgt in 11   11 noch einmal die Aufforderung: „Also: Begehrt meine Worte!" Wie in 9 verweist der die Könige warnende Verf. der Sap auf seine Worte, seine λόγοι, *logoi:* „Durch sie werdet ihr geistliche Bildung erhalten."[168]

Was dann über die Weisheit gesagt wird, ist bereits weithin ihr Lobpreis, der in den nächsten Kapiteln gesteigert wird. Schon 12 spricht in dieser Eulogie über-   12 schwenglich von ihr. Leuchtend und unvergänglich (wörtlich: unverwelklich) ist sie. Für die, die sie lieben, ist sie ohne Mühe zu erkennen. Oder darf man gar übersetzen: anzuschauen, nämlich sie in geistiger Schau zu sehen? Sie läßt sich von denen finden, die sie suchen (s. die ähnliche Formulierung im Blick auf die Gerechtigkeit in 1,2!).[169] Ist von ihrer Leuchtkraft die Rede, so partizipert sie am Lichtcharakter Gottes. Heißt es in Ps 36,10 „Denn bei dir ist die Quelle des Lebens, / und in deinem Lichte sehen wir das Licht", so ist das genau die Vorstellung, die in Sap 6,12 von der Weisheit zum Ausdruck kommt. Wichtig ist, daß von ihr das lebensspendende Licht ausgeht. In ihrem Lichte läßt sie sich schauen und geistig-geistlich erfassen. Des Menschen Antwort ist die Liebe zu ihr. Ihre Initiative ist, sich finden zu lassen. Und 13 setzt dann diesen Gedanken der *gratia*   13

---

[162] τύραννοι hat hier keinen pejorativen Klang; es sind nicht die diktatorischen und menschenverachtenden Tyrannen und Unterjocher; s. z.B. *Larcher* K II 413; anders *Grimm* K 127: „ungerechte, gewaltthätige Herrscher".

[163] In Sap 1,5 ist σοφία textgeschichtlich sekundär.

[164] Entweder findet sich dort das Wort σοφία oder das Pronomen αὕτη; nicht in 10f. und im Kettenschluß 18f.

[165] S. den Rückgriff auf Spr zu Beginn der Sap.

[166] Nur im Blick auf das NT: *E. Käsemann,* Sätze heiligen Rechtes im Neuen Testament, in: *ders.,* Exegetische Versuche und Besinnungen II, Göttingen 3. Aufl. 1970, 69–82.

[167] *Feldmann* K 51.

[168] παιδεύεσθαι dürfte hier diese spezielle Bedeutung haben.

[169] εὑρίσκεται in 1,2 und 6,12.

praeveniens fort: Ihre gnadenhafte Aktivität geht allem menschlichen Bestreben voraus. Ehe einer sie begehrt, hat sie schon dadurch, daß sie sich im voraus erkennen lassen will, das Entscheidende getan. Wie bei Gott ist ihre Gnade allem zuvor. Insofern repräsentiert sie *Seine* zuvorkommende Gnade. Steht jemand
14 nach 14 wirklich sehr früh auf, so wird er feststellen, daß sie sich noch viel früher vor der Tür seines Hauses eingefunden hat. Ein eindrückliches Bild! Wiederum dürften Aussagen des Buches der Sprüche Pate gestanden haben, diesmal Spr 1,20 f., vor allem aber Spr 8,1–3: Die Weisheit selbst ruft die Menschen, sie steht einladend an Straßenkreuzungen und Stadttoren.

Hat der Verf. der Sap in 14 vom Verhalten der Weisheit gesprochen, so bringt
15 15 sein Nachdenken über das Nachdenken über sie. Das nämlich ist die Vollendung der Klugheit. Verwendet er hier den Begriff „Klugheit", φρόνησις, *phronesis,* so dürfte er ihn synonym mit „Weisheit" verstehen.[170] Wer ihretwegen die Nächte durchwacht, bleibt sorglos. Die Weisheit nimmt dem Weisen also seine
16 Sorgen. In 16 wird wieder vom Wirken der Weisheit gesprochen, von ihrem vorausgehenden Gnadenwirken. Also erneut der Gedanke der *gratia praeveniens* von 13 f.; denn die Weisheit sucht von sich aus die, die ihrer würdig sind. Gnädig erscheint sie ihnen „auf den Wegen". Ist gemeint, daß sie denen, die ihrer würdig sind, auf deren Lebensweg erscheint, zumal in der Sap die Metapher vom Weg als Lebensweg begegnet?[171] Diese Deutung kann nicht ausgeschlossen werden. Da aber unmittelbar zuvor von der Weisheit als derjenigen gesprochen wurde, die auf der Straße vor der Haustür auf die sich um sie Mühenden wartet, liegt näher, daß hier das Bild von 14 fortgeführt wird. Der nächste Stichos intensiviert die Vorstellung von der gnädig zuvorkommenden Weisheit. Bereits in den Gedanken derer, die über sie nachdenken, ist sie bereits vor allem Denken da. Sie bestimmt also den sie Suchenden bereits vor seinem Suchen.
17–19   In 17–19 benutzt der Autor die Sorites, d.h. die rhetorische Figur des Kettenschlusses[172]: das Prädikat des jeweils ersten Satzes wird Subjekt des jeweils folgenden Satzes. In der oben gebotenen Übersetzung sind diese Begriffe durch Kursivdruck gekennzeichnet. Der hier vorliegende Kettenschluß ist allerdings nicht voll stimmig. Anfangsprämisse und Schlußkonklusion entsprechen einander nicht so recht. Trotzdem wird dem Leser deutlich, was in dieser Beweisführung gezeigt werden soll: Die Sorge um die Unterweisung ist bereits Liebe zur Weisheit, solche Liebe bezeugt sich aber im Halten ihrer Gebote. Dadurch wird die Unvergänglichkeit fundiert. Von Unvergänglichkeit war aber bereits in 2,23 die Rede. In 6,18 f. ist sie als Nähe Gottes verstanden. Dann besagt die Sorites bis 19 einschließlich: Das Bemühen um Weisheit führt in Gottes Nähe. Die Folgerung
20 aus der Sorites wird in 20 gezogen: Das Verlangen nach Weisheit führt zur Herr-

---

[170] So z.B. auch *Vilchez* K 233. Er verweist dafür auf Spr 8,1, wo ein Parallelismus vorliege. Wahrscheinlich rekurriert der Verf. der Sap auf diese Stelle. Doch dürften in ihr beide Begriffe in gewisser Weise unterschieden sein: Σὺ τὴν σοφίαν κηρύξεις, ἵνα φρόνησίς σοι ὑπακούσῃ.

[171] So z.B. *Vilchez* K 233.

[172] H. Lausberg, Elemente der literarischen Rhetorik, München 5. Aufl. 1976, 85: σωρίτης, die logische Kette von Urteilen.

schaft. Von Herrschaft war aber schon in 5,16 die Rede, und zwar auch im Kontext der Sorge (s. auch 3,8). Es gilt somit: *Wer die Weisheit liebt, herrscht mit Gott.* Das gilt zunächst allgemein für jeden, der sie liebt. Besonders aber, so mit 21 der 21 Abschluß des ersten Teils des Buches, trifft dies für die Herrschenden zu: Wenn ihr wirklich eure königliche Herrschaft liebt, dann bewahrt die Weisheit, *damit* ihr für alle Zeiten Könige bleibt! Wahrscheinlich blickt der Verf. der Sap hier auch über das eschatologische Datum hinaus (vgl. 3,8!). Man beachte die finale Intention am Ende von 1,1–6,21! So wird es Zeit, daß endlich dargelegt wtrd, was denn nun die Weisheit *wesensmäßig* ist. Das wird sofort anschließend zu Beginn des zweiten Teils der Sap dargelegt, der mit 22 beginnt.

Zweiter Teil
6,22–11,1: Lobrede auf die Weisheit

6,22–25 „Ich will euch vom Wesen und Ursprung der Weisheit künden"

22 (24) Was aber Weisheit ist und wie sie entstand, das will ich (euch) kundtun.
Und ich will euch keine Geheimnisse verbergen.
Vielmehr will ich ihr vom Anfang ihres Entstehens an nachspüren.
Und ich will die Kenntnis von ihr ins helle Licht stellen
Und nicht an ihrer Wahrheit vorbeigehen.
23 (25) Und keineswegs will ich Begleiter eines verzehrenden Neides sein;
Denn der hat keinerlei Gemeinschaft mit der Weisheit!
24 (26) Viele Weise aber machen das Heil der Welt aus,
Und ein kluger König bedeutet Wohlstand für sein Volk.
25 (27) Also – laßt euch durch mein Wort bilden! Dann habt ihr Nutzen.

22–25 Mit 21 endet der erste Teil der Sap, in dem die Anrede an die Herrscher der Welt *inclusio* ist. Mit 22–25 beginnt der *zweite Teil,* in dem es um das *Sein und Wirken der Weisheit* geht. Es wird allerdings vielfach angenommen, daß der Neueinsatz bereits in 6,1 vorläge. Aber neben inhaltlichen Überlegungen spricht entscheidend eine formale Beobachtung für 6,22. Denn der Wechsel der grammatischen Person signalisiert den Beginn eines neuen Buchabschnitts. Ging es zuvor um Aussagen über die Weisheit an die Mächtigen, so spricht Salomon nun in der 1. Person Singular: *Ich,* also der König Salomon, will euch nun kundtun, was es mit der Weisheit auf sich hat. *Ich* sage euch, was sie ist, wie sie entstand, was sie wirkt! Und dieses Ich ist im Widerfahrnis seines Geschicks gerechtfertigt. Denn Salomon spricht im Ich-Stil deshalb von der Weisheit, weil er in den folgenden Kapiteln zeigen kann, daß er aufgrund *seiner* Erfahrung mit ihr in authentischer Weise und daher mit Autorität von ihr Zeugnis ablegen kann. Sagt Salomon sein Ich, dann ist es das mit der Weisheit begabte, das von ihr geleitete Ich. Salomon und Weisheit – beide gehören aufs engste zusammen! So spricht er von ihr nicht in theoretischer Argumentation, sondern aus religiöser Erfahrung. Er ist deshalb der gute König, weil sein königliches Wirken ein Wirken aus seiner weisheitlichen Existenz ist. Spricht er im folgenden von sich, so ist es eine Art *existentialer Interpretation* des eigenen Wirkens. Im Grunde wirkt ja nicht er als König; letztlich ist es die Weisheit, die durch ihn wirkt. Aber dieses Offenlegen der eigenen Person will mehr als die existentiale Interpretation des eigenen Ichs. Denn mit dieser In-

terpretation will der König die Mächtigen der Welt dazu bewegen, ihm darin
nachzueifern, daß sie sich wie er um die Gabe der Weisheit bemühen. Der missio-
narische Ton seiner Ansprache an die, die gleichen Amtes sind, ist unüberhhör-
bar. Salomon spricht *von* sich, weil er *zu* denen spricht, die eine gleiche Verantwortung wie er haben. Sein Bekenntnis soll die anderen – das Wort ist berechtigt:
– bekehren. Unübersehbar ist aber auch die universale Intention seiner Aufforderung. Schon jetzt ein kurzer Blick über diese Perikope hinaus: Im 7. Kap. wird
Salomon bekennen, daß er nur kraft der Gabe der göttlichen Weisheit ein guter
König ist. Dementsprechend findet sich bis 22 a immer noch die 1. Person Singular. Mit 7,22 b-8,1 folgt dann allerdings eine in der 3. Person abgefaßte Ausführung über das Wesen der Weisheit. Salomon löst hier, wenn auch nur anfangsweise, ein, was er in 6,22 a zugesagt hat. Er sagt, was die Weisheit *ist*. Ihre heilsgeschichtliche Dimension wird er erst im Hymnus von Kap. 10 aufzeigen. Allerdings liest man über die *Entstehung* der Weisheit – trotz 6,22 a! – höchstens, wenn
überhaupt, Andeutungen. In 8,2–21 berichtet er von seinem überaus innigen Verhältnis zur Weisheit; er läßt seine Adressaten wissen, wozu sie ihn befähigt hat.
Also: Wollt auch ihr so gute Könige wie ich sein, dann bemüht euch in eurem eigenen Interesse bei Gott um eben diese Weisheit! Auch das 8. Kap. ist also wieder
in der 1. Person Singular geschrieben. Im 9. Kap. schließlich bringt er das Gebet,
das er um Weisheit an Gott gerichtet hat. Es versteht sich von selbst, daß auch
der Beter in der 1. Person Singular spricht. Der heilsgeschichtliche Hymnus im
10. Kap. hingegen verlangt schon aus formalen Gründen die 3. Person. Mit ihm,
dem Übergangskapitel zum dritten und letzten Teil der Sap, enden die Aussagen
zur Weisheit. In diesem dritten Teil findet sich, wie schon gesagt, das Wort
„Weisheit" nur in 14,2.5! Das ist angesichts seines mehrfachen Vorkommens im
10. Kap. recht auffällig.[1]

22 beginnt in feierlicher Sprache. Salomon will seinen königlichen Zuhörern   22
kundtun, will ihnen verkündigen, was Wesen und Ursprung der Weisheit ist.[2]
22 a eignet ein betont religiöser Klang[3], da es Salomon darum geht, seine Hörer   22 a
den göttlichen Existenzgrund seines königlichen Daseins verstehen zu lassen.
Und davon kann ein König nur so sprechen, daß er das Wesentliche existentiell
aus seiner königlichen Existenz spricht. 22 a erinnert, so Larcher[4] mit Recht, an
Platon, Timaios 27 c: Vor der Erörterung der Frage, ob das All geworden oder
ungeworden ist[5], ist angesichts ihres religiösen Charakters das Gebet an die Götter und Göttinnen angebracht. Wenn nun Salomon fragt, *was* die Weisheit ist

---

[1] Daß in diesem „Sach"-Verhalt ein Schlüssel zum Verständnis des ganzen Buchs liegt, wurde schon gesagt (s. auch Einleitung).

[2] ἀπαγγέλειν kann zwar „mitteilen", „berichten" bedeuten; im hier vorliegenden Zusammenhang ist aber die Übersetzung „verkündigen" o. ä. gefordert.

[3] *Scarpat* K I 372 sieht in 6,22 a mehr als eine Definition, die in einem poetischen Buch nur
störend wäre. Vielmehr hätten wir hier „una descrizione delle qualità e degle effeti della Sapienza".

[4] S. auch *Larcher* K II 434.

[5] *Platon,* Timaios 27 c: ... περὶ τοῦ παντὸς λόγου ..., ᾗ γέγονεν ἢ ἀγενές ἐστιν ...

und *wie sie entstand*[6], so ist eine ähnliche Haltung gefordert. Und deshalb ist es nur konsequent, wenn die Ausführungen über sein königliches Amt im 9. Kap. mit seinem Gebet schließen.

22 b   22 b sagt zunächst, daß Salomon die Antwort auf die beiden Fragen offen aussprechen will. Im Gegensatz zu religiösen Geheimkulten geht es ihm darum, ganz im Geiste der bisherigen Weisheitstradition (z. B., Spr 8,1–9; Sir 51,24–30), daß möglichst viele über die Weisheit Bescheid wissen; deshalb will er nichts verbergen.[7] Von größerer theologischer Bedeutsamkeit ist, daß er von Geheimnissen, μυστήρια, *mysteria,* spricht. Von Geheimnissen Gottes war bereits 2,22 die Rede, dort allerdings im Blick auf die Torheit der Gottlosen; diese verstehen nichts von Gerechtigkeit und Gericht. Auch in 6,22 b geht es um Gerechtigkeit, jetzt allerdings im positiven Sinn um ihren göttlichen Ursprung in der Weisheit. Wer um das Wesen und den Ursprung der Weisheit weiß, der weiß auch, was diese ihm von Gott her gewährt, nämlich ein gerechtes und somit kluges Dasein. Die Erkenntnis der göttlichen Geheimnisse läßt den mit ihr Beschenkten alles neu verstehen – sich selbst und die ganze Schöpfung (7,17 ff.!). Es ist eine Erkenntnis, die der Mensch niemals aus eigenem Nachdenken gewinnen kann. Einzig dem, der die Weisheit als göttliche Gabe erhalten hat, wird der Zugang zu der Wirklichkeit geschenkt, die die ganze irdische Vorfindlichkeit transzendiert, und zugleich auch der Zugang zu derjenigen Erkenntnismöglichkeit, die dieser Vorfindlichkeit entspricht.[8] Die Weisheit begabt also mit einem *neuen Sein* und einem *neuen Erkennen.* Mit Paulus könnte man im Sinne des Autors der Sap einen solchen Menschen eine „neue Kreatur" nennen (Gal 6,15; 2Kor 5,17). Wer Gottes Geheimnisse *kennt,* der *ist* ein neuer, ein völlig anderer Mensch! Wie im NT sind hier schon im AT, was das Verständnis des Menschen angeht, *ontologischer* und *noetischer* Aspekt miteinander verflochten. Mit diesem Gedankenstruktur werden wir in der Sap immer wieder konfrontiert.

22 c   Um das in 22 a genannte Ziel zu erreichen, spürt Salomon in 22 c der Weisheit vom Anfang ihres Entstehens[9] an nach. Ihr Wirken in der Geschichte Israels wird in Kap. 10 hymnisch gepriesen. Insofern ist er, so sehr er gewissermaßen als Übergangskapitel unseren Blick auf die Synkrisis in Kap. 11–19 lenkt, inhaltlich doch in erster Linie mit dem zweiten Teil der Sap verbunden und daher noch Teil desselben.[10] Steht aber nun das von Salomon erforschte Wirken der Weisheit in Parallele zu den Mysterien von 22 b, so ist es ein in geheimnisvoller Weise vollzogenes Wir-

---

     [6] Da die folgenden Kapitel so gut wie nicht auf die Entstehung der Weisheit eingehen, hat man durch eine Konjektur versucht, den Sinn von „wie sie entstanden ist" zu ändern, indem man μοι oder ἐμοί einfügte, also: „wie *für mich* Wirklichkeit geworden ist".

     [7] *Scarpat* K I 372.

     [8] Gut *Vilchez* K 241: „La Sabiduría trasciende toda realidad y conocimientos humanos …"

     [9] ἀπ' ἀρχῆς γενέσεως bezieht sich auf die Entstehung der Weisheit, nicht der Welt. So mit *Larcher* K II 436 f.; dort auch die Diskussion mit anderen Auslegungen dieser Stelle. S. auch ἀπ' ἀρχῆς in 9,8, wo von der Präexistenz des heiligen Zeltes die Rede ist. Dessen Präexistenz wird aber dort im Kontext des geschichtlichen Wirkens der präexistenten Weisheit ausgesagt.

     [10] S. auch Sap 9,16 c: τὰ δὲ ἐν οὐρανοῖς τίς ἐξιχνίασεν; im Vergleich mit 6,22 c: ἀλλὰ ἀπ' ἀρχῆς γενέσεως ἐξιχνιάσω.

ken, das nur der mit der Weisheit Beschenkte verstehen kann. Irdische Geschichte
und göttliches Wirken müssen als geheimnisvolle Einheit gesehen werden. Es gibt
keine sinnhafte Geschichte ohne ein Gelenktwerden durch die göttliche Weisheit.
*Immanenz hat ihren Halt in der Transzendenz, Transzendenz ist auf Immanenz hin
gerichtet.* Vor allem an diesem Aspekt liegt dem Verf. der Sap: *Himmel und Erde
gehören zusammen.* Hat aber der auf Weisheit bedachte König das Sein und das
Wirken der Weisheit erforscht, so ist es nach 22 d seine heilige Pflicht, die Kennt-   22 d
nis von ihrem Wesen so weit wie nur eben möglich zu verbreiten, sie „ins helle
Licht zu stellen".[11] Erfahrene Weisheit muß anderen vermittelt werden, sonst wäre Weisheit um ihr Wesentliches gebracht und folglich nicht mehr Weisheit. Ging
es in 22 d um diese Verkündigung der Weisheit, so blickt 22e wieder auf das Ver-   22e
halten des Königs zu ihr. Er will keinesfalls an der Wahrheit (man darf interpretieren: an ihrer Wahrheit) vorübergehen. Wahrheit ist aber auf Verstehen angelegt. In diesem Sinne begegnete dieser wichtige theologische Begriff schon in 3,9:
Verstehen der Wahrheit ist die Folge des Vertrauens auf Gott. Und im Kontrast
dazu irren nach 5,6 die Gottlosen vom Wege der Wahrheit ab.[12] *Weisheit* und
Wahrheit sind also in gemeinsamer Funktion *hermeneutische* Begriffe. Weisheit
will vermittelt sein, als vermittelte ist sie verstandene Wahrheit. In 6,22e sind also
Wahrheit und Weisheit nahezu synonym. *Nur verstandene Wahrheit ist wirkliche
Wahrheit, nur dem Verstehen vermittelte Weisheit ist wirkliche Weisheit.* Andern-
falls ist die hypostasiert begriffene Weisheit beim Menschen nicht angekommen.

Die Deutung von 23 a ist nicht infach. Was meint „verzehrender Neid"? Vom   23 a
Neid des Teufels war in 2,24 die Rede. Doch erhellt diese Aussage unsere Stelle
nicht. Wer ist neidisch? Worauf ist einer neidisch? Darüber sagt der Text direkt
nichts. Der Zusammenhang legt die Interpretation nahe, daß Salomon nicht aus
Neid auf das Glück anderer diesen die Weisheit vorenthalten will. Das gäbe
durchaus Sinn im Blick auf das unmittelbar zuvor Gesagte. Dann wäre 23 b so zu   23 b
deuten, daß die Weisheit mit dem Neid deshalb nichts zu tun haben will, weil er
verhindert, daß sie bei den Menschen Eingang findet.

Programmatisch wird es wieder in 24 a. Macht die Menge der Weisen das Heil   24 a
der Welt aus, so heißt das, daß die vielen, denen Gott die Weisheit geschenkt
hat, durch deren Weitergabe das Heil der Welt, also das Heil der ganzen
Menschheit, vermitteln. Sie bewirken dieses Heil freilich *nur mittelbar.* Denn
heilswirkend im unmittelbaren, also eigentlichen Sinn ist nur die Weisheit selbst.
Heil – im Urtext steht σωτηρία, *soteria,* ein zentraler atl. Begriff zur Beschreibung
der Erlösung (s. die Psalmen und Deutero- und Tritojesaja) – ist hier allerdings
nicht wie in 5,2 im eschatologischen Sinne gemeint. Es geht um das Wohlergehen
des Volkes unter Salomons Regierung. Das erhellt aus 24 b, wo vom Wohlstand   24 b
desjenigen Volkes gesprochen wird, das einen klugen, d. h. zur Regierung fähigen
König hat.[13] Die Weisheit des Königs schafft den Wohlstand des Volkes (s. auch

---

[11] Zu θήσω εἰς τὸ ἐμφανές s. Sap 7,21 ὅσα τέ ἐστιν κρυπτὰ καὶ ἐμφανῆ ἔγνων.
[12] Zum Wortfeld „Weg, Wahrheit" s. im NT vor allem Joh 14,6.
[13] Heißt es hier βασιλεὺς φρόνιμος, so ist das identisch mit βασιλεὺς σοφός. Wer weise ist, ist
klug. Der weise König besitzt die Klugheit zum Regieren.

Sir 10,1–3). Das griechische Wort für Wohlstand, εὐστάθεια, *eustatheia,* findet sich in der LXX nur selten (außer hier Esra 3,13; 2Makk 14,6; 3Makk 3,26); sie ist aber im atl. Wort für „Frieden" (*šalom*) impliziert.[14] Diesen Gedanken hat Platon der Sache nach auf die geläufige klassische Formulierung gebracht, daß die Philosophen Könige und die Könige Philosophen sein sollen. Im Verständnis Platons sind ja die Philosophen die Weisen.[15]

25   25 bringt zum Abschluß der einleitenden Worte des zweiten Teils der Sap die Aufforderung: Laßt euch also durch meine Worte bilden! Die Konsequenz: Dann habt ihr auch den Nutzen davon! Das klingt utilitaristisch. Und gemäß der protreptischen Intention des ganzen Buchs sollte man auch diesen Zungenschlag nicht bestreiten. Aber dieser Utilitarismus ist immerhin so sehr in die sapientiale Theologie der Sap eingebettet, daß diese theologische Fundierung unbedingt mitbedacht werden muß. Und schließlich hat selbst Jesus utilitaristisch klingende Worte gesprochen – auch wenn dieser Tatbestand nicht ganz nach unserem heutigen theologischen Geschmack ist.

7,1–22 a „Nur durch die Weisheit bin ich ein guter König"

1   Auch ich bin ein sterblicher Mensch, allen gleich,
    Und ein Nachkomme des ersten, aus Erde gemachten Menschen.
    Und im Mutterleib wurde ich als fleischliches Wesen gebildet,
2   In zehn Monaten im Blut geronnen,
    Aus dem Samen eines Mannes und der Lust, die zum Beischlaf hinzukam.
3   Und als ich geboren war, da atmete ich die (allen gemeinsame) Luft ein.
    Und ich fiel auf die Erde, die gleiches von allen erduldet (oder: auf der alle
                                                    das gleiche erdulden),
    Und wie alle weinte ich beim gleichen ersten Laut.
4   In Windeln und mit Sorgen wurde ich aufgezogen.
5   Kein König hatte nämlich einen anderen Anfang seiner Geburt.
6   *Einen* Eingang ins Leben haben alle, und der Ausgang ist (für alle) gleich.
7   Deshalb betete ich, und Gott gab mit die Klugheit.
    Ich rief ihn an, und der Geist der Weisheit kam zu mir.
8   Ich zog sie Szeptern und Thronen vor,
    Und keinen Reichtum achtete ich im Vergleich mit ihr.
9   Einen Edelstein – in meinen Augen völlig wertlos! – achtete ich nicht als
                                                    gleichwertig mit ihr.
    Denn jegliches Gold ist, verglichen mit ihr, nichts als eine Handvoll Sand.
    Und Silber ist ihr gegenüber soviel wie etwas Lehm.
10 Ich liebte sie mehr als Gesundheit und schöne Gestalt.
    Und ich zog sie selbst meinem Augenlicht vor.
    Denn endlos ist der Lichtglanz, der von ihr ausgeht.

---

[14] Ob der Verf. der Sap wußte, daß dieses Wort im Namen Salomon enthalten ist?
[15] *Platon,* Politeia V, 473 cd.

11 In ihrem Gefolge kam alles Gute zu mir,
    Und unermeßlicher Reichtum war in ihren Händen.
12 Ich freute mich über alles, weil es die Weisheit war, die es mit sich brachte.
    Nur wußte ich zunächst nicht, daß *sie* auch dessen Schöpferin war.
13 Ohne List lernte ich (von ihr), ohne Neid gebe ich es weiter.
    Ihren Reichtum verberge ich nicht.
14 Denn ein unerschöpflicher Schatz ist sie für die Menschen.
    Haben sie ihn erst einmal erlangt, so gewinnen sie die Freundschaft mit
                                                                        Gott,
    Empfohlen durch die Gaben der Bildung.
15 Mir aber gebe Gott, daß ich mit Einsicht spreche
    Und würdig über das, was mir gegeben wurde, nachdenke!
    Denn er selbst ist der Wegführer der Weisheit
    Und der, der den Weisen die Richtung vorgibt.
16 In seiner Hand nämlich sind wir und unser Reden
    Und alle Klugheit und daß wir uns aufs Handeln verstehen.
17 Er selbst gab mir die untrügliche Kenntnis von dem, was ist,
    Er ließ mich die innere Struktur der Welt und die Wirkkraft der Elemente
                                                                    zu erkennen,
18 Den Anfang und das Ende und die Mitte der Zeiten,
    Den Wechsel der Sonnenwenden und die periodische Veränderung der
                                                                        Zeiten,
19 Die Zyklen des Jahres und die Konstellationen der Sterne,
20 Die Arten der Tiere und die Vitalität der Bestien,
    Die Pflanzen in all ihrer Unterschiedlichkeit und die Heilkraft der
                                                                    Wurzeln.
21 Also alles, was verborgen und was offenbar ist, lernte ich kennen.
22 a Denn als die, die alles so kunstvoll hergestellt hat, lehrte mich die Weisheit.

In 6,22 ff. hat Salomon gesagt, was er den Königen der Welt sagen will. Er will verkündigen. Als Verkündiger gibt er aber keine „objektiven" Informationen; vielmehr spricht er in seiner Existenz als König die Könige der Welt existentiell an – *er spricht von Existenz zu Existenz.* So ist es nur konsequent, wenn er in 7,1–   7,1-14 14 *von* seiner Existenz her und, mehr noch, *aus* seiner Existenz zu den Adressaten spricht, um sie zum Existenzwandel zu bewegen. Also spricht er in Kap. 7 von sich selbst. Eine eigentümliche Wende nimmt dann aber der autobiographische Abschnitt in 15. Denn in 15–22 a führt die Bitte um Weisheit zu Erkenntnissen,   15-22 a die weit über das hinausgehen, was ein König zur Regierung braucht.

König, und zwar ein guter König, ist man nicht von Geburt. König *wird* man. Konkreter noch: Der Säugling wird zum Erwachsenen; der Erwachsene wird König, wird ein guter, wahrhaftiger König – vorausgesetzt, er bittet Gott um die Weisheit, um regieren zu können. In 1 beginnt Salomon mit „ich", aber einem   1 Ich, das durch „*auch ich*" in die Gemeinschaft aller Menschen eingefügt wird. Allen ist er gleich. Und dieses „gleich"[16] trifft sogar für das Ende des königlichen

---

[16] ἴσος in V. 1, ἴσα in V. 3 und ἴση in V. 6 strukturieren den ersten Unterabschnitt von Kap. 7; in der Sap findet sich das Wort sonst nur noch 14,9.

Lebens zu, für Sterben und Tod. Auch Könige müssen sterben! Auch Könige leben nur als sterbliche Wesen auf den Tod hin (s. auch 6). Auch der König ist nur
ein Mensch. Diese *Gleichheit* der Könige in ihrem Mensch-Sein, dieses, modern
gesprochen, demokratische Moment ihres Daseins, ihre *egalité* also, läßt die Könige nicht auf der göttlichen Seite stehen. Die antike Königsideologie ist strikt ge-
leugnet. Und das in einem Lande, nämlich Ägypten, in dem die Vergottung des
hellenistischen Königs zum Selbstverständnis des Herrschers gehörte![17]

Sterblich ist der König, weil er wie alle Menschen nur ein Abkömmling des erd-
gewordenen[18] Protoplasten[19] ist, des aus Erde geformten ersten Menschen. Auch
der König stammt von Adam ab, dem, im wörtlichen Sinne, aus Erde Gebildeten
– wie jeder Mensch, wie jeder Arme und jeder Knecht! Der Autor der Sap spielt
auf Gen 2,7 an.[20] Salomon schaut dann in die Zeit vor seiner Geburt zurück.
Auch der König war ein Embryo. Im Mutterleib wurde er wie jeder andere
2   Mensch als „Fleisch" gebildet. Nach 2 dauert die Schwangerschaft zehn Monate
– ein damals verbreitete Ansicht.[21] Sind Mondmonate (28 Tage) gemeint? Antik
ist auch die Vorstellung, daß das Hinzukommen des männlichen Samens zum
Menstrualblut ein Gerinnen dieses Blutes verursacht, wodurch der Embryo entsteht.[22] Ist das, was in 1 f. bisher gesagt wurde, um der Relativierung der königlichen Würde gesagt worden, so sollte man dennoch nicht die Lust des Beischlafs,
die hier ausdrücklich genannt ist, als abwertende Aussage deuten. Es geht nur um
die naturwissenschaftliche Darstellung des für alle Menschen zutreffenden Geschicks[23], auf keinen Fall aber um eine Diffamierung des Geschlechtlichen.

3   In 3 führt der Autor der Sap den Gedanken weiter. Wie alle Menschen, so atmete auch Salomon nach seiner Geburt die ihnen gemeinsame Luft ein. Nicht eindeutig ist aber die Aussage, daß er auf die „gleiches leidende" Erde fiel. Das Fallen könnte man mit dem bekannten Idiom Heideggers vom „Geworfensein ins
Dasein" umschreiben. Besagt die Formulierung, er sei auf die Erde gefallen, seine
Präexistenz? Dafür könnte 8,20 sprechen, wo diese Vorstellung von der Präexistenz der Seele vorausgesetzt zu sein scheint. Zumeist und wohl auch mit Recht
wird diese Stelle aber so interpretiert, wie es schon Grimm tat: „Der Ausdruck ist
prägnant zu fassen: *fiel* (aus dem Mutterschoss) *herab* (= kam aus demselben)
auf die *Erde* = um von ihr aufgenommen zu werden."[24] Unklar ist vor allem, was

---

[17] Dazu vor allem *M. P. Nilsson*, Geschichte der griechischen Religion II: Die hellenistische
und römische Zeit (Handbuch der Altertumswissenschaft V,2,2), München, 3., durchgesehene
und ergänzte Aufl. 1974, 132–185, besonders 154–165.

[18] γηγενής selten in der LXX, außer Sap 7,1 noch ψ 48,2; Spr 2,18; 9,18; Jer 39,20. S. schon
Aristoteles, De generatione animalium, 762 b.

[19] Begriff vom Verf. der Sap gebildet; so schon die Vermutung von *Grimm* K 137.

[20] Gen 2,7: καὶ ἔπλασεν ὁ θεὸς τὸν ἄνθρωπον χοῦν ἀπὸ τῆς γῆς. S. auch Sir 17,1: Κύριος ἔκτισεν
ἐκ γῆς ἄνθρωπον.

[21] Belege s. *Grimm* K 137 f. (u. a. Aristoteles, Plinius, Vergil; Ausnahme 2Makk 7,27: neun
Monate); ich nenne hier nur 4Makk 16,7 und *Herodot*, Historien 6,63. S. auch *Scarpat* K II
23. 28.

[22] *Aristoteles*, historia animalium VII 4,548 ab.

[23] *Fichtner* K 29.

[24] *Grimm* K 140; s. auch *Scarpat* K II 94–96.

mit dem Wort ὁμοιοπαθῆ, *homoiopathe,* wörtlich übersetzt „gleiches leidend", gemeint ist. Leidet die Erde gleiches bei jeder Geburt[25], weil jeweils ein neuer
Mensch auf sie fällt? Oder bereitet sie jedem Neugeborenen gleiches Leid?[26] In
die Argumentationssequenz paßt eher die zweite Interpretation. Daß alle Neugeborenen als ersten Laut ein Weinen von sich geben, veranschaulicht den bisherigen Gedanken der grundsätzlichen Gleichheit des Königs als Mensch mit allen
anderen Menschen. Auch in 4 geht es um diese Gleichheit. Auch ein König 4
brauchte als Säugling Windeln! Auch einem künftigen König gilt, wenn er noch
Säugling ist, die elterliche Sorge. Also, so resümiert 5, hatte kein einziger König 5
jemals einen anderen Lebensbeginn! Kein einziger König hatte je, so 6, einen an- 6
deren Eingang[27], keiner einen anderen Ausgang. Und alle Könige, erfolgreiche
oder gescheiterte, sind sich auch im Tode völlig gleich.

Mit 7 beginnt ein neuer Abschnitt. Salomon zog die Konsequenz aus dem Gan- 7
zen. Er betete. Denn er bedurfte der göttlichen Hilfe. Und das Gebet zeitigt seinen Erfolg: Gott gab ihm die Klugheit. Der Autor der Sap hatte bei diesen Worten vielleicht 1Kön 3,5 ff. vor Augen, den Traum Salomons in Gibeon. In diesem
Traum erschien ihm der Herr: Salomon könne sich von ihm erbitten, was er
wolle. Und dieser erbittet sich ein hörfähiges Herz, um sein Volk regieren zu
können (V. 9). Und der Herr gab ihm ein weises und einsichtiges Herz (V. 12),
darüber hinaus aber auch Reichtum und Ehre (V. 13). Nimmt man den Text der
LXX, so findet sich bei der Bitte Salomons in V. 9 der Zusatz „in Gerechtigkeit"
(ἐν δικαιοσύνῃ, *en dikaiosyne*). Die Gerechtigkeit ist aber bereits von Sap 1,1 an
die Grundtugend eines Königs. Da die Heilige Schrift des Verf. der Sap die LXX
war, ist anzunehmen, daß gerade dieser Zusatz für ihn von höchster Bedeutung
war. Salomon bittet um die Gerechtigkeit, bittet also um ein Herz, das auf die
Forderung dieser Gerechtigkeit hört, um ein gerechter König sein zu können.
Und so ist das verständige und weise Herz, das ihm Gott gibt, das Herz eines
weisen Königs. Gott gibt ihm also die Weisheit. Man kann allerdings fragen, ob
nicht unser Autor statt 1Kön 3 die Parallelstelle im chronistischen Geschichtswerk vor sich hatte, nämlich 2 Chr 1, wo Salomon in V. 10 um Weisheit und Verständnis (σοφίαν καὶ σύνεσιν, *sophian kai synesin*) bittet und nach dem Gotteswort
von V. 12 Weisheit und Verständnis neben allen irdischen Gaben erhält. Immerhin liegt die Terminologie von 2 Chr 1 der von Sap 7,7 näher als die von
1 Kön 3.[28]

In 7 stehen *Klugheit* (φρόνησις, *phronesis*) und *Geist der Weisheit* (πνεῦμα σοφίας, *pneuma sophias*) in einem Parallelismus. Ist es ein synonymer Parallelismus?
Sind also Klugheit und Geist der Weisheit identisch? Und weiterhin, warum steht

---

[25] So noch die Einheitsübersetzung. Diese Deutung wurde von *Grimm* K 140 abgeschwächt:
„die von Allen dasselbe erfährt".
[26] So z. B. *Fichtner* K 28. Zur Diskussion s. *Larcher* K II 448 f.
[27] Ist εἴσοδος wieder als Eingang *von außen her* ins irdische Leben gemeint? Wahrscheinlich
nicht!
[28] In den Kommentaren wird außer auf 1Kön 3/2 Chr 1 auch auf Salomons Gebet in 1Kön 8/
2 Chr 6 hingewiesen. Dort aber findet sich aber der in 1Kön 3/2 Chr 1 genannte Gedanke so
nicht.

hier nicht einfach Weisheit, sondern Geist der Weisheit? Daß die Weisheit beim
Verfasser der Sap hypostasiert gedacht ist, wurde bereits deutlich. Gilt das auch
für die Klugheit? Oder hat unser Autor deshalb vom Geist der Weisheit gesprochen, weil er nicht die hypostasierte Weisheit mit einer hypostasierten Klugheit
identifizieren wollte? Wollte er lediglich zum Ausdruck bringen, daß Gott den
Bittenden zu einem klugen Menschen machte, wobei er die Klugheit „nur" als
eine der vier Kardinaltugenden verstanden wissen wollte (s. 8,7!)? Auch die bisherigen Vorkommen von Klugheit (3,15; 4,9; 6,15; später noch 8,6.7.18.21; 17,7)
lassen nicht erkennen, daß Hypostasierung vorläge. Vilchez bestimmt die Klugheit als „praktische Weisheit zum Regieren", wie es sich aus 1Kön 3 erschließen
lasse.[29] Danach ist die nicht hypostasiert gedachte Weisheit als das kluge Vermögen des Königs zu regieren gedacht. Den Geist der Weisheit und überhaupt die
Weisheit sieht er aber, auch im Blick auf 1,5f., 9,17, 7,22f. und 7,24–8,1, als zur
göttlichen Sphäre, im strikten Sinne verstanden, gehörig.[30] Wahrscheinlich ist
auch an dieser Stelle zu bedenken, daß eine „Definition" im eigentlichen Sinne
hier nicht vorliegt. Wir werden es also bei der Annahme belassen müssen, daß
eine gewisse Unschärfe im Gebrauch der „Begriffe" vorliegt – soweit man im Blick
auf die genannte göttliche Sphäre überhaupt von Begriffen sprechen darf. Worauf
es ankommt, ist doch, daß sich der begnadete Mensch in der Machtsphäre Gottes
bewegt und insofern in seiner innersten und eigentlichen Existenz von Gott und
seiner Weisheit getragen weiß. Der Begnadete ist da, wo Gott als der sich seiner
Annehmende präsent ist.

8   In 8 spricht Salomon eindeutig von der Weisheit. Er zieht sie Szeptern und
Thronen vor, also der königlichen Machtfülle. Reichtum hält nicht im mindesten
9   den Vergleich mit ihr aus (s. aber 11 und 13!). Also ist, wie 9 diesen Gedanken
konkretisiert, auch ein Edelstein, gemessen an ihr, völlig wertlos. Und Gold gewinnt in dieser Perspektive nur noch den Wert von Sand. Ähnlich steht es mit Sil-
10   ber. 10 steigert den Gedanken. Der König liebte die Weisheit mehr als Gesundheit
und schöne Gestalt. Noch mehr: Er würde lieber blind sein und das Licht dieser
Welt nicht mehr sehen als auf die Weiheit verzichten! Denn ihr Glanz ist unvergänglich. Gemeint ist doch wohl, daß sie ihn mit seinem geistigen Auge mehr sehen
läßt als das Licht seiner leiblichen Augen. Der in 8 einsetzende Gedanke eskaliert
also für den Leser geradezu ins Groteske. Doch ist diese Liebeserklärung an die
Weisheit deshalb nicht ganz so ernst zu nehmen, wie sie formuliert ist, weil der Leser weiß, daß sich die genannten Alternativen nicht stellen. Aber wie sich die erotische Sprache oft sonderbare Blüten erlaubt und zuweilen zu absurden Formulie-
rungen versteigt, so auch die quasi-erotische Sprache des Salomon, wenn sie sein
Verhältnis zur Weisheit zum Ausdruck bringt.
         Steht Salomon hier in einer atl. Tradition, in der das *bonum physicum* abgewer-
tet, zumindest aber relativiert wird? Ist mit der in 10 mindergeschätzten Gesundheit und *Schönheit* des Körpers ein griechisches Ideal attackiert? Allerdings
macht sich im hellenischen Denken bei aller Betonung des schönen Körpers, wie

---

[29] *Vilchez* K 248.
[30] Ib. 248: „pertenece a la esfera estrictamente divina".

sie uns vor allem in griechischen Plastiken in bewundernswerter Kunst vor Augen
steht, auch zuweilen eine gewisse Zurückhaltung bemerkbar, wie sie vor allem
Platon ausgesprochen hat: Die wahre Schönheit sieht man mit den Augen des
Geistes![31] Damit sind wir aber bereits bei der nächsten Aussage von 10: Salomon
würde sogar auf sein Augenlicht verzichten, um in seinem Inneren das strahlende,
glanzvolle Licht der Weisheit zu schauen. Dies liegt ganz auf der Linie Platons.
Andererseits kann aber auch im AT die Schönheit des Körpers durchaus ein Ideal
sein, so z. B. 1Sam 16,12; 17,42 (David), vor allem aber die detaillierten Schilde-
rungen im Hohen Lied. Andererseits heißt es Spr 31,30: „Trügerisch ist Anmut,
vergänglich die Schönheit, / nur eine gottesfürchtige Frau verdient Lob." Man
kann also in dieser Hinsicht schlecht atl. und griechisches Denken gegeneinander
ausspielen. Daß allerdings Schönheit als solche ihre *theo*-logische Fundierung
hat, zeigt Ps 104: Gott hat Schönheit angezogen[32], und in seiner Weisheit hat er
die schöne Welt erschaffen[33]. Gott selbst ist also der *Seins*-Grund aller Schönheit; aus theologischer Sicht darf sie daher als solche nicht diffamiert werden.
Die Schöpfung *ist* schön, weil sie Gott, der die Schönheit selbst *ist,* erschaffen
hat.[34]

Geht bis 10 also die Beteuerung des Königs, daß er die Weisheit über alles liebe, so setzt mit 11 setzt seine Schilderung darüber ein, was aufgrund der inzwischen erfolgten Gabe dieser Weisheit an ihm geschehen ist. Alles Gute, d. h. alle
irdischen, zuvor noch relativierten Güter, wurde ihm mit ihr zuteil, unermeßli-
cher Reichtum kam mit ihr in ihren Händen.[35] Es ist die Erfüllung der in
1Kön 3,13/2 Chr 1,12 ausgesprochenen Verheißung Gottes.[36] Es geht nicht ohne
Emotion; denn in 12 gibt Salomon seiner großen Freude über die ihm zuteil gewordenen Gaben Ausdruck. Die Nuance will allerdings beachtet sein: Er freute
sich über alles, *weil* es die Weisheit ist, die es herbeibringt (Nebensatz im Präsens!). Diese Freude entstand also zu einer Zeit, als der König noch nicht wußte,
daß sie all die Gaben nicht nur bringt, sondern auch erschafft. Dann aber ist an-

11

12

---

[31] *Platon,* Symposion 219 a: Ἦ τοι διανοίας ὄψις. Dort auch wie in Sap 7,10 εὐμορφία. S. jedoch auch *Platon,* Phaidros 248 e–51 c: Wer nach Weisheit strebt, wird durch das körperliche Sehen der Schönheit, auch des schönen Angesichts und des schönen Leibes, zur Schau der Schönheit an sich erhoben. In der Erinnerung sieht er die Idee der Schönheit. Trotz einer gewissen Di-
vergenz der beiden Aussagen im Phaidros und Symposion sind beide Aussagen wurzelhaft ver-
wandt.

[32] ψ 103,1: εὐπρέπειαν ἐνεδύσω.

[33] ψ 103,24: πάντα ἐν σοφίᾳ ἐποίησας.

[34] Auch dieser theologische „Sach"-Verhalt ist eine *Konkretisierung* einer – wie auch immer
zu denkenden – *analogia entis.*

[35] Diskutiert wird, ob ἐν χερσὶν αὐτῆς mit „in ihren Händen" (so z. B. *Feldmann* K 56) oder
„durch ihre Hände" (im instrumentalen Sinn; so z. B. *Grimm* K 143; *Larcher* K II 547) zu verstehen ist. Eine Entscheidung ist nicht mit Sicherheit möglich, aber für die Interpretation von Sap 7
auch nicht erforderlich. Die vom Sprachduktus nahegelegte Deutung ist wohl „in ihren Händen";
doch könnte man aufgrund des Wortes „Schöpferin", γενέτις, in 12 auch die andere Deutung fa-
vorisieren.

[36] Etwas gekünstelt scheint mir die Unterscheidung der in Sap 7,11 genannten Güter von denen in 1Kön 3,13/2 Chr 1,12 – so *Vilchez* K 249. Auch unter Verweis auf Sap 2,10 sieht dieser
die in Sap 7,11 genannten ἀγαθά als von erheblich größerem Wert.

zunehmen, auch wenn es nicht eigens ausgesprochen ist, daß seine Freude nach
der neuen Erkenntnis noch größer ist. Und so versteht es sich von selbst, daß er
dies auch neidlos an andere weitergibt. Ist aber die Weisheit als *Schöpferin,* γενέτις, *genetis,*[37] gesehen, so ist auf sie ein *genuines Gottesprädikat* übertragen. Denn
Gott ist nach biblischem Zeugnis der Schöpfer. Steht hier dieser griechische Begriff, so ist damit in theologischer Sicht sogar erheblich mehr als in Joh 1,3 ausgesagt, wo es vom Logos heißt: „alles ist *durch* ihn geworden", nämlich durch ihn
kraft seines göttlichen Mit-Seins mit Gott, dem Vater (s. auch 1Kor 8,6;
Kol 1,16). Der Versuch, diesen Begriff insofern etwas zu relativieren, als es in
Sap 7,12 nicht um die Weltschöpfung geht, scheitert angesichts der klaren Aussage von 22 (s. u.).

13   Ohne List und Hinterlist hat er nach der Zusicherung von 13 von der Weisheit
gelernt.[38] Und so versteht es sich von selbst, daß er dies auch neidlos an andere
weitergibt. Erneut begegnet der Gedanke von 6,22ff. Die anderen sind dem Zusammenhang nach in erster Linie die übrigen Könige. So verkündigt er ihnen, wie
man erfolgreich regiert, also einigen, die möglicherweise seine Gegner sind, vielleicht sogar seine offenkundigen Feinde. Klugheit in vordergründig politischem
Sinn ist das nicht! Aber die von der Weisheit vermittelte Klugheit ist eben mehr
als alles nur vordergründige Planen und nur auf Eigennutz bedachte Taktieren.
Weisheit, die auf Gerechtigkeit aus ist, will Frieden und wirkt am Ende auch Frieden, wenn auch nicht immer von heute auf morgen. Und Friede ist mehr als der
militärische Sieg, der vielleicht schon den Keim des eigenen Untergangs in sich
trägt. Daß in einem solchen Aussagekomplex der hier genannte Reichtum der
Weisheit nicht jenen materiellen Reichtum meint, der in 11b genannt ist, dürfte
evident sein. Gemeint ist hier das auf Gerechtigkeit ausgerichtete Leben in Weis-
14   heit, das in der lebendigen Beziehung zu Gott gründet. Deshalb ist sie, wie 14
sagt, für die Menschen ein unerschöpflicher Schatz, der für die, die ihn erworben
haben, die *Freundschaft mit Gott* bringt (s. auch 27). Diese Freundschaft findet
sich in der Zeit, in der die Sap verfaßt wird, auch in anderen jüdischen Schriften[39], sogar im AT selbst. So wird, freilich nur im hebräischen Text, Abraham
Freund Gottes genannt (Jes 41,8; 2Chr 20,7).[40] Die Empfehlung für ein solches

---

[37] Besser als γενέτιν, Schöpferin, durch A ist textkritisch γένεσιν bezeugt, vor allem durch
und B (auch V, den codex Venetus, 8. Jh.). Doch ist γενέτιν von fast allen Kommentatoren und
anderen Autoren als ursprüngliche Lesart akzeptiert. *Grimm* K 143f. begründet sie u. a. damit,
daß der Verf. der Sap es liebt, „weibliche Substantiva concreta von der Weisheit zu prädiciren; s.
Vs. 22: τεχνῖτις; 8,4 μύστις, αἱρετίς". Richtig *Heinisch* K 130: „γένεσις bezeichnet einfach die
Weisheit als die Ursache …, γενέτις … personifiziert sie … Da 11 b … und 12 a die Weisheit persönlich auftritt, so ist dies auch 12 b anzunehmen; der Parallelismus spricht jedenfalls für γενέτις
…" Daß Salomon in Sap 7,12 b die zuvorstehende Aussage 12 a überbieten will, spricht vor allem
für γενέτιν, ebenso die Parallele πάντων τεχνῖτις in 22 a.
[38] In 13 steht dasselbe Verb „lernen" (ἔμαθον) als Selbstaussage Salomons, das er zuvor in
6,1. 9 in seiner Aufforderung an die Könige verwendet hat (μάθετε, ἵνα μάθητε).
[39] Z. B. Jub 19,9; 30,20.
[40] S. auch den Abschnitt über die Gottesfreundschaft in *Ziener,* Die theol. Begriffssprache,
88–94; s. auch E. *Peterson,* Der Gottesfreund, Zeitschrift für Kirchengeschichte 42 (1923), 161–
202.

Verhältnis zu Gott ergibt sich aus dem Geschenk der Bildung in der Weisheit.
Wem wird aber der so Beschenkte empfohlen? Ist es Gott, und ist die Empfehlende die Weisheit?

Der letzte Teil von 1–21 a beginnt in 15 mit dem Wunsch Salomons, Gott möge   15
ihn mit Einsicht[41] sprechen lassen, er möge ihn auch würdig über das, was ihm
gegeben ist, nachdenken lassen. Eigentümlich ist freilich die Reihenfolge von
Sprechen und Denken. Zuerst denkt man doch, und dann erst redet man! Das ist
im Prinzip richtig; aber dieser Einwand wäre nur angesichts einer begrifflich exakt argumentierenden Schrift gerechtfertigt. Hier aber geht es um einen poetischen Text, der möglichst eindrucksvoll wirken will und um der poetischen Form
auch Umstellungen von Worten zuläßt. Worauf es dem König ankommt, ist deutlich genug gesagt: Gott hat ihm Verstand und Redekraft verliehen. Durch den mit
der Weisheit Begabten redet eben diese Weisheit. Der Weise ist kraft seines weisheitsbegabten Wesens sozusagen der Mund der Weisheit. Denn diese ist es, die
letztlich in ihm und durch ihn denkt und redet. Das wird jedoch etwas eigenartig
begründet: *Gott* ist der Wegführer der Weisheit und daher derjenige, der die richtige Richtung angibt.[42] Es ist der theologische Akzent der Aussage, der sich hier
bemerkbar macht. Bis 13 einschließlich stand das *exklusive* Verhältnis des Salomon zur Weisheit im Mittelpunkt, deren göttliche Prädikate bis in die Zeit der
Erschaffung der Welt zurückverfolgt wurden. Mit 14 wird aber die Gottesfreundschaft genannt, nicht aber die Freundschaft zur Weisheit, obwohl doch Salomons
Verhältnis zu ihr so innig wie nur irgend möglich vor Augen gestellt wurde. So
geht dann auch der Wunsch in 15 an Gott, nicht an die Weisheit. Wurde bisher
gezeigt, wie sehr Salomon von ihr und ihren Gaben her existiert, wie sie geradezu
zum Lebensgrund für ihn wurde, so hängt jetzt alles an Gott. Trotz der Freundschaft, die Gott ihm gewährt, ist es doch nicht er, der den König auf seinen Wegen leitet. Es ist der Umweg über die Weisheit. Gott leitet sie, sie leitet den König.
Und das wiederum, obwohl doch Gott es wieder ist, in dessen Hand nach 16   16
„wir" und „unsere Worte" sich befinden, auch jede Klugheit und das Sichauskennen in dem, was zu tun ist, also in der Regierungstätigkeit. Dies ist auffällig nach
7, wo davon die Rede ist, daß auf Salomons Gebet hin Gott ihm die Klugheit
gibt, daß zu dieser Gabe das Kommen des Geistes der Weisheit gehört. Gottes
und der Weisheit begnadendes Wirken greifen also ineinander, ohne daß der Verfasser der Sap auch nur den geringsten Versuch unternähme, hier begrifflich zu
präzisieren. Gottes gotthaftes Wirken und der Weisheit göttliche (= an Gott Anteil habende) Aktivität werden in ihrer Einheit, werden als *ein* Geschehen gesehen. Vielleicht verzichtet der Autor nicht nur aus poetischen Gründen auf die von
uns vermißte begriffliche Präzision, weil er (ich sage es einmal in moderner Terminologie) darin eine unzulässige „Verobjektivierung" des göttlichen Wirkens
sah. Soviel ist aber auf jeden Fall deutlich: Er will und kann von der Weisheit nur
so sprechen, daß er ihre Herkunft von Gott und somit die zentrale Stellung Got

---

[41] Nicht „nach seinem (= Gottes) Sinn", so z. B. *Fichtner* K 30.
[42] ὁδηγός und διορθωτής sind hier nahezu synonym.

tes im sapientialen Denken mit Nachdruck herausstellt. Nur wer von Gott spricht, kann und darf von der Weisheit sprechen; denn sie ist in ihrem Wesen die Weisheit *Gottes*! Spräche man, ohne Gott zu denken, von ihr, so würde sie zum Zweiten Gott, zum Gott neben Gott. Es käme zum Ditheismus. Und das darf nicht sein! Insofern die Weisheit göttlich ist, ist es die Göttlichkeit Gottes, keineswegs ihre „eigene". Vorprogrammiert ist hiermit, wenn auch nur keimhaft, die neutestamentliche und dann auch christlich-dogmatische Problematik des *theologischen* Verständnisses der Gottheit Jesu Christi.[43]

Ist mit 16 noch das gnadenhafte Wirken Gottes und seiner Weisheit im Blick auf die Regierungsfähigkeit des Königs reflektiert, so weitet sich die Perspektive
17ff. in 17ff. ins Unermeßliche. Nicht nur ins Universale auf diesem Erdkreis! Es geht um die Kenntnis des Wesens von allem, was ist. Während Salomon in 15 davon spricht, daß Gott ihm doch Reden und Reflexionsfähigkeit geben möge, heißt es
17 in 17, daß ihm Gott bereits Erkenntnis gegeben habe. Und zwar wurde ihm das untrügliche Wissen dessen, was ist, gegeben[44], nämlich die Kenntnis von „der Zusammensetzung (der inneren Struktur also des Kosmos; H. H.) und der Wirkkraft der Elemente".[45] Das aber ist typisch die philosophische Terminologie der *Stoa*. So sagt z. B. Chrysipp (281/277–208/204 v. Chr.), daß die Zusammensetzung
18 von allem aus den vier Elementen erfolgt sei.[46] 18 expliziert 17: Salomon wurde der Anfang, das Ende und die Mitte der Zeiten zu wissen gegeben, ebenso der Wechsel der Sonnenwenden, also der Wechsel von Tag und Nacht, der Monate
19 und der Jahreszeiten.[47] Es geht also um die astronomische Chronologie. In 19 wird diese Thematik weitergeführt: die Jahreszyklen und die Konstellationen der
20 Sterne. In 20 nun von der Astronomie zur Biologie: Es geht um die Natur der Tiere und die Lebenskraft, die ungeheure Vitalität der wilden Tiere[48]. Umstritten ist die Bedeutung von πνευμάτων βίας. Pneuma kann im Griechischen Wind bedeuten, aber auch Geist. Nun besteht weitgehend Einigkeit darin, daß zwischen der Erwähnung von Tieren und den Gedanken von Menschen eine Aussage über Winde deplaciert wäre.[49] Ist aber die Übersetzung mit „Geister" zutreffend, dann bleibt noch offen, ob es irdische oder überirdische und ob es gute oder böse Geister sind.[50] Nachdem jedoch zuvor von wilden, also gefährlichen Bestien die Rede war, liegt es nahe anzunehmen, daß es dem Autor um eine weitere Gefahr geht, nämlich die Einwirkung böser Geister auf das Denken und Wollen der Menschen

---

[43] S. zu dieser Frage im weiteren Rahmen, nämlich dem des Gesprächs mit der Philosophie des späten *Martin Heidegger:* H. *Hübner,* Martin Heideggers Götter und der christliche Gott - Theologische Besinnung über Heideggers Besinnung" (Band 66), Heidegger Studien, Band 15 (1999), 127–151.

[44] In 7,15 wie auch in 7,17 jeweils eine Form von διδόναι.

[45] Sap 7,17 b: εἰδέναι σύστασιν κόσμου καὶ ἐνέργειαν στοιχείων.

[46] SVF II, Nr. 555: Καλῶς ἂν ἔχοι πείθεσθαι τῷ Χρυσίππῳ φήσαντι ἐκ τῶν τεσσάρων στοιχείων τὴν σύστασιν τῶν ὅλων γεγονέναι, αἴτιον δὲ τῆς μονῆς τούτων τὸ ἰσοβαρές.

[47] So schon *Grimm* K 149; s. auch *Larcher* K II 470–472; *Vilchez* K 255.

[48] θηρίων bedeutet hier wahrscheinlich, weil Genitiv zu θυμούς, wilde Tiere.

[49] S. z. B. den berechtigten Einwand von *Grimm* K 150.

[50] Zur Diskussion s. vor allem *Larcher* K II 474 f.

(z. B. Saul 1Sam 16,14 ff.; s. auch die ntl. Evangelienberichte über Besessene).[51] Schließlich wird noch auf die Unterschiedlichkeit der Pflanzen und die Kräfte – wohl Heilkräfte – von Wurzeln hingewiesen, also auf die botanische und pharmakologische Welt. 21 faßt den ganzen Abschnitt zusammen: Alles Verborgene und 21 Offenbare habe ich kennengelernt, aber nicht um seiner selbst willen. Denn all die Kenntnisse haben nur einen Zweck: Als die, die alles anfertigt[52], hat die Weisheit den König Salomon gelehrt.

7,22 b–8,1 Was ist die Weisheit?

22 Denn in ihr ist ein Geist,
   Denkend, heilig, einzigartig,
   Vielfältig, zart, überaus beweglich,
   Durchdringend, unbefleckt, klar,
   Unverletzlich, das Gute liebend, scharf,
23 Unhemmbar, das Gute wirkend, die Menschen liebend,
   Fest, sicher, ohne Sorge,
   Allmächtig, alles überwachend
   Und alle Geister durchdringend,
   Die denkenden, die reinen und die zartesten.
24 Denn schneller als jegliche Bewegung ist die Weisheit,
   Kraft ihrer Reinheit durchdringt und durchschreitet sie alles.
25 Denn sie ist ein Hauch der Macht Gottes
   Und die lichte Ausströmung der Herrlichkeit des Allherrschers.
   Deshalb fällt nichts Verunreinigendes auf sie.
26 Denn sie ist der Abglanz des ewigen Lichtes
   Und der fleckenlose Spiegel des göttlichen Wirkens
   Und das Bild seines Gut-Seins.
27 Sie ist zwar nur *eine,* aber sie vermag *alles.*
   Obwohl sie in sich selbst bleibt, erneuert sie doch alles.
   Und durch alle Generationen hindurch geht sie in heilige Menschen ein
   Und schafft so Freunde Gottes und Propheten.
28 Denn Gott liebt nur den, der mit der Weisheit zusammenwohnt.
29 Schöner ist sie nämlich als die Sonne
   Und übertrifft (an Schönheit) alle Sternbilder.
   Strahlender erfährt man sie als das Tageslicht.
30 Denn ihm folgt ja die Nacht.
   Doch keine Bosheit kann die Weisheit besiegen.
8,1 Machtvoll erstreckt sie sich von einem Ende zum andern
   Und durchwaltet das All zu dessen Nutzen.

---

[51] S. aber *Scarpat,* Salomone astronomo come Empedocle; und *ders.,* Exkurs „La vis ventorum" in K II 52–59.

[52] τεχνῖτις ist zunächst die Handmeisterin, die, die mit handwerklicher Kunst etwas herstellt. Im Kontext von Sap 7 ist aber dieses Herstellen gleichbedeutend mit Erschaffen.

Wenn irgendwo, dann fällt hier die Entscheidung, ob der Verfasser der Sap ein griechisch oder ein biblisch denkender Theologe ist. Denn in den 21 (7 mal 3) Bestimmungen des Wesens der Weisheit finden sich nicht nur Anklänge an philosophische Definitionen, sondern auch eindeutig verifizierbare Zitate aus der antiken griechischen Philosophie. Sind nun unbestreitbar die in der Sap ausgesprochenen Gedanken sowohl aus biblischen als auch aus philosophischen Quellen gespeist und haben sie dadurch in originaler Weise einen neuen geistigen Gehalt hervorgebracht, so bleibt doch noch die Frage nach dem *eigentlichen* Agens des ganzen Buches. Anders formuliert: Was ist in der Sap dominant, das biblische oder griechisch-philosophische Denken? Oder ist womöglich diese Frage nicht richtig gestellt? Die uns bei der Antwort obliegende Aufgabe muß das Grundgesetz geistiger Tradition beherzigen: Niemals kann der Ursprungssinn eines in geschichtlicher Zeit gedachten Gedankens in neuer Geschichtlichkeit voll bewahrt bleiben. *Der Rezeptionssinn ist niemals genau der Ursprungssinn.* Denn keiner kann früher Gedachtes in genau der gedanklichen Konstitution denken, die ursprünglich gegeben war; Erkenntniszuwachs und, wenn auch nur relative, Neuformung der Struktur des Denkens verändern zunächst gedachte Begriffe mit geschichtlicher Notwendigkeit. Also: *Traditio notionis necessarie est mutatio notionis.* Allerdings ist das Ausmaß der Veränderung jeweils unterschiedlich. Wir müssen also die in 22 ff. gebrachten Begriffe und Gedanken im einzelnen reflektieren.

7,22 b–8,1   Die formale Eigenständigkeit von 7,22 b–8,1 wurde schon erwähnt: Ablösung der 1. Person Singular durch die 3. Person Singular. Also jetzt eine objektive Darlegung? Formal schon, aber man darf nicht übersehen, daß dieses „objektive" Intermezzo innerhalb von 6,22–9,18 aus einer Konzeption erwachsen ist, in der es um die Bezeugung der erfahrenen Weisheit Gottes geht, also um ein Bekenntnis zu Gott. So bedürfen diese Es-Aussagen der Interpretation von den einrahmenden Ich-Aussagen her. Und das heißt, daß gerade sie der *existentialen* Interpretation bedürfen, um wirklich verstanden zu werden.[53] Denn keinesfalls waren es philosophische Gedanken der Griechen, die *als* rein theoretische Gedanken ausgerechnet bei Diaspora-Juden, die in ihrer Religion beheimatet waren, ein glaubendes Selbstverständnis „produziert" hätten. Vielmehr hat deren existentielles Wissen um das Geborgen-Sein in Gott die philosophische Reflexion, genauer: die philosophische Re-Flexion weitergetrieben. Die oben formulierte Alternativfrage „philosophisch oder biblisch" ist damit aber noch nicht beantwortet. Denn auch das philosophische Denken der alten Griechen besitzt eine seiner wichtigsten Wurzeln im Glauben an die Götter bzw. an Gott. Und die Religionskritik der Griechen, z.B. die des Xenophanes (570–475 v.Chr.), konnte andererseits die Kritik der Juden an den heidnischen Religionen befruchten. Und zu all dem kommt noch, daß die Stoa alles andere als eine rein theoretische Philosophie war.

---

[53] Das kann im Rahmen dieses Kommentars nicht für jede einzelne der 21 Bestimmungen geschehen. Aber die exegetisch-hermeneutische Gesamtauslegung von Sap 6,22–9,18 bietet den hermeneutischen Grundgedanken, so daß ein *hermeneutisch-existentielles Weiterdenken* von da aus möglich sein dürfte. Zur existentialen Interpretation von Sap 7,22 ff. s. *Hübner,* Zum Verhältnis von Theologie und Philosophie in der Sap, und *ders.,* Existentiale Interpretation von Sap 7.

Wir müssen also mit einem äußerst komplexen und komplizierten Geschehen rechnen, das sich in der Vielzahl der gegenseitigen Relationen nicht auf eine einfache Formel bringen läßt. Die Frage „philosophisch oder biblisch?" ist in ihrer einfachen Alternative eben zu „einfach". Als Artikulation einer Grundfrage hat sie aber ihren heuristischen Wert. Sie wird uns, auch unausgesprochen, vor allem im nächsten Abschnitt der Sap begleiten.

7,22 b-8,1 enthält sowohl in formaler als auch in inhaltlicher Hinsicht zwei Abschnitte, nämlich die bereits erwähnte Aufzählung von 21 Prädikaten des Geistes der Weisheit in 22 b-23 mit ihrem betont enkomischen Charakter[54] und die Begründung und Explikation dieser Reihung von Prädikaten. Diese im lobpreisenden Ton vorgetragene, fast in hymnischer Weise geschehende Aufzählung besitzt ihre Parallelen in Hymnen und Litaneien, in denen die Vielnamigkeit von Göttern wie Zeus oder Isis gepriesen wird.[55] Ob der Verfasser der Sap mit dieser formalen Anleihe auch inhaltlichen Bezug auf solche religionsgeschichtlichen Parallelen nimmt, bleibe hier unbeantwortet. Wichtiger ist m. E., daß er sowohl in den 21 Attributen des Geistes der Weisheit als auch dann im begründenden Teil stoische und platonische Gedanken rezipiert und sie in seine theologische Intention integriert.

22 b-23

In 22 b ist zunächst ein textkritisches Problem zu lösen: Heißt es „in ihr ist ein Geist" (ἐν αὐτῇ πνεῦμα, *en aute pneuma*) oder „sie ist ein Geist" (αὕτη πνεῦμα, *haute pneuma*)?[56] Letztere Lesart hätte den Vorteil, mit anderen Aussagen in der Sap kompatibel zu sein, z. B. mit 1,6, wo Weisheit und Geist identisch sind. Aber es zeigt sich ja schon mehrfach, daß begriffliche Stringenz kein Charakteristikum der Sap ist. Gehen wir also mit der überwiegenden Mehrheit der Ausleger davon aus, daß die Lesart „in ihr ist ein Geist" die ursprüngliche ist. Die erste Bestimmung des in der Weisheit befindlichen Geistes ist *denkend* (νοερόν, *noeron*). Da nach 1,7 der Geist des Herrn, der mit dem Geist der Weisheit identisch sein dürfte, das All erfüllt, erfüllt er als denkender, die gesamte Wirklichkeit intellektuell erfassender Geist das All. So versteht aber auch die *Stoa* den das All erfüllenden Geist.[57] Der Unterschied ist jedoch offenkundig. Die Stoa begreift den den Kosmos durchwaltenden Geist im pantheistischen Sinn, der Autor der Sap hingegen sieht sich in der Lage, die stoische Definition in seinen biblischen Gottesglauben zu integrieren. In der Weisheit befindet sich nach seiner Vorstellung der Geist *Gottes*. Es ist derjenige theologische Topos, der in der späteren theologischen Terminologie Allwissenheit Gottes heißt. Und damit der biblische Gottesgedanke gewahrt bleibt, folgt als nächste Bestimmung des Weisheitsgeistes sofort *heilig* (ἅγιον, *hagion*). Die Heiligkeit Gottes ist wesentliches Gottesprädikat

22 b

---

[54] S. die *inclusio* νοερόν in 7,22 b und νοερῶν in 7,23 e.

[55] S. u. a. *Engel,* „Was Weisheit ist und wie sie entstand ...", 72–75.

[56] A: αὕτη; ℵ B: ἐν αὐτῇ.

[57] SVF II, Nr. 1009: Die Stoiker definieren das Wesen Gottes, τὴν τοῦ θεοῦ οὐσίαν, als πνεῦμα νοερὸν καὶ πυρῶδες. Dann aber hat der Verf. der Sap in 7,22 b mit πνεῦμα νοερόν eindeutig eine stoische Definition – Definition in strengen Sinne des Wortes – übernommen. S. auch Anm. 77.

22c im AT (Lev 19,2 u. ö.). Die dritte Geistbestimmung, jetzt in 22 c, ist *einzigartig* (μονογενές, *monogenes*).[58] Kein Geist gleicht dem Geiste Gottes![59] Ohne daß das hier verwendete Wort begegnet, wird die Unbegreiflichkeit Gottes im AT klar ausgesagt. Allerdings geht es dabei mehr um Gottes unbegreifliches Handeln als um sein Sein, etwa wenn es Jes 55,8 f. heißt, daß Gottes Gedanken, verstanden als seine Pläne, nicht der Menschen Gedanken sind[60] (s. auch u. a. Jes 40,13; Jer 23,18). Das Problem ist jedoch, daß nach dem Argumentationsduktus der Sap der Weise aufgrund seiner Begabung mit der Weisheit in der Gemeinschaft mit ihr das denken kann, was *sie* denkt, daß es geradezu die Weisheit selbst ist, die in und durch den Weisen denkt. Das wird zwar nicht so eindeutig gesagt, liegt aber in der Konsequenz des Gesagten. Man darf also auch im Blick auf das Wort „einzigartig" nicht ein Maximum an begrifflicher Stimmigkeit erwarten.

Mit *vielfältig* (πολυμερές, *polymeres*) beginnt die zweite Dreiergruppe. Der einzigartige, die ganze Wirklichkeit erfassende Geist erfaßt vieles (= alles). Und so ist er auch in sich *viel*-fältig.[61] Larcher sieht darin zu Recht die notwendige Entsprechung zur Einzigartigkeit des Geistes; er spricht von seinem inneren Reichtum.[62] Grimm[63] erkennt einen weiteren Aspekt von „vielfältig": Obwohl einzig ihrem Wesen nach, ist die Weisheit[64] vielfach und mannigfaltig in ihren Äußerungen, Wirkungen und Gaben. Das Wort „vielfältig" schaut also ins Innere der Weisheit und zugleich von ihr aus nach außen. Mit *zart* (oder: *fein*; λεπτόν, *lepton*) begegnet wieder ein Begriff, dessen philosophische Implikationen im hier vorliegenden Zusammenhang unübersehbar sind. Bereits der Vorsokratiker *Anaxagoras* (ca. 500–428/27 v. Chr.; paradoxerweise ausgerechnet in Athen als derjenige Philosoph wegen Gotteslästerung angeklagt, der Geist und Materie unterschied) verstand den Geist (νοῦς, *nous,* synonym mit πνεῦμα, *pneuma*) als das Feinste und Reinste von allem, was ist.[65] Mit dieser Lehre steht er in der Tat nahe

---

[58] Kaum richtig ist für μονογενές die Interpretation „einzig" im Sinne von „sonst keiner"; so z. B. *Vilchez* K 258: „porque no hay otro espíritu en la Sabiduría …" Zustimmen kann man ihm aber, wenn er fortfährt: „ … e incomparable por su modo de ser y de actuar." Auch *Lacher* K II 483 sieht in diesem Begriff sowohl die Bedeutung „nur einer" als auch „unvergleichlich", „einzigartig".

[59] μονογενής findet sich m. W. nicht in stoischen Texten. Der Begriff steht aber in der berühmten Abschlußstelle des Timaios, *Platon,* Timaios 92 c: Der Kosmos ist als sinnlich erfaßbarer Gott das Bild des intelligiblen Gottes, εἰκὼν τοῦ νοητοῦ (ergänze: θεοῦ), er ist als solcher einzigartig, μονογενής. Da der Autor der Sap, wie gleich noch zeigen ist, auch auf platonische Terminologie und Gedanken zurückgreift, vermute ich, daß er diese Stelle kannte. In der LXX haben die wenigen übrigen Belege für dieses Wort einen jeweils anderen Sinn.

[60] MT: *maḥašäbät;* LXX: βουλή.

[61] πολυμερής wird in stoischen Texten nicht vom πνεῦμα ausgesagt.

[62] *Larcher* K II 483 f.

[63] *Grimm* K 153.

[64] *Grimm* ist hier insofern inkonsequent, als er jetzt von der Weisheit aussagt, was in Sap 7,22 von dem in ihr befindlichen Geist ausgesagt ist. Im Prinzip ist aber seine Aussage richtig, da es in 7,22 ff. letztlich und eigentlich um das Wesen der *Weisheit* geht.

[65] *Anaxagoras* B 12 (DK 59 B 12): νοῦς … ἔστι γὰρ λεπτότατόν τε πάντων χρημάτων καὶ καθαρώτατον, καὶ γνώμην γε περὶ παντὸς πᾶσαν ἴσχει καὶ ἰσχύει μέγιστον. S. auch *Platon,* Kratylos 412 d.

bei Sap 7, zumal in 23 d die reinen und die feinsten Geister nebeneinander genannt werden. Anaxagoras steht also am Anfang des Denkens einer Vorstellung,
die in entscheidender Weise theologisch relevant ist. Man mag die antike Meta-
physik kritisch sehen; aber die ontologische Unterscheidung zwischen Materie
und Geist dürfte auch heute noch ihren unverzichtbaren heuristischen Wert haben, will man nicht einem primitiven Materialismus anheimfallen. Wie immer
man auch das Verhältnis von Materie und Geist bestimmt (es ist nicht allein Sache
des Theologen!) , das spezifische Sein und Wirken des Geistes ist[66] eine *res con-
servanda*! Und da man auch mit einem an sich richtigen Verobjektivierungsverbot
in bezug auf Gott diesem nicht das Geist-Sein absprechen darf (mit welcher Begründung?), sollte man dem in der Wirkungsgeschichte des Anaxagoras stehenden Verf. der Sap zubilligen, mit „fein" als Charakteristikum des Geistes Gottes
etwas Richtiges gesehen zu haben, auch wenn man den Begriff der Feinheit heute
in einen neuen theologischen Denkzusammenhang einfügen muß. Bringt unser
Autor genau im Anschluß an „fein" in 22 d die Bestimmung *überaus beweglich* (εὐ-   22 d
κίνητον, *eukineton*), so ist das höchst sinnvoll. Denn *Platon* referiert im Kratylos
die Vorstellung von etwas, das durch alles hindurchgehe und durch das alles
Werdende werde, und dieses sei das Schnellste und Feinste.[67] Diese Bestimmung
ist auch in der Stoa aufgenommen worden, und zwar im Zusammenhang mit der
Lehre vom Feuer als dem ersten der vier Elemente. Es ist durch sich selbst das
schnellste Element, und es ist die ewige Dynamis, die eine derartige Natur hat.[68]

Die nächste Dreierreihe beginnt mit *durchdringend* (τρανόν, *tranon*) – nicht
ungeschickt nach „überaus beweglich". Denn dann ist ja der Geist besonders beweglich, wenn er durch alles leicht hindurchdringen kann. Der Geist ist *unbefleckt* (ἀμόλυντον, *amolyton*). Doch wovon? Ein gnostischer Dualismus, wonach
die Materie den Geist, könnte sie ihn berühren, verunreinigte, wird hier nicht behauptet, da auch die Materie für unseren Autor Schöpfung ist. Er meint höchstwahrscheinlich, daß der Geist nicht durch das Böse befleckt werden kann. Denn
der göttliche Geist, der zur Weisheit gehört, ist kraft seiner Göttlichkeit wesensmäßig durch sich selbst gut. In 22e ist die dritte Bestimmung dieser Dreierreihe   22e
klar (σαφές, *saphes*). Sie kann so verstanden werden, daß für den Geist der Weisheit aufgrund seiner Göttlichkeit alles klar ersichtlich ist. Erwägen kann man aber
auch, daß der mit der Weisheit Beschenkte klar sieht, was der göttliche Geist ihm
aufgrund der ihm gnadenhaft zuteil gewordenen Weisheit vermittelt. Beide Interpretationen brauchen sich freilich nicht zu widersprechen.

Mit *unverletzlich* (ἀπήμαντον, *apemanton*) beginnt die nächste Dreierreihe.
Wie schon Gott nicht durch das Böse verletzt werden kann, so auch nicht der
Geist als der Geist der Weisheit *Gottes*. Gott steht untangierbar über allem. Auch
hier ist kein ontologischer Dualismus ausgesprochen, in dem die Materie abge-

---

[66] Bewußt gegen die Grammatik Singular!

[67] *Platon,* Kratylos 412 d: διὰ δὲ τούτου παντὸς εἶναί τι διεξιόν, δι᾽ οὗ πάντα τὰ γιγνόμενα γίγνεσθαι. εἶναι δὲ τάχιστον τοῦτο καὶ λεπτότατον.

[68] SVF II Nr. 413: ... περὶ στοιχείου, ὡς ἔστι τό τε δι᾽ αὐτοῦ εὐκινητότατον καὶ ἡ ἀρχὴ (καὶ ὁ
σπερματικὸς) λόγος καὶ ἡ ἀΐδιος δύναμις ...

wertet würde.[69] Daß der Geist aufgrund seiner Göttlichkeit der *das Gute Liebende* (φιλάγαθον, *philagathon*) ist, versteht sich vom AT her insofern von selbst, als Gott als der Schöpfer seine Schöpfung liebt. Er ist nach dem atl. Zeugnis der Inbegriff des Guten, weil er der Heilige ist (Lev 19,2; Jes 6,3 u. ö.; s. o. zu „heilig" und gleich zu „die Menschen liebend" in 23). Zum Begriff des Heiligen gehört das absolute Nein zum Bösen und das absolute Ja zum Guten. Die Bestimmung „der das Gute Liebende" ist in der griechischen Philosophie weitesthin ungebräuchlich. Sie findet sich aber z. B. bei Aristoteles, der die Antithese „sich selbst liebend – das Gute liebend" aufstellt[70], jedoch nicht in der Stoa. Nicht eindeutig ist *scharf* (ὀξύ). Ist die Scharfsinnigkeit des Geistes gemeint, mittels der er alles erfaßt?[71] Oder will unser Autor sagen, daß der Geist mit seiner Schärfe schnellstens das All durcheilt?[72.73]

23 a   Von der nächsten Dreierreihe steht das erste Glied bereits in 23 a, *unhemmbar* (ἀκώλυτον, *akolyton*). Sollte „scharf" als „(alles) durchdringend" zu verstehen sein, so ergäbe „unhemmbar" oder „ungehemmt" einen guten Sinn: Der Geist dringt kraft seiner Schärfe (22e) ungehemmt durch alles hindurch.[74] *Das Gute tuend* (εὐεργετικόν, *euergetikon*) ist die Konsequenz von „das Gute wirkend" (22e). Wer das Gute liebt, und zwar im Vollsinn von „gut", kann gar nicht anders als es in die Tat umzusetzen. Liebe, die nicht dem, was sie liebt, mit ihrer Tat entspricht, ist Heuchelei. Es gibt keine bloß theoretische Liebe! Wollen und Tun sind notwendig eine Einheit – es sei denn, es läge eine unüberwindbare Hinderung von außen vor. So ist dieses Prädikat des Geistes der Weisheit bereits auf das nächste ausgerichtet: *die Menschen liebend* (φιλάνθρωπον, *philanthropon*). Wer das Gute tut, der liebt die Menschen. Denn zum Guten gehört essentiell die Menschenliebe! Schon in 1,6 ist zu lesen, daß die Weisheit ein menschenliebender Geist ist; auch dort das Wort „menschenliebend", also bereits zu Beginn des Buches, wo die Aufforderung zur Liebe der Gerechtigkeit in 1,1 das Ganze eröffnet! Wer aber so gesinnt ist und in dieser Weise wirkt, der ist, wie die nächste Dreiergruppe

23 b   in 23 b beginnt, in seinem Inneren *fest* (βέβαιον, *bebaion*), nämlich durch den ihm gegebenen Geist der Weisheit fest gegründet in Gott. *Sicher* (ἀσφαλές, *asphales*) ist synonym, zumindest quasi-synonym, mit „fest".[75] Vielleicht hat der Autor der Sap dieses Wort an „fest" nur angefügt, um die Zahl 21 (3 mal 7) zu erhalten

---

[69] Anders *Grimm* K 154 (Kursive durch mich): „… unberührt von den durch ihn bewirkten Veränderungen des Weltlichen und des Irdischen, *wahrscheinlich im Gegensatz zur Materie* …"

[70] *Aristoteles,* Magna moralia II, XIV, 1212 b: ἔστι μὲν οὖν καὶ φιλάγαθος, οὐ φίλαυτος. μόνον γάρ, εἴπερ φιλεῖ αὐτὸς ἑαυτόν, ὅτι ἀγαθός.

[71] *Vilchez* K 258.

[72] Fragend *Fichtner* K 32.

[73] *Platon,* Timaios 61e, spricht vom Feuer (im Blick auf eine Reizung des menschlichen Körpers) als scharf (ὀξύ); er nennt die Feinheit seiner Kanten (τὴν δὲ λεπτότητα τῶν πλευρῶν), die Schärfe seiner Ecken (γωνιῶν ὀξύτητα) und die Schnelligkeit seiner Bewegung (τῆς φορᾶς τὸ τάχος). Schon ein flüchtiger Blick zeigt das gemeinsame Wortfeld bei Platon und in Sap 7. Freilich ist der Zusammenhang ein jeweils anderer.

[74] Beide Bestimmungen sieht auch *Grimm* K 154 als zusammengehörig: Weil der Geist scharf und somit durchdringend ist, ist er in seiner wirkenden Kraft ungehemmt.

[75] ἀσφαλής neben βέβαιος findet sich mehrfach in stoischen Texten, z. B. SVF I Nr. 68 (aller-

(auch andere dieser Bestimmungen des Geistes überschneiden sich ja teilweise in inhaltlicher Hinsicht). Es folgt *sorglos* (ἀμέριμνον, *amerimnon*). Diese Bestimmung ist zwar kein spezifisch stoischer Terminus, aber sie bringt doch eine spezifisch stoische Geisteshaltung zum Ausdruck, wie sie in den bekannten Begriffen der Apathie, der Gelassenheit angesichts widriger Umstände, (ἀπάθεια, *apatheia*) und Ataraxie, der von innen kommende Gemütsruhe, (ἀταραξία, *ataraxia*) zum Ausdruck kommt. Das ist jedoch eine menschliche Grundhaltung und hat eigentlich mit Gott nichts zu tun. Nimmt man aber die Weisheit Gottes in ihrer Funktion als Erschafferin des Kosmos und somit auch der Menschen, so muß es sie tangieren, wenn es unter diesen zur Sünde kommt. Schon Gott selbst wurde durch die Sünde Israels „affiziert" (Hos 11!). Dann aber läßt sich auch angesichts der Furchtbarkeit der Sünde eine Übertragung der Haltung von Gelassenheit und innerer Ruhe auf die Weisheit bzw. deren Geist verstehen. Doch kann diese Interpretation von „sorglos" nur hypothetisch ausgesprochen werden.

Die letzte Dreiergruppe, nun in 23 c–e, unterscheidet sich von den vorherge- 23 c–e henden, da deren dritte, also abschließende Bestimmung des Geistes in 23 de durch mehr als ein Wort umschrieben ist. Der symmetrische Aufbau der 3 mal 7 Adjektive ist damit durchbrochen. *Allmächtig* (παντοδύναμον, *pantodynamon*) ist wiederum ein überraschendes Prädikat für die Weisheit. Denn allmächtig im strengen Sinn des Begriffs ist ja nur Gott. Dieser hat also selbst seine Allmacht an die Weisheit delegiert – ähnlich wie er nach anderen jüdischen Zeugnissen z. B. seine richterliche Funktion im Endgericht an den Menschensohn delegiert hat (Bilderreden des Äthiopischen Henochbuchs). Mit dieser Delegation wird noch einmal in aller Deutlichkeit ausgesagt, wie sehr die Weisheit an der Göttlichkeit, also an Gottes *Wesen,* partizipiert. Man sollte sogar fragen, ob die Rede von der Partizipation überhaupt angemessen ist. Denn wenn die Weisheit wesenhaft göttlich ist, darf sie dann überhaupt als außerhalb von Gott existierend verstanden werden? Ist sie dann nicht als *seine* Weisheit ein „Stück" von ihm? Ist sie dann nicht er selbst als sein Weise-Sein? Wir geraten aber hier in eine spekulativ-begriffliche Diskussion, die wohl der Denkweise der Sap nicht angemessen ist, weil wir dann Gott und seine Weisheit in eine *begriffliche* Distinktion zwängen, die gegenüber Gott als dem Transzendenten verboten ist. Ist doch Gott auch der gegenüber einem be-*griff*-lichen Zu-*Griff* Transzendente! Vielleicht können wir es aber auf folgende Art sagen: Gerade durch seine Weisheit, mit der Gott gegenüber aller Geschichtlichkeit der Menschen wirkt, ist *Gott* der gegenüber dieser Menschheit Allmächtige. Alle Verobjektivierung der theologischen Aussage sollte hier, soweit es uns mittels unserer Sprache möglich ist, vermieden werden.

Ist es auch die grundsätzliche und fundamentale atl. Überzeugung, daß Gott der Allmächtige ist, so kann doch die Bestimmung „allmächtig" in 23 für den Geist der Weisheit auch von der Stoa her neu beleuchtet werden. Zwar ist „allmächtig" kein stoischer Terminus. Nach der stoischen Physik gibt es aber eine Kraft, eine Dynamis, die als die sich selbst bewegende Kraft durch die materielle

---

dings keine ontologische, sondern erkenntnistheoretische Aussage): ἐπιστήμην εἶναι τὴν ἀσφαλῆ καὶ βεβαίαν καὶ ἀμετάθετον ὑπὸ λόγου κατάληψιν, ähnlich SVF II Nr. 90.

Welt hindurchgeht und göttlich und ewig ist.[76] Es ist der durch alles hindurch-
dringende Geist, von dem gleich noch die Rede sein wird. Aber gerade dieser
Geist ist ja, wie die schon genannte stoische Parallele zu „denkend" in 22 sagte,
ein denkender Geist.[77] Da aber in der Stoa wie auch in Sap 7 das Denken des weisen Menschen sozusagen in das Denken des göttlich-weisheitlichen Geistes hineingenommen ist und somit der Geist in beiden Denkstrukturen, der göttlichen
wie der menschlichen, die gleiche göttliche *hermeneutische* Funktion innehat, bezieht sich die Allmacht des Geistes auch und gerade auf die Vermittlung dessen,
was die Weisheit dem Menschen zu denken eingibt. Fast ist es so etwas wie ein
Vorblick auf die paulinische Theologie (Paulus kannte ja die Sap!), wenn man
von der Sap her auf die theologische Überschrift des Röm schaut. Dort beschreibt
Paulus in Röm 1,16 das Evangelium, also das im Glauben zu verstehende und daher hermeneutische Wort Gottes, als „Dynamis Gottes". *Alles überwachend* (παν-
επίσκοπον, *panepiskopon*) faßt in einem einzigen Wort zusammen, was bereits in
1,6–10 ausführlich dargelegt wurde. Die letzte Bestimmung der letzten Dreiergruppe *durch alle Geister hindurchdringend* (διὰ πάντων χωροῦν πνευμάτων, *dia
panton choroun pneumaton*) kommentiert die unmittelbar bervorstehende: Weil
der Geist der Weisheit Ubiquität besitzt, kann er allerorts alle(s) überwachen.
Mit Lacher: „hindurchdringen" ist ein stoischer *terminus technicus*.[78] Die Stoiker
haben den alles durchdringenden Geist verbindlich als Gott definiert.[79] Die Geister, die dieser denkende (22 b) und feine Geist (22 c) durchdringt, sind die reinen
und feinsten denkenden Geister (24 b) – also ist jeder geschaffene Geist wie der
Geist Gottes ein denkender Geist (22 b)! Sie haben somit an den in 22 f. genannten Prädikaten des göttlichen Geistes Anteil. Menschen und Engel sind, wenn
auch nur in bestimmtem Ausmaß, wie Gott (Gen 3,5. 22!).

Halten wir an dieser Stelle ein und stellen wir fest: Immer mehr zeigt sich, wie
das Ensemble der entsprechenden stoischen Begriffe mit dem Ensemble der Terminologie in der Sap engste Berührungen aufweist. Diese *terminologische Affinität*
zeigt, wie griechisches und biblisches Denken eine geistesgeschichtlich äußerst interessante Symbiose eingehen. Soviel läßt sich schon jetzt sagen: Keinesfalls büßte
das biblische Denken in der Sap dadurch an theologischer Substanz ein; atl.
Grundüberzeugungen wurden gewahrt. Das Urteil Friedrich Fockes, „die innere
Berührung dieses Juden mit der griechischen Philosophie" sei „eine ganz oberflächliche und flüchtige" gewesen und „der Hellenismus" habe „nur als ein dünner
Firnis sein Denken"[80] umkleidet, ist daher unhaltbar. Sicherlich hat der Autor
der Sap den Pantheismus stoischer Aussagen monotheistisch rezipiert und damit
eine der Grundlagen der Stoa uminterpretiert. Aber deren *Denkstrukturen* blieben
dabei weitgehend unberührt. Die oben gestellte Frage, was bei der Rezeption phi-

---

[76] SVF II Nr. 311: ... δύναμίν τινα δι' αὐτῆς πεφοικηκυῖαν ... ἔστι τις ἄρα καθ' ἑαυτὴν αὐτο-
κίνητος δύναμις, ἥτις ἂν εἴη θεία καὶ ἀΐδιος.

[77] Z. B. SVF II Nr. 443: ἔννουν τὸ πνεῦμα καὶ πῦρ νοερόν. Nr. 1009: Ὁρίζονται δὲ τὴν τοῦ θεοῦ
οὐσίαν οἱ Στωικοὶ οὕτως. πνεῦμα νοερὸν καὶ πυρῶδες. S. auch I Nr. 110 und II Nr. 310.

[78] *Lacher* K II 491, dort Verweis auf SVF II S. 151ff. und IV S. 164.

[79] SVF II Nr. 1033: ἄλλοι δ' αὖ τὸ δι' ὅλου κεχωρηκὸς πνεῦμα θεὸν δογματίζουσιν.

[80] *Focke,* Die Entstehung der Weisheit Salomos, 92.

losophischer Gedanken in der Sap, hier zunächst nur in Hinsicht auf die Stoa dominant blieb, die Philosophie oder die Theologie, kann (auch unter Berücksichti-
gung dessen, was über die Kompexität dieses Problems gesagt wurde) in einer gewissen Vorläufigkeit so beantwortet werden: Die theologische Grundsubstanz,
ihrerseits im Glauben fundiert, blieb erhalten, aber der Philosophie gelang ein gewisser Oktroy ihrer Denkstrukturen. Denn es wurde in der Sap wohl am radikal-
sten von allen spätalttestamentlichen Büchern die *Ontologie* ins theologische
Denken eingeführt. Es blieb auf diese Weise die religiöse Lebendigkeit, die Theologie als Reflexion dieses Glaubens erhielt aber als neue Implikation das bewußt
rezipierte philosophische Denken. Es *siegte die ontologische Denkform,* angereichert durch den personalen Akzent des biblischen Erbes. Es *siegte* zugleich *die
Theologie als Denken,* angereichert durch philosophische Denkkompetenz; es ist
freilich das *Denken von der Offenbarung Gottes her.* Es ist daher richtig, wenn
Helmut Engel sagt: „Mit Hilfe der philosophischen Terminologie seiner Zeit, besonders der Stoa, formuliert der Autor seine alttestamentliche Glaubenstradition
neu."[81] Aber man sollte darüber hinaus auch das Einbringen der ontologischen
Denkform in diese Neuformulierung der atl. Glaubenstradition betonen.[82] Aus
heutiger Perspektive müssen wir sagen, daß dieser entscheidende Schritt innerhalb des biblischen und theologischen Denkens ein unverzichtbarer theologischer
Gewinn ist. *Theologie ohne Ontologie bringt sich um ihre Aussagekraft.* Aber gerade
die griechische Ontologie, jener Versuch des denkerischen Anfangs der Seinsfra-
ge, wurzelt auch im – griechischen! – Denken Gottes bzw. der Götter.

7,24–8,1 ist, wie schon gesagt, Begründung und Explikation von 22 f. Immer   7,24–8,1
sind wir noch, und zwar notwendig, im Bereich der Es-Aussagen. Den Versen
eignet ein argumentativer Charakter, wie das laufende „denn" dokumentiert.
Dennoch bleibt es beim gehobenen, ja feierlichen Stil. Wir haben also keinen Text
vor uns, der lediglich erläutern und erklären will.

Hieß es in 22, der Geist sei beweglich, so wird diese Bestimmung in 24 noch   24
überboten. Die *Weisheit* (jetzt nicht mehr „der Geist der Weisheit", sondern die
Weisheit selbst!) ist schneller als jegliche Bewegung. Und folglich *durchdringt* und
durchschreitet sie *alles.*[83] Sie vermag es aufgrund ihrer Reinheit. Wieder sind wir
bei einer Aussage, die Parallelen in zentralen stoischen Texten hat.[84] Ein weltan-
schaulicher Unterschied besteht aber insofern, als dem Geist, der nach stoischer
Auffassung als Weltseele alles durchdringt, mit dem Prädikat „fein" oder „zart"
eine subtile Materialität zugeschrieben wird, während unser Autor für die Weisheit bzw. ihren Geist eine solche Materialität nicht annimmt.[85] 25 will 24 begrün-   25
den. Aber in 25 findet sich keine stoische Terminologie mehr. Der Vers ist ganz

---

[81] *Engel,* „Was Weisheit ist und wie sie entstand …", 73.

[82] Dies ist allerdings auch die Intention von *Engel* ib. 75 ff.

[83] πάντων in 24 b bezieht sich auf den ganzen Kosmos, nicht wie πάντων in 23 d lediglich auf
die Geister; richtig *Grimm* K 159.

[84] Z. B. SVF II Nr. 416, im Zusammenhang einer Aussage über die vier Elemente: τὸ διῆκον
διὰ πάντων πνεῦμα, ὑφ᾽ οὗ τὰ πάντα συνέχεσθαι καὶ διοικεῖσθαι. Nr. 638: ἴδωμεν οὖν εἰ ζῷόν ἐστιν
ὁ κόσμος … τὸ διῆκον ἔχον διὰ πάντων αὐτῶν ἀρχηγὸν καὶ πρωτόγονον πνεῦμα …

[85] *Grimm* K 153 zu λεπτόν in 7,22 b: Höchstwahrscheinlich immateriell.

aus dem *theologischen* Denken formuliert, ist *von Gott her gedacht*. Also: *Ge-
nuine Theologie begründet also eine zuvor in stoischer Vorstellungsweise reflektierte
Theologie*. Die Weisheit ist der Hauch der Macht Gottes, d. h. der Hauch des allmächtigen Gottes. Der alte Streit, ob man hier von Emanation sprechen kann, sei
an dieser Stelle übergangen, da der Begriff nicht eindeutig ist. Gemeint ist, daß
die Weisheit in ihrer Göttlichkeit von Gott herkommt, mehr noch, daß sie *aus*
Gott ist. Nur deshalb kann sie das Ausströmen der lichten Gottesherrlichkeit sein.
Die übliche Übersetzung „Herrlichkeit" für Doxa (δόξα, *doxa*; hebr. *kabôd*) -
dieses Wort begegnet hier zum ersten Mal in der Sap - ist nicht völlig falsch, aber
zu schwach, um das Wesen des jenseitigen Gottes adäquat aussagen zu können.
Am besten läßt man das Wort unübersetzt. Die Intention von 25 ist, daß Gottes
transzendentes Wesen in höchster Paradoxie in die immanente Welt des Menschen ausströmt; es bricht in seinem jenseitigen Sein ohne Seinsverlust ins diessei-
tige Sein ein. So ist Doxa auch ein Offenbarungs-„Begriff": Gott *ist* seine Doxa,
ist sein Offenbarungs-*Geschehen,* sein Offenbarungs-*Ereignis,* indem er sich in
dieser Doxa - man könnte auch sagen: als diese Doxa - manifestiert.[86] Und dieses
Geschehen ist eben als göttliches Geschehen die Weisheit. Doxa und Weisheit
rücken somit in ihrer jeweiligen Bedeutung nahe aneinander. Den „Begriffen"
Doxa und Weisheit eignet dementsprechend Ereignischarakter. Und weil die
Weisheit so lichtvoll die göttliche Herrlichkeit manifestiert, kann auch sie nicht
befleckt werden (22 c). Registrieren wir noch, daß mit 25 zum ersten Mal innerhalb von 22 b-8,1 von Gott die Rede ist.

26   26 steigert diesen Gedanken. Dabei geschieht der Umbruch von stoisch beein-
flußtem Denken in *platonisch* beeinflußtes Denken.[87] Doch zunächst der Blick
auf das AT! *Licht* ist nämlich gerade für atl. Gottesaussagen besonders bedeutsam. Wörtlich übersetzt, heißt es in Ps 27,1: „Der Herr ist mein Licht und mein
Heil." Wenn die LXX hier Licht mit φωτισμός, *photismos*, wiedergibt (ψ 26,1),
dann hat sie Licht als Erleuchtung interpretiert.[88] Gott ist für mich der geworden,
durch den mir alles Heilsbedeutsame hell und licht wurde; und so ist er mein Heil.
Von dort führt der Weg zu Ps 36,10, wo Gott als die Quelle des Lebens genannt
und in diesem Kontext die Beziehung zwischen Gott und Mensch mit den Worten
„in deinem Lichte sehen wir das Licht" beredt zum Ausdruck gebracht ist.[89] Licht
ist also hier im *existentialen* Sinn verstanden. In beiden Psalmen spricht der Beter
zwar nicht von der Weisheit; aber das Werk des göttlichen Lichts am Menschen
ist im Grunde dasselbe wie das soteriologische Werk der Weisheit in der Sap. Genannt sei auch noch Trito-Jesaja (Jes 60,1. 20). Ist hier Licht als Metapher verstanden? Man mag so urteilen. Aber wäre nicht eher im Sinne dieser biblischen
Aussagen das sinnlich erfaßbare Licht als die irdische Konkretion des eigentlich

---

[86] *Larcher* K II 499: „Dans la Bible, la „gloire" … peut être une manifestation visible, con-
crète, de la majesté ou de la sainteté de Roi suprême …"
[87] Näheres *Hübner*, Die Sap und die antike Philosophie.
[88] φωτισμός kann auch „Licht" bedeuten; doch dürfte der Übersetzer hier bewußt dieses Wort
in seinem spezifischen Sinn gewählt haben.
[89] In ψ 35,10 φῶς, nicht φωτισμός.

unzugänglichen ewigen Lichtes zu sehen, das jedoch in seinem gnadenhaften Handeln seine Unzugänglichkeit aufgibt und so sich in seiner kerygmatischen Intention als Erleuchtung des Menschen manifestiert? Das wäre dann das Denken von Gott her auf seine Schöpfung.[90] Im fünften Vergleich (17,1–18,4), einem theologischen Höhepunkt der siebenteiligen Synkrisis, wird der Verf. der Sap das Licht-Thema noch einmal grundsätzlich reflektieren.

Diese Richtung des Denkens, also die *theologische Richtung des Denkens,* hat ihre Entsprechung im philosophischen Denken Platons. Denn dieser nennt als Pflicht des idealen Fünfzigjährigen, den Lichtstrahl seiner Seele nach oben zu richten und unmittelbar in den Urquell allen Lichts zu schauen.[91] Im Rahmen seiner Ideenlehre identifiziert er das Licht schlechthin mit dem Guten schlechthin. Diesem göttlichen Urlicht (φῶς, *phos*) entspricht auf seiten des guten Menschen der Lichtstrahl der Seele (αὐγή, *auge*). *Licht erfaßt Licht.* Genauer: Der Abglanz des Lichtes erfaßt das eigentliche Licht. Das aber ist genau die Denkrichtung in 26 a, wo von der Weisheit als dem Abglanz (ἀπαύγασμα, *apaugasma*) des ewigen Lichtes gesprochen wird. 26 b ist platonisch interpretierbar, auch wenn die Terminologie nicht platonisch ist. Die Weisheit ist der unbefleckte Spiegel der Wirksamkeit Gottes; also spiegelt sich in ihr, was der lichthafte (25 c!) Gott lichthaft tut. Und wenn dann in 26 c vom Bild (εἰκών, *eikon*), von der Ikone des Gut-Seins Gottes die Rede ist, so erinnert das an den bereits erwähnten berühmten Schlußsatz von *Platons* Timaios, daß der sinnlich erfaßbare Gott, diese Welt also, die Ikone des intelligiblen Gottes ist.[92] Das Gut-Sein wird aber bereits in 1,1 genannt, und zwar als innere Haltung des idealen Königs.

Wird man nun in 26 den Umbruch des stoischen Denken in platonisches zu sehen haben, so heißt das nicht, daß letzteres das erstere ablöst. Vielmehr entnimmt der Verfasser der Sap beiden philosophischen Richtungen zentrale Aussagen, um sie in sein monotheistisches, bei Gott einsetzendes Denken zu integrieren. Man wird ihm nicht wirklich gerecht, wollte man hier von Eklektizismus sprechen, wie es so oft geschieht.[93] Denn das, was er aus der stoisch pantheistischen Weltanschauung als Denkform für sein theologisches Denken entnimmt und was er an zentraler Stelle dem Denken Platons entnimmt, was er des weiteren zu einer geistigen Synthese zusammenbringt, das ist weit mehr als ein eklektizistisches Baukastenvorgehen. Was er hier geistig leistet, ist eigenes theologisch-philosophisches *Denken.* Es ist das platonische Denken, das aus dem ihm eigenen Gedanken der Transzendenz (um es in unserer Terminologie zu sagen), *aus* dem es die hiesige Wirklichkeit denkt, dem Verf. der Sap den philosophischen Gedanken vermittelt, damit er *aus* seinem theologischen Transzendenzgedanken das *ihm* Eigene sagen kann. Wie das nicht einfach zu klärende Verhältnis der Idee des

26 a
26 b

26 c

---

[90] S. aber auch *Engel* „Was Weisheit ist und wie sie entstand …", 76: „Dabei ist die Licht-Metapher (für Gott) keine Besonderheit der hellenistischen philosophischen und religiösen Literatur, sie dürfte sich in religiösen Ausdrucksversuchen aller Zeiten und Kulturen finden."

[91] *Platon,* Politeia 540 a: ἀνακλίναντας τὴν τῆς ψυχῆς αὐγὴν εἰς αὐτὸ ἀποβλέψαι τὸ πᾶσι φῶς παρέχον, καὶ ἰδόντας τὸ ἀγαθὸν αὐτό.

[92] *Platon,* Timaios 92 c.

[93] S. Einleitung!

Guten zu Gott bei Platon zu verstehen ist; kann hier nicht abschließend diskutiert werden.

27 a   In 27 a geschieht die Explikation der beiden Attribute „einzigartig" und „viel-
27 b   fältig". 27 b bringt erneut das Verhältnis von Transzendenz und Immanenz zur Sprache: Die Weisheit bleibt in ihrem transzendenten göttlichen Sein, und dennoch erneuert sie das All, also den Bereich der Immanenz, den Bereich der
27 cd   Schöpfung. Wie die Erneuerung zu denken ist, sagt 27 cd.[94] Sie macht, indem sie in heilige Menschen eingeht[95], diese zu Freunden Gottes (s. zu 7,14), sogar zu Propheten[96]. Da die atl. Propheten gemeint sind und diese für die Geschichte Israels eine nicht zu überbietende Rolle spielen, ist hier (s. auch Kap. 10!) die *Geschichtsmächtigkeit Gottes* durch seine Weisheit ausgesagt. Stand uns, wenn auch durch die Anonymität verborgen, die geschichtliche Gestalt Salomon vor Augen, so war es doch nur eine punktuelle Sicht auf die Geschichte Israels. Ist aber im Plural von den Propheten die Rede, so geht der Blick innerhalb dieser Geschichte über die Jahrhunderte.[97]

28   Mit 28 beginnt eine Thema, das in Kap. 8 seine thematische Explikation findet, nämlich die innige Liebe zwischen Salomon und der Weisheit. Gott liebt den, der mit der Weisheit wie mit seiner Ehefrau zusammenlebt. Die bereits in unser Blickfeld gerückte erotische Dimension des Miteinanders wird deutlich ausgesprochen. Der Gedanke der Freundschaft zwischen Gott und König wird zu dem des ehelichen Verhältnisses zwischen dem König und der Weisheit Gottes erhöht. Gottes Liebe zum Menschen hat zur Folge, daß der Geliebte und Begnadete die Weisheit wie eine Ehefrau liebt. Eine gewagte Vorstellung! Allerdings ist *expressis verbis* nur von der Liebe zur Weisheit, nicht aber der zu Gott die Rede. Doch wird man
29   wie folgt ergänzen dürfen: *Wer die Weisheit liebt, der liebt dadurch Gott.* In 29 verherrlicht Salomon die Weisheit als die Frau, die schöner als die Sonne ist (im Griechischen ist aber ἥλιος, *helios,* maskulin!) und an Schönheit alle Sternbilder übertrifft. Sind die doch nur ihre Geschöpfe! Strahlender ist sie als das Tageslicht. Der Autor malt ihre Schönheit, diesmal in echter Metaphorik, mit allen ihm zur Verfügung stehenden Bildern aus. Die unsichtbare Weisheit ist schöner als alles sichtbar Schöne in der Schöpfung! In der LXX bezeichnet das entsprechende Substantiv (εὐπρέπεια, *euprepeia*) die unsichtbare Schönheit Gottes (z.B. ψ 49,2; 92,1), aber auch die sichtbare Schönheit (ψ 25,8: „Ich liebe (!) die Schönheit deines Hauses."). Die Weisheit ist heller als der sonnenhafte Tag, denn der muß lau-

---

[94] Ob der Verf. der Sap für 7,2 c auf den hebräischen Text von Spr 8,31 zurückgreift – der LXX-Text ist wegen seiner Differenz zu ihm hier irrelevant –, ist fraglich, da er wahrscheinlich des Hebräischen nicht mächtig war.

[95] Nach *Winston* K 188 ist μεταβαίνειν pythagoreischer *terminus technicus* der Seelenwanderungslehre; unter Berufung auf ihn auch *Engels,* „Was Weisheit ist und wie sie entstand …", 77.

[96] Ist auch Mose gemeint? S. *Engel,* „Was Weisheit ist und wie sie entstand …", 77, Anm. 36.

[97] *Grimm* K 164 wendet sich gegen die von *Grotius* und *Gfrörer* vertretene Auffassung, daß sich in 7,27 die platonische Ideenlehre finde. Eher ließe sich mit 27 *Anaxagoras* (er zitiert ihn nach *Aristoteles,* Physika 8,5) vergleichen: Das Göttliche, selber unveränderlich, bringt alle Veränderungen hervor. Hat aber unser Autor in 27 wirklich schon wieder einen neuen Umbruch des Denkens vorgenommen?

fend der Nacht, der periodisch wiederkehrenden Herrschaft der Dunkelheit, weichen. Im Gegensatz dazu ist der Sieg der Weisheit über das Böse endgültig.

In 8,1 begegnet erneut der Gedanke von 24 b, diesmal in etwas variierter Terminologie: Die Weisheit durchwaltet[98] das All zu dessen Nutzen. Der stoische Hintergrund wurde bereits aufgewiesen.[99] Der zentrale Abschnitt 7,22 b-8,1 zeigt also eine Art brückenhafte Struktur. Er beginnt mit stoischen Anklängen, bringt dann an wichtiger Stelle den Umbruch ins platonische Denken, um am Ende doch wieder eine Aussage mit stoischer Terminologie zu formulieren. 8,1

8,2–18 „Seht, was die Weisheit aus mir gemacht hat!"

2 Zu *ihr* entbrannte meine Liebe, und sie suchte ich von Jugend auf.
  Und ich trachtete danach, sie als Braut heimzuführen.
  Und die Liebe zu ihrer Schönheit überkam mich.
3 Sie verherrlicht ihre vornehme Herkunft, die ihr durch das Zusammensein
                              mit Gott zu eigen wurde.
  Und der Herrscher über alles gewann sie lieb.
4 Denn sie ist in Gottes Wissen eingeweiht
  Und hat sich für seine Werke entschieden.
5 Wenn aber Reichtum etwas Begehrenswertes im Leben ist,
  Was ist – und macht – dann reicher als die, die alles bewirkt?
6 Und wenn die Klugheit wirkt,
  Wer unter allen ist dann eine noch größere Künstlerin als sie?
7 Und wenn einer die Gerechtigkeit liebt,
  So sind seine Bemühungen um sie Tugenden.
  Besonnenheit nämlich und Klugheit lehrt (die Weisheit),
  Gerechtigkeit auch und Tapferkeit.
  Nichts ist nämlich im Leben der Menschen nützlicher als diese (Tugenden).
8 Wenn einer möglichst viele Erfahrungen machen will, (der bedenke):
  Sie kennt die Vergangenheit und erschließt daraus die Zukunft.
  Sie versteht sich darauf, das Richtige zu sagen und Rätsel zu lösen.
  Zeichen und Wunder kennt sie im voraus
  Und den Ausgang aller Zeiten.
9 So beschloß ich dann, sie als meine Lebensgefährtin heimzuführen,
  Im Wissen darum, daß sie mir eine Ratgeberin für das Gute sein wird
  Und eine Trösterin in Sorgen und Trauer.
10 Durch sie werde ich Ansehen in den Volksversammlungen haben
  Und, obwohl noch ein junger Mann, sogar Ehre bei den Älteren.
11 Als scharfsinnig wird man mich beim Urteil im Gericht erfahren,
  Und in den Augen der Mächtigen werde ich bewundert dastehen.

---

[98] In 7,24 b διήϰει, in 8,1 διοιϰεῖ.
[99] S. SVF II 416 in Anm. 84.

12 Schweige ich, so wird man (auf mein Wort) warten, rede ich, so wird man
                                                                     auf es achten.
    Und rede ich länger,
    So werden sie die Hand auf ihren Mund legen.
13 Durch (die Weisheit) werde ich Unsterblichkeit haben,
    Und ewiges Gedenken bei meinen Mitmenschen zurücklassen.
14 Ich werde Völker regieren, und Nationen werden mir untertan sein.
15 Furchtbare Diktatoren werden, wenn sie von mir hören, voller Furcht sein,
    In der Volksversammlung werde ich mich tüchtig und im Krieg tapfer
                                                                     erweisen.
16 Trete ich in mein Haus ein, so werde ich Ruhe bei (der Weisheit) finden.
    Denn der Umgang mir ihr hat nichts Bitteres an sich.
    Das Zusammenleben mit ihr kennt keinen Schmerz,
    Sondern (nur) Frohsinn und Freude.
17 Als ich dies in meinem Inneren erwog
    Und in meinem Herzen auch bedachte,
    Daß in der Weisheit Unsterblichkeit liegt
18 Und in ihrer Freundschaft die reine Freude
    Und in den Bemühungen ihrer Hände ein unerschöpflicher Reichtum
    Und Klugheit im Bestreben um vertrauten Umgang mit ihr
    Und Ruhm im intimen Gespräch mit ihr,
    Da ging ich umher und suchte nach Wegen, um sie zu mir zu nehmen.

2–18 2–18 kehrt wieder zur Aussage Salomons über sich selbst zurück und schließt insofern an 7,21 a an. So begegnen nun auch wieder Ich-Aussagen. Salomon berichtet von seiner innigen und tiefen Liebe zur Weisheit, von seinem Plan, sie zur Lebensgefährtin zu nehmen, weil er um ihre Gaben weiß. Diese zählt er auf, allerdings aus der Perspektive vor seinem Zusammensein mit ihr. Dabei spricht er im
Futur, doch erhellt aus dem Zusammenhang, daß es Aussagen sind, die bereits
Vergangenheit und Gegenwart betreffen. Deshalb ist unsere Perikopen-Über-
schrift „Seht, was die Weisheit aus mir *gemacht hat!*" gerechtfertigt. Will doch
der König andere Könige davon überzeugen, daß es richtig ist, sich für die Weisheit zu entscheiden. Dann aber nutzt nur ein Argument, das einleuchtet.
     Wo dieser Abschnitt endet, wird unterschiedlich beurteilt. Manche Ausleger
ziehen noch den Satz 19–21 hinzu. Doch läßt er sich besser als Einleitung zu dem
in 9,1 beginnenden Gebet Salomons verstehen. Den Inhalt der Auslegung berührt
jedoch diese Frage kaum.

2   In 2 beginnt also der zweite Teil des Selbstberichts mit dem Bekenntnis des Salomon, daß er bereits in früher Jugend in Liebe zur Weisheit entbrannt war und sie
deshalb als Braut heimführen wollte. Bereits in 7,10 klang dieses Thema schon
kurz an. Allerdings wurde dort von der Liebe des Königs zur Weisheit noch nicht
derart massiv wie in 8,2 ff. gesprochen. Denn jetzt spricht Salomon voller Begei-
sterung, ja Inbrunst von der Liebe zu ihr, wie ein Bräutigam von seiner Braut oder
ein Ehemann von seiner über alles geliebten Ehefrau. Ihre Schönheit schlägt ihn
in ihren Bann; er ist fasziniert von ihrem wundervollen Anblick. Immer wieder erinnert an Sir, was Salomon von der Weisheit sagt, so daß ein Vertrautsein des

Verf. der Sap mit diesem Buch sehr wahrscheinlich ist. Für 2 ist zunächst
Sir 51,13–15 zu nennen. Jesus Sirach verweist auf seine Jugend, als er bereits ganz
offen nach ihr gesucht hat. Sein Herz hatte Freude an ihr.[100]

In 3a verherrlicht unser Autor, wie die Weisheit ihre vornehme Herkunft ver-   3a
herrlicht. Grimm erklärt zu Recht: „Diese εὐγένεια (*eugenia*, sc. die vornehme
Herkunft, H. H.) kann demnach nur der Weisheit selber angehören und ist von
ihrem 7,25 geschilderten edlen Ursprung *aus dem Wesen Gottes* zu erklären
…"[101] Auf diesen Ursprung (zumindest die vorkreatürliche „Zeit" der Weisheit)
kommt er später in seinem Gebet zu sprechen (9,8 ff.); dort wird auch auf Spr 8
einzugehen sein. Nicht ganz unproblematisch ist, daß die Weisheit von ihrem Zusammensein, ihrer Symbiose mit Gott spricht. Denn gerade dieses Wort συμβίω-
σις, *symbiosis,* verwendet Salomon in 9, um sein eheliches Verhältnis zur Weisheit
zu bezeichnen. Natürlich will er nicht behaupten, daß sowohl Gott als auch er
selbst die Ehe mit der Weisheit eingegangen sei. Ist also die Vorstellung von einer
Bigamie der Weisheit absurd, so bleibt nur die Annahme, daß der Begriff in 3
und in 9 nicht synonym gebraucht und folglich wiederum eine gewisse verbale
Unstimmigkeit des Autors zu registrieren ist. Oder löst sich dieses Problem durch
die Terminologie von 3b? Denn es ist schon auffällig, daß der Autor der Sap für   3b
die Liebe Gottes zur Weisheit eine anderes griechisches Verb verwendet (ἀγαπᾶν,
agapan)[102] als für Salomons Liebe zu ihr (φιλεῖν, *philein*). Denn das erste Verb
meint mehr das Moment des Wohlwollens für den anderen, während das zweite
eher zum Ausdruck bringt, daß sich einer zum anderen hingezogen fühlt.[103] 4 be-   4
gründet die Liebe Salomons: Die Weisheit ist in Gottes eigenes Wissen[104] eingeweiht.[105] Was aber ist damit gemeint, daß die Weisheit die Werke Gottes aus-
wählt? Wählt sie unter den Ideen Gott diejenigen aus, die zur Ausführung kommen sollen? Wählt Gott vermöge seiner Weisheit aus, was das beste ist, und verwirklicht er es dann durch eben diese Weisheit?[106] Oder ist für sie eine aktive
Teilnahme an der Schöpfung anzunehmen, so daß sie zusammen mit Gott diejenigen Werke ausführt, die sie zuvor ausgewählt hat?[107] Doch geht es hier nur um

---

[100] Die inhaltlichen Entsprechungen von Sap 8,2 und Sir 51,13–15 gehen hin bis zu sprachlichen Übereinstimmungen: Sir 51,15 und Sap 8,2: ἐκ νεότητός μου. Sir 51,13: ἐζήτησα σοφίαν,
Sap 8,2: ἐζήτησα νύμφην ἀγαγέσθαι ἐμαυτῷ. Für Sap 7,12 mit ἐφράνθην δὲ ἐπὶ πᾶσιν, ὅτι αὐτῶν
ἡγεῖται σοφία vgl. εὐφράνθη ἡ καρδία μου ἐν αὐτῇ in Sir 51,15. Eine literarische Beziehung zwischen Sir 51 und Sap 7 scheint danach wahrscheinlich. S. auch Sir 24,32–34 LXX.

[101] *Grimm* K 168; er zitiert als Parallele *Epiktet* I 8 11: σὺ ἀπόσπασμα εἶ τοῦ θεοῦ …, τί οὖν
ἀγνοεῖς σου τὴν εὐγένειαν;

[102] ἠγάπησεν ist wahrscheinlich ingressiver Aorist. Freilich stellt sich dann die Frage, wann und
warum dieses Liebgewinnen stattgefunden hat.

[103] So z. B. *Larcher* K II 519.

[104] τοῦ θεοῦ ist *gen. subiectivus,* nicht *obiectivus;* so z. B. *Grimm* K 168 f. und *Larcher* K II 523.

[105] μύστις ist ein seltenenes Wort, das vielleicht, wie *Larcher* K II 523 annimmt, in Sap 8,4
zum ersten Mal in der Grätität begegnet. Seine Bedeutung erschließt sich von mask. μύστης: der
in ein Mysterium Eingeweihte. Nach *Larcher* K II 523 geht es in 8,4 um „une participation intime
et privilégiée".

[106] So *Grimm* K 169.

[107] So *Larcher* K II 524.

die Alternativen von Nuancen. Eine atl. Parallele ist ψ 103,24: „Wie großartig sind deine Werke, o Herr, / alle hast du mit (in?; ἐν σοφίᾳ, *en sophia*) Weisheit getan." Diese Überlegungen thematisierten die Frage nach dem Verhältnis der Werke Gottes und der Werke der Weisheit. Aber diese Frage steht unter der hier übergeordneten Frage nach dem Verhältnis der Werke der Weisheit und der Werke des Königs bzw. des Menschen überhaupt. In diesem Sinn geht es dem Autor darum, daß Salomon durch die alles bewirkende Weisheit reich wird, die ja *als* die alles erschaffende Künstlerin ihn reich macht, also durch ihre die Wirklichkeit schaffende Aktivität nun *ihn* wirken läßt. Deshalb unsere paraphrasierende Übersetzung von 5 b: „Was ist – und *macht* – reicher als die, die alles bewirkt.?" Die Aussagerichtung ist also: Wer weise *ist, macht* andere weise. Genau das entspricht ja einem biblischen Grundaxiom: Das *Sein* ist zugleich das *Wirken*.[108] Es ist ein Axiom, das seine Wirkungsgeschichte bis ins NT hat; dafür ist die paulinische Rechtfertigungstheologie symptomatisch: Gott ist gerecht, indem er gerecht macht.

5   Das Thema „Weisheit und Schöpfung" wird in 5 weitergeführt, wo erneut im selben Zusammenhang wie schon zuvor in 7,8. 11. 13 das Motiv des Reichtums begegnet. Obwohl in 7,8 der Reichtum abgewertet ist, wird er jetzt als begehrenswert behauptet. Doch ist die Weisheit reicher als alles andere; hat sie doch das All hergestellt (Wiederholung des Gedankens von 7,12. 22). 6 ist Fortsetzung von

6   5. Doch ist jetzt von der *Klugheit* (φρόνησις, *phronesis*) die Rede, nicht aber von der Weisheit. Während jedoch in 6,15 eindeutig die Klugheit die Fähigkeit des Menschen ist, über die Weisheit nachzudenken und somit die beiden Termini nicht identisch sind, dürften hier Weisheit und Klugheit in gewisser Weise, wenn auch nicht ausschließlich, synonym sein. Beide Worte sind ja in 5 und 6 mit demselben Verb „wirken", ἐγάζεσθαι, *ergazesthai*, konstruiert. Und zudem wird hier von der Klugheit wie in 7,22 von der Weisheit ausgesagt, sie sei Herstellerin, gestaltende Künstlerin (τεχνῖτις, *technitis*), bewirkt aber als Weisheit und Klugheit das Weisesein und Klugsein des Königs. Was Grimm zutreffend über die Weisheit in 5 f. sagt, gilt von der Klugheit: „Die Begriffe göttlicher und menschlicher Weisheit fliessen sonach hier in einander."[109]

7   In 7 werden die *vier Kardinaltugenden* aufgezählt, allerdings in einer eigenartigen begrifflichen Spannung zu 6. Zunächst begegnet wieder das dominante Motiv der *Gerechtigkeit*. Wer sie liebt, in dem wirken sich die Bemühungen der Weisheit als Tugenden aus.[110] Die Gerechtigkeit, also nach 7 cd eine der Kardinaltugenden, ist durch 7 a aus dem Viererkreis heraus- und hervorgehoben. Vor allem aber

---

[108] Dem entspricht, zumindest in der Tendenz, die Interpretation *Scarpat*s K II 146: „Il filo del pensiero è questo: se uno aspira a un bene, la Sapienza è sempre il bene maggiore. E in particolare: se uno desidera la ricchezza …, la Sapienza è la più gran ricchezza; se uno ama (ἀγαπᾷ τις) la giustizia, da lei avrà le quattro virtù; se uno desidera (ποθεῖ τις) una vasta esperienza, la Sapienza conosce le cose passate e future; il nostro stico inquadrato in questo contesto dovrebbe dire: ‚se uno vuol avere la φρόνησις, la scienza pratica delle cose, sappia che la Sapienza è un'artigiana senza pari.'"

[109] *Grimm* K 169 f.

[110] Schwierig ist ταύτης. Im sprachlichen Gefälle des Satzes hätte man eher αὐτοῦ erwartet:

geht es um die Weisheit, und zwar insofern, als sie Besonnenheit und Klugheit lehrt. Jetzt allerdings ist diese Klugheit eindeutig von der sie lehrenden Weisheit unterschieden; wir stehen also vor einer terminologischen Unschärfe und Unausgeglichenheit, vor einem terminologischen Paradox: *Die Klugheit als Weisheit lehrt die Klugheit als Kardinaltugend.* Zudem lehrt sie noch die übrigen Kardinaltugenden Gerechtigkeit, Besonnenheit und Tapferkeit. Das Fazit von 7: Es gibt nichts Nützlicheres im Leben als eben diese vier von der Weisheit gelehrten Tugenden! Das klingt zunächst recht utilitaristisch. Doch dürfen wir uns nicht aufgrund unserer heutigen Abneigung gegen allen Utilitarismus in der Religion zur Ablehnung der angeblich utilitaristischen Auffassung von den Tugenden in Sap 8 verführen lassen. Denn nützlich sind die Tugenden ja keineswegs für unsere egozentrischen Intentionen, sondern für das Wirken der Weisheit im Menschen. Im AT werden die Kardinaltugenden nur an unserer Stelle genannt; außerdem finden sie sich noch 4Makk 1,18 und 5,23 f.

Erstmals finden sie sich in systematischer Darstellung bei *Platon.* Er unterscheidet menschliche und göttliche Güter (τἀγαθά). Von diesen sind jene abhängig. Als göttliche nennt er die vier Kardinaltugenden. Wer der Güter beider Arten braucht, ist glücklich (Gesetze I 631 b- d). Auch hier der Gedanke, daß Tugend und Glücklichsein zusammengehören, also eine auf den ersten Blick utilitaristische Argumentation. In Wirklichkeit ist aber das Ganze im Rahmen des Wohlergehens des Staates gesagt. Von besonderem Interesse für unsere Fragestellung ist Politeia IV 428 b-432 b, da hier anstelle der Klugheit (φρόνησις) die Weisheit (σοφία), verstanden als Erkenntnis (ἐπιστήμη), genannt ist. Könnte es sein, daß der Autor der Sap deshalb terminologisch zwischen Weisheit und Klugheit schwankt, weil er dies schon von Platon her kennt? In der Stoa hat vor allem Chrysipp die vier Kardinaltugenden gelehrt[111], zur Zeit der Niederschrift der Sap wurden sie vor allem durch die hellenistische (später auch die römische) Popularphilosophie verbreitet.

In der Sap finden sich demnach interessante Berührungen mit dem philosophischen Denken der Griechen hinsichtlich des Verständnisses dieser Tugenden. Denn wir finden nicht nur die terminologische Übereinstimmung, bis hin zur Identifikation von Weisheit und Klugheit und dem richtig verstandenen Nutzen. Vor allem ist von hoher Relevanz, daß hinter den vier Kardinaltugenden die göttliche Welt steht, die in der Sap ihre Verankerung im Wirken der Weisheit als der Manifestation Gottes findet. Bei Platon ist es hingegen die Transzendenz der Ideenwelt bzw. der „göttlichen Güter".[112] Trotz des Unterschiedes zwischen griechischer Philosophie und biblischem Gottesglauben besteht also *gehaltliche Affinität.*[113] Halten wir fest: Wiederum wurden Grundgedanken und Strukturen des griechischen Denkens dem biblischen Offenbarungsdenken integriert, wobei einerseits die Form des griechischen Denkens dominierte, andererseits aber in inhaltlicher Hinsicht das biblische Denken von Gott her nichts an seiner eigentli-

---

Wer die Gerechtigkeit liebt, *dessen* Bemühungen sind als Tugenden zu werten. Aber der die Weisheit thematisierende Kontext läßt den vorliegenden Text als sinnvoll erscheinen.

[111] Z. B. SVF III, Nr. 256.

[112] Das in Platons Ideenlehre unklare Verhältnis von Gott und der Idee des Guten können wir hier unberücksichtigt lassen.

[113] Lit. zu den Kardinaltugenden s. *U. Klein,* Art. Kardinaltugenden, HWPh IV, 695 f.

chen Substanz eingebüßte. Auf jeden Fall hat das biblische Denken an Präzision durch die Anleihe bei den Griechen gewonnen.

8   Wenn jemand, so 8, ein Maximum an Erfahrungen anstrebt, soll er bedenken, daß es gerade die Weisheit ist, die die Vergangenheit kennt und die zugleich auch der Zukunft gewiß ist. Ist aber von diesen beiden Zeiten die Rede, so sind hier (hermeneutisch von höchster Bedeutsamkeit!) *Zeitlichkeit* und *Geschichtlichkeit* des menschlichen Daseins thematisch geworden. Die Weisheit vermittelt also einem geschichtlich Existierenden auf seine Frage, wer *er* war und sein wird, also was *sein* In-der-Welt-sein war und sein wird, die Antwort, sie vermittelt ihm *seine* geschichtliche Zeit. Daß dies nicht individualistisch oder subjektivistisch verengt verstanden werden darf, geht schon allein daraus hervor, daß das geschichtlich zu verstehende In-der-Welt-sein des Menschen bedeutet, daß menschliches Dasein nie ohne seine Welt ist.[114] Wenn die Weisheit dem nach seiner Zeitlichkeit Fragenden seine Geschichtlichkeit aufzeigt, so verweist sie ihn dadurch an seine Verantwortlichkeit in seinem geschichtlichen Bereich. Dies wird dann im weiteren konkretisiert: Die Weisheit versteht sich auf kluge Redewendungen und das Lösen von Rätseln. M. a. W., sie vermag den Menschen dazu zu bringen, daß er in der jeweiligen geschichtlichen Situation das Richtige sagt und in schwieriger Lage das, was ihm so rätselhaft begegnet, bewältigt. Zwar war Rätsellösen damals verbreitet (s. auch Spr 1,6, im Kontext der Weisheit; Salomon und Rätselraten: 1Kön 10,1); aber in 8 ist dieses Vermögen der Weisheit Metapher. Daß sie aus geschichtlichen Konstellationen die Zukunft erschließen kann und Zeichen und Wunder im voraus weiß, liegt daran, daß sie weiß, wie Gott handelt und in der Zukunft wirken wird; also sieht sie aufgrund ihrer engen Verbindung mit ihm auch seine zukünftigen Aktivitäten voraus. Der letzte Stichos bringt noch einmal, diesmal in universaler Perspektive, das Vorherwissen des Zukünftigen durch die Weisheit, nämlich auf all das bezogen, was in allen Zeiten noch geschehen wird.[115]

9   Salomon kommt in 9 erneut auf sein Liebesverhältnis zur Weisheit zu sprechen, nimmt also 2 (und 7,10) auf. Er wiederholt seine Entscheidung für sein Zusammenleben mit ihr und begründet sie mit seinem Wissen darum, daß sie ihm eine Ratgeberin für das Gute sein werde.[116] Außerdem vermag sie ihn in Stunden der Sorge (wohl um das von ihm regierte Volk) und der Trauer zu trösten. Nach Schmitt liegt erneut erotisch-metaphorische Sprache vor.[117] Insofern ist es unbestreitbar erotisch-*metaphorische* Sprache, als es ja um keine ehelich sexuelle Beziehung zwischen Salomon und der Weisheit geht. Aber das *tertium comparationis* zwischen beiden erotisch bzw. quasi-erotischen Verbindungen ist immerhin die höchste denkbare Stufe der Innigkeit des Bandes zwischen zwei Menschen bzw.

---

[114] *Heidegger,* Sein und Zeit, §§ 12 und 13 u. ö.

[115] καιροί und χρόνοι dürften hier synonym sein. Das Stilmittel des Hendiadyoin will sagen: *Alle* Zeiten. Die Weisheit ist also auch im Blick auf die Zukunft allwissend. Als Weisheit Gottes partizipiert sie an dessen Allwissenheit.

[116] Will man den Plural ἀγαθῶν *stricto sensu* verstehen, so wäre zu interpretieren: Sie ist Ratgeberin in allen Fragen, was die Güter dieser Welt angeht.

[117] *Schmitt* K II 84.

dem Menschen Salomon und der Weisheit, so daß wohl mehr als eine bloße Metapher vorliegt, nämlich beide Male die Innigkeit als Wesenselement des Erotischen. 10 setzt die schon in 8 begonnene Begründung fort. Salomon hat durch sie 10 Ansehen in den Volksversammlungen.[118] Und dann der Verweis auf seine Jugend (1Kön 3,7): Durch die Weisheit und somit aufgrund seines weisen Auftretens behandeln ihn sogar die Älteren als den, dem Ehre gebührt! 11 und 12 machen 11 deutlich, daß der König von seinem Auftreten in Gerichtsprozessen spricht. Als 12 ein scharfsinniger Richter wird er bei seinen Urteilssprüchen erfahren (1Kön 3,16–28). Daher müssen ihm selbst die Mächtigen Respekt erweisen. So gespannt sind die Teilnehmer an den Volksversammlungen, daß sie, während er noch schweigt, voller Erwartung auf seine Rede sind, und wenn er dann redet, seinen Worten mit höchster Aufmerksamkeit folgen. Redet er länger, dann legen sie ihre Hand auf ihren Mund – eine Gebärde ehrfurchtsvollen Schweigens[119] (s. z. B. auch Hiob 21,5; 29,9; Spr 30,32).

Salomon richtet in 13 seinen Blick und den seiner Adressaten über diese konkrete Situation hinaus. Er werde durch die Weisheit sogar Unsterblichkeit gewinnen (ἀθανασία, *athanasia,* begegnete schon im ersten Teil der Sap, nämlich in 3,4 als Gabe Gottes an die Gerechten und in 4,1 als das fortdauernde Gedenken an sie). Im Grunde wiederholt der Autor hier nur das dort Gesagte.[120] 14 erweitert 14 den Horizont des Herrschers über sein Reich hinaus ins Universale. Der König wird Völker beherrschen[121], diese werden sich ihm unterwerfen. Hören deren Herrscher (Salomon denkt in 15 an furchtbare und brutale Diktatoren) von ihm, 15 so erfüllt sie große Furcht. Allein der Gedanke an ihn macht sie schaudern. Und dann schaut er wieder auf sich und sein Volk: In der Volksversammlung wird er sich als ein tüchtiger Volksführer zeigen. Und natürlich als ein tapferer König im Krieg! Darf man hier an seinen Vorgänger Saul denken, der in der Kraft des Geistes Jahwähs bzw. Gottes (unser Autor versteht diesen Geist als den allmächtigen Geist der Weisheit von 7,23) die Feinde Israels besiegt (1Sam 10,6; 11,6)? Die Schilderung des vertrauten Umgangs Salomons mit seiner innigst geliebten Weisheit gerät in 16 nahezu zur Idylle. Kommt er nach Hause, so ruht er sich bei ihr 16 in Frohsinn und Freude aus. Denn nichts Bitteres vergiftet die häusliche Atmosphäre; also herrscht völlige Harmonie zwischen den beiden, keine Verstimmung macht das Zusammenleben unerträglich. Das ideale Eheleben! Aber diese überaus harmonische Gemeinsamkeit ist noch mehr als Idylle! Erneut begegnet nun, kurz nach 13, in 17 der Begriff der Unsterblichkeit. Salomon geht in sich, er erwägt in 17 der Tiefe seiner Seele und bedenkt in seinem Herzen dieses ungeheure ihm geschenkte Glück. Er denkt darüber nach, daß in[122] der inneren „Seelenverwandt-

---

[118] Richtig *Grimm* K 173: ἐν ὄχλοις heißt nicht „unter den Völkern", sondern „in der Volksversammlung" (unter Hinweis auf *Platon,* Gorgias 454e: ἐν δικαστηρίοις τε καὶ ἄλλοις ὄχλοις).

[119] *Grimm* K 174.

[120] Für das gemeinsame Wortfeld von ἀθανασία/ἀθάνατον und μνήμη o. ä. s auch ψ 111,6 und *Platon,* Symposion 209 d.

[121] διοικεῖν heißt zwar „verwalten" (s. zu 8,1!), meint aber hier, wie der Zusammenhang zeigt, „herrschen über".

[122] Siebenmal hintereinander ἐν in 17 und 18.

schaft"[123] von göttlicher Weisheit und menschlichem König die Unsterblichkeit
18 begründet ist. 18 setzt die Selbstreflexion von 17 fort. In ihrer gegenseitigen tiefen
Freundschaft (die Freundschaft mit Gott in 7,14 ist Realität in der Freundschaft
mit der Weisheit) liegt die reine, ungetrübte Freude, in den Bemühungen ihrer
Hände ein unerschöpflicher Reichtum (7,11). Immer wieder also der Rückgriff
auf zuvor Gesagtes. Und noch einmal begegnet die Klugheit. Sie liegt im sorgsam
„geübten"[124] und vertrauten Umgang mit der Weisheit.[125] Und Ruhm besitzt Salomon, weil er die „Gemeinschaft der Worte" mit ihr pflegt, also das fortwähren-
de intime Gespräch mit ihr. Diese tiefe verbale Verbundenheit zwischen ihnen
läßt ihn das rechte Wort zur rechten Zeit sagen. So ist es das Gespräch mit der
Weisheit, das ihn zum weisen König macht. *Ihr Wort wird sein Wort.* Und so verbreitet sich sein Ruhm. Also gibt es für ihn nur eins: Umherzugehen, um sie zu suchen und sie zu sich zu nehmen, wie man eine Braut als Ehefrau ins eigene Heim
nimmt.[126]

8,19–9,17 Salomons Gebet um die Weisheit

19 Ich war ein Kind mit guten Anlagen
    Und hatte dann auch eine gute Seele erhalten.
20 Besser gesagt: Da ich gut war, kam ich in einen unbefleckten Leib.
21 Ich erkannte aber, daß ich (der Weisheit) nicht anders habhaft werden
                              kann, als daß Gott sie mir gibt.
    Doch dies zu wissen, war Sache der Klugheit, nämlich zu wissen, von wem
                              denn diese Gnadengabe herkommt.
    So wandte ich mich an den Herrn und bat ihn (um sie)
    Und sprach von ganzem Herzen:
9,1 „Gott der Väter und Herr des Erbarmens,
    Der du das All durch dein Wort gemacht
 2 Und durch deine Weisheit den Menschen geschaffen hast,
    Daß er über die von dir geschaffenen Geschöpfe herrsche
 3 Und die Welt in Heiligkeit und Gerechtigkeit verwalte
    Und in der Geradheit seiner Seele gerecht urteile.
 4 Gib mir die Weisheit, die Mitregentin auf deinem Throne!

---

[123] συγγένεια meint hier nach *Grimm* K 175 „die durch den ehelichen Umgang vermittelte innere Verwandtschaft". Freilich könnte man auch in entgegengesetzter Richtung formulieren: die
gnadenhaft geschenkte Verwandtschaft ermöglicht den vertrauten ehelichen Umgang.

[124] συγγυμνασία ὁμιλίας αὐτῆς deutet *Grimm* K 176 als „vollständige Gewöhnung an den Umgang mit ihr". Er zitiert ib. 175 *Nannius* (+1557): „Non enim temere dictum est συγγυμνασία,
quasi in ea palaestra (!), ubi corpora nudantur." Dieser Satz ist eine kulturgeschichtlich bezeich-
nende Aussage.

[125] Auch hier also wieder die inhaltliche Differenz zwischen der σοφία und der in ihr liegenden
φρόνησις.

[126] Zur Wendung περιιέναι ζητῶν s. *Platon,* Symposion 209 b: Τούτων δ' αὖ, ὅταν τις ἐκ νέου ἐγ-
κύμων ᾖ τὴν ψυχὴν θεῖος ὤν, ..., ζητεῖ δή, οἶμαι, καὶ οὗτος περιιὼν τὸ καλὸν ἐν ᾧ ἂν γεννήσειεν.

Und verwirf mich nicht aus der Mitte deiner Kinder!
5 Denn ich bin dein Knecht und der Sohn deiner Magd,
Ein schwacher Mensch und ein kurzlebiges Wesen.
Auch im Verständnis des Rechts und der Gesetze vermag ich nur wenig.
6 Und wäre auch irgendein Mensch in seinen natürlichen Anlagen vollkommen,
Ohne deine Weisheit würde er in deinen Augen dennoch als ein Nichts
gelten.
7 Nun hast du mich aber zum König über dein Volk auserwählt
Und zum Richter über deine Söhne und Töchter gesetzt.
8 Du hast sogar gesagt, ich solle auf dem heiligen Berge deinen Tempel
bauen,
Und in der Stadt, die deine Wohnung ist, einen Altar,
Ein Abbild nämlich des heiligen Zeltes, das du schon in der Urzeit ent-
worfen hast.
9 Mit dir ist ja die Weisheit, die deine Werke kennt
Und die schon dabei war, als du die Welt erschufst.
Sie weiß, was in deinen Augen wohlgefällig
Und was rechtens in deinen Geboten ist.
10 Sende sie von deinem heiligen Himmel!
Und schick sie herab vom Thron deiner göttlichen Herrlichkeit,
Daß sie bei mir sei und mich in meinem Mühen unterstütze
Und ich so auch wirklich weiß, was dir wohlgefällt!
11 Denn sie ist es doch, die alles weiß und versteht
Und die mich in meinen Taten besonnen führen
und in ihrer göttlichen Herrlichkeit bewahren wird.
12 Denn dann wirst (du) meine Werke annehmen.
Und ich werde dein Volk gerecht richten
Und würdig des Thrones meines Vaters sein.
13 Denn welcher Mensch wird Gottes Plan verstehen?
Oder wer wird erfassen, was der Herr will?
14 Denn die Berechnungen der Sterblichen gehen nicht auf,
Und auf unsere Gedanken können wir uns wahrlich nicht verlassen!
15 Denn unser vergänglicher Leib beschwert unsere Seele,
Und als unser irdisches Zelt belastet er unseren Geist, der sich um so vieles
sorgt.
16 Und kaum erfaßt er, was auf Erden vorgeht,
Und was auf der Hand liegt, finden wir nur mit Mühe.
Wer kann dann dem nachspüren, was im Himmel ist!
17 Wer hätte deinen Willen erkannt, wenn du nicht die Weisheit gegeben
und deinen heiligen Geist von der Höhe her gesendet hättest!

8,19–9,17 besteht aus der Einleitung in das Gebet des Salomon in 8,19–21 und   8,19–9,17
diesem Gebet in 9,1–17. Daß es das Gebet Salomons und nicht eines anderen ist,
erkennt der mit dem AT Vertraute auf den ersten Blick. Außer der Anspielung auf
1Kön 3,7–9 findet sich, wie die Einzelexegese zeigen wird, noch eine Reihe von
Bezügen auf andere atl. Texte.

Umstritten ist die Deutung von 8,19–20. Ist hier die *Präexistenz der Seele* ausge-   8,19–20

19 sprochen, etwa im Sinne Platons[127]? Spricht nun Salomon in 19 zunächst davon,
    daß er ein Kind mit guten Anlagen war, zugleich aber auch, daß er eine gute Seele
    erlangte, so ist das erste „Ich" kaum anders zu deuten als die körperliche gute
    Konstitution, die auf den Empfang einer guten Seele angelegt war. Eigentümlich
    ist, daß dieses Ich – zunächst seelenlos! – eine Seele erlangen konnte; denn ein
    seelenloses Ich ist doch, wie immer man auch weltanschaulich diese Aussage ein-
    ordnet, für das Menschenverständnis des Verf. der Sap nicht denkbar. Irgendwie
    scheint unser Autor diese Unzulänglichkeit seiner Aussage bemerkt zu haben,
20 denn in 20 korrigiert er sofort das unmittelbar zuvor Gesagte[128]: Eher müsse man
    wohl sagen, er sei, da er gut war, in einen unbefleckten Leib hineingekommen.
    Die Logik dieses Satzes verlange dann aber die Interpretation, daß „ich" bereits
    existierte, ehe „ich" in diesen Leib hineinkam. Doch abgesehen von dieser sprach-
    lichen Unschärfe: Hier ist klar die Präexistenz des Ichs (also die Präexistenz der
    Seele!) vor der irdischen Menschwerdung durch das Zusammenkommen von Leib
    und Seele aufgrund der Zeugung ausgesagt.[129] Bis in die Gegenwart wird jedoch
    immer wieder diese platonische Deutung von 20 bestritten.[130] Aber Armin
    Schmitt, um nur ihn von den neueren Exegeten anzuführen, sagt mit Recht, daß
    19 f. „den Glauben des Verf.s an eine Präexistenz der Seele vor der Zeugung des
    Körpers und deren Eintritt in den Leib, wie dies bei den Pythagoreern, bei Pla-
    ton, Empedokles und Philo der Fall ist", artikulieren. Allerdings werde die Prä-
    existenzvorstellung gegenüber Platon in einem abgeschwächten Licht gesehen.[131]
    Keinesfalls läßt sich aber mit Grimm[132] sagen, der Verf. der Sap sehe im Leibe als
    einem Teil der Materie die Quelle des Bösen. Das verträgt sich nicht mit der
    schöpfungstheologischen Sicht, mit der er Salomons Gebet in 9,1 f. beginnt. Un-
    bestreitbar ist aber der *ontologisch* höhere Stellenwert der Seele gegenüber dem
    Leib. In dieser Hinsicht denkt der Verf. der Sap platonisch.[133]
21   In 21 wird deutlich, daß es nicht bei der ontologischen Zweistufigkeit von Seele
    und Leib bleibt. Denn der ontologische Vorrang der Seele gegenüber dem Leib
    wird durch die über der Seele und dem Leib stehende Weisheit Gottes, die dem
    Menschen verliehen wird, relativiert. So besteht eine aufsteigende Linie: Leib –
    Seele – Weisheit (σῶμα, *soma* – ψυχή, *psyche* – σοφία, *sophia*), die an die gnosti-
    sche Anthropologie mit ihrer Dreiteilung Leib – Seele – Geist (σῶμα, *soma* –

---

[127] Genannt sei hier nur die besonders prägnant formulierte Aussage des Simmias, ganz im
Sinne des Sokrates und – natürlich auch! – des Platon: *Platon,* Phaidon 77 b: πρὶν γενέσθαι ἡμᾶς
ἦν ἡμῶν ἡ ψυχή.

[128] μᾶλλον δέ interpretiert *Grimm* K 176 zutreffend mit „etwas eben Gesagtes corrigirend: *imo
potius, ut rectius* dicam", in einem Sinne nämlich, wie er sehr häufig bei Platon vorkomme.

[129] *Grimm* K 177 versteht 20 elliptisch: „Klarer würde der Verf. gesagt haben μᾶλλον δὲ ψυχὴ
ἀγαθὴ ὤν. Allein da er als alexandrinischer Spiritualist (vgl. 9,15) als sein wahres Selbst und Wesen, als sein eigentliches Ich nur die *Seele* anzuerkennen vermochte, so konnte er sich auch so
ausdrücken, wie er gethan hat."

[130] Z. B. *Larcher,* Études, 270–278; *Reese,* Hellenistic Influence, 80–86; *Offerhaus,* Komposition, 366, Anm. 127. Auflistung der Vertreter beider Interpretationen *Vilchez* K 274, Anm. 125.

[131] *Schmitt* K I 87.

[132] *Grimm* K 177.

[133] So auch u. a. *Kaiser,* Anknüpfumg und Widerspruch, 212 f.

ψυχή, *psyche* – πνεῦμα, *pneuma*) erinnert. Doch liegt beim Verf. der Sap nur bei
vordergründiger Sicht eine Neigung zu gnostischem Denken vor.[134] Denn in der
Gnosis sind Leib und Seele vom Demiurgen geschaffen, in der Sap aber von Gott
bzw. mittels der Sophia Gottes oder seines Logos (9,1 b. 2 a). Unmittelbar nach
der Feststellung vom ontologischen Vorrang der Seele vor dem Leib kommt unser
Autor auf die Gabe der Weisheit zu sprechen, die erbeten sein muß. Denn nur
dem Betenden gibt Gott sie, damit er ihrer habhaft werde. Und es ist, wie er erkannte, die (mit der Weisheit identische) Klugheit, die ihn verstehen ließ, wessen
Gnadengeschenk die Weisheit ist. Deshalb wandte er sich betend an den Herrn
und sprach von ganzem Herzen das in Kap. 9 niedergeschriebene Gebet.

Das Gebet 9,1–17 enthält drei Abschnitte: 1–6 (Bitte um die Weisheit, weil er ih-   9,1-17. 1-6
rer dringend bedarf), 7–12 (die besondere Stellung Salomons und die himmlische   7-12. 13-17
Stellung der Weisheit) und 13–17 (die Unfähigkeit des Menschen, ohne die Weisheit die Pläne Gottes zu verstehen.[135]

In 1 a spricht Salomon Gott als den „Gott der Väter" und als Herrn des Erbar-   1 a
mens an. Die Religion des Gottes der Väter ist durch Albrecht Alt[136] in religions-
geschichtlicher Sicht als eine Vorgängerin der Jahwäh-Religion Israels rekonstru-
iert worden. Doch selbst wenn man ihm in dieser Hypothese nicht folgt, so dürfte
es doch bei Protoisraeliten vor dem Glauben an Jahwäh den Glauben an solche
Götter gegeben haben. Später wurden die inzwischen zu *einem* Gott gewordenen
Vätergötter, nämlich der Gott Abrahams, Isaaks und Jakobs mit Jahwäh identifiziert (Ex 3,1 ff.). Ruft Salomon Gott als Gott der Väter[137] an, so versteht er die
Väter zunächst als die Patriarchen, wahrscheinlich aber rechnet er auch seinen
leiblichen Vater David dazu. Mit Armin Schmitt: „Theologisch wird damit ‚der
Gott der Väter' ins Bewußtsein gebracht, der einer familiär strukturierten Ge-
meinschaft zugeordnet war, an ihr handelte, zu ihr redete und von ihr angerufen
wurde."[138] Der Verf. der Sap läßt Salomon damit auf die Geschichte Israels zu-
rückblicken, um in einem damit die gegenwärtige Geschichte zu kommentieren.
Dies wird auch in der nächsten Anrufung „Herr des Erbarmens" deutlich: Die
Geschichte Israels, auch die der im Exil lebenden Juden, ist eine Geschichte des
Erbarmens Gottes.[139]
1 b und 2 a bieten einen halb synonymen, halb synthetischen Parallelismus. Sy-   1 b
nonym sind die beiden Verben für „erschaffen"[140], synthetisch die Wortfolge   2 a

---

[134] S. Einleitung, Abschn. 2.
[135] Zur Gliederung von Sap 9 s. u. a. *Gilbert,* Bib. 51, 301–331; *Bizzeti,* Il libro della Sapienza,
72; *Offerhaus,* Komposition, 90–97; *Schmitt* K II 89.
[136] *A. Alt,* Der Gott der Väter, in: *ders.,* Kleine Schriften zur Geschichte des Volkes Israel I,
München 3. Aufl. 1963, 1–78.
[137] In atl. Spätzeit idiomatisch geworden: 1 Chr 28,9; s. auch 1 Chr 29,18.
[138] *Schmitt* K II 89.
[139] Geht das Zusammentreffen von „Erbarmen" und „Wort" auf ψ 32,5f. τοῦ ἐλέους κυρίου
πλήρης ἡ γῆ. τῷ λόγῳ τοῦ κυρίου οἱ οὐρανοὶ ἐστερεώθησαν zurück? So z. B. als Vermutung *Schmitt*
K II 89.
[140] ποιεῖν, κατασκευάζειν.

„das All" und „den Menschen". Synonyme dürften aber auch „durch den Logos"
und „durch die Weisheit" sein.[141.142] Der Weisheit eignet eben auch verbale Dynamik. Wo der Geist der Weisheit wirkt, da geschieht es auch durch das Wort.
Die Weisheit *spricht sich wirkend aus.* Ziel der Erschaffung des Menschen ist
nach 2b, daß er - natürlich im Auftrage Gottes! - dessen übrige Geschöpfe be-
herrsche, vor allem die Tiere. Die Anspielung auf Gen 1,26 f. ist offenkundig.

Dieser Gedanke wird in 3 im Horizont der Grundintention der Sap weiterge-
dacht: Die Verwaltung des Kosmos durch den Menschen soll in Heiligkeit und
Gerechtigkeit erfolgen.[143.144] Im gleichen Sinne ist dem durch die Weisheit geschaffenen Menschen aufgegeben, in lauterer Gesinnung Gericht zu halten. Diese
Aufforderung ergeht zwar nach dem Zusammenhang von 9,1 ff. an alle Menschen. Aber es liegt nahe, hier wieder besonders an die Könige als die ursprünglichen Adressaten zu denken.

Nach der Anrede beginnt in 4 die Bitte um die Weisheit, die Salomon als Mit-
thronende mit Gott[145] sieht. Was dies besagt, wird in der Exegese von 9 ff. erläutert. In 4 lenkt unser Autor zunächst noch einmal auf Salomon selbst zurück. Dieser bittet Gott, ihn nicht aus der Mitte seiner Kinder zu verstoßen. Die Verweige-
rung seiner Bitte hätte also, streng genommen, seine Verwerfung zur Folge. Aber
vielleicht darf nicht so strikt interpretiert werde, zumal es nur um den - nicht ein-
getretenen - *casus hypotheticus* geht. 5 artikuliert das Selbstverständnis des Königs: Er ist Gottes Knecht, der Sohn der Magd Gottes. Er ist schwach und lebt
nur kurze Zeit. Er hat nicht die Fähigkeit zum gerechten Richten. All diese Negativa sind freilich in der Retrospektive auf jene Zeit gesagt, in der er die Weisheit
noch nicht erhalten hat. Nennt er sich Knecht Gottes, so ist das nicht wie in
Jes 53 im soteriologischen Sinn gemeint. In seiner knechthaften und schwachen
Existenz ist ihm nur eine geringe Lebenszeit eingeräumt. Und sein - auch forensisches - Urteilsvermögen ist ohne göttliche Weisheit überaus eingeschränkt. Selbst
wenn jemand in seinen natürlichen Anlagen, so 6, vollkommen wäre - doch wer
ist es schon! -, er würde, fehlte ihm die Weisheit, als ein Nichts vor dem Urteil

---

[141] Anders *Grimm* K 181: „Bei dem rein alttestamentlichen Anstriche von Vs. 1-4 kann λόγος
nur das alttestamentl. Schöpferwort Gottes seyn oder die Wirksamkeit des allmächtigen Schöp-
ferwillens …" Er verweist u. a. auf Sir 42,15: ἐν λόγοις (!) κυρίου τὰ ἔργα αὐτοῦ. Daß aber die
Weisheit nicht nur den Menschen erschaffen hat, sondern den ganzen Kosmos, wurde schon in
7,22 (s. auch 7,12) gesagt. Der Wechsel von der präpositionalen Wendung in 1 b zum Instrumentalis in 2 a hat nur stilistische Gründe.

[142] ἐν λόγῳ ist Instrumentalis; der Logos ist das „Instrument" Gottes für sein Handeln bei der
Schöpfung. In Joh 1,3 πάντα δι' αὐτοῦ (= τοῦ λόγου) ἐγένετο dürfte eine Anspielung auf Sap 1
vorliegen.

[143] Zwar begegnete bisher noch nicht die Kombination von ὁσιότης und δικαιοσύνη; wohl aber
waren es nach 3,9 die δίκαιοι, die als die ὅσιοι auftraten; in 4,15 werden die Könige, die nach 1,1
die Gerechtigkeit lieben sollen, aufgefordert, das Heilige heilig zu bewahren (s. auch 6,10).

[144] Zum Verhältnis von δικαιοσύνη und ὁσιότης bei Platon s. *Platon* Euthyphron 12 e und vor allem Gorgias 507 b: καὶ μὴν περὶ μὲν ἀνθρώπους τὰ προσήκοντα πράττων δίκαι' ἂν πράττοι, περὶ δὲ
θεοὺς ὅσια. τὸν δὲ τὰ δίκαια καὶ ὅσια πράττοντα ἀνάγκη δίκαιον καὶ ὅσιον εἶναι.

[145] τὴν τῶν σῶν θρόνων πάρεδρον. In 6,14 wurde die Weisheit in einem anderen Sinne als πάρεδρος bezeichnet.

Gottes gelten![146] Wieder begegnet hier der *forensische* Gedanke: Der Mensch *ist,*
was er *vor Gott gilt.* Dem Sein des Menschen ist die Relation zu Gott immanent.
Der Mensch kann also, will man sein wahres Mensch-Sein erfassen, nur zusammen mit Gott gedacht werden. Wer den Menschen ohne Gott begreifen will, „begreift" nur seine Karikatur. Er „greift" zu kurz.

Mit 7 beginnt der zweite Teil des Gebets. Er setzt mit betontem „Du" ein: *Du* bist   7
es ja, der mich zum König über dein Volk auserwählt hat. Die unausgesprochene
Konsequenz: Also ist es *deine* Aufgabe, mich für meine königliche Aufgabe aus-
zurüsten! Und damit auch für mein Amt als Richter! Salomon behaftet Gott geradezu mit dieser Verpflichtung. Und in 8 ab verweist der König darauf, daß er es   8 ab
war, der ihn zum Bau des Tempels auf dem heiligen Berge und des Altars in der
Stadt seiner Wohnung beauftragt hat (1Kön 5,19 mit Bezug auf 2Sam 7,13; s.
auch Sir 47,13). Es ist der gleiche Tonfall wie in 7: Du, o Gott, bist nun an der
Reihe! Von besonderer Relevanz für die theologische Denkweise des Verf. der
Sap ist 8 c. Der Tempel soll nach dem himmlischen Abbild des heiligen Zeltes an-   8 c
gefertigt werden, das Gott in der Urzeit entworfen hat. Die mißverständliche
Wendung ἀπ' ἀρχῆς, *ap' arches,* wörtlich: „seit Beginn", meint nicht, daß Gott dies
erst zu Beginn der geschichtlichen Zeit getan habe. Vielmehr wollte unser Autor
wohl sagen, daß Gott diesen Entwurf bereits vor Beginn der Zeit, also in der Ur-
Zeit als der Voraussetzung aller irdischen Zeit, das Ur-Bild des Tempels im Himmel bereitliegen hatte, damit es in geschichtlicher Zeit geschichtliche Wirklichkeit
werde. Hinter der Anweisung von 8 c wird demnach schon wieder *so etwas wie*
das *platonisierende* Denken deutlich: Die *eigentliche* Wirklichkeit ist die Wirklichkeit des jenseitigen Gottes und seines Himmels, von der her alle irdische
Wirklichkeit wirklich wird und ist. Zeit und Geschichte gründen in der Ewigkeit.[147] Diese göttliche Wirklichkeit wird der irdischen nur durch die Weisheit

---

[146] λογισθήσεται ist *passivum divinum:* Gott wird ihm sein menschliches Vermögen als ein
Nichts anrechnen.
[147] Ein ntl. Pendant zu Sap 9,8 ist Hebr 8,5; dazu *Hübner,* Bibl. Theol. III, 42 f. Grimm K 185
wendet sich gegen die Deutung von Sap 9,8 c als eine Erklärung „von *Ideen* des Tempels und des
Altars im göttlichen Verstande nach der platonisch-philonischen Ideenlehre", da sich „im sonsti-
gen Vorstellungskreise des Buchs keine Anknüpfung" finde. Aber μίμημα σκηνῆς ἁγίας in dieser
Sap-Stelle dürfte sowohl platonisierende Diktion sein als auch Verallgemeinerung von Ex 25,40,
wo *platonisch interpretierbar* zu lesen ist: ὅρα ποιήσεις κατὰ τὸν τύπον τὸν δεδειγμένον σοι ἐν τῷ
ὄρει. Steht hier τύπος, so ist dieser Begriff zwar nicht synonym mit μίμημα in Sap 9,8; wohl aber
befinden sich beide Termini in enger Bedeutungsaffinität. Ex 25,40 atmet schon etwas platonischen Geist, auch wenn hier keine bewußte Übernahme aus der platonischen Philosophie vorliegen sollte. M. E. hat *Winston* K 203 zutreffend formuliert: „*mimema* is a vox *Platonica* and is
meant to emphasize by contrast the greater reality of the archetype." Mit Recht verweist er auf
Parallelen in den platonischen Schriften, u.a. auf *Platon,* Timaios 48e. Hinweise auf rabbinische
Stellen (aufgelistet bei *Winston* K 204 f.) mögen vielleicht auf eine gemeinsame Tradition von Sap
und Rabbinen aufmerksam machen. Aber die Vorsicht gebietet, solch späten Aussagen nicht zu
starke Beweiskraft zuzutrauen. Auf Ex 25,9.40 macht auch *Engel* K 154 aufmerksam. Für
Schmitt K 90 ist μίμημα ebenso eine vox *Platonica,* doch sei es nicht zwingend, diese *vox* auf die
„Archetypen" der platonischen Ideenlehre zu beziehen. Es könne auch eine Anspielung auf eine
rabbinische Legende vorliegen, nach der bereits vor Erschaffung der Welt sieben Dinge existierten, u. a. die Torah und das Heiligtum. Danach mit vollem Recht: „Schließlich sollte nicht überse-

9 vermittelt, weil diese ihr Sein nach 9 *mit* Gott hat. 9 steht in Kontinuität von 4
her. Denn als die, welche schon in der Ur-Zeit „mit" Gott war und ihn so aus ihrem intimen *Mit-Sein* mit ihm und besonders ihrem Mit-Sein bei der Erschaffung
der Werke Gottes kennt, ist sie, wie 4 formuliert, seine πάρεδρος, *paredros,* also
die mit ihm auf seinem Thron sitzende *Mitregentin.* Mit diesem griechischen
Wort ist allerdings auch wieder theologisch relevante Terminologie der griechischen Welt zur Sprache gekommen. So ist z. B. Dike die *paredros* (oder ξύνεδρος,
xynedros) von Zeus, Eros der *paredros* von Sophia.[148] Eigentümlich ist aber, daß
in 9 von ihr als Schöpfungsmittlerin (7,22!) keine Rede ist. Dies zeigt, daß die
theologische Reflexion, die unbestreitbar in der Sap vorliegt, nicht ihr letztliches
Gestaltungsprinzip ist.

Soll aber der religionsgeschichtliche und theologische Hintergrund der Vorstellung von der Weisheit als der Mitregentin Gottes noch weiter erhellt werden,
so gilt es jenen Aussagen Aufmerksamkeit zu schenken, die diese Vorstellung
ohne den Begriff der Mitregentin zum Ausdruck bringen. Und hier sind es vor allem atl.-weisheitliche Traditionen. Es sind zunächst Aussagen der *Sprüche Salo-*
mons und aus *Jesus Sirach;* sie thematisieren das Mit-Sein der Weisheit mit Gott
und ihre Präexistenz. Für die Spr geschieht hier der Rückgriff auf den Text der
LXX. Spr 8,30 sagt es programmatisch (in der Ich-Rede der Weisheit): „Ich war
bei ihm und verhielt mich dementsprechend."[149] Sie wußte, welche Ehre das für
sie war (und ist). Und Sir beginnt sofort mit den Worten: „Jede Weisheit ist
beim[150] Herrn / Und mit ihm[151] ist sie in alle Ewigkeit." Dieses Bei-Gott-Sein begann nach Spr 8,22 zu Beginn der Wege des Herrn; damals erschuf er sie (also
Parallele zu Sap 9,9 b!), und zwar für seine Werke. Dies ist im Kontext der Gerechtigkeit ausgesagt, Spr 8,18: „Reichtum und Herrlichkeit habe ich / und großen Besitz und Gerechtigkeit." 8,20: „Ich wandle auf den Wegen der Gerechtigkeit." All das aber hat seinen eigentlichen Sinn im Blick auf die Menschen (8,15):
„Durch mich regieren Könige." Und die die Weisheit lieben, die liebt sie; sie läßt
sich von denen finden, die sie suchen, 8,17. In den entscheidenden Punkten ist also hier ähnliches wie in der Sap gesagt. Vor allem ist es die Beziehung der (relati-

---

hen werden, daß bereits im Alten Orient die Vorstellung himmlischer Archetypen bekannt war
…" Grundsätzlich gefragt: Liegt nicht in der menschlichen Seele auch weit jenseits von Platon
ein Stück von Platon? *Scarpat* K II 222–225 (Exkurs „La costruzione del tempio") bemüht sich,
platonischen Einfluß herunterzuspielen. Er sieht mit Recht Ex 25,10 als biblische Grundlage von
Sap 9,8 c, betont aber dann, daß der Verf. der Sap den platonischen Begriff παράδειγμα vermeide
und statt dessen τύπος sage.

[148] *Pindar,* Olympia 8,21–22: ἔνθα σώτειρα Διὸς ξενίου πάρεδρος ἀσκεῖται Θέμις. *Sophokles,*
Ödipus auf Kolonos 1382: Δίκη, ξύνεδρος Ζηνὸς νόμοις. *Euripides,* Medea 842: τῇ σοφίᾳ παρέ-
δρους πέμπειν Ἔρωτας, παντοίας ἀρετᾶς ξυνεργούς. Von den Kommentaren s. hierzu vor allem
Grimm K 182 f.; *Scarpat* K II 217–219.

[149] Spr 8,30 a: ἤμην παρ' αὐτῷ ἁρμόζουσα. ἁρμόζω (= ἁρμόττω) heißt seiner Hauptbedeutung
nach „anpassen", „sich anpassen", „sich schicken". Gemeint ist hier, daß die Weisheit, die bei
Gott ist, sich dieser Situation anpaßt, sich ihr fügt. Das ist freilich kein Zwang, dem sie sich fügt;
denn bereits in 8,30 b heißt es, daß sie es mit Freuden tue.

[150] Sir 1,1: παρὰ κυρίου - Spr 8,30: παρ' αὐτῷ.

[151] Sir 1,1: μετ' αὐτοῦ - Sap 9,9: μετά σου.

ven) Präexistenz der Weisheit zu ihrer Aufgabe, Gerechtigkeit unter die Menschen zu bringen. Und was in Sir über sie gesagt ist, geht in die gleiche Richtung. So ging sie aus dem Munde des Höchsten hervor (24,3), als Gott sie vor aller Zeit schuf, um in alle Ewigkeit zu leben (24,9). Sie wohnte (Aorist!) in den himmlischen Höhen und hatte ihren Thron in den Wolken (24,4), sie umkreiste den Himmel, durchwanderte die Tiefen des Abgrunds und durchkreuzte die Meere (24,5f.). Schließlich nahm sie auf Geheiß Gottes in Jakob ihre Wohnung (24,8). Auch nach Sir ist ihre Tätigkeit dazu bestimmt, daß die Menschen sie hören und ihr gehorchen (24,22).

Sowohl in Sap 9 als auch in ihren Vorgängerinnen Spr 8 und Sir 24 ist also die *Präexistenz* oder zumindest die Quasi-Präexistenz der Weisheit ausgesagt. Damit stellt sich ein wichtiges *theologisches* und *als* theologisches ein schwieriges *hermeneutisches* Problem. Wir stehen nämlich vor der Frage, ob es hier um eine bloß mythologische Vorstellung geht, die als übernommene Vorstellung von ihren Tradenten mitgeschleppt wurde, oder ob eine *existentiale Interpretation* diese Mythologie theologisch und hermeneutisch relevant zu machen vermag. Bei den bisherigen theologischen Erwägungen zeigte sich, daß die Aussage vom „Besitz" der Weisheit durch einen Menschen diesem die existenzbestimmende Nähe Gottes vermitteln will und dadurch die Frage nach dem *Wesen des* auf Gott angewiesenen *Menschen* mit existentiellem Nachdruck gestellt ist. Vorstellungsmäßig bedeutet das das Ineinandergreifen der Welt Gottes und der Welt des Menschen. Damit rückte zunächst das Existential der *Räumlichkeit* als das Zueinander von Gott und Mensch in den Blick und heischte Reflexion. Jetzt aber tritt ergänzend das Existential der *Zeitlichkeit* hinzu. Die Weisheit reicht „zeitlich" in die Ewigkeit hinein, reicht aber dann in eigentlicher Zeitlichkeit und Geschichtlichkeit in sie „zurück". Ist die Weisheit nun die unsere geworden, so hat sie uns kraft ihrer Präexistenz in Kontakt zur Ur-Zeit gebracht. Wir haben sozusagen, wenn wir die Weisheit als existenzbestimmende Mitte in uns haben, diese Ur-Zeit in uns, also ein „Stück" Zeit-Transzendenz, noch grundsätzlicher: ein „Stück" göttlicher Transzendenz. Das kann natürlich nach dem Gesagten nicht heißen, daß wir der Zeit und der Geschichte entnommen wären! Nein, wir sind *mitten in Zeit und Geschichte* in unserer Eigentlichkeit *in der Ewigkeit*.[152] Wir haben, so gewagt diese Formulierung auch sein mag (weil Theologie Theo-Logie ist, kommt sie um gewagte Aussagen nicht herum!), die *gottgeschenkte Gabe der Bilokation*. Wir haben sie, weil sie auch der mit uns zusammenlebenden Weisheit eignet. Ausgangspunkt dieser unserer theologischen Reflexion ist das Denken von Gott und seiner Weisheit her. Ist Gottes Weisheit zugleich die dem Menschen übereignete Weisheit, so ist sie die göttliche Gegenwart in uns. Der Mensch und die Weisheit Gottes sind keine (in christologischer Terminologie) hypostatische Union eingegangen, wohl aber eine nicht eng genug zu denkende Union. Die theologische Denkrichtung ist die gleiche wie später in Eph 1,4: Im präexistenten Christus sind wir vor Grundle-

---

[152] Ein Blick ins NT: Nach Phil 3,20 ist unser Heimatland (so übersetzt *J. Gnilka*, HThK X/3, 202 πολίτευμα) im Himmel.

gung der Welt, πρὸ καταβολῆς κόσμου, *pro kataboles kosmou*, auserwählt zur Heiligkeit.[153]

Der *Schritt von der Präexistenz der Weisheit zur Ethik* geschieht noch in 9. Die
Anwesenheit der Weisheit bei der Erschaffung der Welt befähigt die Menschen
zu wissen, was in Gottes Augen wohlgefällig und was rechtens in seinen Geboten
ist. Setzt die Sap in 1,1 mit der Forderung ein, die Gerechtigkeit zu lieben, so sind
die Gestalt der Weisheit und die Gerechtigkeit zwei untrennbare Größen. Wer
aufs engste mit der Weisheit verbunden ist, der handelt in seiner ethischen
Grundgesinnung so, daß er Gerechtigkeit verwirklicht. Sobald er gegen sie ver-
stößt, hat er die Verbindung mit der Weisheit schuldhaft zerstört. Das alles hat
Salomon vor Augen. Er weiß, daß er die im Himmel beheimatete Weisheit als die
seine königliche Existenz bestimmende Macht braucht, will er ein guter König
sein. So geht es ihm in seinem Gebet um die eben genannte Bilokation. Er weiß,
daß sein eigentliches Sein das jenseitige sein muß, will er in seinem uneigentli-
chen, nämlich diesseitigen Sein seine königliche Aufgabe der Gerechtigkeit erfül-
len. Weiß nämlich die existenzbestimmende Weisheit aufgrund ihrer Präsenz bei
Gottes Weltschöpfung um diese und weiß sie zudem um Gottes gegenwärtiges
Sein und Wirken, so wird dieses Wissen, wenn sie Salomon zu eigen wird, dessen
Wissen (7,15 ff.!). Salomon *denkt* dann *mit der Weisheit* das Göttliche, weil sie
bereits in Gottes Denken hineingenommen ist. Also partizipiert auch Salomon
via Weisheit, wenn auch in indirekter Weise, am Denken Gottes. Auf das königliche, Weisheit erfordernde Amt zugespitzt: Residiert die Weisheit auf Gottes
Thron, so ist Salomons Regieren indirekt ein Regieren von der himmlischen Heimat der Weisheit aus. „In gewisser Weise" sitzt er von Jerusalem aus mit der ihm
innigst verbundenen Weisheit auf Gottes Thron. Das mag überspitzt erscheinen,
ist aber nur die Konsequenz des in der Sap Gesagten. Im NT sagt der Verf. des
Eph nichts Geringeres, nichts weniger „Gefährliches" (Eph 2,5 f.)![154]

10 In 10 wiederholt Salomon – nur mit anderen Worten – die Bitte von 4. Hieß es
dort, Gott möge die Weisheit geben, so wird nun das Bild geringfügig variiert.
Gott soll sie aus dem heiligen Himmel herabsenden. Die Gabe wird zur delegier-
ten Hypostase. Und noch einmal wird das Bild vom göttlichen Thron bemüht:
Gott soll sie vom Thron seiner göttlichen Herrlichkeit schicken, damit sie sich bei
ihm, Salomon, bemühe, also ihn in seinem Bemühen zum Guten führe. Denn er
will wissen, was vor Gott wohlgefällig ist. Die Rede vom Mühen der Weisheit hat
der Verf. der Sap wahrscheinlich aus Sir 24,34 entnommen.[155] Der Gedanke vom
11 Wissen der Weisheit wird in 11 weiter ausgeführt. Ihr Wissen ist unermeßlich, sie
weiß ja alles. Sie ist also – wie Gott! – allwissend. Sie partizipiert somit an einer
wesenhaften Fähigkeit Gottes. Sie weiß nicht nur alles, sie versteht auch alles. Es
ist möglich, daß mit dem hermeneutischen Wort „verstehen", συνιέναι, *synienai*,
ausgesagt sein soll, daß sie, was sie durch Rezeption als „objektives" Wissen in

---

[153] *H. Hübner,* HNT 12, Tübingen 1997, 130–146, vor allem 133 f. 141–143.
[154] Ib. 161 f.: Theologischer Exkurs: Die im Himmel inthronisierten Christen.
[155] Sir 24,34: ἴδετε ὅτι οὐκ ἐμοὶ μόνῳ ἐκοπίασα, ἀλλὰ πᾶσιν τοῖς ἐκζητοῦσιν αὐτήν. Sap 9,10: ἵνα
συμπαροῦσά μοι κοπιάσῃ.

sich aufgenommen hat, mit göttlichem Verstand durchdringt und durchschaut. Somit wäre die Weisheit die Hypostasierung des göttlichen Verstehens – im Grunde keine Steigerung mehr nach all dem, was wir bisher schon von ihr erfahren konnten. Als so alles Wissende und Verstehende wird sie Salomon in seinem Handeln besonnen führen und ihn kraft ihrer göttlichen Herrlichkeit beschützen. Man beachte wiederum: Von Gott und von der göttlichen Weisheit wird innerhalb weniger Verse die göttliche Herrlichkeit, δόξα, *doxa,* ausgesagt. Also: Wenn die Weisheit Salomon leitet und bewahrt, so leitet und bewahrt letztendlich Gott ihn. In 12 faßt der König zusammen: *Wenn du mir also deine Weisheit herab-* 12 schickst, *dann,* o Gott, wird mein Tun für dich annehmbar sein, *dann* werde ich dein Volk gerecht richten, *dann* werde ich würdig des Thrones meines Vaters, also Davids, sein! Es klingt ein wenig erpresserisch, aber wohl nur in unseren modernen Ohren.

Mit 13 beginnt der letzte Teil des Gebets Salomons, in dem das zuvor Gesagte 13 begründet wird. Die erste der beiden Fragen erinnert den mit dem NT Vertrauten an 1Kor 2,16 „Wer kennt den *Geist* des Herrn?"[156], ein Zitat aus Jes 40,13. In Sap 9,13 lautet die Frage: „Welcher Mensch kennt den *Willen* (oder: den Plan) Gottes?"[157] Trotz der verbalen Differenz von Geist und Willen besteht aber inhaltliche Konvergenz zwischen beiden Fragen, da nach Jes 40,13 Gottes Geist den Willen Gottes impliziert.[158] Das geht schon allein aus der Fortsetzung des Zitats hervor, in dem gefragt wird, wer Gottes Ratgeber gewesen sei (im Griechischen enthält das Wort für „Ratgeber", σύμβουλος, *symboulos,* das Wort „Wille", βουλή, *boule.* Vor allem aber ist nach dem biblischen Verständnis von Geist in diesem das Element des *Wollens* konstitutiv. Den rein spekulierenden Geist kennt biblisches Denken nicht. Der denkende Geist ist immer auf seine Intention gerichtet; *er will, was er denkt.* Insofern ist es recht wahrscheinlich, daß in 13 eine Anspielung auf Jes 40,13 vorliegt. Der Verf. der Sap hätte dann „Wille" statt „Geist" gesagt, um in seinem eigenen griechischen Denkhorizont und für die griechisch denkenden Adressaten zu verdeutlichen, daß es um das planende Wollen Gottes geht. Denn daß für ihn – ganz in der Denkweise des AT – Gott essentiell der planend Wollende ist, daß also Gott Wille *ist,* das bringt er als Voluntarist in der zweiten Frage von 13 zum Ausdruck, wenn er fragt, wer wohl erwägen könne, was der Herr will. Gott als heiligen Willen zu verstehen bedeutet aber zugleich, sich selbst als den zu verstehen, der in seinem eigenen Sein unter diesem Willen existiert und somit auch in seinem eigenen Wollen das will, was Gott will.[159] Indem aber der Verf. der Sap hier Gott mit diesen Zügen zeichnet, will er seinen Adressaten zu verstehen geben, daß Gott *ihr* Heil will und sie sich daher, was

---

[156] Jes 40,13: τίς ἔγνω νοῦν κυρίου …;

[157] Sap 9,13: τίς γὰρ ἄνθρωπος γνώσεται βουλὴν θεοῦ;

[158] Allerdings findet sich in den authentischen Paulusbriefen der Begriff βουλή für Gottes Wollen nicht. Im AT hingegen ist dies häufig der Fall (z. B. ψ 32,11; Jes 14,26; 46,10; Jer 27,45 LXX; 29,21; 39,19).

[159] *Martin Luther* spricht in seiner Römerbriefvorlesung (1515/16) in diesem Sinne zutreffend von der *conformitas in voluntate* (z. B. WA 56, 365, 19 f.).

auch immer geschehen mag, des guten Willens Gottes und seiner Macht gewiß
sein sollten.

14   14 begründet wiederum 13. Wenn die Einheitsübersetzung λογισμοί, *logismoi,*
interpretierend mit „Berechnungen" statt wörtlich mit „Gedanken" übersetzt, so
trifft sie damit genau die Intention unseres Autors. Wir übernehmen daher diese
Übersetzung. Gottes Pläne und Absichten lassen sich nicht berechnen, weil Gott
keine immanente und somit auch keine berechenbare Größe ist. Wer ihn aber als
eine solche einplant, degradiert ihn verdinglichend zu einem quantifizierbaren
Etwas und macht so aus ihm ein menschlich beherrschbares Instrument, begeht
also, wenn auch unbewußt, Blasphemie. Denn unsere Gedanken reichen nicht an
Gott heran; man kann sich daher nicht auf sie verlassen, wenn sie Gott zur bere-
15   chenbaren Größe machen. 15 ist in der Serie der Begründungen die Begründung
von 14, und zwar in Anlehnung an die *platonische dualistische Anthropologie.* Die
terminologische Nähe zu Platons Phaidon ist so eng, daß literarische Abhängig-
keit wahrscheinlich ist: Der vergängliche Leib beschwert die Seele fast unerträglich, und das aus Erde bestehende „Zelt" belastet den Geist so stark, daß dieser
Sorgen im Übermaß hat.[160] Keinesfalls geht es in 15 um eine trichotomische Anthropologie (s. zu Sap 8,21), denn Seele und Geist (ψυχή, *psyche,* und νοῦς, *nous*)
sind nicht zwei einzelne „Teile" des Menschen, sondern inhaltlich identische Termini in einem synonymen Parallelismus.[161] Der durch den Leib beschwerte Geist
16   kann nach 16 kaum das, was „auf Erden" ist, erfassen, und nur mit Mühe, was
„auf Händen" liegt. Ist er also schon im Bereich der Immanenz behindert, wie
kann er dann dem, was „im Himmel" ist, nachspüren (*a minori ad maius*)! Man
17 a   beachte die Trias „auf Erden" – „auf Händen" – „im Himmel".[162] 17 a wiederholt
zunächst in geringfügiger Modifikation 13 a, fügt aber die inzwischen genügend
17 b   bedachte Bedingung der Gabe des Geistes hinzu und in 17 b als Interpretation der
Weisheit die Sendung des Heiligen Geistes. Auch zum Verhältnis von Weisheit
und (heiligem) Geist wurde das Erforderliche bereits ausführlich gesagt.

---

[160] *Lange,* JBL 1936, 297. Ungeklärt ist, ob πολυφρόντιδα „unablässig denkend" (so oder ähnlich *Grimm* K 188; *Feldmann* K 69; *Fichtner* K 36; *Vilchez* K 287) oder „sorgenvoll" (*Larcher*
K II 591; *Schmitt* K 88 mit Einheitsübersetzung) meint. Das vor allem von *Larcher* vorgebrachte
Argument hat die größte Plausibilität für sich: Der Kontext mit den platonischen Vokabeln, die
die Belastung der Seele durch das somatische Sein des Menschen aussagen, spricht für die Deutung, daß so der Geist um das Dasein des Menschen sehr besorgt ist. *Platon,* Phaidon 81 c: Ἐμ-
βριθὲς δέ γε ... τοῦτο οἴεσθαι χρὴ εἶναι καὶ βαρὺ καὶ γεῶδες καὶ ὁρατόν. Ὃ δὴ καὶ ἔχουσα ἡ τοιαύτη
ψυχὴ βαρύνεταί τε καὶ ἕλκεται πάλιν εἰς τὸν ὁρατὸν τόπον φόβῳ τοῦ ἀειδοῦς τε καὶ Ἅιδου ...
[161] Auch *Grimm* K 188 f. bestreitet einen trichotomischen Sinn, versucht aber insofern eine
Differenzierung, als die ψυχή das eigentliche und wahre Wesen des Menschen aussage, νοῦς aber
die ψυχή nach ihrer Tätigkeit als Denkkraft. Zu dieser Unterscheidung kann er aber nur kommen, weil er πολυφρόντιδα als „viel und unablässig denkend" interpretiert (ib. 188).
[162] τὰ ἐπὶ γῆς – τὰ ἐν χερσίν – τὰ δὲ ἐν οὐρανοῖς!

9,18–10,21 Hymnus auf die Weisheit

18   Und auf folgende Weise hat Gott die Wege der Irdischen geebnet
      Und die Menschen über das, was gut ist, gelehrt
      Und sie durch die Weisheit gerettet:
10,1 *Sie* hat den erstgeformten Vater der Menschheit,
      Als er noch allein geschaffen war, bewahrt
      Und ihn aus seinem Fall herausgerissen
  2   Und ihm die Kraft gegeben, alles zu beherrschen.
  3   Ein Ungerechter aber, in seinem Zorn von ihr abgefallen,
      Ging aufgrund seines brudermordenden Ingrimms zugrunde.
  4   Die durch ihn überschwemmte Erde rettete wiederum die Weisheit,
      Indem sie den Gerechten durch ein armseliges Holz hindurchsteuerte.
  5   *Sie* erwählte, als die Völker gerade aufgrund ihrer Einmütigkeit in der
                                Bosheit in Zwietracht miteinander gerieten,
      Den Gerechten und bewahrte ihn untadelig vor Gott.
      Und sie beschützte ihn, den Starken, bei seinem Erbarmen mit seinem Kinde.
  6   *Sie* rettete, als die Gottlosen zugrunde gingen, den Gerechten,
      Als er vor dem Feuer floh, das auf die Pentapolis herabkam.
  7   Diese steht noch (heute) da als Zeugnis der Verruchtheit,
      Nämlich als rauchendes, unfruchtbares Land,
      Das zur Unzeit fruchtbringende Pflanzen hervorbringt.
      Als Mahnmal an eine Ungläubige steht in ihm ein Salzsäule.
  8   *Die Weisheit* – die an ihr vorübergingen,
      Sie erlitten nicht nur dadurch Schaden, daß sie das Gute nicht erkannten,
      Sie hinterließen auch den Überlebenden ein Denkmal ihrer Unvernunft,
      Damit nicht verborgen blieb, worin sie zu Fall gekommen sind.
  9   *Die Weisheit* aber errettete die, die sie verehrten, aus ihren Nöten.
 10   *Sie* führte den Gerechten, der des Bruders Zorn entfloh,
      Auf geraden Wegen.
      Sie zeigte ihm die Herrschaft Gottes
      Und gab ihm das Verstehen des Heiligen.
      Sie versorgte ihn in der Not
      Und brachte den Anstrengungen seiner Mühen vollen Erfolg.
 11   Bei der Habgier derer, die ihn überwältigen wollten, stand sie ihm bei
      Und verschaffte ihm Reichtum.
 12   Sie beschützte ihn vor seinen Feinden
      Und beschirmte ihn vor denen, die ihm nachstellten.
      Und den harten Kampf entschied sie für ihn,
      Damit er wisse, daß Frömmigkeit stärker ist als alles andere.
 13   *Sie* ließ den verkauften Gerechten nicht im Stich,
      Sondern riß ihn aus der Sündengefahr heraus.
 14   Sie stieg mit ihm in die Grube (in den Kerker?)
      Und verließ ihn nicht im Gefängnis,

> Bis sie ihm schließlich das Szepter der Herrschaft brachte
> Und die Macht über die, die ihn unterjochten.
> Und als Lügner entlarvte sie, die ihn schmähten.
> Und sie gab ihm immerwährenden Ruhm und ewige Herrlichkeit.
>
> 15 *Sie* rettete das heilige Volk und seine untadeligen Nachkommen
> Vor dem Volk der Bedränger.
>
> 16 Sie ging ein in die Seele dessen, der den Herrn verehrte,
> Und widersetzte sich furchterregenden Tyrannen mit Zeichen und Wundern.
>
> 17 Sie gab den Heiligen den Lohn für ihre Mühen,
> Sie führte sie auf wundersamem Wege
> Und wurde für sie zum Schutz am Tage
> Und zum Sternenlicht in der Nacht.
>
> 18 Sie führte sie durch das Rote Meer
> Und geleitete sie durch die gewaltige Flut.
>
> 19 Aber deren Feinde ließ sie ertrinken
> Und warf sie aus tiefem Abgrund wieder herauf.
>
> 20 Deshalb beraubten die Gerechten die Gottlosen
> Und priesen, o Herr, deinen heiligen Namen,
> Und sie lobten einmütig deine schützende Hand.
>
> 21 Denn *die Weisheit* öffnete den Mund der Stummen
> Und machte die Stimmen der Unmündigen hell und klar.

Zum Druckbild des Hymnus: Die Anaphern αὕτη, *haute*, (= diese) und σοφία, *sophia*, (= Weisheit) werden durch Kursive kenntlich gemacht.

9,18   Soll man den Hymnus auf die Weisheit in Kap. 10 mit 9,18 oder mit 10,1 beginnen lassen? Soll man ihn mit 10,21 oder mit 11,1 enden lassen? Sein Anfang und Ende sind in der Forschung umstritten. Die Mehrzahl der Ausleger rechnet 9,18 noch zum Gebet von Kap. 9. Doch führt Armin Schmitt[163] beachtliche Gründe dafür an, daß bereits 9,18 zu Kap. 10 zu ziehen sei. Nur als Konvenienzgrund wird man sein Argument werten, daß Sap 9, ausgenommen 9,7f. 17, durch Partizipien, Imperative, Präsens und Futur geprägt ist, daß jedoch in 9,18 drei Narrative im Aorist Passiv in der Reihung stehen, jeweils durch „und" eingeführt, was Kap. 10 korrespondiert, in dem ebenfalls die Vergangenheitsform des Aorists dominiert. Wichtiger dürfte sein Argument sein, daß 9,18 Überschrift für Sap 10 sein dürfte, vor allem 9,18 c mit „Durch die Weisheit wurden sie gerettet", wobei wegen des *passivum divinum* ἐσώθησαν, *esothesan*, der Aussagesinn ist: „Gott wird sie durch die Weisheit retten."[164] Die Wegmetaphorik von 18 a begegnet wieder in 10,10 b. 17 b. 18, also eine erneute Verklammerung von 9,18 und Hymnus.

Schmitt will sich auch darin von der gängigen Auffassung distanzieren, daß er entgegen der üblichen Annahme 11,1 zum Folgenden zieht und das Argument nicht gelten läßt, in diesem Vers sei die Weisheit das Subjekt und folglich zum zu-

---

[163] *Schmitt*, BZ 21, 3 f.

[164] Dann ist καὶ οὕτως zu Beginn von 9,18 auf das Folgende zu beziehen, wie dies (worauf *Schmitt*, op. cit. 3 und 3, Anm. 14 aufmerksam macht) *R. Kühner/B. Gerth*, Ausführliche Grammtik der griechischen Sprache I, Darmstadt 4. Aufl. 1963, 646. 660, Anm. 1, entspricht. Deshalb unsere Übersetzung „Und auf folgende Weise ...".

vor Stehenden zu rechnen, weil die Synkrisis ab Sap 11,2 nur noch am Rande von
der Weisheit spricht. Der Vers sei Überschrift zum summarischen Kurzbericht
11,2–4.[165] Dies leuchtet nicht ein. Denn nach 11,4 rufen die Dürstenden Gott an;
von der Weisheit ist hier jedoch keine Rede.

Von erheblich größerer theologischer Relevanz ist die Frage, wozu der Hymnus von Kap. 10 zu rechnen ist, zum Mittelteil ab 6,22[166] oder zur Synkrisis ab
Sap 11[167]. Der entscheidende Punkt ist m.E. der bereits erwähnte Sachverhalt,
daß ab 6,22 thematisch vom Wesen und implizit auch vom Ursprung der Weisheit
gesprochen wird, diese aber, wie schon angedeutet, in der Synkrisis Kap. 11–19
nur ganz am Rande terminologisch und inhaltlich begegnet. Das dürfte überhaupt
das Rätsel in der Komposition des Buches sein, daß sein Schlußteil die Weisheit
geradezu ignoriert. In diesen Kapiteln wird nämlich der Exodus aus Ägypten mit
der Wüstenwanderung unter dem Gesichtspunkt der Fürsorge *Gottes* dargestellt.
So dürfte der Schluß naheliegen, daß der Hymnus auf das Geschichtswirken Gottes durch die Weisheit als der grandiose Schluß der Ausführungen über das Wesen und, im Wesen impliziert, das Wirken der Weisheit zu sehen ist. Die Perspektive reicht also vom *urgeschichtlichen* Wirken der Weisheit über ihr inneres Sein
(7,22 ff.) und das Gebet des Salomon bis zu ihrem *geschichtlichen* Wirken in Israels Geschichte. Es spricht somit alles dafür, in Sap 10 den krönenden enkomischen Abschluß des zweiten Teils innerhalb der Sapientia Salomonis zu sehen.

Es war die Rede von Sap 10 als *Hymnus.* Trifft diese Klassifizierung zu? Nun
ist freilich die Definition des Hymnus bis heute immer noch umstritten. So viel
dürfte aber *opinio communis* sein, daß es in einem Hymnus um den Lobpreis einer
Gottheit geht. Ist auch die Weisheit keine Göttin im eigentlichen Sinne des Wortes, so partizipiert sie jedoch am Bereich der göttlichen Transzendenz. Sie gehört
ja zur unmittelbaren Nähe Gottes. Und der Lobpreis, den sie in Sap 10 erhält, gilt
letztlich auch Gott selbst. Er nämlich wirkt durch sie, ihr Wirken ist Manifestation des Wirkens Gottes. Auch formale Elemente gestatten es, hier vom Hymnus
zu sprechen. Mehrfaches anaphorisches „sie", αὕτη, *haute*, (10,1.5.6.10.13.15)
und die im Druck in gleicher Weise hervorgehobene dreifache Anapher „Weisheit" (10,8.9.21) geben dem Kapitel hymnischen Charakter.[168] Reinhard Deich-
gräbers Definition des Hymnus als „das rühmende, lobpreisende Aufzählen der
Taten oder Eigenschaften einer Gottheit"[169] sei hier akzeptiert.

---

[165] *Schmitt,* BZ 21, 5 f.
[166] So z.B. *Winston* K 210 ff.; *Engel* K 118.163 ff.
[167] So z.B. *Heinisch* K 191 ff.; *Fichtner* K 39 ff.; *Vilchez* K 297 ff.
[168] *Engel* K 163 sieht in Sap 10 den letzten Abschnitt des mit Sap 6,22 beginnenden Enko-
mions auf die Weisheit. Damit erkennt er, daß auch die übrigen Teile von Sap 6.22–11,1 am
hymnischen Ton unseres Hymnus partizipieren. Im Exkurs „Zur Herkunft und Bedeutung der literarischen Form ‚Beispielreihe' in Weish 10" (ib. 165 ff.) spricht er von einer *„Beispielreihe",* verweist aber zugleich im Blick auf die „Anaphern für die Gliederung von Weish 10" auf die Verwendung von Anaphern in hellenistischen Hymnen.
[169] *R. Deichgräber,* Gotteshymnus und Christushymnus in der frühen Christenheit. Untersuchungen zu Form, Sprache und Stil der frühchristlichen Hymnen (StUNT 5), Göttingen 1967,
22.

Hatte Salomon bisher auf sich und seine vom Geist bzw. von der Weisheit in-
spirierte Regierungskompetenz geschaut, also auf seine *Gegenwart,* so blickt er
nun im Hymnus auf die *Vergangenheit* zurück, nämlich auf die vorstaatliche Existenz Israels. Der Lobpreis der Weisheit gilt ihrem segensreichen Wirken an den
von ihr auserwählten Gestalten dieser Epoche, also ihrem Wirken von Adam an
bis zum Exodus und zur Wüstenwanderung. Salomons eigenes Wirken mit Hilfe
der Weisheit ist somit die *geschichtliche Konsequenz* des Wirkens der Weisheit seit
der Urgeschichte. Diese Vergangenheit der Gerechten ist das geschichtliche Woher des gerechten weil begnadeten Königseins Salomons. Endet also Sap 6,22–
11,1 mit diesem geschichtlichen Rückblick, so ist der Lobpreis des Gnadenhan-
delns der Weisheit der Ausdruck eines *geschichtlichen Denkens,* das als *theologisches Denken* in der Lage ist, *Geschichte als durch die Weisheit gewirkte Gnade
Gottes* zu erfassen. Gott schafft durch seine gnadenvermittelnde Weisheit geschichtliche Kontinuität.

Diese Kontinuität ist aber nicht in geschichtsphilosophischer Weise durch die
Kontinuität eines Geschichtsverlaufs gegeben, sondern gemäß dem *personalen
Denken* unseres Autors in bestimmten *Gestalten der Heilsgeschichte* und im Geschick des Exodus-Volkes „inkarniert". Über die Auswahl mag man spekulieren;
aber will man z. B. das immerhin auffällige Fehlen Henochs monieren, so wird
man doch zugestehen können, daß wichtige Personen der Urgeschichte und frühen Geschichte Israels, zum Teil im Kontrast mit Antitypen, die theologische Intention des Verf.s der Sap gut veranschaulichen. Es sind Adam (1–2) mit Kain als
seinem Antitypos (3), Noah – auch er mit dem Antitypos Kain – (4), Abraham
(5), Lot (6–9), Jakob (10–12), Josef (13–14) und das aus Ägypten fliehende „heilige Volk" mit Mose (10,15–11,1). Wie aber Salomon sich selbst in 6,22–9,17 nicht
mit Namen vorstellt, so nennt er auch keinen Namen in 10,1–11,1. Nur wer die
Bibel kennt, weiß, von wem der Autor spricht.

Über die Herkunft dieser Form von hymnischen Beispielerzählungen hat vor
allem Armin Schmitt in dem bereits herangezogenen Aufsatz maßgeblich gehandelt. Hier soll nicht in die Detaildiskussion eingegriffen werden. Was aber bei der
Exegese des Hymnus zur Sprache kommen muß, ist der nicht nur von Schmitt
vorgenommene Hinweis auf die *Geschichtspsalmen* des AT. Er verweist vor allem
auf Ps 78, der „von historischen Rückblicken bestimmt" sei, „die eine tendenziöse
Ausrichtung auf einen angepeilten Punkt hin erkennen lassen". Es ist dort die Sequenz von Jahwähs Hilfe, der Sünde des Volkes, des Zorns Jahwähs, der deshalb
erfolgenden Bestrafung und schließlich der Begnadigung.[170] Die Differenz zu
Sap 10 ist offenkundig. Denn hier ist von der Schuld des Volkes nicht im mindesten die Rede. Die Weisheit hilft ja einem heiligen, also sündenlosen Volk! Da
aber der Verfasser der Sap das AT und nachweislich auch den Psalter bestens
kannte, ist festzuhalten, daß er sehr bewußt die theologische Grundstruktur derartiger Geschichtspsalmen ignorierte. Er hat also diese, auf deuteronomistischer
Theologie basierende, Sicht des schuldigen, dann aber wieder Gnade erhaltenden

---

[170] *Schmitt,* BZ 21,10.

Volkes in die Konzeption eines sündenlosen Volkes geändert. Das muß nicht hei-
ßen, daß er die im AT vorfindlichen Aussagen über die Schuld Israels als unzu-
treffend beurteilte. Es genügt anzunehmen, daß er in der konkreten Situation der
Juden in der hellenistischen Diaspora den Gedanken der Hilfe Gottes mittels der
Weisheit für so lebensentscheidend hielt, daß er die frühere Schuld Israels als
quantité négligeable betrachtete. Er weiß wohl von der Gottlosigkeit im Laufe der
Geschichte Israels; aber sie berührt nach seinem Urteil nicht das Wesen seines
Volkes. Doch nun zu den einzelnen Gestalten des Hymnus!

Zunächst ist von *Adam* die Rede. Er ist nach 1 Protoplast, wörtlich: der Erstge-   1
formte[171], und der Vater des Kosmos, das heißt: der Vater der Menschheit. Ihn
hat seit Beginn seiner Existenz die Weisheit beschützt, und zwar so lange, wie er
allein im Paradies lebte, also vor der Erschaffung Evas. Von dieser ist allerdings
hier nicht die Rede, deutlich aber von Adams Sündentat, und zwar mit dem Begriff παράπτωμα, *paraptoma*. Über Gen 3 geht unser Autor hinaus, wenn er davon
spricht, daß die Weisheit Adam aus seiner eigenen Sündentat herausgerissen habe. Von seiner Bekehrung spricht allerdings der Jahwist gerade nicht, freilich
auch nicht von seiner Verfluchung, sondern nur von der Verfluchung der Erde
um seinetwillen.[172] Nach Sap 10,1 ist also Adam aufgrund des Handelns der
Weisheit wieder in den Zustand der Sündlosigkeit zurückversetzt worden. Das
will besagen, daß der „Protoplast" Adam *als Begnadeter* der „*Vater der Menschheit*" ist. Dann ist er aber unschuldig am Brudermord seines Sohnes Kain! Beach-
tenswert ist die Bemerkung Helmut Engels: „Außer seinem eigenen Vergehen
wird Adam als Kontrastfigur Kain als ,Ungerechter' gegenübergestellt; Adam
selbst einen ,Gerechten' zu nennen, wie es bei den folgenden Personen der Beispielreihe geschieht, … war wohl in Anbetracht der Sündenfallerzählung (Gen 3)
kaum möglich."[173] Daß in 2 Gott dem Adam die Macht zur Herrschaft über alles   2
gibt, steht so nicht im jahwistischen Bericht (höchstens Andeutung Gen 2,8),
wohl aber im priesterschriftlichen, wenn auch mit anderer Terminologie
(Gen 1,28). Die Verleihung der Vollmacht über alles durch die Weisheit erfolgt in
Sap 10 erst, nachdem Adam wieder in die Sündlosigkeit restituiert ist. Die Reihenfolge in Sap 10,1 f. geschieht also in entgegengesetzter Folge wie in Gen 1–3.

War bereits in 1 c die Dunkelheit wieder beseitigt, so wird es erneut in 3 düster,   3
sogar besonders dunkel: Mord! Am Beispiel *Kain* zeigt sich, wie sich der Ungerechte in seinem Zorn von der Weisheit abwandte und so eine Existenz ohne
Weisheit, d. h. eine Existenz in Gottesferne und Sündhaftigkeit, bis zum Brudermord eskaliert. Der Verf. der Sap ist überzeugt, daß Gottlosigkeit zu höchster
Sündhaftigkeit führt. Der heutige Leser mag hier seine Schwierigkeiten haben.
Soll jedem Atheisten mit Sap 10,3 dokumentiert werden, daß er ein Leben ohne
ethisches Fundament führt? Eine solch voreilige Interpretation würde implizieren,
daß der, der meint, er müsse den Gottesglauben ablehnen, tatsächlich in der Got-

---

[171] Vgl. πρωτόπλαστον in Sap 10,1 mit Gen 2,7: καὶ ἔπλασεν ὁ θεὸς τὸν ἄνθρωπον …
[172] Im LXX-Text Gen 3,17: ἐν τοῖς ἔργοις σου (= Instrumentalis).
[173] *Engel* K 169.

tesferne existierte. Es wäre die Anmaßung, den, der sich als Atheisten wähnt, mit
den Augen Gottes sehen zu wollen. Doch bleibt das in 3 Gesagte insofern gültig,
als der *tatsächlich* – nicht nur in seinem Bewußtsein! – Gottlose, also der, dessen
eigentliches Ich von Gott entfernt ist, dem Ethos wesenhaft entfremdet ist. Denn
die eigentliche Wurzel des Ethos ist Gott, der Mensch wisse es oder er wisse es
nicht.

4   Mit 4 kommt *Noah* in den Blick, allerdings über Kain. Denn die Sintflut von
Gen 6–9 wird in kausalem Zusammenhang mit diesem gebracht. Und wieder ist
es die Weisheit, die die Rettung bringt, diesmal nicht nur für einen einzelnen
Mensch wie zuvor für Adam, sondern für die ganze Erde. Wurde nach 9,18, der
Überschrift über dem Hymnus, Gottes rettendes Handeln durch die Weisheit mit
dem Verb σῴζειν, *sozein,* ausgesagt, so ist es hier wieder dieses Verb, das der Autor jetzt für die Rettung der Erde verwendet. Rettung hat also einen globalen Horizont, ist kosmisches Geschehen. Und wie mit „Kosmos" zu Beginn des Hymnus
die ganze Menschheit gemeint ist, so hier mit „Erde" die Gesamtheit der künftig
auf dieser Erde wohnenden Menschen. Noah ist der erste „*Gerechte*" in Kap. 10.
Es gehört zu den Eigentümlichkeiten des Hymnus, daß schon vor dem ersten Gerechten der erste Ungerechte (Kain) auftaucht! Die Weisheit rettet den gerechten
Noah, indem sie ihn auf einem armseligen Holz (eine drastische Abwertung der
Arche, wohl kaum im Sinne von Gen 6–9!) durch die Unmassen der tobenden
Wasser hindurchsteuert.

5   Der nächste der Gerechten ist *Abraham* in 5. Der Vers beginnt mit der Anapher
„sie". Die Weisheit erkannte (im Sinne von: erwählte sich) ihn inmitten der gras-
sierenden Bosheit der Völker. Von ihnen wird „die Einmütigkeit in der Bosheit"
ausgesagt. Die Schwierigkeit der Auslegung besteht in der Übersetzung des *genetivus absolutus* ἐθνῶν συγχυθέντων, *ethnon synchythenton.* Das darin enthaltene
Verb συγχεῖν, *synchein,* besitzt nämlich ein breites Bedeutungsspektrum. Es kann
im Passiv bedeuten: aneinandergeraten, in Widerstreit geraten. Diese Bedeutung
fügt sich bestens in den Zusammenhang: Die sich in böser Absicht gegenüber einem anderen zusammenfinden, geraten, so nach aller menschlichen Erfahrung,
gemäß der Eigendynamik des Bösen letztlich selbst in Streit miteinander. Denn
Einmütigkeit in der Planung des Bösen zeugt notwendig die selbstzerstörerische
Zwietracht, also ist „Einmütigkeit in der Bosheit" eine ironische Wendung. Das
Passiv dieses Verbs kann aber auch bedeuten: verwirrt werden. Faßt man in diesem Sinne die passive Form des Partizips als *passivum divinum,* so wäre der *genetivus absolutus* wie folgt zu interpretieren: Die Völker wurden aufgrund ihrer Einmütigkeit in der Bosheit von Gott verwirrt. Mag auch diese Interpretation auf
den ersten Blick nicht so plausibel klingen wie die erste, so ist sie doch die in den
Kommentaren und Monographien mit Abstand bevorzugte, weil eine Deutung
auf die Erzählung vom Turmbau zu Babel Gen 11 naheliegt.[174] Denn dort be-

---

[174] So z. B. *Feldmann* K 72; *Schmitt* K II 94; in etwa im Sinne unserer Exegese *Engel* K 170,
der auf *Philon,* Über die Verwirrung der Sprachen, verweist. Ausführlicher geschieht dieser Verweis bei *Scarpat* K II 295 ff. *Philon* legt die Sprachverwirrung allegorisch aus. Obwohl dies nicht

schließt Gott, die Sprache der Völker zu verwirren.[175] Und Babel heißt in Gen 11,9LXX Σύγχυσις, *synchysis;* dieses Wort bedeutet aber auf deutsch „Verwirrung". So sehen auch die meisten Autoren in Sap 10,5 eine Anspielung auf Gen 11LXX. Daß der Verf. der Sap hier Gen 11 vor Augen hatte, ist möglich, vielleicht sogar wahrscheinlich. Da aber kein direktes Zitat vorliegt und zudem nur ein einziges Wort dieser Perikope in Sap 10,5 begegnet, ist es keinesfalls sicher, daß im Hymnus und in Gen 11 συγχεῖσθαι, *syncheisthai,* im selben Sinn verstanden werden müßte. Die Bedeutung „in Zwietracht geraten" dürfte daher zu bevorzugen sein.[176]

Die Weisheit bewahrte den gerechten Abraham in seiner Untadeligkeit gegenüber Gott. Und schließlich beschirmte sie ihn in seiner Gerechtigkeit, die sich in seinem Erbarmen gegenüber seinem Sohn konkretisierte. Man kann allerdings nur raten, auf welche Situation im Leben Abrahams der Verf. der Sap hier anspielt.[177] Vergleicht man den Umfang, den unser Autor einerseits dem Abraham, andererseits aber Lot widmet, so zeigt sich ein erstaunliches Mißverhältnis. Abraham erhält nur einen Vers mit drei Stichoi, Lot jedoch drei Verse mit elf Stichoi! Und registrieren sollte man auch, daß von den an Abraham ergangenen Verheißungen Gottes nichts gesagt wird.

Lot wird in 6 als zweiter ein Gerechter genannt. Die Weisheit rettete ihn aus 6 der Mitte der Gottlosen – das für den Anfang des Buches charakteristische Stichwort „gottlos", ἀσεβής, *asebes,* taucht hier wieder auf, und zwar wie dort als Gegensatz zu „Gerechter" –, die durch Feuer zugrunde gehen. Gemeint ist seine Rettung aus dem Schwefel- und Feuerregen auf Sodom und Gomorra, Gen 19,23–25. Allerdings werden diese beiden Städte nicht genannt, wohl aber – endlich eine Namensnennung! – die Pentapolis[178], zu der sie gehören. Nach Gen 19,20–22

---

das exegetische Verständnis des Verf. der Sap ist, kommt er m. E. damit dieser näher als die Ausleger, die ἐθνῶν συγχυθέντων in Sap 10,5 als reale Sprachverwirrung deuten.

[175] Gen 11,7: δεῦτε καὶ καταβάντες συγχέωμεν ἐκεῖ αὐτῶν τὴν γλῶσσαν … Gen 11,9: ἐκεῖ συνέχεεν κύριος τὰ χείλη πάσης τῆς γῆς …

[176] Nicht eindeutig ist *Grimm* K 195f. Er interpretiert zunächst συγχεῖσθαι und Kontext als „durch den gleichen unbewussten Trieb wildester Leidenschaften bewirkte Vereinigung von Völkern, die sonst in sich uneinig, nur in der Bosheit übereinstimmen". Damit könne „nur die Vereinigung zum babylonischen Thurmbau gemeint seyn, und der Ausdruck συγχυθ. scheint in Anspielung auf συγχέωμεν u. σύγχυσις LXX 1 Mos. 11,7. 9 gewählt zu seyn".

[177] Wohl kann man mit *Heinisch* K 200 vermuten, daß die Weisheit in der Situation von Gen 22 Abraham stark gegenüber der Liebe zu seinem Sohn machte, so daß er seiner nicht schonte, da nach Sap 8,7 die ἀνδρεία ja eine Gabe der Weisheit ist. Ähnlich jetzt z. B. *Engel* K 171: Abraham war nach Gen 22 in seinem Gehorsam Gott gegenüber „stark genug …, seinen geliebten Sohn Isaak … als Brandopfer anzubieten – wenn Gott so etwas wirklich wolle".

[178] Zur Pentapolis s. auch *Josephus,* Bellum Judaicum IV, 483–485 (Übersetzung von O. Michel und O. Bauernfeind): „An den See grenzt die Landschaft von Sodom an, in alter Zeit eine glückliche Gegend wegen ihrer Früchte und des Reichtums in allen ihren Städten, jetzt aber völlig vom Feuer zerstört. Man erzählt, sie sei wegen der Gottlosigkeit (δι' ἀσέβειαν!) ihrer Bewohner von Blitzschlägen in Brand gesetzt worden. In der Tat gibt es jetzt noch Spuren des göttlichen Feuers, auch kann man die Schatten von fünf Städten sehen. Ferner wird in den Früchten immer wieder Asche erzeugt: diese haben zwar eine äußere Schale, die der eßbarer Früchte gleicht, pflückt man sie aber, so lösen sie sich in den Händen in Rauch und Asche auf. Insoweit werden die Sagen über

war Zoar in der Pentapolis Zufluchtsort Lots; die Namen der „fünf Städte" fin-
7   den wir in Gen 14,2.8. In 7 wird die Wirkung des göttlichen Strafgerichts bis in
die Gegenwart hinein geschildert: Heute noch ist das rauchende Ödland Zeugnis
der damaligen Bosheit, ebenso die ungenießbaren Früchte (s. letzte Anm.). Und
auch Lots zur Salzsäure erstarrte Frau läßt sich der Autor nicht entgehen
(Gen 19,26[179]).

8   8 beginnt innerhalb des Hymnus zum ersten Mal mit der Anapher „die Weisheit".[180] Der Vers folgert aus dem zuvor Gesagten eine allgemeine[181] religiöse
Konsequenz: Wer an der Weisheit vorbeigeht, sie ignoriert, schadet sich selbst.
Denn er ist dadurch unfähig, das Gute zu erkennen. Solche Erkenntnis ist demnach nicht eine dem Menschen aus sich heraus mögliche Fähigkeit. Nur die Weisheit vermag sie gnadenhaft zu geben. Die damals versagten, dienen heute der
Nachwelt als Mahnmal unsäglicher Torheit, damit (finales ἵνα, hina!) der Grund
9   ihres Fallens nicht verborgen bleiben kann. Auch 9 beginnt wieder mit der Ana-
pher „die Weisheit". Dieser Vers ist das positive Pendant zum negativen in 8: Die
Weisheit rettet[182], wie das Beispiel Lot zeigt, ihre Verehrer aus Bedrängnis und
Gefahr.

Mit der Anapher „sie" und somit der schützenden Aktivität der Weisheit be-
10 ginnt in 10 wiederum ein längerer Abschnitt, diesmal mit drei Versen und zwölf
Stichoi. Er thematisiert das Verhalten der Weisheit zu *Jakob*. Daß gerade er als
Gerechter vorgestellt wird, der vor dem Zorn des Bruders flieht und dann auf seinen Fluchtwegen von der Weisheit geführt wird, verwundert angesichts des biblischen Berichts über die beiden Brüder. Denn es ist ja Jakob, der Esau um den vä-
terlichen Segen betrügt (Gen 27), mag auch dessen Unvernunft (Gen 25,29–34:
Verkauf des Erstgeburtsrechts) den Betrug zumindest in seiner Bosheit ein wenig
mindern. Aber Jakobs Verhalten kann nach den Gen-Erzählungen beim besten
Willen nicht das Prädikat „Gerechter" als gerecht erscheinen lassen. Denn in
Sap 10 ist nicht nur das betrügerische Verhalten Jakobs verschwiegen, sondern
darüber hinaus sogar der Betrüger als Gerechter gelobt! Mit dieser fast schon
schockierenden Umwertung des Ethos ist aber auch die Weisheit selbst samt ihrer
Göttlichkeit in Mißkredit geraten. Entschuldigungsversuche für diesen Patriarchen sind nicht angebracht; eine Erklärung, warum der Verf. der Sap die Dinge
hier auf den Kopf stellte, ist angesichts der klaren atl. Schilderung in der Gen
nicht sinnvoll. Es bleibt uns nur übrig, den Tatbestand zur Kenntnis zu nehmen,
daß der Text in 10–12 nun einmal so lautet. Daß die Weisheit ihm die Herrschaft

die Gegend von Sodom durch den Augenschein bestätigt." Zum Gegensatz δίκαιος – ἀσεβής im
Gomorra-Abschnitt der Gen s. Gen 18,23ff.

[179] Sowohl Gen 19,26 als auch Sap 10,7 στήλη ἁλός.

[180] Das Fehlen des Artikels im Griechischen besagt natürlich nichts.

[181] Ähnlich *Engel* K 172: „ … der Sprecher (zieht) verallgemeinernd eine Lehre aus dem Ergehen der Frau Lots und der Pentapolis … "

[182] ἐρρύσατο, das bereits in 6 begegnete, ist *inclusio* für den Lot-Abschnitt. Da es erneut in 15
steht, ist es eine Art Motivwort für den ganzen Hymnus. Weil dieses Erretten bzw. Herausreißen
aus der Gefahr die Gedankenführung von Sap 10 bestimmt, dürfte hierin die Erklärung liegen,
warum unser Autor über Lot erheblich mehr sagt als über Abraham.

Gottes gezeigt hat, dürfte als Anspielung auf seine Bethel-Vision Gen 28,10–22 zu verstehen sein.[183] Wenn bei der Schau der Himmelsleiter Gott zu Jakob sagt, er sei mit ihm und werde ihn auf seinen Wegen behüten und ihn schließlich wieder in sein Land zurückbringen (Gen 28,15), so steht diese Zusage unter der theologisch-sapientialen Prämisse, nach der Gott in der Geschichte durch die Weisheit wirkt, mit der Grundaussagetendenz des Hymnus in Einklang: *Gott schützt, indem die Weisheit schützt.* Ist von der Herrschaft Gottes die Rede, so ist angesichts des universalistischen Horizonts der Sap das eschatologische Vorzeichen zu sehen, das vor die atl. Überzeugung von der Weltherrschaft Gottes gesetzt ist: Gott wird über die ganze Erde König sein (Futur!). Und in der Diaspora (also auch in Alexandrien) ist der Schritt von Jerusalem aus bereits in diese Richtung getan. Konnte Jakob also bis in den Himmel sehen und so Gottes Herrschaft erblicken, so hat ihm die Weisheit in der Tat das *Verstehen* dessen, was mit Gottes jenseitigem Bereich zu tun hat, vermittelt. Das war keine „objektive" Information über transzendente Sachverhalte, sondern ein – im eigentlichen, nämlich existentiellen Sinne! – Verstehen der gnadenhaften Zuwendung Gottes zum Menschen. Endet 10 mit dem Hinweis auf Jakobs Mühen und seinen dadurch errungenen Reichtum, so hat unser Autor seinen Aufenthalt bei Laban vor Augen, seinen Dienst bei ihm in der Ferne, Labans Betrug an Jakob, aber auch dessen Raffinesse gegenüber jenem, Gen 29–31.

In 11 werden die für Jakob unerquicklichen Zustände bei Laban noch einmal mit anderen Worten ausgemalt, ebenso sein Erfolg. Wenn dann in 12 davon gesprochen wird, daß ihn die Weisheit vor seinen Feinden schützte und ihm Sicherheit vor seinen Verfolgern gab, Gen 31,20 ff., so wiederholt sich der Gedanke, daß der Weisheit Schutz letztlich Gottes Schutz ist. Sofort danach, sozusagen als Höhepunkt dessen, was der Verfasser der Sap über Jakob sagt, kommt er auf seinen Kampf am Jabbok zu sprechen, bei dem Jakob den Namen Israel erhält und somit als Stammvater des gleichnamigen Volkes gilt, Gen 32,23–33. Jakob sagt, er habe Gott von Angesicht gesehen, Gen 32,30LXX[184]. Damit ist 10 gesteigert; nach diesem Vers wurde Jakob die Herrschaft Gottes gezeigt, in 11 sieht er, da unser Autor Gen 32 vor Augen hatte, Gott selbst. Unser Autor will sagen: *Der Gerechte sieht Gott; der Gerechte ist der Vertraute Gottes – und dazu hat ihn die Weisheit geführt!* Das Vertrautsein mit der Weisheit ist also keinesfalls Selbstzweck. Die Weisheit ist die Mittlerin zu Gott, die *mediatrix,* deren eigentliche Bedeutsamkeit über sie selbst hinausführt. Am Ende ist Gott alles in allem (vgl. 1Kor 15,28!). Im NT wird diese *mediatrix* abgelöst durch den *mediator* schlechthin, durch Jesus Christus (1Tim 2,5); er ist jetzt als die von Gott kommende Weisheit offenbar geworden (1Kor 1,30). Doch vorbereitet ist dieser ntl. Gedanke durch Sap 9,1 f., wo der Logos Gottes und die Weisheit Gottes als präexistente Größen in eins gesetzt sind: Die Weisheit Gottes ist der Logos Gottes!

Die letzte der Einzelgestalten im Hymnus ist der Jakobssohn *Josef.* Für ihn hat

11
12

---

[183] S. bei *Scarpat* K II 311–313 die Ausführungen über die Bedeutung von βασιλεία θεοῦ, die die Weisheit Jakob zeigt: sie ist die Tugend.

[184] MT: Gen 32,31.

der Verfasser der Sap zwei Verse mit acht Stichoi vorgesehen. Wie Noah, Abra-
13 ham, Lot und Jakob nennt er ihn in 13 einen Gerechten. Zwar widerfährt Josef,
daß er verkauft wird, und zwar von seinen Brüdern (Gen 37,25–28), doch selbst
in diesem Zustand verließ ihn die Weisheit nicht. Vielmehr reißt sie ihn „aus der
Sünde"[185] heraus. Dem Autor steht die Szene vor Augen, wo die Frau des Potifar
ihn verführen will, er aber standhaft bleibt (Gen 39,7 ff.). Denn er will nicht die-
14 ses Böse tun und so „vor Gott sündigen"[186] (V. 9). Umstritten ist, was nach 14 damit gemeint ist, daß die Weisheit sogar mit ihm in den λάκκος, lakkos, herabstie-
gen ist. Dieses Wort findet sich sowohl in Gen 37,24 für die Grube bzw. die Zi-
sterne, in die ihn seine Brüder warfen, als auch in Gen 40,15 für den Kerker, in
den Potifar den Josef werfen ließ. Mit dem Argument, daß bereits nach Sap 10,13
Josef von der Weisheit vor der Sünde bewahrt wurde, mit Potifars Ehefrau Ehebruch zu begehen, aber erst in 14 der λάκκος, lakkos, erwähnt wird, schließt z. B.
Engel, daß aus chronologischen Gründen nur auf Gen 40,15 angespielt sein
könne.[187] Wenn in Sap 10,13 f. tatsächlich die chronologische Ordnung vorliegt,
so ist dieser Auffassung zuzustimmen. Aber kein Geringerer als Grimm widerspricht dieser Deutung mit dem Argument, daß „der Verf. beide Begebenheiten
um ihrer Aehnlichkeit willen miteinander verbindet und daher weiter in die Geschichte zurückgreift".[188] Beide Auffassungen kann man nur als Ermessensurteil
bewerten. Für die zweite Hypothese könnte sprechen, daß unser Autor zwar in
der Regel die chronologische Ordnung respektiert. Aber schon allein an seiner
z. T. willkürlichen Auswahl aus dem, was die Gen aus dem Lebenslauf der einzelnen Gestalten berichtet, wird deutlich, daß ihm am chronologischen Ablauf als
solchem wenig liegt. Was ihm wesentlich erscheint, ist, daß die Weisheit dem Josef durch Verkauf und Kerker folgt (Gen 39,21–23: Der Herr war mit ihm) und
ihn am Ende zur Würde des Szepters der Herrschaft in Ägypten führt. Der
Machtlose gelangt zur Macht über die, die ihn zuvor tyrannisch unterjochten.
Die ihn schmähten (Potifars Frau: Gen 39,14 ff.), überführt die Weisheit als Lügner. Dieses Überführen wird zwar nicht direkt in Gen 41 berichtet; es ist aber implizit dadurch gesagt, daß sich Josef – natürlich kraft der Weisheit! – als wahrhaftiger Deuter der Träume des Pharaos erweist. Gibt ihm Gottes Weisheit „ewige Herrlichkeit", δόξαν αἰώνιον, doxan aionion, so meint das zunächst einmal
„die höchsten irdischen Ehren in Ägypten und die Anerkennung seiner Tugend
von aller Welt"[189]. Engel läßt dies auch in gewisser Weise gelten, indem er auf

---

[185] ἐκ τῆς ἁμαρτίας. ἁμαρτία in Sap sonst nur noch 1,4, hier wohl kaum im Sinne von Sündenmacht, wie Paulus diesen Begriff verwendet; anders Grimm K 201: „ ... ἁμαρτία ist die Sünde als
verführende Macht, die in der Person des buhlerischen Weibes ihre Schlingen um Joseph zu werfen suchte."
[186] Gen 39,9: καὶ πῶς ποιήσω τὸ ῥῆμα τὸ πονηρὸν τοῦτο καὶ ἁμαρτήσομαι ἐναντίον τοῦ θεοῦ;
Daß hier das Verb ἁμαρτάνω im unmittelbaren Kontext von ἁμαρτία steht, zeigt, daß das Substantiv als Sündentat verstanden werden sollte.
[187] Engel K 175; s. auch Vilchez K 305.
[188] Grimm K 201; ähnlich Schmitt K 95, der mit einer „Zusammenziehung" beider Gen-Stellen
rechnet; s. auch Vilchez K 305.
[189] Heinisch K 207.

Gen 45,13 „… und berichte meinem Vater von all meiner Doxa in Ägypten!" verweist, geht aber dann darüber hinaus, wenn er annimt, daß Josef Anteil an der
Herrlichkeit Gottes erhält.[190] Dafür könnte man Sap 9,10 in Anspruch nehmen,
wo Salomon Gott bittet, ihm die Weisheit vom Thron seiner Doxa zu senden. Ist
aber die doxahafte Weisheit bei Josef, so kann es sich in 10,14 durchaus um die
himmlische Doxa handeln.

An dieser Stelle ist ein Blick auf das NT angebracht. Denn Rechtfertigung und
Doxa sind im paulinischen Denken aufs engste verflochten. Nach Röm 3,23 (im
Zusammenhang mit Röm 5,12 ff. zu sehen) haben alle seit Adams Sündentat ge-
sündigt und dadurch ihre Doxa verloren. Die jüdische apokryphe Schrift „Die
Apokalypse des Mose" sieht als Folge der Schuld der Stammeltern ihre Entklei-
dung – und dann auch die all ihrer Nachfahren – von der Gerechtigkeit und der
Doxa. Adam und Eva sind also erst nach ihrer Tat nackt geworden. Und so sagt
Adam (ApkMos 20,1 f.): „Und in derselben Stunde wurden meine Augen aufge-
tan, und ich erkannte, daß ich entblößt war von der Gerechtigkeit, mit der ich be-
kleidet war … Warum habe ich dies getan, daß ich von meiner Herrlichkeit entfremdet wurde?"[191] Dieser Verlust wird durch die Rechtfertigung in Christus wieder rückgängig gemacht, Röm 8,30: „Und die er gerechtfertigt hat, die hat er
auch verherrlicht (ἐδόξασεν, *edoxasen*)." Von der *geschichtlichen Dimension* dieses
Verherrlichungs-*Prozesses* spricht Paulus in 2Kor 3,18: „Wir werden von Doxa zu
Doxa umgestaltet."[192] Sollte dieser also auch in der zeitgenössischen jüdischen
Literatur dokumentierte theologische Gedanke dem Verf. der Sap bekannt gewesen sein, so würde das diejenige Auslegung von Sap 10,14 stützen, nach der Gott
durch seine Weisheit dem Josef bereits zu seinen Lebzeiten Doxa schenkte, und
zwar als das Angeld künftiger himmlischer Doxa.

Ein Aspekt ist noch zu nennen: Daß Josef ausgerechnet in *Ägypten* ein solch
hohes Ansehen gewann, ist nicht uninteressant angesichts der Situation, aus der
und in die hinein der Verf. der Sap schreibt. Sowohl er als auch seine Adressaten
befinden sich aller Wahrscheinlichkeit nach im ägyptischen Alexandrien. Es ist
anzunehmen, daß sie als Diasporajuden gerade in dem Ägypten, in dem der Jude
Josef so geehrt wurde, Unbill erfuhren. So ist zu erwägen, ob es nicht auch eine
Intention des Verf. der Sap ist, mit 14 die Ägypter daran zu erinnern, daß es gerade *ihr* Pharao war, der einst einen Juden aufs höchste ehrte. Dieser Gesichtspunkt kann freilich nur unter dem Vorbehalt des Hypothetischen gesagt werden.
Aber eine gewisse Wahrscheinlichkeit spricht für ihn, obwohl ein Ägypter wegen
der nicht erfolgten Namensnennungen erst einer Entschlüsselung des Textes be-
dürfte (s. Einleitung Abschn. 5).

In 10,15–11,1 ist das siebte Beispiel – man beachte die Siebenzahl! – keine Ein-   10,15–11,1
zelgestalt, sondern das ganze „*heilige Volk*", also *Israel*. War zuvor Jakob als Ge-

---

[190] *Engel* K 175 f.
[191] Übersetzung von O. *Merk*, JSHRZ II. 5, 830 f.
[192] μεταμορφούμεθα ἀπὸ δόξης εἰς δόξαν ist als sprachlicher Ausdruck dieses lebenslangen Prozesses ein Kernsatz paulinischer Theologie, der gerade für die Diskussion um das Verstehen der
paulinischen Rechtfertigungstheologie von ökumenischer Relevanz ist.

rechter vorgestellt worden, dem nach dem Kampf am Jabbok, wie jeder jüdische
Leser oder Hörer des Buches wußte, der Name Israel gegeben wurde
(Gen 32,28 f.) und der somit nach der damaligen Vorstellung der *corporate perso-
nality* seine ganze Nachkommenschaft in sich verkörperte, so ist jetzt der Blick
auf das eigene Volk der theologische und zugleich rhetorisch-strategische Höhepunkt des Hymnus. Indem aber der Exodus aus Ägypten geschildert wird, ist dies
natürlich kein Beispiel, das einen Ägypter für die Juden einnehmen könnte. Eher
wird man hier urteilen, daß den jüdischen Adressaten des Buches gesagt wurde:
Schon damals hattet ihr in Ägypten zu leiden. Und schon damals hat euch der
Herr geholfen. Vertraut also auf den, der euch durch seine Weisheit auch aus dieser Not retten wird!

    Das Israel-Beispiel ist der längste Abschnitt im Hymnus. Den Juden wird be-
15 reits in 15 gesagt: Ihr seid ein *heiliges Volk*! Das wissen sie, zumindest theoretisch, schon aus der Heiligen Schrift, auch und gerade im Zusammenhang mit
dem Exodus, Ex 19,6: „Ihr sollt mir ein königliches Priestertum und ein heiliges
Volk sein!"[193] Zu ergänzen ist im Sinne von 15: „Auch heute in Ägypten!" Vielleicht hat sogar der Verf. der Sap das imperativisch gemeinte Futur ἔσεσθε, *eses-
the,* „ihr werdet sein", in Ex 19,6 als Indikativ der Verheißung aufgefaßt, die
schließlich mit der erfolgreichen Landnahme ganz und gar in Erfüllung gegangen
ist; vielleicht, wahrscheinlich sogar, hat er den Diasporajuden, die wiederum in
Ägypten sind, ermutigend gesagt: „Ist *seid* doch Gottes heiliges Volk! Seid also
unbesorgt!" Der Pentateuch bringt diesen Gedanken der Heiligkeit des Volkes Israel immer wieder, z.B. in Lev 19,2, wo Mose im Auftrag des Herrn sagt: „Seid
heilig, denn ich, der Herr, euer Gott, bin heilig!" Und in Dtn 7,6 wird Israel zur
Zerstörung heidnischer Kultstätten ausdrücklich mit der Zusage Gottes aufgefordert: „Denn du bist dem Herrn, deinem Gott, ein heiliges Volk[194]." Israels Heiligkeit impliziert aber seine *ethische Vollkommenheit.* Es ist „untadeliger Same",
ein „untadeliges Geschlecht". Untadelig, ἄμεμπτος, *amemptos,* wird sonst im
Hymnus nur noch in 5 von Abraham ausgesagt[195], von dem ja dieses ganze jüdische Geschlecht abstammt. Israels *Ethos* gründet also in seinem *Sein* – niemals
umgekehrt! Daß das Volk sein Sein aus dem Wirken der Weisheit erhalten hat,
wirkt sich notwendig in seinem geistinspirierten Ethos untadeliger Gerechtigkeit
aus. Die Weisheit Gottes hat nun dieses heilige und untadelige Volk bei seinem
Exodus dem Volk der ungerechten Bedränger entrissen. *Wen die Weisheit erwählt, den rettet sie,* und sei es auch aus tödlicher Gefahr. 15 b ist also göttliche
Konsequenz aus 15 a.

16   Der Verehrer des Herrn in 16 ist *Mose.* In seine Seele ging die Weisheit ein (s.

---

[193] So die wörtliche Übersetzung des LXX-Textes: ὑμεῖς δὲ ἔσεσθέ μοι βασίλειον ἱεράτευμα καὶ
ἔθνος ἅγιον. Die geringen sprachlichen Differenzen gegenüber dem hebräischen Urtext sind inhaltlich belanglos.
[194] Hier sogar λαὸς ἅγιος, während in Ex 19,6 wie in Sap 10,15 das Synonym ἔθνος ἅγιον zu
lesen ist.
[195] ἄμεμπτος außer diesen beiden Stellen in der Sap sonst nur noch 18,21, dort für Aaron. Dieses Adjektiv kommt vor allem in Hiob vor (12mal von 17mal in der LXX), im Pentateuch nur
Gen 17,1 (Priesterschrift).

Sap 1,4!). Diese Geistbegabung befähigte ihn zum Führer des Volkes beim Exodus und der Wüstenwanderung. Salomon kann also auf ihn als den zurückblikken, der wie er sein Volk mit Gottes Weisheit leitete. Eine gewisse Schwierigkeit bereitet allerdings der Plural: Mose widerstand furchtbaren Königen, obwohl er doch nur mit *einem* Pharao zu tun hatte. Liegt rhetorische Steigerung vor wie in Ps 105,30 oder ein Vorgriff auf die spätere*m* kriegerischen Auseinandersetzungen mit Königen bis zum Einzug in Kanaan, wie Engel die Alternative formuliert?[196] Die zweite Vermutung scheint mir eher zuzutreffen; doch läßt sich in dieser Frage nichts mit Sicherheit sagen, wohl aber, daß der Hinweis auf Wunder und Zeichen eine Anspielung auf die Überbietung der Wunder der ägyptischen Zauberer durch Mose und Aaron ist (Ex 7,12; 8,14; 9,10 f.).

In 17 werden die Juden des Exodus ὅσιοι, *hosioi,* genannt. Das kann „Heilige" **17** meinen, aber auch nur „Fromme", „Gottgefällige". Angesichts der bisher so massiven Aussagen, in denen der Autor das Sein der mit dem Geist Beschenkten irgendwie doch in den Bereich des Transzendenten hineingelangen sieht, dürfte die Übersetzung „Heilige" mit großer Wahrscheinlichkeit die zutreffende sein. Diesen Heiligen gab die Weisheit den Lohn für ihre Mühen, die sie bei ihrer Sklavenarbeit in Ägypten hatten. Der Lohn bestand in den Beutestücken, nämlich Geschmeide und Kleidern aus Gold und Silber, die sich die Frauen zunächst von ihren ägyptischen Nachbarinnen ausliehen (Ex 3,21 f.; 11,2: Männer und Frauen), aber dann nicht mehr zurückgaben (Ex 12,35 f.; Ps 105,37).[197] War solches, immerhin von Gott selbst angeordnetes Handeln rechtens? War es ethisch zu verantworten? Was ist vor allem dazu zu sagen, daß Gott, der doch der Ursprung aller Ethik ist, zu solch ethikverneinendem Handeln aufforderte? *Was ist das für ein Gottesbild?* Sap 10,17 gibt zumindest ansatzweise die Antwort auf diese drängenden Fragen: Die Weisheit gab den Heiligen diese Dinge als Lohn für ihre Mühen in Ägypten. Der Pharao hat sie ausgebeutet, also ist das, was sich die Israeliten als Beute von der Ägyptern mitnehmen, Wiedergutmachung für ihre unbezahlte Arbeit. Philo, Leben des Mose I, 140–142, gibt eine ähnliche Antwort: Die Israeliten nahmen große Beute mit, aber nicht aus Habgier, sondern als ihnen geschuldeten Lohn für die ganze Zeit ihres Dienstes in Ägypten, außerdem als Vergeltung für die durch die Versklavung erlittene Kränkung. Ähnlich ist die Argumentation im Jubiläenbuch 48,18: „Und am 14. Tage fesselten wir ihn (den Fürsten Mastema), daß er die Kinder Israels nicht anklagte an dem Tag, an dem sie von den Menschen Ägyptens Gerät und Kleider forderten, Geräte von Silber und Geräte von Gold und Geräte aus Erz, und daß sie die Ägypter plünderten dafür, daß sie sie mit Gewalt versklavt hatten."[198] Die Annahme liegt nahe, daß sowohl der Autor der Sap als auch Philo und der Autor des Jubiläen-Buches aus derselben Tradition schöpften.

Heißt es in 17 b, daß die Weisheit Israel auf wunderbarem Wege führte, so er-

---

[196] *Engel* K 177; s. auch *Schmitt* K II 96: Entweder verallgemeinernd oder Konflikte während des Wüstenzugs.
[197] Anders *Grimm* K 203.
[198] Übersetzung von *K. Berger,* JSHRZ II. 3, 545 f.

innert das an Aussagen in den Geschichtspsalmen, in denen diese Aktivität von
Gott ausgesagt wird, auch im Blick auf 17 c und 17 d.[199] Auch Wolken- und Feu-
18 ersäule (Ex 13,21 ff.) werden mit der Weisheit identifiziert. 18 bedarf keiner eigenen Erklärung, da das hierzu Erforderliche bereits zur Genüge ausgeführt wurde.
19 19 steht mit 19 a in auffälliger Weise in Korrespondenz mit 4; dort, ungefähr zu
Beginn des Hymnus, wurde die Sintflut, die nahezu die gesamte Menschheit wegen ihrer Bosheit und Ungerechtigkeit vernichtete, mit καταλυζομένην, katalyzo-
menen, auf den ungerechten Kain zurückgeführt, der sich durch seinen Brudermord, das heißt im Sinne der Sap durch seine Ungerechtigkeit, selbst zugrunde
richtete; nach 19 a bewirkte die Weisheit die Überflutung der Feinde, also der ungerechten Ägypter; auch hier wieder, nun ziemlich am Ende des Hymnus, κατέ-
κλυσεν, kateklysen. Das Verb „überfluten" besitzt somit in etwa die Funktion einer *inclusio*. 19 b malt Ex 14,30 aus. Dort wird berichtet, wie die im Roten Meer
ertrunkenen Ägypter tot am Ufer lagen; jetzt wird gesagt, daß die Weisheit diese
20 Toten sogar aus der Tiefe des Meeres hochspülte. Das tat sie, wie 20 zeigt, damit
die geretteten Israeliten diese Toten berauben – also Wiederaufnahme des Motivs
von 17 a. Ist damit gemeint, wie eine Reihe von Exegeten annimmt, daß die Gerechten die Gottlosen[200], also die ertrunkenen ägyptischen Soldaten, ihrer Waffen beraubten, wie dies Josephus, Antiquitates II, 349, annimmt?[201] Vermutlich
ist das der Fall. Ob des Sieges, den die Weisheit für Israel errungen hat, priesen
die Israeliten den heiligen Namen Gottes; vermutlich bezieht sich der Autor auf
Ex 15[202]. Der Verf. der Sap und somit der Verf. des Hymnus reiht sich in diesen
Lobpreis Gottes ein und spricht sein „Kyrie"! Vom Lobpreis der Weisheit jedoch
kein Wort! Weder die geretteten Gerechten damals noch unser Autor zu seiner
Zeit halten es für erforderlich, der Weisheit für ihr rettendes Wirken zu danken.
Das ist aber kein boshafter Akt der Undankbarkeit, sondern die klare theologische Erkenntnis, daß der Weisheit Wirken kein anderes Wirken als das Gottes
ist. Der ausdrückliche Dank an die Weisheit und der ausdrückliche Lobpreis der
Weisheit wäre *hier* eine theologische Verkennung ihres Wesens. Sie würden sie
nämlich verabsolutieren statt ihre rettende Präsenz in ihrem eigentlichen Wesen
verstehen. Und so sagen die Geretteten auch einmütig – diesmal im Gegensatz zu
5 eine Einmütigkeit im Guten und in der Anerkennung Gottes –, daß Gottes
schützende Hand die Rettung vollbracht hat, also in der Weisheit Gott selbst prä-

---

[199] Vgl. z. B. diese Stelle mit ψ 77,14 καὶ ὡδήγησεν αὐτοὺς ἐν νεφέλῃ ἡμέρας / καὶ ὅλην τὴν νύκτα ἐν φωτισμῷ πυρός und ψ 105,9 καὶ ἐπετίμησεν τῇ ἐρυθρᾷ θαλάσσῃ, καὶ ἐξηράνθη, / καὶ
ὡδήγησεν αὐτοὺς ἐν ἀβύσσῳ ὡς ἐν ἐρήμῳ.
[200] Schon wieder die Gegenüberstellung von δίκαιοι und ἀσεβεῖς. Auch die ägyptischen Soldaten werden also der Ungerechtigkeit ihres Pharaos bezichtigt! Kein ungewöhnlicher Gedanke
des Alten Testaments, wie z. B. Jos 7 erzählt: Achans Diebstahl wird von Jahwäh ganz Israel an-
gelastet.
[201] *Grimm* K 203 verweist für Sap 10,20 auf diese *Josephus*-Stelle: Das Meer spülte lediglich
die Waffen der Ägypter ans Land, damit sich die unbewaffneten Israeliten damit versorgen konnten. *Schmitt* K II 97 hingegen sieht in Sap 20 eine Kombination der *Josephus*-Stelle mit Ex 14,30.
[202] Vgl. Sap 10,20 c ἥνεσαν und 10,20 b κύριε mit Ex 15,1 Ἄισωμεν τῷ κυρίῳ ...

sent war.[203] Doch war es dann nach 21 wieder die Weisheit, die den Mund der 21
Stummen öffnete und die Sprache der Unmündigen klar und verständlich machte.
Die Weisheit macht sich auch diese Menschen zunutze. Sie kann denen die Sprache des Gotteslobes in den Mund legen, die von sich aus intellektuell dazu nicht
in der Lage sind. Auch das unterscheidet die Weisheit Gottes von der Weisheit
des Menschen.

Mit 11,1 endet der Hymnus. Subjekt des Satzes ist eindeutig die Weisheit. Sie 11,1
führte die Werke der Gerechten auf den guten Weg[204], nämlich den Weg von
Ägypten aus durch die Wüste. Und sie tat es durch den heiligen Propheten, nämlich Mose. Zu Beginn des Israel-Abschnitts des Hymnus wird Mose genannt
(10,16), und ebenso geschieht es an seinem Ende (11,1). Ohne daß sein Name genannt wird, ist der Hinweis auf ihn *inclusio*. Prophet wird Mose auch in
Dtn 14,10 und Hos 12,14 genannt. Mit 11,1 schließt das Enkomion auf das geschichtliche Wirken der Weisheit in Israel. Mit 11,2 setzt die sogenannte Synkrisis ein, in der Gottes geschichtliches Wirken thematisiert wird.

---

[203] Freilich kann man auch sagen, daß der Lobpreis *Gottes* einfach darauf beruhe, daß in
Ex 15 eben Gott und nicht die Weisheit gepriesen wird. Aber dieser Einwand wäre zu billig, zumal zur Genüge in der Sap und selbst im Hymnus Aussagen, die im AT auf Gott bezogen sind,
auf die Weisheit appliziert werden. Man muß hier schon mit *theologischen* Überlegungen rechnen! Der Verf. der Sap ist nämlich im tiefsten Theologe und als Theologe spricht er von der
Weisheit, d. h. der Weisheit *Gottes*.

[204] Ist das Verb εὐοδόω vom Autor bewußt gewählt, weil sich die Israeliten auf dem Weg
(ὁδός) ins Gelobte Land befinden? S. auch Sap 11,2 διώδευσαν. Man kann aber aus dieser Korrespondenz der beiden Verben in 11,1 und 11,2 nicht schließen, daß 11,1 zu Sap 11–19 zu rechnen
ist (s. zu 11,2!).

Dritter Teil
Sap 11,2–19,22: *Gott* führt sein Volk

Es wurde schon darauf hingewiesen: Für den dritten Teil der Sap spielt die Weisheit kaum noch ein eine Rolle, schon gar keine theologische. Deshalb ist Sap 11,1 der Abschluß des Hymnus und zugleich der Hymnus der Abschluß des zweiten Teils des Buches. Unbestreitbar ist dieser Sachverhalt auch immer wieder gesehen worden. Aber eine wirkliche Thematisierung, die eine radikale und gründliche sapientiologische und theologische Reflexion dieser Auffälligkeit bedeutet hätte, ist höchstens in Ansätzen erfolgt. Man mag für den weitgehenden Ausfall des Themas „Weisheit" in Sap 11–19 und den völligen Ausfall in der Synkrisis (s. u.) innerhalb dieses Buchteils literarkritische Gründe anführen, indem man die Hypothese aufstellt, daß die Synkrisis, zumindest in der Substanz ihres Corpus, ursprünglich ein eigenständiges Werk gewesen sei. Aber selbst wenn sie zuträfe, müßte man erklären, warum der Verf. der Sap, als er die Synkrisis in sein Buch integrierte, sie nicht in der Weise umarbeitete, daß anstelle von Gott die Weisheit Israel aus Ägypten und durch die Wüste geführt hat. Warum hat er also nicht die Heilsaktivität Gottes durch die der Weisheit ersetzt? Immerhin hätte ja unser Autor, sollte ihm die Synkrisis als Traditionsstoff schon vorgelegen haben, die dort sicherlich vorhandenen Namen getilgt. Zumindest in dieser Hinsicht hätte der Endredaktor der Synkrisis, also der Verf. der Sap, in seine Vorlage eingegriffen. Daß er aber diesen Eingriff vorgenommen, dann aber aus Nachlässigkeit versäumt hätte, Gott durch die Weisheit zu substituieren, ist eine absurde Vorstellung. So spricht nahezu alles dafür, daß er *sehr bewußt in der Synkrisis Gott und eben nicht die Weisheit als Helfer und Wegführer dem Leser vor Augen stellen wollte.* Einerlei also, ob man in der Synkrisis die originäre Schöpfung des Verf. der Sap sieht oder in ihr eine übernommene Tradition zu erkennen meint – der Schluß ist unumgänglich, daß für unseren Autor Gott als der das Heil Wirkende in diesem dritten Abschnitt der Sap von höchster theologischer Relevanz ist. Das Buch endet mit einer Eloge auf Gott, der als der eigentliche Retter Israels den Israeliten in der Diaspora tröstend vor Augen gestellt werden sollte. Kurz: *Es geht in der Sap um Gott!* Die Sap ist ein höchst theologisches Buch!

Die sich uns damit stellende Frage lautet, welche *theo-logischen Gründe* ihn dazu bewegt haben, das Finale des Buch mit einer solch triumphalen *Eulogie auf Gott* enden zu lassen. Liegt angesichts des soeben referierten „Sach"-verhalts nicht die Annahme nahe, daß es nach der *theologischen* Intention des Verf. der Sap der Weisheit zu eigen ist, über sich selbst hinaus auf Gott zu verweisen? Also zunächst im *noetischen* Sinn, daß der, der sich von ihr leiten läßt, notwendig erkennt, daß er letzten Endes von Gott geleitet wurde (und natürlich immer noch geleitet wird)? Röm 8,14 könnte hierfür einen Fingerzeig bieten: Die vom *Geist* getrieben werden, sind Kinder *Gottes,* also Kinder dessen, der nach Röm 8,29 f. in soteriologischer Hinsicht der *eigentlich* Handelnde ist. Damit sind wir aber bereits beim *ontischen* Aspekt: Wenn die Weisheit wirkt, so wirkt hinter ihr, in ihr und durch sie Gott. In theologischer Programmatik formuliert: *Die das Heil wirkende Weisheit wirkt kein anderes Wirken als das Wirken Gottes.* So will uns der weise König Salomon in seinem betont theologischen Weisheitsbuch sagen, daß er kraft seiner Begabung mit der Weisheit Gottes in seiner menschlichen Weisheit tut, was Gott selbst durch die göttliche Weisheit in ihm wirkt. Denn die Weisheit ist nichts aus sich selbst, da sie als transzendentes Geschöpf *Gottes* und so als *Gottes* ureigene Weisheit eine Hypostase *Gottes* ist. Man mag spekulieren, ob und in welcher Reflexionsdimension von einer „Hypostatischen Union" Gottes mit seiner göttlichen Weisheit gesprochen werden kann. Diese Reflexion kann aber hier nicht erfolgen, weil ein solcher Exkurs schon allein in quantitativer Weise den Umfang eines üblichen Exkurses sprengen würde. Der Systematischen Theologie bleibt jedoch diese Aufgabe nicht erspart. Das Fazit: Wir gehen in unserer Auslegung von Sap 11–19 davon aus, daß der Autor das Heil, das Israel bei der Wüstenwanderung widerfuhr und ihm heute noch immer *wider-fährt* und es so auch heute noch *er-fährt,* sehr überlegt als *Gottes ureigenes Wirken* schildert, weil für ihn das Wirken der Weisheit im tiefsten das Wirken Gottes *ist* und es daher auch als solches *offenbar macht.*

Der dritte Teil der Sap stellt uns aber mehr als die beiden ersten Teile des Buches vor *literarkritische Probleme.* Schon ein flüchtiger Überblick über diese Kapitel vermittelt den Eindruck, daß die Komposition des Ganzen alles andere als ursprünglich ist. Da haben wir die sogenannte Synkrisis, also den Vergleich dessen, was Israel heilshaft und was seinen Feinden unheilshaft widerfuhr. Friedrich Fokke hat bereits 1913 in seiner bahnbrechenden Monographie „Die Entstehung der Weisheit Salomos" nachgewiesen, daß wir hier eine regelrecht durchgeführte *Synkrisis* vor uns haben: „Die Schicksale der Ägypter und der Israeliten werden paarweise gegenübergestellt und verglichen; dies geschieht 7 Mal hintereinander."[1] In der Tat liegt hier keine reine Synkrisis vor[2]; aber sicherlich ist dieser Teil der Sap mit diesem literarischen Begriff aus dem Hellenismus besser charakterisiert als mit dem etwas unscharfen und in seiner Definition umstrittenen hebräischen Begriff des Midrasch[3]. Focke nennt folgende „Ereignisse der Reihenfolge der Darstellung":

---

[1] *Focke,* Die Entstehung der Weisheit Salomos, 12 f. Zitiert sei noch ib. 13: „Nun gilt für alle συγϰϱίσεις das Gesetz, daß stets der schwächere Teil voraufgehen, der siegende an letzter Stelle stehen muß. So auch hier. Erst wird von der Plage der Ägypter, dann von der Segnung der Kinder Israel berichtet. Wenn der Verfasser also die geschichtliche Zeitfolge wahren wollte, so mußte er seine Erzählung nach den Geschicken der Ägypter orientieren …"

[2] S. z. B. die kritischen Äußerungen von *Engel* K 185 f., der aber immerhin von „Züge(n) einer hellenistischen *Synkrisis*" spricht.

[3] S. z. B. *Vilchez* K 309: „un auténtico midrás haggádico".

1) 11,6   Verwandlung von Wasser in Blut   –   11,8   Wasser aus dem Felsen
2) 11,15 und 16,1 πλῆθος ἀλόγων ζῴων   –   16,2   Wachteln
               (= die Menge der unvernünf-
                  tigen Tiere)
               πλῆθος κνωδάλων
               (= die Menge der wilden Tiere)
3) 16,9   ἀκρίδες (= Heuschrecken) und   –   16,10   Schlangenwunder
        μυῖαι   (= Fliegen)
4) 16,16   Hagel   –   16,20   Manna
5) 17,2   Finsternis   –   18,3   Feuersäule
6) 18,10   Sterben der Erstgeburt   –   18,20   Hemmung der Pest durch
                                        Aaron
7) 19,1   Untergang der Ägypter im Roten   –   19,5   glücklicher Durchzug der
        Meer   Israeliten.[4]

Focke wies aber in diesem Zusammenhang auch schon darauf hin, daß 11,15–16,1 als „ein abgeschlossenes Ganzes" in die Synkrisis eingeschoben ist, eine „Einlage in die große Synkrisis …, deren Fortgang und Zusammenhang er unliebsam unterbricht".[5] Es handelt sich dabei um zwei *theologische Exkurse*. Der erste thematisiert Gottes Strafen im Kontext seiner Milde, 11,15–12,17, der zweite die Torheit des Götzendienstes im Kontext der natürlichen Theologie, die die Möglichkeit der Gotteserkenntnis aus der Schöpfung postuliert, 13,1–15,19.[6] Die Frage drängt sich auf, ob *ein* Autor wirklich eine solch eigenartige Komposition aus Synkrisis und Exkursen in solch eigenartiger Form geschaffen haben sollte. Schon Focke vermutete, daß der Verf. der Sap bereits das Schema einer durchgeführten Synkrisis fertig übernommen habe.[7] In jüngster Zeit hat Ernst Haag sehr scharfsinnig Sap 11–12 im Zusammenhang von Sap 11–19 einer literarkritischen Untersuchung unterzogen und für die beiden Kapitel eine Grundschrift mit zwei verschiedenen Bearbeitungen eruiert und in diesem Sinne für Sap 11 und 12 ein theologisches Programm herausgearbeitet.[8] Zumindest ist es ihm gelungen, die Einheitlichkeit des dritten Teils der Sap in Frage zu stellen. Daß Ungereimtheiten im Aufbau dieser Kapitel zu konstatieren sind, wird man nicht bestreiten können, erst recht nicht mehr nach Haags Aufsatz. Kann auch in unserem Kommentar die literarkritische Frage nicht *in extenso* behandelt werden, so sei doch an dieser Stelle folgendes gesagt: Es scheint mir unbestreitbar, daß der Verf. der Sap auf

---

    [4] *Focke,* Die Entstehung der Weisheit Salomos, 13. Er erklärt dann noch ib. 13 f., daß zum Abschluß in 19,13–17 eine achte Synkrisis hinzugefügt sei, „nämlich die Vergleichung der Ägypter und Sodomiten in ihrem Verhalten zum Volke Israel".

    [5] Ib. 14.

    [6] *Engel* K 184 f. spricht von zwei *Grundüberlegungen:* I. „Über die Milde Gottes" oder: „Was bedeutet ‚Gott straft'?" II. „Über die Verweigerung der Anerkennung des wahren Gottes" oder: „Über die Torheit des Götzendienstes". *Vilchez* K 317.346 nennt sie „Las dos digresiones": „Ia. digresión: Moderación de Dios omnipotente con Egipto y Canaán" und „IIa. digresión: Crítica de la religión de los paganos".

    [7] *Focke,* Die Entstehung der Weisheit Salomos, 15.

    [8] *Haag,* „Die Weisheit ist nur eine und vermag doch alles."

traditionelle Stoffe zurückgegriffen hat. In welchem Umfang er sie bereits vorformuliert fand, läßt sich m. E. nicht mehr rekonstruieren. Wichtiger ist es für die Interpretation, die ja gerade für die Sap angesichts ihres Themas eine *theologische Interpretation* sein sollte, daß man das fertige Buch, welches eindeutig eine durchdachte Gesamtkonzeption verrät, in dieser seiner Gesamtkonzeption transparent und so seine theologische Intention deutlich macht. Insofern ist der Redaktor von vielleicht unterschiedlichen Traditionen in seinem theologischen Wollen für unsere Aufgabe von weit höherem Gewicht als der literarkritische Gang auf einer winterlichen Eisdecke, die noch nicht trägt. Und sollten sich tatsächlich einige literarkritische Vermutungen erhärten, so bleibt doch für unser Verstehen des Buches die theologische Interpretation der Endform immer noch die wichtigste, die eigentliche Aufgabe für den Exegeten, wenn dieser wirklich *Ex*-Eget sein will. Damit ist natürlich die literaturhistorische Aufgabe einer Literarkritik in ihrer geschichtlichen Bedeutung, also im Blick auf das Zustandekommen des Buches, nicht abgewertet.

Es dürfte sich bereits bei diesen Vorüberlegungen herausgestellt haben, daß dieser dritte Teil der Sap sein besonderes theologisches Gewicht hat. Das existentielle Moment dieser theologischen Ausrichtung zeigt sich an der laufenden Anrede an Gott. *Gebet gerät hier zur Theologie;* aber auch umgekehrt, *Theologie äußert sich als Gebet.* Theologie ist nur aus Glauben und somit in der lebendigen Beziehung zu Gott möglich. Eine sogenannte „neutrale", „objektive" Theologie ist nur eine Karikatur von Theologie. Ist aber in diesem Sinne Sap 11–19 ein theologischer Traktat und will er theologisch befragt werden, so kann unsere Aufgabe nur sein, den theologischen Horizont herauszuarbeiten und gerade darin das genannte existentielle Moment der Theologie dieser Kapitel zum Verstehen zu bringen. Natürlich ist auch zu zeigen, wie in der Synkrisis und dann in den beiden Exkursen die herangezogenen atl. Bücher vom Verf. der Sap bearbeitet sind. Aber auch diese Aufgabe drängt zur theologischen Interpretation, also zur Auslegung der *theo*-logischen Substanz des Schlußteils unseres Buches.

11,2–14 Erster Vergleich:
Die rettende und die vernichtende Macht des Wassers

Element Wasser

2   Sie durchzogen eine unbewohnte Wüste
     Und schlugen in unwegsamem Gebiet ihre Zelte auf.
3   Sie widerstanden ihren Feinden und wehrten ihre Gegner ab.
4   Sie dürsteten und riefen dich an,
     Und du gabst ihnen aus einem steil aufragenden Felsen Wasser,
     Aus einem harten Stein das Heilmittel gegen den Durst.
5   Denn wodurch du ihre Feinde bestraft hast,
  (6) Genau dadurch hast du ihnen in ihrer Not Hilfe verschafft.
6 (7) Statt daß du (den Feinden deines Volkes) in ihrem Fluß eine nie versiegende
                                                        Quelle ließest,

Verwirrtest du sie durch verschmutztes Blut –
(Oder[9]: Statt daß der Fluß eine nie versiegende Quelle blieb,
Wurde er durch schmutziges Blut aufgewühlt –)

7 (8)   Zur Strafe für den Befehl zum Töten der Kinder.
Ihnen aber (, den Gerechten,) gabst du unverhofft in verschwenderischer
Fülle Wasser.

8 (9)   Du zeigtest durch ihren damals erlittenen Durst,
Wie du die Gegner bestraft hast.

9 (10)   Denn als du (die Gerechten) prüftest
– eigentlich erzogst du sie nur in deinem Erbarmen –,
Da erkannten sie, wie du die Gottlosen durch dein zorniges Urteil
gepeinigt hast.

10 (11)   (Die Gerechten) ermahntest du nämlich wie ein Vater und prüftest sie so,
Jene aber richtest du wie ein strenger König, der ein verurteilendes Gericht
hält.

11 (12)   Waren sie abwesend oder waren sie anwesend –
Alle quältest du in gleicher Weise.

12 (13)   Denn überaus große Trauer erfaßte sie,
Und zudem das Seufzen ob der Erinnerung an das, was geschehen war.

13 (14)   Als sie nämlich vernahmen, daß das, was für sie die Strafe ausmachte,
Den anderen als Gutes zukam, da begriffen sie, daß der Herr gehandelt
hatte.

14 (15)   Denn den sie einst ausgesetzt und voller Spott verworfen hatten,
Bestaunten sie nun, nachdem sich all das zugetragen hatte.
Erlitten sie doch schlimmeren Durst als die Gerechten!

2-14   In 2–14 ist die Darstellung des ersten Vergleichs um einen theologischen Grundsatz zentriert, der Gottes strafendes und rettendes Handeln aussagt. Das Mittel,
das Gott anwendet, ist das *Wasser*. Dieses, im Grunde eine ambivalente Materie,
gewinnt seine eigentliche Funktion erst im jeweiligen Handeln Gottes am Menschen. Erst in Gottes Hand schadet oder nutzt ihm dieses *bonum physicum*. In
Gottes Hand wird die Schöpfung für den Menschen zu dem, wie dieser sich zu
ihr verhält (s. auch Röm 8,18 ff.).

2   Mit wenigen Strichen zeichnet in 2 der Autor die Wanderung der Israeliten durch
die unbewohnte, ja unbewohnbare Wüste, durch eine unwegsame, unzugängliche
Region. Steckt Ironie in der Formulierung, daß die Gerechten durch un-*weg*-sa-
me Gebiete ihren *Weg* gehen? In 1 hieß es noch, daß die Weisheit sie „den Weg
führte", εὑόδωσεν, *euodesen*. Vielfach hat man diesen Vers in inhaltlicher Nähe
zu 2 mit „sie zogen hindurch", διώδευσαν, *diodeusan,* und deshalb beide Verse in
enger Beziehung zueinander gesehen.[10] Dagegen spricht aber, daß trotz gleicher
Etymologie beider Verben jeweils unterschiedliche Optik vorliegt. Während nämlich das Verb in 1 kausativ ist („sie brachte sie auf den Weg"), fehlt dem Verb in 2

---

[9] Unterschiedliche Textüberlieferung in Sap 11,6: Nach א A u. a. ταραχθέντος, nach B D u. a.
ταραχθέντες. Die meisten Ausleger sehen ταραχθέντος als ursprünglich an. Dennoch möchte ich
die andere Lesart für erwägenswert halten, ohne sie allerdings als gesichert zu beurteilen.
[10] *Schmitt* K II 97.

dieser kausative Charakter. Hier ist allein die menschliche Aktivität ausgesprochen, in 1 aber die Aktivität der Weisheit, also indirekt die Aktivität Gottes – ein erneutes Indiz dafür, daß in 2 ein Neuansatz vorliegt.

Eigentlich wäre 4 mit dem Durstmotiv die angemessene Fortsetzung von 2. Doch ist in 3 erst einmal vom Kampf mit Feinden die Rede. Soll man von einer geringfügigen Unausgeglichenheit der Darstellung sprechen? Man kann es sicherlich, sollte sie aber nicht zu sehr monieren, zumal 3 für den ersten Vergleich inhaltlich keine Rolle spielt. Gemeint sind wohl die Amalekiter (Ex 17,8 ff.), der König von Arad (Num 21,1 ff.), Sihon, der König der Amoriter (Num 21,21 ff.), Og, der König von Baschan (Num 21,33 ff.) und die Midianiter (Num 31,1 ff.). Theologisch relevant ist vor allem 4, wo das Dürsten der Wüstenwanderer zur Sprache kommt, vor allem ihre Anrufung *Gottes,* darüber hinaus auch, daß der Verf. der Sap selbst Gott anredet: „Sie haben dich (in ihrer Not des Verdurstens) angerufen." *Die Darstellung wird zum Gebet.* Die ganze siebenfache Synkrisis wird diesen Gebetscharakter durchhalten. Es heißt dann „es wurde ihnen Wasser gegeben", eindeutig ein *passivum divinum,* daher übersetzbar „Gott gab ihnen". Und da diese Verbform in unmittelbarem Kontext der Anrede an Gott ist, dürfte die noch freier paraphrasierende Übersetzung „*du* gabst ihnen" (so auch unsere Übersetzung) den vom Autor intendierten Sinn am besten wiedergeben. Ist in 2 nur ganz allgemein vom Zug durch die Wüste die Rede, so gibt 4 die Situation genauer an. Vom Felsen, aus dem Wasser fließt, nachdem Mose auf ihn geschlagen hat, wird sowohl in Ex 17,1 ff. (Aufenthalt in Refidim) als auch in Num 20,1 ff. (Kadesch) berichtet. Vielleicht hat der Autor beide Szenen vor Augen, die er zu einer zusammenzieht. Es wiederholt sich allerdings auch, was bereits im Hymnus von Kap. 10 auffiel: Das Versagen Israels wird verschwiegen, diesmal das Hadern und Murren gegen Mose. Der Grund ist offenkundig. Wenn es in der Synkrisis um die Gegenüberstellung von Gerechten und Gottlosen geht, dann darf eigentlich von den Gerechten nichts Belastendes gesagt werden.

5 *begründet* also, was in 2–4 berichtet wurde. Allerdings kommt diese Begründung etwas zu früh. Denn vom bösen Verhalten der Feinde und vom Wasser als Strafe hat unser Autor bisher noch nichts gesagt. Doch geschieht das dann unmittelbar danach. Der Grundsatz von 5 beschreibt die *Proportionalität* von Strafe und Rettung in der Weise, daß Gott für beides ein und dasselbe Mittel verwendet, in unserem Falle also das Wasser. Strafe und Rettung entsprechen einander. Das für beide Akte gemeinsame Element des Wassers soll zeigen, wie sehr beide Seiten zusammengehören, die Gerechten und die Gottlosen. Weil diese jene verderben wollen, soll das für die Gerechten lebensrettende Wasser für die Verderber lebensverderbend sein. Auch Strafe kann *zeichenhaft* sein, so nämlich, daß die Bestraften im Mittel der Strafe ein Zeichen auf ihre Untat hin erkennen können, ja erkennen müssen. Und zugleich erkennen die, die Gottes Rettungstat durch eben dieses Mittel erfahren, daß Gott auf ihrer Seite steht. Es ist bezeichnend, daß in 5 zweimal das *passivum divinum* begegnet: Gott bestraft die Feinde, Gott erweist den Verfolgten das Gute, nämlich die Rettung. Damit, daß hier *Gott als Subjekt* so stark hervorgehoben ist, wird auch in der Sap der *Unterschied zur älteren Weisheit* deutlich. Deren Grundsatz war, daß das Gute kraft seines Vollzugs für den

Guten das Gute bringt, das Böse aber kraft seines Vollzugs für den Bösen das Böse. Das Fundament war für die ältere Weisheit die erfahrene Lebensordnung der
Weisheit, jedoch kein göttlicher richtender Akt.[11] In der Sap stehen wir also wie
in anderen Büchern der späten Weisheit vor einer *massiven Theologisierung der älteren Weisheit:* Gott greift persönlich in das irdische Geschehen ein. In 5 bestimmen somit die beiden *passiva divina* die Aussage und schaffen so eine *immanente
Sanktion* (im Gegensatz zur transzendenten Sanktion in Sap 1–5).

6   Mit 6 rücken zum ersten Mal in Kap. 11 die Ägypter in den Blick, also die
Gottlosen, von denen bisher nur abstrakt und implizit in 5 die Rede war. Dem
Durst der Israeliten wird der Durst der Ägypter anläßlich der ersten Plage gegenübergestellt. Nach Ex 7,20 f. verwandelt Mose alles Nilwasser in Blut, und folglich können die Ägypter nicht mehr aus dem Nil trinken. Sie waren gezwungen,
am Nil entlang nach Wasser zu graben, Ex 7,27, wohl erfolglos. „Die nie versiegende Wasserquelle" war nach Sap 11,6 verseucht. Nach Ex 7,20 waren auch alle
anderen Flüsse und Kanäle Ägyptens von der Katastrophe betroffen. Spricht
Sap 11,6 vom verschmutzten Blut, so liegt eine Anspielung auf Ex 7,18 vor; Mose
7   kündigt dem Pharao an, der Fluß werde stinken. 7 greift zeitlich noch weiter zurück; nach Ex 1,22 gebot der Pharao, alle neu geborenen Söhne der Israeliten im
Nil zu ertränken. Will der Verf. der Sap womöglich sagen, daß schon mit diesem
Befehl des ägyptischen Königs die Blutwerdung des Nils begonnen habe, so daß
das von Mose bewirkte Blutwunder von Ex 7 nur dessen Vollendung war? Doch
wie immer man hier urteilt, eine *direkte* Korrespondenz zwischen Untat mittels
des Wassers und der Strafe durch Wasser liegt nicht vor, da das Töten nur durch
Durst geahndet wird. Mit 7 b wird der Blick des Lesers schon wieder auf die Israeliten in der wasserlosen Wüste gelenkt; unverhofft gibt Gott ihnen Wasser in
8   verschwenderischer Fülle. 8 erklärt, warum die Gerechten nach ihrer Flucht aus
Ägypten überhaupt Durst leiden mußten: Sie sollten erfahren, was es heißt, daß
Gott die Ungerechten bei der ersten Plage quälenden Durst leiden ließ. Ihr eige-
9   ner Durst war nach 9 nur Akt göttlicher Erziehung und göttlichen Erbarmens zugleich (s. Dtn 8,2–6).[12] Die göttliche Pädagogik gelingt, denn die Israeliten erkannten, daß Gott ihre Verfolger in seinem Zorn gepeinigt hat. Und so sollen es
auch die jüdischen Leser in der ägyptischen Diaspora zur Stärkung ihres Glau-
10   bens und ägyptische Leser (falls es solche gibt) zur Warnung erkennen. Nach 10
allerdings wurden auch die Israeliten gewarnt, freilich von Gott nur „wie von einem Vater". Will unser Autor auch die mit der Schrift vertrauten Diasporajuden,
die ja vom Versagen der Wüstengeneration wußten, warnen, ohne daß er *expressis
verbis* etwas davon sagt, um jüdische Schuld vor ägyptischen Lesern nicht zu nennen? Dieses „wie ein Vater", also „in väterlicher Milde", gewinnt durch den Ge-

---

[11] *Von Rad,* Weisheit in Israel, 172; er nennt in diesem Zusammenhang u. a. aus Spr z. B.
Spr 11,21; 12,7; 14,22; 15,6; 26,27.

[12] Mit Sicherheit rekurriert der Verfasser der Sap hier auf *Dtn 8.* Bereits in Sap 11,4 findet
sich eine terminologische Anlehnung an Dtn 8,15: τοῦ ἐξαγαγόντος σοι ἐκ πέτρας ἀκροτόμου
πηγὴν ὕδατος (ἀκρότομος nicht in Ex 17 und Num 20; s. aber auch ψ 113,8: τοῦ στρέψαντος τὴν
πέτραν εἰς λίμνας ὑδάτων / καὶ τὴν ἀκρότομον εἰς πηγὰς ὑδάτων).

gensatz von 10b klare Konturen: Die gottlosen Ägypter straft und verurteilt Gott „wie ein strenger König", indem er sie verurteilt.

Eine *crux interpretum* ist 11. In welcher Weise ist das Gegensatzpaar „abwesend 11 – anwesend" zu verstehen? Grimm sieht in den Abwesenden das ägyptische Heer, das fern vom Heimatland im Schilfmeer umkam, in den Anwesenden diejenigen, die schon in Ägypten anläßlich der ersten Plage gestraft wurden.[13] Feldmann hingegen erblickt in den Abwesenden diejenigen Ägypter, die sich fern von den in die Wüste gewanderten Israeliten aufhielten, in den Anwesenden aber jene Ägypter, die sich zur Zeit der ersten Plage in Ägypten befanden, als auch die Israeliten noch dort waren.[14] Nun hat jedoch der Klassische Philologe Giuseppe Scarpat, u. a. unter Verweis auf Sophokles, wahrscheinlich machen können, daß „anwesend und abwesend" eine rhetorische Figur für „alle" ist.[15] „Alle" meint allerdings nach dem Zusammenhang mit 12–14, daß in 11 nur alle Ägypter gemeint sind. Aufgrund dieser Interpretation von 11 ist aber dann in 12 διπλῆ, *diple,* nicht mit 12 „in doppelter Weise" zu übersetzen, sondern als Ausdruck besonderer Intensität zu verstehen: Überaus starke Trauer erfaßte sie, zudem ein Seufzen in der Erinnerung an das Geschehene.[16] Als nach 13 die Ägypter dann auch noch vernehmen 13 mußten, daß die Israeliten ausgerechnet durch Wasser Wohltaten empfangen hatten, da blieb ihnen nur noch zu erkennen und zuzugeben, daß die sie getroffene Katastrophe das Werk des Herrn war. Sie erinnerten sich, so 14, an die einst ge- 14 schehene Aussetzung des kleinen Mose im Nil (Ex 2,3), also im Wasser! Sie erinnerten sich an ihren damaligen Spott. Daß allerdings diese „Aussetzung" durch eine Israelitin geschah, und das doch wohl mit der Absicht, daß sich irgendeiner des im Binsenkasten liegenden Kindes annehme, sagt der Verf. der Sap nicht. Und auch nicht, daß es ausgerechnet eine Ägypterin war, nämlich eine Tochter des Pharaos, die das Kind rettete!

11,15–12,27 Erster theologischer Exkurs: Gottes Strafe und Gottes Milde

Erster Teil 11,15–12,1 Große Schuld – geringe Strafe

15 Zur Strafe für die unsinnigen Gedanken ihrer Ungerechtigkeit,
    Durch die sie getäuscht wurden und deshalb vernunftloses Gewürm und
                                        elendes Getier verehrten,
    Sandtest du ihnen zur Strafe eine Fülle vernunftloser Tiere,
16 Damit sie erkennen: *Womit jemand sündigt, damit bestrafst du ihn.*

Röm 1,18ff.

Element: Erde

---

[13] *Grimm* K 207 f.
[14] *Feldmann* K 79; s. auch *Fichtner* K 42, Anm. zur Übersetzung.
[15] *Scarpat* K II 404; er nennt u. a. *Sophokles,* Antigone 1109; Elektra 305 f.; ihm hat sich *Engel* K 188 angeschlossen.
[16] *Scarpat* K II 405.

17 Deine allmächtige Hand, die die Welt aus gestaltloser Materie erschaffen
                                                                         hat,
Wäre durchaus imstande gewesen,
(Auf die Gottlosen) eine Menge Bären oder grimmige Löwen loszulassen
18 Oder neu erschaffene, noch unbekannte Tiere, voller Wildheit,
Oder Bestien, die feurigen Atem speien
Oder stinkenden Rauch verbreiten
Oder aus ihren Augen schreckliche, feurige Funken sprühen.
19 Nicht nur hätten solch schadenbringende (Tiere) sie vernichten können,
Schon allein ihr furchterregender Anblick hätte sie zu töten vermocht.
20 Aber auch ohne all dies hätten sie, von Gottes Gerechtigkeit verfolgt,
Durch einen einzigen Hauch tot hinfallen können,
Vom Atem seiner göttlichen Macht zermalmt.
Doch du hast alles nach Maß, Zahl und Gewicht geordnet.
21 Denn jederzeit kannst du deine große Macht ausüben.
Und wer wäre da in der Lage, deinem kräftigen Arm widerstehen!
22 Denn vor dir ist die ganze Welt wie nur ein winziges Gewicht auf der
                                                                      Waage
Und wie ein Tautropfen, der frühmorgens auf die Erde fällt.
23 Du aber erbarmst dich aller, weil du alles vermagst,
Und schaust über die sündigen Taten der Menschen hinweg, um sie zur
                                                      Umkehr zu bewegen.
24 *Denn du liebst alles, was ist,*
Und nichts von dem, was du erschaffen hast, verabscheust du.
Denn, würdest du es hassen, dann hättest du es nicht ins Dasein gebracht.
25 Wie könnte etwas bestehen, wenn du es nicht gewollt hättest!
Oder wie könnte etwas Bestand haben, wenn Du es nicht ins Sein gerufen
                                                                    hättest!
26 Du aber schonst alles, weil es dein Eigentum ist, du, der das Leben liebende
                                                                    Herrscher.
12,1 Denn dein unvergänglicher Geist ist in allem.

15   Vom Wasser ist in 15 nicht mehr die Rede. Fast unvermittelt gerät die gebethafte
     Reflexion über Gottes vergeltendes Handeln ins Grundsätzliche (nachdem jedoch
     schon in 5 ein erster Grundsatz genannt ist). Das Beispiel wechselt; in Antizipa-
16   tion der Thematik des in 16,1 ff. folgenden Tier-Vergleichs bringt 16 den
     theologischen Grundsatz des Strafmodus Gottes. Die dann weiter mit Hilfe des
17-20 c. 20 d Tier-Vergleichs vorgetragene Religionskritik in 17-20 c führt in 20 d zu einem
21   neuen theologischen Spitzensatz. Mit einem Hinweis auf Gottes Macht in 21, im
11,22-12,1 Kontext von 20 formuliert, schließt in 11,22-12,1 der erste Teil des theologischen
     Exkurses von 11,15-12,27.

15   Nach 15 liegt der Ursprung der gottleugnenden Religion in dem unsinnigen Ge-
     danken der Ungerechtigkeit.[17] Ungerechtigkeit, Gottlosigkeit und Dummheit bil-

---

[17] ἀδικία wird zuweilen mit „Gottlosigkeit" übersetzt (z. B. *Feldmann* K 81). Das ist nicht völlig falsch, denn die Ungerechtigkeit ist ja konkreter Ausdruck der Gottlosigkeit. Beide Begriffe
werden in der Sap z. T. synonym gebraucht. So sind es die Gottlosen, die ἀσεβεῖς, die im ersten

den also eine Trias, in der sich die drei Einzelelemente in ihrem verderbenschaf-
fenden Wirken gegenseitig aufschaukeln. Törichtes Denken und verantwortungs-
loses Handeln gehen Hand in Hand. Und so gerät der gewissenlos Handelnde
immer tiefer in ein falsches Denken, das bis in seine religiöse Grundeinstellung
und existentielle Grundausrichtung ein für ihn und für die anderen katastrophales
Wirken zeitigt. Und so verehrt der, der in seiner charakterlosen und denkfaulen
Torheit dahinvegetiert, schließlich „vernunftloses Gewürm und elendes Getier"[18]
als Götter. Die Strafe erfolgt nach dem Grundsatz: Gleiches wird durch Gleiches
gestraft. Gott schickt den Ungerechten und Gottlosen ihre „Götter" zur Strafe.
Wer Tiere vergöttert, den quält Gott mit Tieren. Genau das entspricht dem
Grundsatz von 16: „Womit einer sündigt einer sündigt, damit wird er bestraft."   16
Das Passiv κολάζεται, kolazetai, ist wieder passivum divinum: „Womit sich einer
gegen Gott vergeht, damit bestraft ihn Gott." Und da sich auch 16 im unmittelbaren Kontext der Anrede des Autors an Gott befindet, läßt sich hier wiederum
sinngemäß paraphrasieren: „damit bestrafst du ihn, o Gott."

Die Diskussion über 16 geht weitgehend um die Frage, ob der hier ausgesprochene Grundsatz den Gedanken des atl. (und vorderorientalischen) *ius talionis*
enthält (Ex 21,23–25; Lev 24,19 f.; Dtn 19,18; 2Makk 13,8 u. ö.; s. aber auch Jub
4,31 f. und TestGad 5,10); doch wird zumeist mit Recht der entscheidende Unterschied hervorgehoben: Im atl. *ius talionis* geht es um einen Rechtssatz, in dem
die Gleichheit von erlittenem Schaden auf seiten des Opfers und der zu erleiden-
den Sühne auf seiten des Täters ausgesagt wird, während es in 16 um dasselbe
Mittel geht, mit dem dieser vorgegangen und das nun zur Strafe für ihn bestimmt
ist.[19] Trotz dieses Unterschiedes liegt eine gewisse inhaltliche Nähe von 16 zum
ius talionis vor.

17 ist als Begründung formuliert, kann aber kaum den Grundsatz von 16 be-   17
gründen. Vielmehr ist anzunehmen, daß hier ein Einwand, der gegenüber 15 ausgesprochen wurde, widerlegt werden soll: Gott hat zwar kleine widerliche Tiere
geschickt, aber keineswegs für das ägyptische Volk lebensbedrohende Bestien,
wodurch er doch am ehesten sein Volk hätte retten können! Warum hat er nur
halbherzig auf die für Israel existenzbedrohenden Machenschaften der Ägypter
reagiert? Er, der Schöpfer der Welt, hätte nach 18 sogar noch schrecklichere Be-   18 *Dämonen!*
stien als die in 17 genannten Raubtiere erschaffen können oder Tiere mit feurigem
Atem und stinkendem Rauch, die in Ägypten ein Blutbad angerichtet hätten, oder
nach 19 auch nur Tiere mit funkensprühenden Augen, deren Anblick allein schon   19
genügt hätte, um Israels Gegner zu erledigen. Konnte also Gott nicht? Oder

---

Teil der Sap den Gerechten verfolgen. Aber im Argumentationsprozeß der mehrfachen Synkrisis
in Sap 11–19 werden die Ägypter als die ungerechten Feinde der Israeliten dargestellt. Deshalb
sollte schon bei der Übersetzung von ἀδικία zum Tragen kommen, daß der Verf. der Sap nicht
ἀσέβεια schreibt, sondern ἀδικία.

[18] So die treffende, auch von uns übernommene Übersetzung von *Feldmann* K 81.

[19] Zitiert sei nur *Vilchez* K 321: „ ... mientras que el v. 16 se fija en el *instrumento* o medio de
que ha servido el culpable y que será *el mismo* con que será castigado." S. auch *Gilbert*, „On est
puni par l'on peche" (Sg 11,16), 183–191; (ausführlicher Hinweis auf *Gilbert* in *Schmitt* K II
194 f.); *Scarpat* K II 373 ff.

wollte er nur nicht? Und wenn er nicht wollte – *warum*? Unser Autor drängt die Frage noch weiter. Eine Vernichtung der Ägypter durch Tiere, welcher Art auch immer, wäre ja eigentlich gar nicht erforderlich gewesen. Gott brauchte doch nach 20 nur Israels Gegner durch seine Gerechtigkeit zu verfolgen – sie wären tot umgefallen, sie wären, anthropomorph gesagt, vom Atem seiner göttlichen Macht zermalmt worden! In 20 d erreicht uns endlich die Antwort. Aber zuvor ist erst noch einiges in 17 zu klären.

Dort begegnet nämlich eine weitere anthropomorphe Aussage: „Gottes Hand" wäre zur Vernichtung fähig gewesen. Sie hat nicht nur Bären und Löwen, sondern die ganze Welt aus formloser Materie erschaffen. Das Idiom „Hand Gottes" als Symbol göttlicher Macht ist alttestamentlich, und zwar vor allem im Kontext der Schöpfung. So heißt es z. B. in ψ 101,26: „Die Himmel sind Werke deiner Hände." oder Jes 48,13: „Meine Hand hat die Erde gegründet, und meine Rechte hat den Himmel fest gemacht."[20] Die Hand Gottes ist als atl. Idiom Ausdruck für Gottes schöpferische *Macht*. Der Verf. der Sap fügt noch das Adjektiv „allmächtig" hinzu.[21] Unser Autor will also mit „deine allmächtige Hand" unmißverständlich sagen, daß Gottes Macht unbegrenzt ist. Aber relativiert nicht die Aussage, daß seine allmächtige Hand die Welt aus *ungeformter Materie*, ἐξ ἀμόρφου ὕλης, *ex amorphou hyles*, geschaffen habe, seine *All*-Macht? Hat nicht der im hellenistischen Alexandrien lebende Verf. der Sap hier eine schwerwiegende Konzession an die griechische Philosophie gemacht, wenn er die Ungeschaffenheit und Ewigkeit der Materie unausgesprochen voraussetzt, wie dies z. B. Platon und Aristoteles annehmen?[22] Dagegen wird vor allem von katholischen Exegeten eingewandt, daß die Hervorhebung der *allmächtigen* Hand Gottes eine solche Deutung nicht zuließ, denn sonst wäre das Prädikat „*all*-mächtig" falsch. Scarpat versucht mit einem Seitenblick auf Philon das Problem so zu lösen, daß er den Schöpfungsakt auf Gott und den Logos so verteilt, daß Gott der Schöpfer ist und dem Logos die Formung der gestaltlosen Materie überläßt.[23] Doch wie immer man hier urteilt, die Diskussion verbleibt innerhalb eines weltanschaulich-philosophisch überholten Begriffshorizonts. Selbst wenn der Verf. der Sap in einem damals plausiblen Horizont von einer zunächst ungeformten, dann durch Gott geformten Materie gesprochen haben sollte, so besagt das doch im Rahmen *seines* Vorstellens und Denkens, daß Gott den *entscheidenden* Akt getätigt hat, da die ungeformte Materie im Sinne des Autors ein Nichts ist.[24] Nur weil *wir* in unserer Rekonstruktion und Interpretation der griechischen Philosophie von *deren* Voraussetzungen aus erkennen, daß diese Philosophen der ungeformten Materie eine bestimmte Seinsrelevanz zuschreiben, ist es möglich, die Diskussion über Sap 11,17 so zu führen, wie es weithin geschah. Vom *Wirklichkeits*-Verständnis unseres Autors her ist uns aber das damalige philosophische Wirklichkeitsverständnis zur Beurteilung seiner

---

[20] Jes 48,13: καὶ ἡ χείρ μου ἐθεμελίωσε τὴν γῆν, …

[21] παντοδύναμος in der LXX nur in Sap: 7,23; 11,17; in 18,15 vom λόγος ausgesagt.

[22] Belegstellen ausführlich bei *Grimm* K 21 ff.

[23] *Scarpat* K II 378; s. insgesamt ib. 375–381.

[24] Nicht im Sinne der Philosophen, in deren Tradition er steht!

Aussage nicht gestattet. So sehr dieser auch philosophische Gedanken seiner Zeit aufgegriffen und fruchtbar gemacht hat, so wenig ist *sein* Horizont allein mit antiken philosophischen Begriffen erfaßbar. Von der ungeformten Materie der griechischen Philosophie zur ungeformten Materie unseres Autors geschieht eine μετάβασις εἰς ἄλλο γένος, *metabasis eis allo genos,* das meint hier den Sprung von der Immanenz in die Transzendenz.

Die zunächst entscheidende Frage steht jetzt zur Beantwortung an: Warum hat sich der allmächtige Gott für Israel, sein heiliges Volk (Sap 10,15), nicht als allmächtig erwiesen? Und diese Frage führt nun mitten hinein in die *Gottesfrage schlechthin.* Wer ist dieser Gott, daß er allmächtig ist und doch seine Allmacht allem Anschein nicht machtvoll sein läßt? Die Antwort lautet im Sinne der Sap: Gott ist allmächtig, doch *seine Allmacht* steht *in Korrelation zu seinem Erbarmen und zu seiner Liebe.* Es gibt in seinem Wirken nach außen, in seinem Wirken in die Geschichte hinein, ein *Maß,* das sich nach geschichtlichen Begebenheiten mißt. Man mag sagen, daß Gottes Macht und Gottes Liebe Maß-los sind, weil es für Gott keine Grenze seiner Macht und seiner Liebe gibt. Wo aber Gottes Wirken im Raum der Geschichte Ereignis wird, da sind es die Menschen, die kraft ihrer eigenen geschichtlichen, also begrenzten Existenz das Wirken Gottes an ihnen nur begrenzt möglich sein lassen. Und so gilt auch für sein vergeltendes Wirken an den Ägyptern, daß hier alles nach Maß, Zahl und Gewicht geordnet ist. Da ist das Maß der Macht gegenüber dem Maß des Erbarmens und dem Maß der Liebe. Da ist das Gewicht der Macht gegenüber dem Gewicht von Erbarmen und Liebe. Und beides läßt sich, menschlich gesprochen, als Zahl formulieren, ohne daß das geschichtliche Leben in Quantitäten eingezwängt und gemessen würde. Und dieses maßvolle Handeln Gottes an seinem Volk und dessen Feinden wird dann in den folgenden Versen veranschaulicht.

[Randnotiz: Theodizee]

Zur Tradition der triadischen Formel von 20 d: Griechisch-hellenistischer Einfluß (genannt sei hier nur Platon: bei den Ehrungen ist in jeder Polis alles nach Maß, Gewicht und Zahl[25] vorzunehmen, letztlich kann das aber allein Zeus, den Menschen gelingt es aber nur in geringem Umfang) ist eingebettet in dominantes biblisches Denken. Zu nennen ist hier vor allem Jes 40,12: „Wer hat mit seiner Hand das Wasser ausgemessen und den Himmel mit der Spanne und die ganze Erde mit der ausgespreizten Hand? Wer hat die Berge mit einem Gewicht gewogen und die Täler der Wälder mit der Waage?"[26] Hier ist noch mehr als bei Platon die menschliche Möglichkeit des Messens in Frage gestellt und das eigentliche Messen-Können als Gottes Kompetenz ausgesagt. Maß, Zahl und Gewicht sind bei Gott aufgehoben; der Mensch vermag nur in seiner geschichtlichen Begrenztheit zu messen und zu wägen.

In 21 ist noch einmal auf Gottes Allmacht verwiesen. Der Gedanke wird in 22 weitergeführt, wobei der Leser auf seine Winzigkeit hin angesprochen wird; er ist ein winziges Gewicht auf der Waage oder ein Tautropfen am Morgen. In 23 aber

[Randnotiz: 21. 22]

[Randnotiz: 23]

---

[25] *Platon,* Gesetze VI, 757 b: τὴν μέτρῳ ἴσην καὶ σταθμῷ καὶ ἀριθμῷ.

[26] Jes 40,12: Τίς ἐμέτρησε τῇ χειρὶ τὸ ὕδωρ καὶ τὸν οὐρανὸν σπιθαμῇ καὶ πᾶσαν τὴν γῆν δρακί; τίς ἔστησε τὰ ὄρη σταθμῷ καὶ τὰς νάπας ζυγῷ;

kommt dann der neue, der entscheidende Gedanke, nämlich das *Gewicht des göttlichen Erbarmens* gegenüber dem *Gewicht seiner Allmacht.* Mag auch „in" Gott beides ein unendliches Vermögen sein, in der Geschichtlichkeit von Menschen und Völkern kommt beides zu einem geschichtlichen Maß, weil Gott der Herr der Geschichte ist, die nur geschichtliche Begrenztheit kennt. Und so hat Israels Sicherheitsbedürfnis seine Grenzen am Erbarmen Gottes gegenüber Ägypten. Gerade weil Gott alles vermag, kann er Israel und zugleich Ägypten sein Erbarmen zuwenden. Gott schaut über die Schuld der Ägypter hinweg, weil auch dieses

24 Volk als Volk Gottes zur Umkehr bewegt werden soll. Liebt Gott nach 24 alles, was ist, weil er es erschaffen hat, so liebt er auch die Ägypter. Er verabscheut sie nicht, mögen sie auch den Israeliten furchtbares Unrecht angetan haben. Gott

25 haßt die Ägypter nicht, da er auch sie ins Dasein gebracht hat. 25 ist im Grunde nur eine verbale Modifikation des unmittelbar zuvor Gesagten, keine inhaltliche.

26 Und auch 26 wiederholt den bisher geäußerten Gedanken, wenn es heißt, daß Gott sein Eigentum, zu dem die Ägypter gehören, schont. Deshalb auch die Anrede an Gott: Du, der das Leben liebende Herrscher. Die Israeliten sollen leben! Aber auch die Ägypter! Und im Rückblick auf all das, was bisher über den Geist Gottes bzw. den Geist der Weisheit gesagt wurde, ist es im Rahmen der Gesamtargumentation der Sap nur konsequent, wenn in allem und in allen der unvergängliche Geist Gottes waltet – im Falle des Exodus: in Israel und in Ägypten!

Zweiter Teil 12,2–11 a Langmut Gottes selbst für die Schlimmsten!

2 Deshalb strafst du die Sünder nur wenig.
  Du ermahnst sie, indem du sie daran erinnerst, worin sie sich verfehlten,
  Damit sie von ihrer Bosheit ablassen und an dich, o Herr, glauben.
3 Denn auch die ehemaligen Bewohner deines heiligen Landes
4 Hast du wegen ihres im Übermaß (dir gegenüber so) feindlichen Tuns
                                                          gehaßt.
  Nämlich wegen ihrer Werke der Zauberei und ihres unheiligen Kultes,
5 Wegen ihres unbarmherzigen Kindermordens,
  Wegen ihrer blutigen Mahlgemeinschaften, bei denen sie als sogenannte
                                                          Eingeweihte
  Während ihres blutigen Festschmauses Eingeweide und Fleisch von
                                                          Menschen fraßen,
6 Und wegen der Eltern, die ihre hilflosen Kinder umbrachten.
  Da war es dann schließlich deine Absicht, (diese bösen Menschen) durch
                                                          die Hand unserer Väter auszurotten,
7 Damit das von dir über alles geschätzte Land
  Eine würdige Besiedlung durch deine Kinder erhielte!
8 Aber auch diese (Verbrecher) hast du – weil sie *Menschen* waren! –
                                                          geschont.
  Du hast (zunächst nur) als Vorläufer deines Heeres Wespen geschickt,
  Damit diese sie (erst einmal) langsam vernichteten.
9 Keineswegs warst du zu schwach, um in einer Schlacht die Gottlosen den
                                                          Gerechten auszuliefern

Oder sie durch furchtbare Tiere oder auch nur allein durch ein hartes
(göttliches) Wort in einem einzigen Augenblick zu vernichten.
10 Aber indem du so langsam richtetest, gabst du Zeit zur Umkehr.
Freilich wußtest du, daß (diese Menschen) schon von ihrer Herkunft
schlecht waren
Und ihre Bosheit angeboren war
Und daß sie ihre Gesinnung niemals ändern würden.
11 a War es doch von Anfang an ein verfluchtes Geschlecht!

Es ist eine Ermessensfrage, ob man eine Zäsur nach 1 oder 2 annimmt. Man wird
2 einen gewissen Übergangscharakter zubilligen. Was in diesem Vers gesagt ist, 2
ist sowohl eine Zusammenfassung dessen, was in Kap. 11 über die Ägypter und
was jetzt in Kap. 12 über die *Kanaanäer* gesagt wird. Das Urteil über diese ist
nicht nur in Nuancen härter, dennoch stimmen aber beide Urteile *im Prinzip*
überein. Wenn hier eine Zäsur zwischen 1 und 2 angenommen wird, dann weniger
aus theologischen als aus sprachlichen Erwägungen: 1 wirkt gut als abrupter Teil-
abschluß in apodiktischem Tonfall. Kommen nun die Kanaanäer im Urteil des
Verf. der Sap schlechter davon als die Ägypter, so wird dieses Urteil vielleicht
nicht primär im Blick auf die Verurteilten ausgesprochen, sondern als Mahnung
an die Adressaten: Seht, selbst mit solchen Menschen hat Gott Mitleid! Nehmt
euch also an Gottes erbarmungsvollem Verhalten gegenüber schwersten Sündern
ein Beispiel!

„Deshalb", διό, *dio,* in 2 leitet ein Resümee ein. Immer noch bleibt unser Autor in 2
der Gott anredenden Gebetssprache. Das theologische Fazit hat hier gewissermaßen bekenntnishaften Charakter: Du strafst, um zur Abkehr vom Bösen zu er-
mahnen und zur Hinkehr zu dir aufzufordern. Somit ist nicht die Strafe das eigentliche Aussageziel des Verses, sondern der Inhalt des Finalsatzes. Deshalb ist
in 2 auch nicht die Strafe als solche betont, sondern das geringe Strafmaß, ein aus
Kap. 11 schon bekannter Gedanke.[27] Ermahnung meint hier, den Sünder mit seiner sündigen Vergangenheit zu behaften. Die *Erinnerung* des Sünders – der
Mensch der Gegenwart ist ja weitesthin die *memoria* seiner Vergangenheit![28] – ist
die Voraussetzung für ein ehrliches Selbstverständnis, das ihn seine Bosheit, κα-
κία, *kakia,* in ihrer Tiefendimension verstehen läßt, also ihn als seine Bosheit.
Ohne das Eingeständnis, Sünder zu sein (und das meint: im Grunde nicht Sünde
zu haben, sondern die eigene Sünde zu *sein*), ist kein Glaube möglich, keine Ver-
gebung.

In 3 wird deutlich, daß von den Kanaanäern die Rede ist. *Sie* sind zunächst Be- 3
wohner „deines heiligen Landes" – freilich ohne es zu wissen. Die Bezeichnung
„heiliges Land" ist bis zum heutigen Tag ein gängiges Idiom, allerdings ein recht
gefährliches, auch im Munde des Christen. Denn heilig ist das Land nicht in sich,

---

[27] παραπίπτειν und ἁμαρτάνειν dürften Synonyme sein; es geht um Verfehlungen gegen bestimmte Gebote Gottes (ἐν οἷς), die als Verstoß gegen seinen Willen Sünde sind.
[28] S. *Augustinus,* Confessiones XI, n. 26, wo die „Vergangenheit" interpretiert wird als *prae-
sens de praeteritis memoria.*

auch nicht, weil drei Weltreligionen aus religiösen Gründen Ansprüche auf es er-
heben. Heilig darf das Land nur vom geschichtlichen Wirken des heiligen Gottes
genannt werden. Spricht unser Autor in 10,15 vom „heiligen Volk", so ist das
theologisch schon eher vertretbar, selbst vom NT her, wo Paulus seine Adressaten als „berufene Heilige" anredet, z. B. Röm 1,7. Die gängige Redewendung
„heiliges Land" kann aber nur allzu leicht die Vorstellung von einer magischen
Heiligkeit des Landes Palästina suggerieren. Als geographische und staatliche
Umschreibung ist weder Israel noch Palästina „heiliges Land". Im kirchlichen
Sprachgebrauch sollte daher nur mit Vorsicht vom „heiligen Land" gesprochen
werden!

4   Gott haßte nach 4 das aufs feindlichste gesinnte Verhalten der Kanaanäer, sah
also in deren Verhalten einen feindseligen Akt gegen sich selbst. Das gilt zunächst
für ihre Werke der Zauberei und unheiligen[29] Gottesdienste. Man kann im Sinne
der Mysterienreligionen τελεταί, *teletai*, mit „Mysterien" übersetzen; vielleicht
sollte diese Bedeutung in der Intention des Autors auch tatsächlich mitklingen;
war das der Fall, so wären damalige religiöse Strömungen in Ägypten in die Religionsgeschichte Kanaans projiziert.[30] Ein historisches Urteil ist das natürlich
5   nicht. In 5 wird die *zwischenmenschliche* Seite der kanaanäischen Pseudoreligion
gezeigt: unbarmherziges Morden von Kindern, ja sogar kannibalische Opfer-
mahle bei denen, die bei kultischen Mahlzeiten Fleisch und Eingeweide von Menschen zu sich nahmen – kultischer Kannibalismus![31] Wie widerlich das auch
klingt, es darf zunächst nicht übersehen werden, daß Menschenopfer selbst unter
Israeliten biblisch belegt sind – ohne ein einziges Wort der Kritik![32] So opferte
z. B. Jephtha Jahwäh seine einzige Tochter, Ri 11. Ob Ahas, der König von Juda,
seinen Sohn durchs Feuer gehen ließ, wie 2Kön 16,3 behauptet, ist allerdings
fraglich.[33] Für die Interpretation von Sap 12,5 ist aber von Interesse, daß in
2Kön 16,3 u. ö. auf derartige Unsitten der Kanaanäer verwiesen ist. Wenn dann
6   in 6 noch von Eltern die Rede ist, die ihre Kinder morden, so ist nicht klar, ob
dies nur eine inhaltliche Wiederholung von 5a ist. Ausdrücklich ist in Dtn 18,10
den Israeliten verboten, kanaanäische Bräuche wie z. B. das Gehenlassen der eigenen Kinder durchs Feuer oder Zauberei zu übernehmen.[34] In 6 findet sich erneut
ein Bezug auf das Dtn; denn nach Dtn 7,22 f. wird Jahwäh die Kanaanäer nach
und nach ausrotten, nämlich durch die Israeliten, die das Land erobern (s. auch
Ex 23,27 f.).[35] Werden hier die „Väter" erwähnt, so sind nicht die Patriarchen ge-

---

[29] ἀνοσίους!; s. demgegenüber Sap 10,15: λαὸν ὅσιον.

[30] Auch in μύστας in 5 c begegnet die Terminologie der Mysterienreligionen.

[31] Ausdrücklich sei gesagt, daß die Mysterienreligionen solche Scheußlichkeiten nicht kannten.

[32] Ist Gen 22 ein Beleg für die Ablösung von Menschenopfern durch Tieropfer in der Geschichte (Frühgeschichte?) Israels? S. die gängigen Gen-Kommentare.

[33] E. *Würthwein*, ATD 11/2, Göttingen 1984,387; ib. 459: das gleiche negative Urteil über
die Historizität hinsichtlich Josia (2Kön 23,10).

[34] Dtn 18,10 findet sich φαρμακός, Sap 12,4 ἔργα φαρμακειῶν.

[35] *Schmitt* K II 107 spricht im Blick auf Sap 12,6 f. von der verhaltenen Rechtfertigung der
Eroberung Kanaans durch die Israeliten (s. auch Jub 8,8–12; 9,14 f.; 10,29–34).

meint, sondern die Eroberer Kanaans wie z. B. Josua oder überhaupt die damalige
Generation des Volkes Israel. 7 ist wieder Finalsatz: Der Zweck des Vorgehens 7
gegen die kanaanäische Urbevölkerung besteht darin, daß das von Gott hochge-
schätzte Land „eine würdige Besiedlung von Kindern Gottes" erfährt. Das „heilige Land" soll vom „heiligen Volk" bewohnt sein!

Mit 8 biegt der Verfasser der Sap wieder auf das Grundthema von Kap. 12 zu- 8
rück: Warum läßt sich Gott mit der Strafe der Sünder so viel Zeit? Warum interveniert er nicht schon früher zugunsten der Gerechten? Die Antwort ist gerade an
dieser Stelle der Darlegungen mit aller Klarheit ausgesprochen: Auch die Gottlosen, selbst die ärgsten und schlimmsten unter ihnen wie die Kanaanäer, sind *Menschen*! Also liegt es in der Absicht des Schöpfers, seine menschlichen Geschöpfe,
die als Menschen die Möglichkeit der Umkehr besitzen, zu schonen. Wird die
Frist zu Umkehr von ihnen nicht genutzt, dann steht freilich am Ende ihr Verderben. Aber es steht ihnen aufgrund ihrer Menschenwürde zu, daß Gott sie zunächst schont und nur anfangsweise bestraft. Und so sendet er ihnen zuerst nur
Wespen[36], die als Vorhut des israelischen Heeres nur einen Teil der Feinde töten.
Natürlich, Gott hätte (so die bereits bekannte Auffassung, jetzt erneut in 9) im 9
Krieg den Gerechten die Gottlosen zur völligen Vernichtung preisgeben oder sie
durch wilde Tiere oder ein göttliches Machtwort beseitigen können. Aber das ist
eben die göttliche „Strategie": Er gibt ihnen nach 10 „Raum" zur Umkehr, ob- 10
wohl er genau weiß, daß sie von ihrem Herkommen und ihrer angeborenen Natur
her so sehr mit dem Bösen behaftet sind, daß sie ihre Gesinnung auch angesichts
der Langmut Gottes nicht ändern werden. Denn, so sagt es 11 in geradezu bruta- 11
ler Diktion, sie sind ein verfluchtes Geschlecht! Und der Fluch will bekanntlich
vom Segen nichts wissen.

Dritter Teil 12,11 b–27 Du, o Gott, bist gerecht!

11 b **Auf keinen Fall geschah es aus Furcht vor irgendeinem Menschen, wenn du
Sündern für ihre Taten Straffreiheit geschenkt hast!**
12 **Denn wer könnte (dir) sagen: „Was hast du getan?"
Oder: „Wer könnte deinem Urteil entgegentreten?"
Wer könnte dir vorwerfen, daß du Völker zugrunde gehen ließest, die du er-
schaffen hast!
Oder wer könnte sich dir als Anwalt ungerechter Menschen entgegenstellen?**
13 **Denn es ist kein Gott außer dir, dem doch *alle* am Herzen liegen,
Daß du erst noch beweisen müßtest, daß du nicht ungerecht geurteilt hast!**
14 **Und kein König, kein Tyrann vermag dir etwas feindselig entgegenzuhal-
ten ob derer, die du bestraft hast.**
15 **Da du ja gerecht bist, regierst du die Welt gerecht.
Den jedoch zu bestrafen, der es nicht verdient hat, bestraft zu werden,
Betrachtest du als deiner Macht unwürdig.**

---

[36] Es ist allerdings umstritten, ob das hebräische Wort ṣir'ah in Ex 23,28; Dtn 7,20; Jos 24,12
wirklich die Bedeutung „Wespe" hat, oder ob in der LXX σφηκία eine Fehlübersetzung ist.

16 Denn deine Stärke ist der Anfang der Gerechtigkeit,
Und daß du *alle* beherrschst, bringt dich dazu, *alle* zu schonen.

17 Denn du zeigst deine Stärke gerade dann, wenn man der Vollkommenheit
deiner Macht nicht glaubt
Und du den Übermut derer strafst, die darum wissen.

18 Du, der du ein starker Herrscher bist, urteilst in Milde,
Und mit weitherzigem Schonen regierst du uns.
Denn dir steht das Können zur Verfügung, wenn du nur willst.

19 Du hast dein Volk durch solches Tun gelehrt,
Daß der Gerechte menschenfreundlich sein muß.
Und du hast deine Kinder dazu gebracht, voller Hoffnung zu sein,
Daß du ihnen wegen ihrer Sünden die Umkehr ermöglichen wirst.

20 Wenn du nämlich deiner Kinder Feinde, die doch den Tod verdient hatten,
Mit solcher Aufmerksamkeit und (darin gegründeter) Nachsicht bestraft
hattest,
So daß du sogar ihnen Zeit und Raum gegeben hattest, von ihrer Bosheit
abzulassen,

21 Hast du dann nicht vor dein Gericht mit (gleicher) Genauigkeit deine
eigenen Kinder gezogen,
Deren Vätern du dich immerhin durch Eide und Bundesschlüsse mit guten
Verheißungen verpflichtet hattest?

22 Während du uns (nur) züchtigst, geißelst du unsere Feinde zehn-
tausendfach,
Damit wir, wenn wir selber richten, deine Güte vor Augen haben,
Wenn wir aber gerichtet werden, dein Erbarmen erwarten dürfen.

23 Darum hast du die, die in Torheit und Unvernunft ihr Leben gestalten,
Durch ihre eigenen Greuel bestraft.

24 Denn sie täuschten sich in erheblich stärkerem Maße, als es (überlicher-
weise) auf den Wegen der Täuschung der Fall ist,
Da sie in den verachtetsten und widerlichsten Tieren Götter zu sehen
meinten,
Im Irrtum befangen – wie dumme Kinder!

25 Deshalb schicktest du ihnen, als seien sie Kinder ohne Verstand,
Zu ihrer Verspottung das Gericht.

26 Die sich aber selbst durch verspottende Strafe nicht warnen ließen,
Erfuhren das ihnen gebührende Gericht durch dich.

27 Als sie nämlich in ihrem Leid voller Ärger über die waren,
Die sie für Götter gehalten hatten, und nun gerade ihretwegen bestraft
wurden,
Da sahen sie, daß der, den anzuerkennen sie sich zuvor geweigert hatten,
Gott ist.
So erkannten sie dich (– aber zu spät! –) als den wahren Gott.
Deshalb kam das Höchstmaß der Strafe über sie.

(Randnotiz: Röm 1,24ff.*)*

Der dritte Teil von Kap. 12 führt den bislang dargelegten Gedanken von der in
seiner Macht gegründeten Milde Gottes weiter. Die Explikation geschieht anfangs in einer gewissen Dramatisierung mit rhetorischen Fragen, dann aber auch
dadurch, daß der Vergleich der Bestrafung der heidnischen Völker durch Gott
mit dessen Urteil über sein eigenes Volk eine paränetische Spitze hat. Denn die

imitatio dei

Aussagen zum Handeln Gottes haben nicht nur das Ziel, die alexandrinischen
Diasporajuden in ihrem Vertrauen auf Gott zu stärken, sondern auch, sie zur
imitatio Dei zu bewegen: Wenn Gott menschenfreundlich ist, so soll auch der
Mensch so gesinnt sein und dementsprechend handeln. Die Mahnung meint zunächst Israel, dann aber gemäß der Gesamtausrichtung der Sap alle Völker. Insoweit bereits bekannte theologische Gedanken der Sap nur in gewisser Variation
oder neuer Diktion begegnen, werden sie nur noch kursorisch erläutert.

Daß, wie 11 b hervorhebt, Gott nicht aus Menschenfurcht milde Urteile fällt, ver- 11 b
steht sich nach dem bisher Gesagten von selbst. Die rhetorischen Fragen in 12   12
sind Anspielungen auf Fragen im AT, jedoch nicht in solch enger Anlehnung wie
in Röm 9,19 ff. Wie in Jes 45,9 oder Hiob 9,12 wird dem Menschen zu verstehen
gegeben, daß er kein Recht hat, Gott zu widersprechen. Gott ist der Schöpfer! Er
kann Milde walten lassen, er kann zugrunde gehen lassen! Anwalt der Bösen darf
niemand sein! Aber wenn er nach 13 der einzige Gott ist und ihm gerade deshalb   13
alle Menschen am Herzen liegen, dann darf er auch den Bösen gegenüber langmütig sein. Er braucht sich nicht vor einem fragenden oder ihn gar anklagenden
Menschen zu rechtfertigen! Und das gilt, so 14, in entgegengesetzter Richtung   14
auch für Gottes Strenge. Kein Machthaber dieser Welt kann hier Gott vor Gericht ziehen! Die Begründung ist in 15 das im Glauben unhinterfragte und unhin-   15
terfragbare *Bekenntnis:* Gott ist gerecht. Theologische Begründung kennt wohl
ein Argumentieren mit den Gesetzen der Logik; aber letztendlich *gründet* alles
theologische Argumentieren im Glauben. Gottes Gerecht-*Sein* impliziert sein Ge-
recht-*Handeln,* also regiert Gott, weil er gerecht ist, die Welt gerecht. Deshalb ist
es auch Gottes unwürdig, ungerecht einen Gerechten zu bestrafen. In 16 ist *Ge-* 16
rechtigkeit nicht im Sinne einer strengen äquivalenten Strafgerechtigkeit verstanden. Es ist irgendwie schon die begnadende Gerechtigkeit (man wird an Luthers
iustitia passiva erinnert), wenn sie im Kontext des göttlichen Verschonens genannt
wird. Beim ersten Lesen mag der Eindruck entstehen, als solle hier aus der *All-*
Macht Gottes auf die *All-*Versöhnung geschlossen werden. Aber der Kontext (gerade das Ende des 12. Kap.!) zeigt unmißverständlich, daß die *All-*Verschonung
nur eine gewisse Anfangsmilde gegenüber allzu schweren Sündern besagt. Denn
die in 17 genannte Glaubenslosigkeit gegenüber der „Vollkommenheit deiner   17
Macht" führt zur schlimmen Bestrafung der Übermütigen. Nach 18 kann Gott,   18
gerade weil er stark ist, in Milde urteilen und (jetzt geht der Verf. der Sap auf sein
eigenes Volk ein) „uns in Milde regieren", weil er alles kann, wenn er will. Sein
nachsichtiges, also menschenfreundliches Verhalten fordert, in 19 betont gesagt, 19
auch von seinem Volk die Menschenfreundlichkeit des Gerechten. Das Adjektiv
φιλάνθρωπος, *philanthropos,* begegnete bereits in 1,6 als Charakteristikum der   *φιλάνθρωπος*
Weisheit, die ein menschenfreundlicher Geist ist, und in 7,23 als eine der 21 Bestimmungen des in der Weisheit befindlichen Geistes.[37] Daß es hier *Gott* ist, von
dem die Philanthropie ausgesagt wird, und nicht mehr die Weisheit bzw. der

---

[37] φιλάνθρωπος in der LXX sonst nur noch in späten atl. Schriften: 1Esd 8,10; 2Makk 6,10;
4Makk 5,12; φιλανθρωπία in 1Esd 8,10; 2Makk 6,22; 14,9; 3Makk 3,15.18.

Geist der Weisheit, entspricht dem Sachverhalt, daß im dritten Teil der Sap von Gottes Wirken das ausgesagt wird, was in den zuvorstehenden Teilen als Wirken Gottes durch das Wirken der Weisheit thematisch war. *Indirekt* wird in 19 (entgegen dem Trend anderer dominierender Aussagen unseres Buches; s. nur den Hymnus in Kap. 10!) die Sündhaftigkeit auch innerhalb des Gott heiligen Volkes zugestanden. Denn die Milde Gottes gegenüber den ungerechten Feinden der Kinder Gottes hat ja diese zur Hoffnung auf die Möglichkeit einer Umkehr er-
20   muntert. Wenn nämlich nach 20 deren Feinde, die den Tod verdient hatten, zunächst Nachsicht von Gott erfahren durften, damit sie von ihrer Bosheit abließen,
21   *gilt dann nicht erst recht,* so 21, daß Gott gleicherweise im Gericht mit Israel verfährt, zumal er sich eidlich und durch Bundesschlüsse, die seine Verheißungen unwiderruflich machen, an dieses Volk gebunden hat?[38]
22   22 verletzt allerdings ein wenig die logische Konsistenz. Soeben war Gottes Philanthropie gegenüber jedermann der Grund zur Ermahnung Israels, selber so zu denken und zu handeln. Jetzt werden die Kinder Gottes aufgefordert, sich Gott als gütigen Richter zum Vorbild zu nehmen; doch im gleichen Atemzug heißt es, daß er ihre Feinde zehntausendfach gegeißelt habe! Die dunklen Seite der ägyptischen Religionsgeschichte, jedenfalls so, wie sie in der Optik unseres
23. 24   Autor erscheint, wird in 23 und 24 geradezu im Tone der Genugtuung vorgetragen: Die Ägypter haben die widerlichsten Tiere als Götter verehrt, also werden sie durch diese gequält! Erneut begegnet das Motiv der Torheit. Sie als religiöse Toren, in ihrem „Denken" getäuscht, verhielten (und verhalten) sich wie Kinder,
25   die noch nicht zur Vernunft gekommen sind. Also erhalten sie nach 25 eine Stra-
26   fe, die sie zum Gespött macht und die nach 26 der Macht Gottes entspricht. Die Ägypter stehen somit vor der ganzen Welt als lächerliches Volk da; die Welt lacht
27   über sie. Kein Wunder, daß sie dann in 27 als die geschildert werden, die schließlich über ihre lächerlichen Götzen zornig werden, als sie endlich zur Erkenntnis Gottes kamen: „Er ist der wahre Gott!" Aber, so ist im Sinne von 27 zu ergänzen: *Es ist zu spät!* Die von Gott eingeräumte Frist zur Umkehr ist verstrichen. Äußerste Strafe kommt über sie. Sie sind für immer verloren!

[handwritten margin note: Tierkult]

13,1–15,19 Zweiter theologischer Exkurs:
Die Götzenverehrer, ihre Torheit und das Nichts

Trotz einiger formaler Unausgeglichenheiten ist der Abschnitt Sap 13–15 eine in sich geschlossene Einheit[39], inhaltlich ein theologischer Exkurs, in dem irregelei-

---

[38] *Schmitt* K II 108: Schlußverfahren *a minore ad maius.*
[39] Für Sap 13–15 ist vor allem zu nennen: *Maurice Gilbert,* La critique des dieux dans le Livre de la Sagesse, die wohl wichtigste Monographie zu diesem Abschnitt der Sap. Außerdem ist zu berücksichtigen: *Friedo Ricken,* Gab es eine hellenistische Vorlage für Weish 13–15? und *Scarpat,* L'idolatria nell' antichità e nel libro della Sap.

tete Religion in ihren *nihilistischen* Implikationen transparent gemacht wird: Der *(Paulus!)* Götze führt seinen Anbeter ins Nichts. Götzendienst ist *stricto sensu* Nihilismus. Wer im Pseudogott die Sinnerfüllung seiner Existenz sieht, befindet sich auf dem Weg in die Sinnlosigkeit. Anders gesagt: Der Mensch, der sich im Bereich des Nichts aufhält, weil er das Nichts mit dem göttlichen Sein verwechselt, ist, ohne daß er es weiß, zum Nichts geworden. Ist doch der Götze, was sein eigentliches „Sein" angeht, ein bloßes Nichts, ein μὴ ὄν, *me on*. Dieser Mensch fällt ins Bodenlose, aber er begreift es nicht. Es sieht sich von Gott gehalten, ist aber losgelassen und stürzt, selber ein Nichts, ins Nichts. Zugespitzt gesagt: Der Verehrer des Gottes, der ihm seinen Namen „Nichts" verschweigt, weiß nicht, daß ihn dieser „Gott" bereits ins Nichts befördert hat. Mit Nietzsche, Heidegger und Sartre können wir heute diesen Sachverhalt – nein: Sach-*Un*-Verhalt – hermeneutisch noch besser zur Sprache bringen als unser im antiken Denken beheimateter Autor. Mit unseren Worten: Der Verf. der Sap will aufzeigen, daß das eingebildete höchste Sein das Nichts ist. Wir können hier von *Tragik* sprechen: Sie besteht darin, daß der dem Nichts Anheimgegebene nicht weiß, daß das Nichts ihn bereits (in Heideggers Terminologie) „genichtet" hat.

Unser Autor bringt in diesem Exkurs seinen Argumentationsgang in mehrfachen Schritten. Er stellt das Ganze unter die schon eingangs genannten Stichworte *„nichtig"*, μάταιοι, *mataioi*, und *„Unkenntnis Gottes"*, θεοῦ ἀγνωσία, *theou agnosia*. Kap. 13–15 lassen sich auf folgende Weise gliedern: *(Röm 1,18 ff.)*

13,1–9   *Nichtigkeit* der in die Natur projizierten „Götter" und ihrer Verehrer

13,10–14,11 *Nichtigkeit* der von Menschen erschaffenen „Götter" und ihrer Verehrer

14,12–31   *Nichtigkeit* und Bosheit

15,1–19   Das Wesen des *Nihilismus:* „Asche ist sein Herz" (15,10).

Erster Teil 13,1–9 Nichtigkeit der in die Natur projizierten „Götter"
und ihrer Verehrer

1 Denn nichtig sind alle Menschen von Natur aus, denen die Kenntnis Gottes *(Röm 1,18 ff.)*
                                            abgeht
  Und nicht in der Lage sind, aus den guten Dingen den schlechthin Seienden
                                           zu erkennen,
  Und so, obwohl sie seine Werke vor Augen haben, den Baumeister nicht erkannten.

2 Vielmehr hielten sie das Feuer oder den Geist oder die schnell dahin- *(ML Element: πῦρ, πνεῦμα, ἀής)*
                                     ziehende Luft
  Oder den Kreis der Sterne oder das gewaltig daher brausende Wasser
  Oder die Leuchten des Himmels – all diese als die Herren des Kosmos –
                                         für Götter.

3 Haben sie diese auch aus Freude an ihrer Schönheit als Götter angenommen,

> So sollten sie doch einsehen, um wieviel erhabener deren Herr ist!
> Denn es war ja der Schöpfer der Schönheit, der sie geschaffen hat!
> 4 Wenn sie aber durch deren Macht und Wirkkraft in Schrecken versetzt
>   wurden,
> So hätten sie doch bedenken sollen, um wieviel mächtiger der ist, der sie
>   angefertigt hat.
> 5 Denn aus der Größe und Schönheit der Geschöpfe
> Läßt sich auf dem Wege analoger Erkenntnis ihr Schöpfer ersehen.
> 6 Doch zugegeben: Diese trifft nur ein geringer Tadel,
> Denn sie konnten sich schnell (oder: vielleicht) täuschen,
> Da sie doch *Gott* suchten, also *ihn* finden wollten!
> 7 Sie wandten sich immerhin *seinen* Werken zu und erforschten sie.
> Dabei ließen sie sich jedoch durch den Anblick täuschen:
> War doch, was sie sahen, so schön!
> 8 Dennoch – sie sind auch wieder nicht unentschuldbar.
> 9 Denn wenn sie derart viel zu erkennen vermochten,
> Daß sie sogar die ganze Welt erforschen konnten,
> Wie fanden sie aber dann nicht früher deren Herrscher?

1 Setzt auch mit 1 ein neuer Abschnitt, nämlich der Exkurs, ein, so beginnt er doch rein formal als Begründung des zuvor Gesagten; insofern hat 1 Fortsetzungscharakter. Doch trotz des „denn" ist mit diesem Vers ein markanter Neubeginn offensichtlich. Um den Gesamthorizont der drei Kapitel sichtbar zu machen und dadurch zu deren Exegese ein weitgehendes Vorverständnis zu ermöglichen, wurde soeben in der Einleitung zu Sap 13–15 vor allem das Wort *„nichtig"* reflektiert, mit dem die nicht mehr überbietbare Sinnlosigkeit menschlicher Existenz, wenn sie erst einmal in die Gottesferne geraten ist, bestens ausgesagt werden kann. Die Verehrung von etwas Geschaffenem, dem *per definitionem* alles Gott-Sein abgeht und das *als* Gott das Nichts schlechthin ist, macht den gottlos „Gott" verehrenden Menschen zu gleichem Nichts. Sind nun alle Menschen „von Natur aus"[40] nichtig, so heißt das nicht, daß jeder Mensch kraft seiner Geburt schon ein Nichts ist. In 1 geht es nicht um eine allgemeine anthropologische Feststellung. Denn „alle" wird durch den Relativsatz relativiert: Alle in Unkenntnis Gottes dahinvegetierenden Menschen leben in Nichtigkeit, weil sie in ihrem nichtigen, also zum Nichts machenden „Denken" ihr eigenes Wesen (so dürfte hier φύσει, *physei,* zu interpretieren sein) schuldhaft zerstörten, also sich selbst in ihrem ganzen Sein. Ist somit *Unkenntnis Gottes* der eigentliche Grund der Selbstzerstörung (eine bemerkenswerte Art von unbewußtem religiösen Masochismus!), so ist als existentieller Gegensatz zu dieser fundamentalen Existenzausrichtung die *Erkenntnis Gottes*[41] kein bloß intellektueller Akt, sondern die von Gott geschaffene Möglichkeit der Ausrichtung der ganzen Person auf ihn hin. Gotteserkenntnis bedeutet somit die Selbsterkenntnis dessen, der sein Sein im Sein Gottes gegründet

---

[40] Die Bedeutung von φύσει in 13,1 erschließt sich nur aus der Konnotation, nicht aus einer Verwendung in philosophischen oder ähnlichen Texten.

[41] Dem Negativprädikat θεοῦ ἀγνωσία entspricht als positives Pendant ἐπίγνωσις θεοῦ.

weiß. Das Zueinander der Gründung *in* Gott und der daraus resultierenden Existenz *aus* Gott ist das Bedingungsgefüge dafür, daß der Mensch im sinnhaften Vollzug seines Lebens den Aufgaben gerecht wird, mit denen er fortlaufend konfrontiert ist. Erkennen und Tun sind so eine lebendige Einheit. Nichtig ist, wer nicht aus all dem Guten, das im Kosmos sichtbar ist, den erkennen kann, der *der Seiende schlechthin* ist. Für die Interpretation von „der Seiende" liegt am nächsten, *Ex 3,14* in der griechischen Übersetzung der LXX heranzuziehen: „Ich bin der Seiende."[42] Es wird also dem Menschen die Möglichkeit zugesprochen, daß er Gott als „den Seienden" aus dem Gut-Sein der Welt er-sieht, ihn also, indem er denkend die gute Welt erfaßt, als Seinsgrund des Guten in der Welt begreift. Ist dementsprechend Gott als der Seiende mit menschlichem Denken erkennbar, so ist Gottes *Sein* im Bereich desjenigen Seienden angesiedelt, das dem Menschen zugänglich ist. Damit ist aber vom Verf. der Sap die Möglichkeit einer *theologia naturalis* nicht nur zugestanden, sondern ihre Reflexion geradezu zur Pflicht gemacht. Er sollte in Gottes schöpferischem Wirken die *causa* der erschaffenen Welt sehen. Dann aber wäre das Verhältnis von Schöpfer und Geschöpf in immanentes Kausaldenken hineingezogen. Seit Kant ist jedoch die Kausalität als reiner Verstandesbegriff[43] mit dem Begriffspaar „Ursache – Wirkung" für das Verhältnis von Immanenz und Transzendenz suspekt geworden. Ist auf Gottes *Sein* das hinter dieser Kategorie stehende Seinsverständnis überhaupt anwendbar? Wird mit einer solchen Denkoperation dem Sein Gottes nicht das *Gott*-Sein genommen? Wird uns nicht so Gott *ontologisch* und kraft des Ontologischen auch *noetisch verfügbar*? Führt so das Engagement unseres Autors für Gott nicht genau zum Gegenteil seiner theologischen Intention? Doch lassen wir im Augenblick noch diese Fragen unbeantwortet, um erst noch zu hören, wie der Verf. der Sap im weiteren mit seiner „natürlichen Theologie" verfährt. Und noch eine letzte Bemerkung zu 1: Gott als Schöpfer wird hier Verfertiger, τεχνίτης, *technites*, genannt; das ist aber diejenige Bezeichnung, die nach 7,22 der Weisheit zukommt: τεχνῖτις, *technitis*. Also wiederum wird im dritten Teil der Sap Gott zugeschrieben, was zuvor von der Weisheit gesagt wurde.

In 2 werden drei von den vier Weltelementen erwähnt, die Erde jedoch nicht. Auch macht es den Anschein, als seien Feuer, Luft und Wasser nicht als diese Weltelemente begriffen.[44] Andererseits sind es eben diese vier Elemente, die damals als Herrscher verehrt wurden; erwähnt sei hier nur Philons Bemerkung, daß keine geringe Täuschung darin liege, daß die einen die vier Weltelemente bzw. Herrscher vergöttlicht hätten, andere die Sonne und den Mond oder den Himmel oder sogar den ganzen Kosmos.[45] Daß in 2 die Vergöttlichung des Geistes abge-

---

[42] Sap 13,1: τὸν ὄντα, Ex 3,14: Ἐγώ εἰμι ὁ ὤν.

[43] *I. Kant,* Kritik der reinen Vernunft, B 106: Die Kategorie der Kausalität als Kategorie der Relation.

[44] Erinnert sei daran, daß nach Sap 7,17 die Weisheit dem Salomon die „Energie der Elemente", ἐνέργειαν στοιχείων, zu wissen gab.

[45] *Philon,* De decalogo, 52 f. Dort heißt es in 52: ἐκτεθειώκασι γὰρ οἱ μὲν τὰς τέσσαρας ἀρχάς, γῆν καὶ ὕδωρ καὶ ἀέρα καὶ πῦρ, οἱ δὲ ἥλιον καὶ σελήνην καὶ τοὺς ἄλλους πλανήτας καὶ ἀπλανεῖς ἀστέρας, οἱ δὲ μόνον τὸν οὐρανόν, οἱ δὲ τὸν σύμπαντα κόσμον.

[margin: antistoisch!]

lehnt wird, überrascht ein wenig; denn das Pneuma ist ja in der Sap das Pneuma der Sophia! Dann aber dürfte der hier in seiner Göttlichkeit bestrittene Geist nicht mit dem Geist der Weisheit (z. B. 1,6; 7,22) identisch sein. Ist mit dem Kreis der Sterne dasselbe gemeint wie mit den Leuchten des Himmels? Wahrscheinlich nicht. Der Sternenkreis dürfte alle Sterne umfassen, nicht nur die Tierkreiszeichen[46], und die Leuchten des Himmels dürften mit Gen 1,14 ff. Sonne und Mond als die Herrscher des Tages und der Nacht sein.[47] Im übrigen befinden wir uns hier auch auf bekanntem atl. Boden; so wird z. B. in Dtn 4,19 die Anbetung von Gestirnen verboten. Und nach 2Kön 17,16 beteten die Israeliten das ganze Heer

3   des Himmels an. Diese Vergöttlichung ist nach 3 psychologisch erklärbar: Der nächtliche Himmel und die Weltelemente[48] (also die Schöpfung Gottes!) sind so

[margin: Poimandres!]

schön, daß es fast naheliegt, etwas so Herrliches zu deifizieren. Unser Autor mahnt jedoch: Die dieser Gefahr zu erliegen drohen, sollten bedenken, daß der Herrscher über all dies viel erhabener (wörtlich: besser) ist. Die Begründung: Der Hersteller der Schönheit hat all das Schöne geschaffen.

Es gibt aber nicht nur die Faszination durch die Schönheit der Welt, sondern

4   auch, so 4, das Erschrecken vor ihrer gewaltigen Macht und Wirkkraft. Wahrscheinlich hat der Verfasser der Sap Katastrophen durch Naturgewalten vor Augen, Erdbeben oder auch „nur" Gewitter. Wer aber furchtsam vor Naturkatastrophen zittert, sollte sich vergegenwärtigen, daß der Schöpfer der Natur noch

5   machtvoller ist. Und so folgert 5, daß aus der überwältigenden Größe und Schönheit der Geschöpfe deren göttlicher Schöpfer auf *analoge* Erkenntnisweise, ἀνα-

[margin: ἀναλόγως]

λόγως, *analogos*, er-sehen werden kann. Damit ist das Stichwort „analog" genannt, das bis in unser 20. Jh. hinein die Diskussion um die theologische Erkenntnislehre bestimmt hat. Bekanntlich hat Karl Barth die *analogia entis* vehement abgelehnt.[49] Das Wahrheitsmoment dieser Ablehnung liegt darin, daß Gottes Sein nicht in einen immanenten Seinsbereich hineingezwängt werden kann. Daß aber zwischen dem, daß Gott *ist* und daß der Mensch *ist,* ein Zusammenhang besteht, ferner, daß (und daran hängt sehr viel!) Gott *„Ich" sagt,* aber auch ebenso der Mensch *„Ich" sagt,* zeigt, daß gerade nach dem biblischen Zeugnis der Gedanke der Analogie unverzichtbar ist. Gott hat sich den Menschen zur personalen Begegnung erschaffen, er hat ihm Essentielles seines Seins gegeben, nämlich das *Person-Sein.* Das ist die ontische Seite der Analogie. Daneben gibt es aber auch die noetische Seite. Und hier stellt sich das Problem in anderer Perspektive. Daß man an einer Analogie des *Seins* theologisch nicht vorbeikommt, besagt noch nicht, daß göttliches Sein dem menschlichen Verstand zugänglich sei. Gibt es eine *analogia cognoscendi*? Nun steht aber Sap 13 im Kontext der Anrede Salomons an

---

[46] So mit Recht *Heinisch* K 253.

[47] Sap 13,2: φωστῆρας οὐρανοῦ πρυτάνεις κόσμου, Gen 1,16: καὶ ἐποίησεν ὁ θεὸς τοὺς δύο φωστῆρας τοὺς μεγάλους, τὸν φωστῆρα τὸν μέγαν εἰς ἀρχὰς τῆς ἡμέρας καὶ τὸν φωστῆρα τὸν ἐλάσσω εἰς ἀρχὰς τῆς νυκτός, s. auch *Heinisch* K 254.

[48] Das Wort fällt freilich hier nicht.

[margin: eine bemerkenswert weit tönende Ausdrucksweise]

[49] *K. Barth*, Kirchliche Dogmatik I/1, Zollikon-Zürich 7. Aufl. 1955, VIIIf.: „Ich halte die *analogia entis* für *die* Erfindung des Antichrist und denke, daß man *ihretwegen nicht* katholisch werden kann."

Gott, also der personalen Begegnung des menschlichen Ichs mit dem göttlichen Ich. Es ist deshalb theologisch zu reflektieren (hier kann es nur angedeutet werden), inwiefern aus der Analogie der Begegnungsfähigkeit von Gott und Mensch die Argumentation in Sap 13 in ein anderes ontologisches Koordinatensystem transferiert werden müßte und daraus, der antiken und mittelalterlichen Ontologie entnommen, ein neues, nämlich höheres Überzeugungspotential freigesetzt werden könnte. Daß bedeutet nicht die völlige Aufgabe jener alten Ontologie, sondern nur, sie in eine neue Reflexionsdimension „aufzuheben".[50.] [51]

Aus der Nachsicht Gottes wird die Nachsicht des Verf. der Sap. Er läßt in 6 erstaunliche Gründe dafür gelten, daß der Tadel, den die soeben vorgestellten Verehrer von Gestirnen und Weltelementen verdienten, gering sei. Denn er zeigt Verständnis für ihre Motive. Ihre Absicht sei unbestritten, *Gott zu suchen,* ihn zu finden. In der LXX ist „Gott suchen", ζητεῖν τὸν θεόν (τὸν κύριον), *zetein ton theon (ton kyrion),* ein geläufiges Idiom.[52] Der Fehler dieser Leute war nach der Sicht unseres Autors also nicht, Gott nicht suchen zu wollen, sondern sich auf dem Wege zu Gott zu verirren und sich so durch Täuschung gefangennehmen zu lassen. Seine Sympathie für sie ist unverkennbar; es geht ihnen ja um *Gott*! Nach 7 wandten sie sich *seinen* Werken zu, um sie zu erforschen – also *Gottes* Werke zu erforschen. Sie wurden aber Opfer des so schönen Anblicks – also Opfer der von Gott geschaffenen Schönheit! Ihr Fehler war nur, daß sie in der geschaffenen Schönheit die eigentliche Schönheit sahen, mit anderen Worten, daß sie vorfindliche Schönheit für das Woher der Schönheit hielten. Und es ist diese ihre Oberflächlichkeit, die ihnen nach 8 die Unschuld nahm. So fragt dann der Verf. der Sap in 9 anklagend, vielleicht sogar etwas verärgert, wie man denn die ganze Welt[53] erforschen und dann doch nicht ihren Herrscher finden könne. Es ist der Vorwurf der *Inkonsequenz,* der letztlich *geistigen Trägheit.* Er erhebt nicht den Vorwurf des Atheismus, dieses Wort im streng Sinn des Begriffs verstanden. Er wirft den alexandrinischen „Atheisten" vor, daß sie Geschöpf und Schöpfer ver-

---

[50] Dieses Wort natürlich im Verständnis *Hegels*!

[51] Angesichts der Definition des Ersten Vaticanums in der *Constitutio dogmatica de fide catholica,* Cap. 2. *De revelatione: „Deum ... naturali humanae rationis lumine e rebus creatis certo cognosci posse"* ist es aufschlußreich, theologische Kritik katholischer Exegeten an der *theologia naturalis* von Sap 13 zu vernehmen. So versucht z. B. *Armin Schmitt* K II 114f. eine *via media* zwischen dem Ersten Vaticanum und *Karl Barth* zu gehen und beruft sich dafür auf *Hans Küng,* Existiert Gott?, München 1978, 590. 603. Ausführlicher traktiert *Vilchez* K 358f. das Problem, indem er den Begriff der Analogie problematisiert. Der Verfasser der Sap etabliere eine reale Relation zwischen den Kreaturen und dem Kreator, und zwar darin, daß das *Sein (el ser)* das Element der Verbindung sei. Andererseits betone er energisch die Distanz zwischen den Kreaturen und ihrem Kreator: „la distancia ..., la diversidad, la distinción." Der m. E. entscheidende Satz: „No es posible poner en el mismo nivel, en el mismo orden del ser a Dios y al mundo." „Es ist nicht möglich, auf derselben Ebene, in derselben Ordnung des Seins Gott und die Welt zu placieren."

[52] Besonders häufig findet sich ζητεῖν τὸν κύριον in 2 Chr, z. B. 11,16 (im Kontext von Rehabeams Abfall vom Herrn!); 15,12. 155; in Spr 16,8 sogar wie in Sap 13,6 im Kontext von εὑρεῖν: ὁ ζητῶν τὸν κύριον εὑρήσει γνῶσιν μετὰ δικαιοσύνης (!), / οἱ δὲ ὀρθῶς ζητοῦντες αὐτὸν εὑρήσουσιν εἰρήνην.

[53] αἰών ist hier identisch mit dem, was in mehr philosophischer Sprache der κόσμος ist.

wechselten, weil sie, fasziniert vom unmittelbar Begegnenden, denkerisch zu wenig investiert hätten. Daher seien sie nicht mehr in der Lage – mit Vilchez[54] – „den Zirkel der Immanenz zu durchbrechen".

Zweiter Teil 13,10–14,11 Nichtigkeit der von Menschen erschaffenen „Götter"
und ihrer Verehrer

10 Armselig aber und auf tote Dinge gerichtet sind die Hoffnungen derer,
   Die Machwerke menschlicher Hände als Götter anriefen,
   Kunstgebilde aus Gold und Silber
   Und bloße Abbilder von Tieren,
   Oder einen wertlosen Stein, ein Werk aus uralter Zeit.

Beispiel Holzschnitzer

11 Wenn da also ein Holzschnitzer ein leicht zu handhabendes Baumstück gesägt,
   Von ihm recht geschickt die ganze Rinde abgeschält
   Und es handwerklich gut bearbeitet hat,
   So verfertigte er zunächst ein nützliches Gerät für den täglichen Gebrauch.

12 Die Abfälle seiner Arbeit aber
   Verwendete er als Brennholz zum Kochen seiner Nahrung und sättigte sich sodann.

13 Etwas von diesem Abfall, das zu nichts mehr zu brauchen war,
   Krummes Holz, bei dem die Äste zusammengewachsen waren,
   Das nahm er schließlich und schnitzte in seiner Freizeit daran
   Und formte es zum Bild eines Menschen

Εἰκών

14 Oder machte es irgendeinem armseligen Tier gleich.
   Er bestrich seine Oberfläche mit Mennige und roter Schminke
   Und übertünchte jeden Fleck an ihm.

15 Dann verfertigte er für es eine würdige Behausung,
   Stellte es an eine Wand und befestigte es mit Eisen.

16 Er sorgte dafür, daß es ja nicht auf die Erde fallen kann.
   Wußte er doch, daß es ein Bild ist und daher der erforderlichen Hilfe bedarf.

17 Nichtsdestotrotz bittet er es um Besitz, um Ehe und Kinder.
   Er schämt sich nicht einmal, dies leblose Ding anzurufen
   Und etwas so Schwaches sogar um Gesundheit zu bitten.

18 *Vom Toten verlangt er Leben!*
   Was ohne jegliche Erfahrung ist, von dem erfleht er Hilfe,
   Gute Reise von dem, das keinen Schritt zu gehen vermag!

19 Verdienst und Erwerb, dazu Erfolg seiner Hände Arbeit,
   Ausgerechnet das verlangt er von dem, das mit Händen nun wahrlich nichts bewirken kann!

Beispiel Schiff

14,1 Ein anderes Beispiel! Da schickt sich jemand zu einer Seefahrt durch tobende Wellen an.
   Dabei ruft er ein Stück Holz an, das morscher ist als das ihn tragende Schiff.

---

54 *Vilchez* K 359.

2 Dieses hat das Streben nach Gewinn ersonnen,
   Die Weisheit aber als die Verfertigerin hat es erbaut.
3 Deine Vorsehung jedoch, o Vater, steuert es (durch die hohe See).
   Denn *du* hast den Weg ins Meer gegeben
   Und mitten in den Wellen den sicheren Pfad.
4 Du zeigst, daß *du* es bist, der aus allen Gefahren erretten kann,
   Damit auch ein der Seefahrt Unkundiger ein Schiff besteigen kann.
5 Du willst, daß die Werke deiner Weisheit nicht brach liegen.
   Deshalb vertrauen die Menschen ihr Leben sogar einem äußerst gering-
              wertigen Holz an
   Und werden selbst dann gerettet, wenn sie nur auf einem Floß die Wellen
              durchkreuzen.
6 Denn als in grauer Urzeit die hochmütigen Riesen zugrunde gingen,
   Da floh die Hoffnung der Welt auf ein „Floß"
   Und hinterließ so der Menschheit die Nachkommenschaft kraft deiner
              steuernden Hand.
7 Denn gesegnet ist das Holz, durch das die Gerechtigkeit geschieht.
8 Das von Händen gemachte (hölzerne Götzenbild) aber, es ist verflucht,
              und ebenso der, der es gemacht hat.
   Denn dieser hat es hergestellt, jenes vergängliche Ding wurde aber Gott
              genannt!
9 In gleicher Weise nämlich sind der Gottlose und seine Gottlosigkeit dir, o
              Gott, verhaßt.
10 Denn du wirst das, was (freventlich) hergestellt wurde, zusammen mit
              seinem Hersteller bestrafen.
11 Deshalb waltet über den Götzenbildern der Heiden das strafende Gericht,
   Weil sie unter deinen Geschöpfen zum Greuel geworden sind
   Und zur Verführung für die Seelen der Menschen
   Und zum Fallstrickt für die Füße der Toren.

Der Ton ändert sich 10–19 recht deutlich. Aus der relativen Sympathie, die unser 10–19
Autor in 1–9 den Verehrern der in die Natur projizierten Götter noch zukommen
ließ, wird jetzt höhnische, fast haßerfüllte Antipathie für die, die sich ihre Götter
selber herstellen. Für sie kennt er nur noch Ablehnung und Spott. Hämische Sati-
re hat er für sie übrig. Ganz im Sinne atl. Polemik fällt er über sie her. Der Ton
ist entschieden aggressiver als in 1–9.

Armselig sind, die im folgenden getadelt werden. Wie 1–9 beginnt der neue Abschnitt in 10 mit einem abwertenden Adjektiv, diesmal mit „elend", „armselig".[55] 10
So elend sind die, die sich sogar ihre Götter selber machen. Selbst wenn sie sie
aus kostbarsten Materialien herstellen wie z. B. aus Gold oder Silber, es ist bodenlose Dummheit! Das leitende Stichwort findet sich schon hier: *anrufen*[56];
denn der Götzenanbeter stellt sich ja seinen „Gott" eigens dafür her, um zu ihm
beten zu können. In 11 bringt unser Autor als erstes Beispiel den Holzschnitzer, 11

---

[55] ταλαίπωρος begegnete bereits in 3,11 als Prädikat des ἀσεβής, übrigens auch dort im Kontext einer leeren Hoffnung.
[56] Der Verf. der Sap bringt es in einer Reihe von synonymen Verben.

der zunächst recht Sinnvolles tut, nämlich ein Gerät für den täglichen Gebrauch
anzufertigen, vielleicht für die Küche. Die einzelnen handwerklichen Schritte
12   werden so beschrieben, daß sie dem Leser deutlich vor Augen stehen. Nach 12
13   aber bleiben Abfälle übrig. Sie sind gut als Brennholz! Was aber nach 13 zu gar
nichts mehr taugt (auch nicht als Brennholz?, der Text ist hier nicht eindeutig),
das verwendet der Holzschnitzer als Material für seinen Gott! Ein Gott aus Abfall! Spöttischer geht's nicht mehr! Der Verf. der Sap macht sich über einen solchen Dummkopf lustig. Er macht ihn lächerlich. Aus schlechtem Holz macht sich
dieser Tölpel das Bild eines Menschen (oder gar eines Tieres) zu seinem Gott. Es
liegt eine eindeutige Anspielung auf *Gen 1,27* vor, freilich in zugespitzter Verdre-
hung: *Nicht stellt Gott nach seinem Bild den Menschen her, sondern der Mensch nach
seinem Bild Gott.* [57] Eine nicht uninteressante Antizipation von Feuerbach, doch
diesmal nicht aus atheistischer, sondern aus theologischer Perspektive. Und da
das Holz nicht einwandfrei ist, muß der Hersteller „Gottes" sogar die schlechten
Stellen des Götzen mit Mennige und roter Schminke kaschieren. Man darf ja keinesfalls sehen, wie miserabel das Material ist, aus dem der Pseudogott geschnitzt
ist! Unser Autor wird nicht müde, eine Bosheit nach der anderen zu bringen. Der
15. 16   Holzschnitzer weist, so 15 und 16, dem Götzen eine Stelle in der Wand an. Und
weil dieser so hilflos ist, muß er ihm noch eigens eine Befestigung aus Eisen machen, damit der Ärmste ja nicht auf die Erde fällt. Der Mensch als Retter seines
Gottes! Und er weiß es sogar! [58] Dennoch soll nun ausgerechnet *dieser* Gott ihm
helfen! Kopfloser geht's nun wirklich nicht mehr! Die Torheit potenziert sich.
Der Gott, dem sein menschlicher Schöpfer helfen mußte, damit er nicht von der
17   Wand fällt, ausgerechnet der soll ihm nach 17 in Geldangelegenheiten oder bei
Problemen von Ehe und Kindern helfen! Der Mensch schämt sich in seiner Verbohrtheit noch nicht einmal, das Leblose anzurufen, das von ihm selbst herge-
18   stellte Schwache, das ihm in seiner gesundheitlichen Schwäche helfen soll. In 18
wird es programmatisch formuliert: *Der Tor verlangt vom Toten das Leben!* Tod
und Leben sind aber die absoluten Gegensätze. Es ist schon mehr als absurd, was
hier geschieht, nämlich die Verwechslung von Tod und Leben! Hier liegt ein genuin *hermeneutisches Problem* vor, denn es geht um das *Verstehen* von *Tod und Leben.* Genauer: Es geht um die fundamentale Negation aller Hermeneutik, nämlich um die radikale Uneinsichtigkeit des verlorenen Menschen, um seine radikale
Unfähigkeit, zu verstehen, was ihm zum Heil gereicht: *Er hält den Tod für das Leben.* Er merkt nicht, das er auf dem Weg des Todes ist, er wähnt sich auf dem
Weg des Lebens, lebt also im Wahn, das Leben zu haben. Im NT wird Paulus genau dies in besonderer Weise reflektieren. Nach Röm 7,10 glaubt sich der Geset-
zesmensch auf dem Weg des Lebens, merkt aber nicht, daß er sich auf dem Weg
des Todes befindet, weil das Gesetz – seiner eigentlichen Intention nach ein Ge-

---

[57] Sap 13,13: εἰκόνι ἀνθρώπου (der Mensch als Subjekt) – Gen 1,27: εἰκόνα θεοῦ (Gott als
Subjekt). In Sap 13,14 entspricht ὡμοίωσεν der Wendung κατ' εἰκόνα ἡμετέραν καὶ καθ' ὁμοίωσιν
in Gen 1,26. Die Anspielung auf Gen 1,26 f. dürfte durch diese doppelte Koinzidenz gesichert
sein.
[58] εἰδώς!

setz auf das Leben hin, εἰς ζωήν, *eis zoen*! – durch die Schuld der dämonischen Sündenmacht zu einem Gesetz auf den Tod hin geworden ist, ein Gesetz εἰς θάνατον, *eis thanaton*. Der Götzendiener von Sap 13,11–19 will also, daß das Tote ihm dazu verhilft, auf dem rechten Weg zu gehen, das Tote nämlich, das selbst keinen einzigen Schritt zu gehen vermag. Es ist nach 19 unvermögend und schwach bis zum letzten. Es ist eben – tot! Zutreffend hat Grimm 17–19 charakterisiert: „Höchste Steigerung des Sarkasmus in den Gegensätzen des Zwecks und des gewählten nichtigen Mittels.“[59]

Es bleibt noch zu erwähnen, daß der biblische Hintergrund bis in Einzelheiten hinein, bis in die Terminologie hinein, *Jes 44,9ff.* ist. Dort beginnt es mit der Aussage, daß die Götzenmacher „nichtig“ sind, μάταιοι, *mataioi,* wie Sap 13,1 (s. auch Jer 10,3–16; Ps 115,4–8 = ψ 113,15–18).

Dem ersten Beispiel für die Lächerlichkeit und Nichtigkeit der vom Menschen produzierten „Götter“ in 13,11ff. folgt in 14,1–11 das zweite Beispiel[60]: Der Gott aus morschem Holz soll bei gefährlicher, orkanartiger Schiffahrt Leib und Leben schützen. Während das erste Beispiel von keinerlei Reaktion des wahren Gottes berichtet, endet das zweite in 8ff. mit dessen Fluch und Strafe. Überhaupt unterscheidet sich dieser Abschnitt vom ersten. Denn der Vergleich wird nur kurz angedeutet, um dann möglichst schnell zur theologischen Reflexion überzugehen. Bezeichnend für diesen Sachverhalt ist, daß die Ausleger das Ende dieser Perikope unterschiedlich bestimmen.[61]

Das zweite Beispiel steht insofern mit dem ersten in Kontinuität, als es auch jetzt um einen aus Holz gefertigten „Gott“ geht. Die morsche Holzqualität – Rückgriff auf 13,13? – entspricht ganz der Qualität dieses sogenannten Gottes. Es ist diesmal nicht vom Schnitzer eines Gottesbildes die Rede, sondern in 1 von einem Schiffspassagier, der sich anschickt, eine gefährliche Seefahrt durch das stürmische Meer zu unternehmen. Er vertraut sich einem aus Holz gebauten Schiff an, mehr jedoch noch einem Götzen, den er anruft, obwohl dieser aus morscherem Holz verfertigt ist als das Holz des Schiffes. Gemeint ist wohl das Götterbild, das sich, wie üblich, am Bug des Schiffes befindet.[62] Um des Gewinnstrebens willen[63] ist nach 2 das Schiff gebaut worden, und die Weisheit hat es als Herstellerin erbaut. Hier ist nicht die göttliche Weisheit gemeint, sondern die des Erbauers. Das ist eigentümlich, da in 5 die Weisheit als Weisheit Gottes ausdrücklich erwähnt wird. Grimm deutet τεχνῖτις σοφία, *technitis sophia,* als Kunstgeschicklichkeit, die

(handschriftliche Randnotiz: Handelsschrift)

---

[59] *Grimm* K 241.

[60] πάλιν läßt sich hier paraphrasierend gut mit „Ein anderes Beispiel!“ übersetzen.

[61] S. die Kommentare und, um hier nur eine Monographie zu nennen, *Gilbert,* La critique des dieux, 95–125; dieser sieht das Ende der Perikope in 10.

[62] Für die Dioskuren Kastor und Pollux als Gallionsfiguren s. Apg 28,11; s. auch Herodot III,37 (Übersetzung von Josef Feix, Tusculum-Bücherei): „ … das Standbild (ἄγαλμα) des Hephaistos ist den phoinikischen Pataiken sehr ähnlich, die die Phoiniker an den Schnäbeln ihrer Dreiruderer führen.“

[63] Da nach 2b positiv von der Herstellung des Schiffs gesprochen wird, ist es wahrscheinlich, daß die Rede vom Gewinnstreben in 2a nicht unbedingt abwertend zu verstehen ist.

als Gabe der göttlichen Weisheit zu denken sei; diese gestehe der Verf. der Sap
3 auch den Verfertigern der Götzenbilder zu.[64] In 3 ist die Rede von der *Vorsehung.*
Bereits Platon sprach von ihr, in Tim 30c als der Vorsehung Gottes und in Tim
44c von der Vorsehung der Götter.[65] In stoischen Texten gewinnt die Vorsehung
fast die Bedeutung des göttlichen Wesens.[66] Im Grunde geschieht das auch hier.
Wenn die göttliche Vorsehung das Schiff durch das gefährliche Meer steuert,
dann ist es ja letztlich Gott selbst, der dies tut. Wird er dann als der angesprochen, der einen Weg im Meer und einen sicheren Pfad in den Wellen „gab" (es ist
das theologisch wichtige *Geben* Gottes als gnadenhafter Akt), so ist damit auf
den Durchzug durch das Rote Meer verwiesen (Ex 14,22). In Ex 15,13 singen die
Israeliten, Gott habe sein Volk, das er erlöste, in seiner Gerechtigkeit (s.
4 Sap 14,7!) den Weg (durch das Meer) geführt. So zeigte er nach 4, daß es in *seiner* Macht steht, aus jeglicher Gefahr zu retten. Deshalb könne auch – heute
noch! – ein in nautischen Fragen Unkundiger ohne weiteres ein Schiff besteigen.
5 In 5 ist, wie schon gesagt, von der Weisheit *Gottes* die Rede – in der einzigen Stelle des dritten Teils der Sap! Sie will, daß ihre Werke nicht unbenutzt bleiben.
Was aber sind diese Werke? Das Meer als Länder und Völker verbindende und
glückliche Fahrt gewährende Straße?[67] Oder die Produkte der Erde und des
Meeres, die ohne Seefahrt unbenutzt blieben?[68] Oder die ganze Erde samt dem,
was sich auf ihr befindet, und ebenso das Meer einschließlich seiner Wege?[69]
Vielleicht kann man sagen: alles, was zu seiner Schöpfung gehört, also einschließlich dessen, was die Möglichkeiten des Meeres sind. Weil Gott diese Möglichkeiten mit der Gabe des Meeres gegeben hat, können Menschen auch einem äußerst
geringwertigen Holz ihr Leben anvertrauen und bei ihrem Weg durch die tobenden Wogen des Meeres unbeschadet ihr Ziel erreichen – wörtlich: gerettet wer-
6 den.[70] Die in 6 genannte Urzeit ist die Zeit der Urgeschichte, in der nach
Gen 6,1–4 die Nachkommen der Göttersöhne und Erdentöchter als Riesen geboren wurden. Ihre Ausrottung durch die Sintflut wird hier postuliert. Die Hoffnung der Welt in jener Zeit der Flutkatastrophe war das Floß, nämlich die Arche
des Noah, auf die sich dessen Familie flüchtete. Diese Familie hinterließ der

---

[64] *Grimm* K 211.

[65] Nach *Grimm* K 242 dachte Platon „ganz im biblisch-christlichen Sinne" von der πρόνοια.
Dies trifft aber nur zum Teil zu, da in Tim 30c der Kontext die Welt als beseeltes Wesen vorgestellt und in Tim 44c von Gott im Plural die Rede ist.

[66] Nach SVF II Nr. 1029 (Referat des Hippolyt) schreiben die Stoiker der πρόνοια zu, was
sie an anderer Stelle dem πνεῦμα zuschreiben: διὰ πάντων δὲ διήκειν τὴν πρόνοιαν αὐτοῦ (s.o. zu
Sap 1,7; 7,24). S. auch SVF II Nr. 1118: Ποιήσει δὲ (sc. ὁ θεός) τοῦτο κατὰ τοὺς ἐν τῷ προνοεῖν
τὴν οὐσίαν αὐτοῦ τιθεμένους.

[67] *Feldmann* K 96.

[68] *Grimm* K 243.

[69] *Vilchez* K 372.

[70] Man beachte das spezifisch soteriologische Verb διεσώθησαν (im *passivum divinum*!), in
der alttestamentlichen Soteriologie ein zentrales Verb für Rettung in irdischer Not, auch beim
Exodus, z.B. ψ 105,8.10.

Menschheit[71] den Samen, d. h. die Nachkommenschaft, für die künftige Weltzeit. Das aber geschah unter der steuernden Hand Gottes. Der Verfasser der Sap bleibt mit „steuern" in der Vorstellung von 14,1 ff.

7 unterliegt dem Verdacht, christliche Interpretation zu sein. Isoliert gelesen,   7 kann dieser Vers bestens das Karfreitagsgeschehen aussagen. Die Interpolationshypothese ist also durchaus naheliegend. Doch fügt sich der Vers so gut in den Zusammenhang ein, daß heute diese Hypothese fast durchgängig aufgegeben ist. Schon Grimm hat das entscheidende Argument dafür gebracht: „Der Passus erklärt sich schon hinlänglich aus der bekannten Liebe Pseudosalomo's für pikante Gegensätze; so hier εὐλόγηται (*eulogetai,* H. H.) – ἐπικατάρατον (*epikataraton,* H. H.) (Vs. 8)."[72] Der Gegensatz auf deutsch: „Gesegnet sei – verflucht (sei)." Damit ist einer der theologisch und zugleich existentiell grundlegenden Gegensätze des AT formuliert: *Segen* oder *Fluch;* oder: Lebenspendendes *Ja Gottes* zum Menschen oder vernichtendes *Nein Gottes* zum Menschen (s. Dtn 27!). *Tertium non datur!* Die Frage ist nun, was hier mit Gerechtigkeit gemeint ist. Ist sie die Gerechtigkeit Gottes oder die des Menschen? Wenn Grimm sie mit „durch welche gute und wohlgefällige Werke[73] vollbracht werden" interpretiert[74], so dürfte das zutreffend sein, da der, der Gerechtigkeit übt, unter dem Segen Gottes steht. Und zudem befindet sich ja schon in 1,1 fast überschriftartig die Aufforderung: „Liebet die Gerechtigkeit!" Mit dem zu 7 Gesagten ist aber bereits 8 im Prinzip   8 exegesiert. Zu beachten ist der doppelte Fluch sowohl über den gottlosen Verfertiger des Götzenbildes als auch über dieses selbst. Daß ein lächerliches Ding vergöttlicht wird, ist schon der Höhepunkt der Gottlosigkeit, der Verachtung Gottes. Also sind nach 9 im gleichen Ausmaß sowohl der gottlose Produzent eines   9 Gott-losen Produktes wie auch der dahinter stehende radikale Atheismus, der sich so fromm gibt, Objekt des göttlichen Hasses. *Wer den Pseudogott liebt, den haßt Gott.* Und so wird nach 10 Gott den gottlosen Gottesproduzenten wie auch 10 sein Gottesprodukt strafen. 11 bringt als Fazit das Urteil über das götzenanbeten- 11 de Heidentum: Gott straft die nachgeäfften „Götter", die ihm zum Greuel geworden sind. Von Greueln ist laufend im AT die Rede, vor allem im Pentateuch und in den prophetischen Büchern.[75] Daß Götzenbilder die Seelen der Menschen verführen können und zum Fallstrick für die Füße werden, versteht man gut, wenn man bedenkt, daß sie oft von hohem künstlerischen Wert sind.

---

[71] In diesem Sinne ist hier αἰών gemeint; s. z. B. *Grimm* K 243: „die Menschenwelt"; *Vilchez* K 373: „al mundo futuro, mundo de los hombres principalmente".

[72] *Grimm* K 244; ausführlich auch 373 f.; ausführlichst und unter Bezug auf die Kirchenväter *Gilbert,* La critique de dieux, 114–124.

[73] „Gute Werke" dürfen natürlich nicht aus einer hier nicht angebrachten konfessionellen Polemik als „verdienstliche" Werke im Gegensatz zum Glauben abgewertet werden. Hier geht es nicht um paulinische Theologie, so sehr auch Paulus auf die Sap zurückgegriffen hat·

[74] *Grimm* K 243.

[75] βδέλυγμα findet sich kaum in Gen, Ex und Num, wohl oft in Lev und Dtn, im Psalter nur in ψ 87,9, in Sap nur in 12,23 und hier in 14,11.

Dritter Teil 14,12–31 Nichtigkeit und Bosheit

12 Das Ersinnen von Götzenbildern ist der Anfang der Unzucht,
Ihre Erfindung der Verderb des Lebens.
13 Denn weder gab es sie von Anbeginn an, noch werden sie in Ewigkeit
bestehen.
14 Denn durch nichtiges Denken der Menschen kamen sie in die Welt.
Und deshalb ist ihnen ein jähes Ende beschieden.
15 Da ist zum Beispiel ein Vater in niederschmetternder, weil vorzeitiger
Trauer,
Der sich ein Bild seines vom Tod so schnell dahingerafften Kindes
anfertigte.
Den damals schon toten Menschen verehrte er dann wie einen Gott
Und stiftete deshalb für seine Untergebenen Mysterien und Weihen.
16 Im Laufe der Zeit wurde der gottlose Brauch zur festen Tradition
und dann auch wie ein Gesetz befolgt.
Ein weiteres Beispiel: Auf Befehl von Tyrannen wurden geschnitzte Götterbilder verehrt.
17 Vom geehrten König, den die Menschen nicht von Angesicht zu Angesicht
kannten, weil sie weit entfernt wohnten,
Vergegenwärtigten sie sich die in der Ferne weilende Gestalt durch ein von
ihnen hergestelltes sichtbares Bild,
Damit sie ihm trotz seiner physischen Abwesenheit mit Eifer schmeicheln
konnten.
18 Zur Steigerung der Verehrung trieb dann der Ehrgeiz des Künstlers auch die,
Die (den König) nicht kannten.
19 Denn jener wollte wohl dem Herrscher gefallen
Und setzte alles daran, durch seine Kunstfertigkeit die Ähnlichkeit (des
Bildes mit
dem Abgebildeten) aufs schönste zu steigern.
20 Die Menge aber, von der Schönheit des Werkes angezogen,
Hielt den vor kurzem nur als Mensch Geehrten jetzt für ein göttliches
Wesen.
21 Doch dies wurde den Menschen zum Verhängnis,
Weil sie, die sich dem Unglück der Tyrannei unterwarfen,
Den (göttlichen) Namen, der keinem Sterblichen zukommt, Steinen oder
Hölzern beilegten.
22 Sodann genügte es nicht einmal, daß sie sich hinsichtlich der Erkenntnis
Gottes irrten –
Sie, die in solch großem Unfrieden lebten, der durch diese Unkenntnis
verursacht war,
Nannten das derartig Böse sogar Frieden!
23 Denn ob sie kindermordende Kulte oder heimliche Mysterien betreiben
Oder wilde Gelage nach jeweils anderem Brauch praktizieren –
24 Weder halten sie ihren Lebenswandel noch ihre Ehen rein.
Der eine belauert den anderen und tötet oder verletzt ihn zumindest durch
Ehebruch.
25 All das ist ein grauenvolles Gemisch von Bluttat und Mord, Diebstahl und
Betrug,

Von Verdorbenheit und Untreue, Aufruhr und Meineid,
26 Vom Umsturz sittlicher Werte und Undank,
Von Verderbnis der Seelen und widernatürlichem Geschlechtsverkehr,
Von Zerrüttung der Ehen, Unzucht und Zügellosigkeit.
27 Denn die göttliche Verehrung namenloser Götzenbilder
Ist Anfang und Ursache und Ende von allem Bösen.
28 Denn entweder rasen sie im Freudentaumel oder spielen sich als falsche
Propheten auf.
Oder sie führen ein ungerechtes Leben oder schwören noch rasch einen
Meineid.
29 Sie vertrauen auf leblose Götzenbilder
Und rechnen dabei nicht damit, daß sie doch selber Schaden erleiden
könnten, wenn sie falsch schwören.
30 Für beide Arten (ihrer Sünde) wird sie aber die gerechte Strafe ereilen.
Denn (erstens) haben sie in bösartiger Gesinnung über Gott nachgedacht
und sich deshalb an Götzenbilder gehängt.
Und (zweitens) haben sie in ihrer Ungerechtigkeit hinterlistig geschworen
und so die Heiligkeit (Gottes) verachtet.
31 Denn nicht die Macht der unter Eid beschworenen Götzen,
Sondern die Strafe für die Sünder
Folgt stets ihrer in Ungerechtigkeit geschehenen Übertretung auf dem
Fuß.

Ist man sich nicht darüber einig, wo die nun zu exegesierende Perikope beginnt
(s.o.), so wird doch ihr Abschluß nahezu übereinstimmend im Ende von Kap. 14
gesehen. Es geht in diesen Versen um die *Konsequenz* der göttlichen Verehrung
von Götzenbildern, nämlich die *Perversion des gesamten sittlichen Lebens.* War das   Röm 1: 28 f.
Thema 13,1–14,11 die Art und Weise der materiellen Herstellung und die Ver-
werflichkeit solcher Idole, so fragt der Verfasser der Sap jetzt nach den Gründen
für ihre Entstehung. In 12 formuliert er thesenartig die Konsequenz einer falschen   12
Theologie für das Ethos. Seine Begründung hat zunächst eine psychologische Seite, 13–16b, aber auch eine machtpolitische, 16c–21. Fast unmerklich geht das   13–16b.
Gesagte in 22 zur in 12 überschriftartig genannten Thematik über: Die Anbeter   16c–21
von Götzenbildern verlassen ganz und gar den Weg des ethisch verantwortungsvollen Lebens. Schlagwortartig: Von sexueller Zügellosigkeit, Verlogenheit und
gegenseitiger boshaftester Gesinnung und Tat bis zum kultischen Kindermord! In
der Tat: *Perversion des Menschen durch seinen „Gottes“-Dienst!* 22–31 endet dem-   22–31
entsprechend mit der gebührenden Strafe Gottes.

12 formuliert das Gesetz für ein Leben im Götzendienst: Wer einen Götzen als   12
Gott verehrt, gerät notwendig auf die ethisch abschüssige Bahn. Wer zu so
furchtbarer *Per*-Version des Gottesgedankens fähig ist, der ist nicht mehr zu einem verantwortungsvollen Leben fähig. Ein moralisch perverses „Leben" beginnt
in perversem „Denken". Heißt es in der zehnten Feuerbach-These von Karl
Marx, es komme nicht darauf an, die Welt zu interpretieren, sondern sie zu verändern, so hat ihn bereits zweitausend Jahre zuvor der Realist, der Autor unserer
Sap, überholt. Denn die Veränderung, sei es zum Guten, sei es zum Bösen, be-

ginnt im Kopf! *Wer falsch denkt und so die Theologie pervertiert, der pervertiert das eigene Leben!* Das ist das eherne, auch heute noch gültige Gesetz von Sap 14,12. Die Er-Findung – richtiger: Ver-Findung – der Götzenbilder ist das Verderben des Lebens. Ist hier von Unzucht die Rede, so ist das im wörtlichen, nicht aber im übertragenen Sinne gemeint, obwohl solche Metaphorik in denjenigen Texten des AT immer wieder begegnet, in denen das griechische Substantiv πορνεία, *porneia,* oder davon abgeleitete Worte den Abfall von Jahwäh bzw. in der LXX vom Kyrios, vom Herrn, aussagen (z. B. Ex 34,15 f.: Goldenes Kalb; Jes 1,21; die vielleicht bekannteste Stelle Hos 1,2 ff.; 3,1 ff.: Hosea soll auf göttliches Geheiß eine Hure heiraten, um Israel bildhaft seine „Hurerei", nämlich die Abwendung von seinem Gott, vor Augen zu stellen).

13   In 13 beginnt die Begründung von 12 zunächst mit einem *religionsgeschichtlichen* Tatbestand, der unbegründet einfach vorausgesetzt wird: Götterbilder gab
14   es nicht von Anbeginn an; sie kamen nach 14 erst durch nichtiges Denken der Menschen in die Welt und haben daher, so noch 13, keinen dauernden Bestand.[76] Umstritten ist der tonangebende Begriff κενοδοξία, *kenodoxia.* Dessen Grundbedeutung ist nichtiges, gehaltloses, grundloses Denken, es besagt aber auch eitle Ruhmsucht. Nun hat schon Grimm mit Nachdruck die Bedeutung „*eitler Wahn, thörichtes Meinen,* nl. über die Art, geliebte Todte oder hochgestellte Menschen zu ehren" vertreten, weil sich „die Vs. 15 angenommene Veranlassung zum Bilderdienste" nicht auf Eitelkeit und Ehrsucht der Trauernden zurückführen lasse.[77] Zwar heißt es in der Einheitsübersetzung heute noch „eitle Ruhmsucht"; doch dürfte sich immer mehr die Überzeugung durchsetzen, daß der Begriff in 14 den törichten Wahn der Götzenbildanbeter zum Ausdruck bringen will.[78] Diese Interpretation fordern sowohl der Kontext als auch die theologische Intention des Autors. Denn es zeigte sich ja bereits, daß, wer sich von Gott abwendet und dem Götzenbild zuwendet, ins Nichts versinkt, sich selber „nichtet" und „genichtet wird" – nicht nur vernichtet! –, also schon zu Lebzeiten völlig dem Nichts anheimgegeben ist. Wer den vorfindlichen und folglich nur imaginären „Gott" verehrt und so sich selbst entehrt, lebt im tragischen Wahn, in dem er in seinem nichtigen *Sein* das Nichtige *denkt. Der nichtige Mensch denkt den nichtigen Gott.* Und zugleich: *Wer den nichtigen Gott denkt, wird zum nichtigen Menschen.* Noch anders gesagt: *Wer Gott im Wahn denkt, denkt sich selbst in eben diesem Wahn.* Da nun Götzenbilder die Repräsentation des Nichtigen sind, ist ihnen notwendig ein jähes Ende beschieden.

---

[76] Zum Idiom εἰσῆλθεν εἰς τὸν κόσμον s. zu Sap 2,24; s. auch Röm 5,12!

[77] *Grimm* K 246.

[78] So z. B. *Heinisch* K 270.272; *Feldmann* K 97 f.; *Fichtner* K 52; *Ziener,* Die theol. Begriffssprache, 32; *Winston* K 269: „the empty illusions of men". *Vilchez* K 379: „*Vanidad:* κενοδοξία, significa o bien opinión vana, vacía, falsa, necia, sin consistencia; o bien vana gloria, presunción. La primera acepción es la que se adapta mejor al contexto." Jedoch *Arzt* u. a., Sprachlicher Schlüssel, 121: eitle Ruhmsucht. Unklar *Engel* K 227: „Eitelkeit, Denkleere, Abirrung". Vielleicht will er aber durch diese drei Begriffe auf den Zusammenhang von Denkleere (aufgrund des Mangels an intensivem Nachdenken) und Eitelkeit aufmerksam machen. Dieser Zusammenhang besteht in der Tat nach der Intention des Verfassers der Sap.

Das Beispiel von einem Vater in 15, dessen Kind gestorben ist und der deshalb 15
niedergeschlagen in „vorzeitiger Trauer" lebt, tut zunächst etwas im Grunde
Selbstverständliches; er fertigt sich ein Bild seines so früh vom Tode hingerafften
Kindes an. Er tut somit das gleiche, was heute Hinterbliebene mit Photographien
tun – also nichts Böses. Aber dieses religiös ambivalente Handeln gerät zum
Aberglauben. Den verstorbenen Menschen macht er zum Gott, indem er ihn wie
einen Gott kultisch verehrt und sogar Gottesdienste in diesem Sinne für seine Untergebenen arrangiert. Beispiele solchen Tuns sind uns überliefert.[79] Wenn es nun *Kindermysterien*
heißt, daß der Vater nach dem Tode und der Vergottung seines Kindes Mysterien
und Weihen[80] stiftete, so ist die Formulierung zu unspezifisch, als daß deutlich
werden könnte, welche Mysterienreligion oder welche Frömmigkeit auch immer
gemeint ist. 16 schildert den weiteren Vorgang, nämlich die Verfestigung eines 16
„gottlosen Brauchs" zur religiösen Pflicht; es ist der bekannte Vorgang des Wer-
dens einer verbindlichen Tradition, der sich niemand entziehen kann. Die Tradition wird schließlich zum Gesetz. Mit 16 d wird anscheinend ein Beispiel genannt,
das für in Alexandrien wohnende Juden von besonderer Bedeutsamkeit ist. War *Herrscherkult*
schon der Vater von 15 irgendein hochgestellter Mann, der immerhin seinen Untergebenen religiöse Pflichten auferlegen konnte, so geht es nun in der Hierarchie
noch weiter nach oben; Tyrannen – gemeint sind Könige – werden genannt. Und
wenn dann in 17 vom geehrten König die Rede ist, so dürfte dieser einer dieser 17
Tyrannen sein, nämlich der Pharao (oder der römische Imperator?). Dies ist im
Rückblick auf 15 f. insofern von besonderem Interesse, als nach dem 238 v. Chr.
beschlossenen „Dekret von Kanopos"[81] angeordnet wurde, daß nicht nur für Pto-
lemaios III. und seine Gemahlin Berenike, sondern auch für deren schon als Kind
verstorbene Tochter Berenike Statuen im Tempel von Kanopos um ihrer Vergöttlichung willen aufzustellen seien; zudem sollte jährlich ein Gedenkfest gehalten
werden. 17 berichtet vor allem von der Reaktion der Untergebenen des Tyrannen:
Der Anordnung „von oben" entspricht der bereitwillige, übereifrige Gehorsam
„von unten". Die Menschen wollen ihren König in ihrer Gegenwart haben und
stellen deshalb eine Statue von ihm her. Das Motiv wird genannt: Schmeichelei.
Und auch der Künstler, der diese Statue schafft, hat ein nicht gerade ehrenwertes
Motiv: Ehrgeiz. Durch die Statue wird nach 18 die Verehrung des Pharaos unge- 18
heuer gesteigert, auch bei denen, die ihn nicht kennen. Der Ehrgeiz des Künstlers
wird in 19 in der Weise gedeutet, daß auch er dem Pharao gefallen will – also 19

---

[79] So beabsichtigte z. B. Cicero, seine verstorbene Tochter Tullia zu „konsekrieren". Zitiert
bei *Lactantius,* Divinae institutiones I,15,20: „Te ... approbantibus diis immortalibus ipsis in eo-
rum coetu locatam ... consecrabo." Vor allem s. *Fulgentius,* Mythologiae I,1: Der Ägypter Syro-
phanes verfiel in großen Schmerz über den Tod seines Sohnes: „ ... filii sibi simulacrum in aedi-
bus instituit ... Denique idolum est." Auch wenn *Fulgentius* erst im 5 Jh. in Afrika lebte, ist doch
dieses Zeugnis – unabhängig von seiner historischen Zuverlässigkeit – aufschlußreich.

[80] μυστήρια καὶ τελετάς.

[81] *W. Dittenberger,* Orientis Graeci Inscriptiones Selectae I, Leipzig 1903, 56; II, Leipzig
1905, 46–75. Übersetzung (in gekürzter Form) am leichtesten zugänglich in *Engel* K 228 f. (nach
G. Roeder, Kulte, Orakel und Naturverehrung im Alten Ägypten, Zürich/Stuttgart 1960, 142–
166).

auch bei ihm Schmeichelei! Und deshalb setzt er seine ganze künstlerische Begabung dafür ein, daß die Statue auch nun wirklich des Königs Aussehen in aller
20 Schönheit wiedergibt.[82] Er erreicht sein Ziel. Die Massen sind nach 20 so sehr
von der Schönheit seines Werkes begeistert, daß sie den Menschen Pharao als
Gott ansehen. Wir dürfen hier nicht mit dem historischen Urteil kommen, daß ja
nicht erst die Untertanen des Pharaos diesen zum Gott machen, sondern hier eine
alte Tradition vorlag. Es kommt einzig darauf an, wie sich der Verf. der Sap die
Sache vorstellt. Und diesem kommt es nur darauf an, die Vergöttlichung von
Menschen zu erklären. Doch alle Schmeichelei nutzt diesen Menschen nichts. Die
21 Verehrer des „göttlichen" Pharaos liefen, so 21, in ihr Unglück. Sie beugten sich
dem Unglück der Tyrannis[83] des Herrschers, gaben also ihre Menschenwürde
auf, indem sie ihr Untertan-Sein selbst zementierten.

Vom *Namen* ist in 21 c die Rede. Unbestreitbar geht es um den göttlichen, weil
sonst keinem sonst zukommenden Namen. Daß nicht der alttestamentliche Name
Jahwäh gemeint sein kann, geht schon allein daraus hervor, daß kein Ägypter seinen Gott Jahwäh genannt hätte. Es kann sich also hier nicht um den Namen *Gottes,* sondern nur um den „Namen" *Gott* handeln. Auch nannten ja die griechisch
sprechenden Diasporajuden in Ägypten den Gott Israels nicht Jahwäh. So müssen
für die Interpretation unserer Stelle solche Aussagen des AT herangezogen werden, in denen vom Namen in bezug auf Gott gesprochen wird, ohne daß es um
den Jahwäh-Namen geht. Im Blick auf die in Alexandrien entstandene LXX gefragt: Wo ist in ihr theologisch so vom Namen die Rede, daß zugleich der Name
das Wesen Gottes zum Ausdruck bringt? An erster Stelle ist das Dtn zu nennen,
das bekanntlich eine ausgeprägte Namen-Theologie enthält. In ihm ist die Wendung „der Ort, den der Herr (bezeichnenderweise in der LXX Kyrios, also „göttlicher Herr", für Jahwäh) auserwählt hat, damit dort sein Name angerufen werde", typisch (z. B. Dtn 12,5.11.21.26; 14,22 f.; 16,2.6.11).[84] Gott hat sich an das
geschichtliche Volk Israel gebunden, indem er die Mitte des geschichtlichen Rau-
mes dieses Volkes, den Tempel, als Wohnort auserwählt hat. Also: *Namen-Theologie* ist *Tempel-Theologie;* Tempel-Theologie ist *Geschichtstheologie.* In 21 c findet aber wieder eine interessante thematische Verschiebung statt. Ging es in 15–
21 b um den Gegensatz „Gott – vergöttlichter Mensch", so jetzt wieder nur um

---

[82] Der Komparativ κάλλιον kann, wie oft im hellenistischen Griechisch, für den Superlativ
stehen. Ebenso wäre aber auch eine Übersetzung, die den Komparativ als solchen begreift, möglich, etwa in dem Sinn: Die Ähnlichkeit der Statue mit dem Pharao macht diesen schöner, als er
wirklich ist.

[83] Keinesfalls ist mit συμφορά hier ein aus der Transzendenz wirkendes Schicksal gemeint, so
daß hier die Alternative „fremdbestimmtes Schicksal oder freiwillig übernommenes Sklavenda-
sein" ausgesprochen wäre. Man wird daher „Unheil *oder* Tyrannei" nicht als Alternative im strengen Sinne des Wortes verstehen, sondern: Man nenne es Schickal oder Tyrannei, es ist ein und
dasselbe Unglück. Die Wendung dürfte daher einem Hendiadyoin nahekommen. Wir übersetzen
deshalb: die sich dem Unglück der Tyrannei unterwarfen.

[84] Als stereotype Aussage der LXX sei hier nur Dtn 12,11 zitiert: καὶ ἔσται ὁ τόπος, ὃν ἂν ἐκ-
λέξηται κύριος ὁ θεὸς ὑμῶν ἐπικληθῆναι τὸ ὄνομα αὐτοῦ ἐκεῖ.

das Material der Götzenbilder, um Steine und Hölzer. Wir registrieren mehrfache Perspektivenänderungen im Verlaufe der Darlegungen.

In 22 kommt unser Autor zur *Explikation* der in 12 genannten These. Der gravierende Irrtum in der *Erkenntnis Gottes* (sie ist, wie schon mehrfach aufgefallen, das *leitende hermeneutische Motiv,* wie ja auch im NT) führt, wie es wörtlich heißt, zum πόλεμος, *polemos,* wörtlich übersetzt: Krieg. Doch muß mit diesem griechischen Wort nicht unbedingt die bewaffnete Auseinandersetzung zwischen Völkern ausgesagt sein; im hiesigen Zusammenhang wird man mit ihm eine etwas niedrigere Stufe der Auseinandersetzung ausgesagt zu sehen haben. Deshalb wurde mit „Unfrieden" übersetzt. Es geht, wie der Lasterkatalog 23–26 ausweist, um alle Dimensionen des Gegeneinanders von Menschen. Sind zunächst in 23 Kulte genannt, die hinsichtlich ihrer Perversität bis zum Kindermord eskalieren – wohlgemerkt: von den Mysterienreligionen ist solche Bestialität nicht bekannt[85] –, so beginnt in 24 die Charakteristik des inhumanen Verhaltens: vom Ehebruch bis zum Mord. 25 spricht treffend vom grauenvollen Gemisch und leitet damit den eigentlichen Lasterkatalog ein; auch hier noch einmal die Erwähnung vom Mord neben „geringeren" Taten der Menschenverachtung. In 26 wird das menschenunwürdige Verhalten als *Umsturz sittlicher Werte*[86] gekennzeichnet. Heute spräche man vom Werteverlust. Gemeint ist also der Verlust des Sensoriums für das, was den Menschen zum Menschen macht. Und wieder wird in diesem Zusammenhang die exzessive sexuelle Freizügigkeit genannt. In 27 begegnet erneut die Grundthese von 12, hier in der Formulierung, daß die göttliche Verehrung von namenlosen Götterbildern (darf man im Sinne von 21 heraushören: Götter, denen der göttliche Name nicht zukommt und die deshalb, welchen Namen sie auch immer haben mögen, namenlos sind?) „Anfang und Ursache und Ende von allem Bösen" sei. Und noch einmal wird der Verfasser der Sap konkret, wenn er in 28 von Raserei im Freudentaumel spricht, womit wohl orgiastische Szenen (Dionysos-Kult?) gemeint sind. Er erwähnt dann falsche Propheten[87] und – noch einmal! – die Ungerechtigkeit und den Meineid, also die tiefste unwahre Gesinnung. 29 bringt erneut eine Wiederholung: das Vertrauen auf Götzenbilder, dann die in den Augen unseres Autors unverständliche Dummheit, nicht mit Gottes Vergeltung zu rechnen. Torheit hinsichtlich der Erkenntnis Gottes zieht eben die Torheit hinsichtlich der eigenen Existenz nach sich. Unklar ist, was in 30 mit „beide" ausgesagt sein soll. Sind es, wie in unserer Übersetzung angenommen, beide Arten der Sünde, die in 30 b genannt sind, nämlich erstens die Verehrung der Götzenbilder und zweitens die höchste Form der Verlogenheit, die sich im Meineid manifestiert? 31 klingt noch einmal wie eine Zusammenfassung: Die Konsequenz der Verehrung von Götzenbildern ist nicht der machtvolle Schutz durch den Götzen, sondern die Strafe Gottes, der die im Götzendienst offenkundig gewordene Gottesleugnung und das menschenfeindliche Leben der Sünder streng ahndet.

(Randziffern: 22, 23–26, 23, 24, 25, 26, 27, 28, 29, 30, 31)

---

[85] S. aber *Heinisch* K 280!

[86] θόρυβος ἀγαθῶν, wörtlich übersetzt: Wirrwarr der guten Dinge, Unordnung des Guten.

[87] S. im AT vor allem Jer 23,9 ff. und Jer 28 (= Jer 51LXX).

Vierter Teil 15,1–19 Das Wesen des Nihilismus: „Asche ist sein Herz"

1 Du aber, o Gott, bist gütig und wahrhaftig,
   Langmütig und regierst mit Erbarmen das All.
2 Denn auch, wenn wir sündigen, sind wir dein; denn wir wissen um deine
                                                          Macht.
   Wir wollen aber nicht sündigen; denn wir wissen, daß du uns zu den Deinen
                                                          zählst.
3 Denn dich zu kennen bedeutet die vollkommene Gerechtigkeit,
   Und um deine Macht zu wissen die Wurzel der Unsterblichkeit.
4 Denn uns hat keine gottlose künstlerische Inspiration von Menschen in
                                                  die Irre geführt,
   Auch nicht die fruchtlose Mühe von Malern
   Oder eine Gestalt, befleckt von Farbklecksen,
5 Deren Aussehen nur den Dummen zu unvernünftiger Begierde führt,
   Daß er die leblose Gestalt eines toten Bildes begehrt.
6 Liebhaber des Bösen sind es ja, die derartige „Hoffnungen" verdienen!
   Und sie sind es, die derartiges anfertigen, begehren und verehren.
7 Da knetet also ein Töpfer mühsam den weichen Ton
   Und formt so für unseren Gebrauch ein Gefäß nach dem anderen.
   Aber er gestaltet aus demselben Ton
   Einerseits Gefäße, die reinen Zwecken dienen,
   Und andererseits solche für entgegengesetzte Zwecke – beide Arten auf
                                                  gleiche Weise.
   Zu welchem Gebrauch aber das einzelne Stück bestimmt ist,
   Darüber entscheidet der Töpfer.
8 Mühevoll formt er einen nichtigen „Gott" aus demselben Ton,
   Aus dem er selbst kurz zuvor entstanden ist, also aus der Erde,
   Und zu der er, aus der er ja genommen ist, kurz danach wieder zurückkeh-
                                                  ren muß,
   Wenn sein irdisches Dasein – ein Darlehen auf Zeit nur! – abgelaufen ist.
9 Aber es ist nicht seine Sorge, daß er tödlich erkranken wird,
   Noch daß er nur ein kurzes Leben hat.
   Nein, es geht ihm darum, mit Goldschmieden und Silbergießern zu kon-
                                                  kurrieren
   Und Bronzearbeitern nachzuahmen.
   Und er hält es für seine Ehre, Unechtes zu formen.
10 *„Asche ist sein Herz!"* Und wertloser als Erdenstaub seine Hoffnung!
   Ehrloser als Ton ist sein Leben!
11 Denn er erkannte nicht den, der ihn selbst geformt
   Und ihm die ihn belebende Seele eingehaucht
   Und den lebensspendenden Geist eingeblasen hat.
12 Er dachte vielmehr allen Ernstes, unser Dasein sei ein Spiel
   Und das Leben ein einträgliches Volksfest.
   Denn er sagte, man müsse verdienen, woher auch immer, und sei es aus
                                                  dem Bösen.
13 Dieser nämlich weiß besser als andere, daß er sündigt,
   Wenn er aus Erde sowohl zerbrechliche Gefäße als auch Götterbilder
                                                  anfertigt.

14 Aber am unvernünftigsten und elender als die Seele eines Kindes
    Sind all die Feinde deines Volkes, die es unterjocht haben.
15 Denn sie halten alle Idole der Völker für Götter,
    Die weder Augen zum Sehen haben,
    Noch Nasen zum Einatmen der Luft,
    Noch Ohren zum Hören.
    Noch Finger an ihren Händen zum Betasten.
    Und ihre Füße sind unbrauchbar zum Gehen.
16 Denn nur ein Mensch hat sie hergestellt,
    Einer, der seinen Geist nur ausgeliehen bekam, hat sie geformt.
    Kein Mensch nämlich vermag einen auch nur ihm selbst ähnlichen Gott zu
                                                                      bilden.
17 Ein Sterblicher ist er ja, der Totes mit frevelhaften Händen wirkt.
    Ist er doch mächtiger als seine Gegenstände der Verehrung.
    Wurde ihm doch Leben verliehen, jenen aber nicht.
18 Sie verehren sogar die widerlichsten Tiere.
    Denn im Vergleich mit der Dummheit sind sie noch weniger wert.
19 Auch sind sie noch nicht einmal schön, daß man, soweit man bei Tieren
         überhaupt von Schönheit sprechen kann, sie begehren könnte.
    So sind sie des Lobes Gottes und seines Segens verlustig gegangen.

Zeigte sich in den Kap. 13 und 14 noch ein einigermaßen stimmiger Aufbau, so
gibt die Gliederung von Kap. 15 Rätsel auf. Eine in sich einsichtige Gliederung ist
nicht erkennbar. Zunächst kehrt der Anfang des Kapitels wieder zum Gebetsstil
zurück. Nachdem Kap. 14 mit einem vernichtenden Urteil über Götzenbilder und
Götzenanbeter endete, spricht der Autor in 1–6 sein Bekenntnis zu Gott und be-   1–6
tont dabei Israels Willen zur Sündlosigkeit, Gotteserkenntnis und Gerechtigkeit.
Dann aber beginnt in 7 ein neuer Abschnitt, in dem ein Töpfer aus Ton Götzen-   7
bilder formt. Noch einmal also die Thematik von der Herstellung solcher Gebil-
de, obwohl doch davon in Kap. 13 zur Genüge die Rede war. Der Eindruck ver-
dichtet sich, daß unser Autor kein Meister der gestaltenden Form war. Von diesem Töpfer spricht er in 7–13. Ihn belastet er am Ende dieses Abschnitts beson-   7–13
ders schwer, indem er ihn als Betrüger kennzeichnet. 14–19 spricht wieder ganz   14–19
allgemein über die Anbeter von Götzenbildern, doch begegnet der Töpfer noch
einmal in 16 und 17. Ein wenig abrupt endet das Kapitel mit der Dummheit derer,   16. 17
die die widerlichsten Tiere verehren. Gemeint sind natürlich die Ägypter. Man
hätte sich schon ein anderes Finale des theologischen Exkurses der Kap. 13–15
gewünscht!

Das Bekenntnis zu Gott in 1 erinnert stark an *Ex 34,6*. Gott stellt sich vor, indem   1
er von sich in der 3. Person Singular spricht (Übersetzung nach der LXX): „Der
Herr, der Herr, er ist Gott, gnädig und barmherzig, langmütig und voller Erbarmen und wahrhaftig." Auf diese Stelle wird hier sehr bewußt und für die bibel-
kundigen Adressaten unverkennbar angespielt.[88] Ein zentrales Selbstbekenntnis

---

[88] Übereinstimmung der beiden Texte in folgenden Worten: ὁ θεός, ἀληθής bzw. ἀληθινός,
μακρόθυμος, ἐλέει bzw. ἔλεος/ἐλεήμων.

Gottes wird nun im Zusammenhang der Sinaigeschehnisse den bedrängten Diasporajuden Alexandriens als das Bekenntnis Israels zugesprochen. Sie werden im
für sie gefährlichen Ägypten an die Heilsgeschichte ihres Volkes beim Auszug aus
eben diesem Ägypten erinnert. Es ist eine existentiell bedeutsame *memoria,* die
hier literarisch vollzogen wird. Schon bei der Exegese von 12,2 kamen wir auf die
präsentische Bedeutsamkeit der *memoria* im Blick auf die Geschichte Israels zu
sprechen. Im Zusammenhang mit Sap 12,2 und 15,1 (s. auch Sap 10!) muß noch
Dtn 5,2 f. genannt werden, wo Mose vierzig Jahre nach dem Bundesschluß am Sinai den am Jordan Angekommenen sagt, daß Gott nicht mit ihren Vätern, sondern mit ihnen, die *„heute"* leben, diesen Bund geschlossen habe. Diese Hineinnahme der heilsbedeutsamen Vergangenheit in die Gegenwart ist also auch für
den Verf. der Sap theologisch essentiell. Wer als Jude sein Buch liest, soll sich an
dieser Stelle als der verstehen, dem Ex 34,6 von Gott selbst zugesprochen wird,
weil er als jüdischer Leser sein *Woher* vom Exodus- und Sinaigeschehen her begreift. Zu dieser Vergegenwärtigung gehört aber auch, daß Ex 34,6 zum Dialog
geworden ist. Denn was Gott damals dem Mose sagte und also „heute" dem Juden in Alexandrien sagt, das erwidert dieser seinem Gott im Bekenntnis, das mit
2   dem Wort *Du* beginnt. Die Anrede an Gott setzt sich in 2 fort. Der Beter weiß,
daß selbst dann das Volk Israel nicht von seinem Gott getrennt werden kann,
wenn es sündigt. Ist es doch Gottes Eigentum! Also lautet sein Bekenntnis im Namen seines Volkes: „Wir gehören dir." Und als dieses seinem Gott gehörende
Volk weiß Israel auch um dessen Macht. Es ist die Macht, retten zu können – vor
den Feinden und, was ebenso wichtig ist, vor der eigenen Sünde. Doch der Beter
versichert, daß „wir nicht sündigen wollen"[89], denn „wir werden zu dir gerechnet". Da diese Worte Anrede an Gott sind, kann das *passivum divinum* paraphrasierend und somit verdeutlichend mit „da du uns zu den deinen zählst" übersetzt
werden. Damit ist, ohne daß der Begriff genannt wird, die *Bundesexistenz Israels*
zum Ausdruck gebracht.[90] Unser Autor weiß um die Gefährdung seines Volkes
(obwohl im Hymnus von Kap. 10 davon keine Rede war!), aber gerade deshalb
weiß er auch um die Verpflichtung, die aus dem Dasein als Bundesvolk erwächst.
3   Für die Denkweise des Verf. der Sap ist 3 charakteristisch. Immer noch in der Anrede an Gott heißt es, daß Gott zu kennen die vollkommene Gerechtigkeit sei.
Erneut werden hier *noetischer* und *ontischer* Aspekt die eine *Gesamtwirklichkeit.*
Gotteserkenntnis ist kein isoliert intellektueller Akt. Wem die Erkenntnis Gottes
gegeben ist – sie ist auch für unseren Autor keine dem Menschen aus sich heraus
verfügbare Fähigkeit –, der ist in seinem Sein gnadenhaft verändert. Ist von 1,1 an
die Gerechtigkeit die eigentliche Forderung an den Menschen, so ist sie nur als
Gabe realisierbar, im Duktus der Argumentation der ersten beiden Teile der Sap
als Gabe der Weisheit, im Duktus der Argumentation des dritten Teils als Gabe
Gottes. Das in 2 genannte Kennen der Macht Gottes wird in 3 b wiederholt. Wie-

---

[89] In diesem Sinn wird das Futur ἁμαρτησόμεθα auch zumeist übersetzt.

[90] Die Diskussion, inwiefern der hebräische Begriff *berith* bzw. der griechische Begriff
διαθήκη nicht Bund, sondern Gottes einseitige Heilssetzung meint, kann hier undiskutiert bleiben
(s. *Hübner,* Biblische Theologie des NT I, Prolegomena, 77 ff.).

derum gilt, was zu 3 a gesagt wurde: Die Erkenntnis Gottes, diesmal die seiner
Macht, schließt die seinsmäßige Verwandlung des Erkennenden ein: Wer Gottes
Macht wirklich als solche erkannt hat, wer sich also als unter dieser Macht ste-
hend verstanden hat, für den *ist* solche Erkenntnis die Wurzel seiner Unsterblichkeit.[91] Deshalb konnte auch nach 4 die gottlose künstlerische Inspiration[92] ägyp-   4
tischer Maler Israel nichts anhaben. Gegen ihre Verführung ist dieses Gott erge-
bene Volk immun. Unser Autor kann sogar die heidnischen religiösen Kunstwer-
ke lächerlich machen: Befleckung durch Farbkleckse! Nur Dumme sind es nach
5, die auf so etwas hereinfallen und sich durch derartige Machwerke zu unver-   5
nünftiger Begierde verführen lassen: Die leblose Gestalt eines toten Bildes zu begehren![93] Für solche Leute kennt der Verf. der Sap nur das harte Urteil, das er in
6 ausspricht: Sie sind Liebhaber des Bösen; sie verdienen solche „Hoffnungen",   6
die ja keine Hoffnungen auf Wirkliches sind. Sie sind pseudoreligiöse Phantasten,
bar allen realistischen Denkens. Und so schließt der Abschnitt 1–6, daß die, die
solches anfertigen, begehren und verehren, auf eine Stufe gestellt werden.

Mit 7 beginnt der Abschnitt über den Töpfer, der aus Ton ein Götzenbild   7
formt. Man fragt erstaunt, warum er diese Ausführungen nicht in Kap. 13 gebracht hat, wo doch vom Holzschnitzer gleiches gesagt wurde. Was soll dieses eigenartige Nachhinken in 7 ff.? Denn im Grunde geht ja das hier Gesagte nicht
über die in 13,11 ff. vorgetragenen Argumente hinaus. Denn dort hieß es, daß der
Schnitzer aus ein und demselben Material brauchbares Gerät und den Götzen angefertigt hat, ihn sogar aus schlechterer Qualität dieses Materials; jetzt wird berichtet, wie der Töpfer aus Ton sowohl Gefäße für reine Zwecke (gedacht ist
wohl an Gefäße für Speisen) als auch für „entgegengesetzte" Zwecke, also für
Nachttöpfe, formte. Und das Material, das vom Töpfer für Töpfe zum Zwecke
der Notdurft verwendet wird, das ist nach seiner Meinung, so 8, für einen „Gott"   8
gut genug! Vor allem liegt unserem Autor daran, zu zeigen, wie es in der Macht
des Töpfers steht, ob er den Ton für ein solchen Topf verwendet oder für den
Gott. Anders gesagt: Der Töpfer ist, so noch einmal 7, Herr über seinen Gott, er
ist, so wörtlich, der Richter, κριτής, *krites,* über ihn. Er ist Herr über das von ihm
fabrizierte Fabrikat. Denn mehr ist sein sogenannter Gott nicht! Nach Jer 18,6 ist
aber – genau umgekehrt! – der Mensch ein Topf in der Hand Gottes, der sich mit
einem Töpfer vergleicht.[94] In 8 wird auch einiges über den Töpfer gesagt. So sehr
er auch der Hersteller eines „Gottes" ist, in Wirklichkeit ist er doch eine armselige
Kreatur. Von seiner boshaft motivierten Mühe ist die Rede, mit der er den Gott
herstellt. Dabei besteht er ja selber nur aus demjenigen Material seines Hand-
werks, nämlich aus Erde, zu dem er nach seinem Tode wieder wird – eine deutli-
che Anspielung auf Gen 3,19 (s. auch Ps 104,29; Pred 12,7). Sein irdisches Da-

---

[91] S., was zu ἀθανασία in Sap 3,4; 4,1 und 8,13.17 gesagt ist.
[92] So kann hier ἐπίνοια übersetzt werden.
[93] Beispiele solcher Torheit s. *Grimm* K 255; *Vilchez* K 396, Anm. 74, vor allem das Beispiel
des Pygmalion, des Königs von Zypern,
[94] S. auch Jes 29,16; 64,8.

sein wird ausdrücklich als auf Zeit gegebenes Lehen charakterisiert.[95] Der Töpfer
9 aber nimmt sich nach 9 dies erstaunlicherweise nicht zu Herzen: Sein ganzes Sinnen und Trachten ist einzig davon in Anspruch genommen, daß er mit Silber- und
Goldschmieden oder Bronzearbeitern konkurrieren kann. Überaus polemisch
klingt es zudem, wenn es dann noch heißt, er halte es für seine Ehre, Unechtes,
also Unehrenhaftes, zu formen. Ein verlogene Gestalt soll uns hier vorgeführt
werden, einer, der durchaus weiß, was unehrenhaft ist und gerade deshalb den
einträglichen Vertrieb des Betrugs als seine Ehre erachtet. Eine windige Gestalt!

Nihilismus!

10 Und so spricht unser Autor in 10 mit den Worten des Jesaja (Jes 44,20LXX):
„Asche ist sein Herz!" Asche ist das, was bei einem Brand, bei einem zerstöreri-
schen Geschehen, übrigbleibt. Asche, das ist *das Nichts.* Des Töpfers Herz – und
das heißt, er selbst in seiner ganzen personalen Ausrichtung in Denken, Fühlen
und Wollen – ist nichtig. Als Mensch ist er ein Nichts, ist er die Inkarnation des
Nihilismus. Denn er macht seine nichtswürdigen Geschäfte mittels eines Gottes,
der *als* Gott das Nichts „ist", also als Gott nicht *ist.* Und betreibt er dann sogar
noch das Nichten seiner Kunden, indem er sie durch den Verkauf der nichtigen
Götter in den Strudel des Nihilismus hineinzieht, so ist *er* in besonderer Weise
das nichtende Instrument des Nihilismus. Freilich, er ist blind gegenüber all die-
11 sem Unheil, obwohl er doch eigentlich um sein Schuldig-Sein weiß (s. zu 13). 11
12 wiederholt nur Bekanntes: der Töpfer ignoriert Gen 3,19 (s. zu 9). 12 zeichnet
ihn als einen, dem der Ernst für den Ernst des Lebens fehlt, als einen leichtfüßi-
gen Zeitgenossen, der mit dem eigenen Dasein ein Spiel treibt, indem er es als
Spiel er-„achtet". Das Leben als einträgliches Volksfest[96] – das ist seine lächerli-
che Sicht des menschlichen Lebens! Er hat keinen ethischen Halt; ihm geht es nur
ums Geldscheffeln. Dafür stellt er sogar das Böse, das Menschenverachtende, in
seinen Dienst. Also ein durch und durch verantwortungsloser und somit Gott-lo-
13 ser Geselle! Und so kann der Verf. der Sap in 13 sagen, daß sich dieser Mensch
letztlich besser als andere dessen bewußt ist, daß er sündigt. Aber weil er sich in
seiner Emanzipation von Gott die eigene innere Stimme abtötet, die ihm sagen
könnte, daß er verwerflich lebt und handelt, tötet er sich im Grunde selbst, und
zwar noch zu seinen Lebzeiten. Er ist bereits vor seinem Tode tot; aber davor verschließt er seine Augen. Ein böser, weil dummer Mensch!
14 In 14 weitet sich der Blick. Jetzt hat der Verf. der Sap alle Feinde des Volkes
Gottes vor Augen. Sie sind über die Maßen töricht, haben noch weniger Verstand
als ein kleines Kind und sind daher elende Kreaturen.[97] Ist von *allen* Feinden Is-

---

[95] Nicht alle Parallelen, die in den Kommentaren für vergleichbare Auffassungen im griechischen Bereich angeführt werden, entsprechen diesem Zweck.
[96] πανηγυρισμός meint zunächst das jährliche Fest an einem Heiligtum, das dann, sozusagen
zum Volksfest geworden, auch für Händler beste Verkaufsmöglichkeiten bot.
[97] τάλανες kann elend, erbärmlich, aber auch frech, dreist bedeuten. Die zweite Bedeutung
ergibt wenig Sinn, wenn man sie in den Vergleich mit der Seele des Kindes einbezieht: elender als
eine solche Seele? Das ist selbst dann ein recht fragliche Aussage, wenn man die teilweise Minder-
wertigkeit von Kindern in der Antike berücksichtigt. Sinnvoll dürfte aber 14 a dann sein, wenn
man übersetzt: Sie haben weniger Denkvermögen als ein kleines Kind und deshalb sind sie erbärmlich.

raels die Rede, so dürften in erster Linie die Ägypter zur Zeit des Exodus und dann auch die zur Zeit der Niederschrift der Sap gemeint sein, aber auch alle Feinde des jüdischen Volkes, die es in der Zwischenzeit unterjochten: die Assyrer, die Babylonier, die Perser, die Griechen und die Römer. Auf jeden Fall schaut der Verf. der Sap auf eine lange Geschichte von unterschiedlichen Eroberern zurück. Waren in 14 alle Feinde genannt, so jetzt in 15 alle Götzenbilder; *alle* Un- 15 terdrücker hielten *alle* Idole der Völker für Götter. Es geht somit hier um den *Synkretismus,* der das damalige Zeitalter prägte.[98] In diesem Vers liegt eine eindeutige Anspielung (nicht wörtliche Übernahme) von Ps 115,4–7 bzw. ψ 113,12– 15 vor (bezeichnenderweise ein Exodus-Psalm!). Auch andere Verse dieses Psalms sind Parallelen zu Sap 13–15.[99] Man kann sich gut vorstellen, wie das Gebet dieses Psalms die Diasporajuden in Alexandrien gestärkt hat; sie werden ψ 113 in der Haltung der religiösen Überlegenheit über die ägyptischen Götzenanbeter gesprochen haben. In 16 wird wieder argumentiert. Ein Mensch – nur ein 16 Mensch! – hat die Götzen gemacht, also einer, dem Gott seinen Geist nur leihweise (s. 8!) eingehaucht und so Belebung auf Zeit geschenkt hat – wieder der Bezug auf Gen 2,7. 16 c bietet Übersetzungsschwierigkeiten. Worauf bezieht sich „ihm"? Wohl kaum auf Gott.[100] So sind sich heute die Exegeten zumeist einig, daß der Bezug auf den Menschen, das grammatische Subjekt des Satzes, geht.[101] Welchem seiner Werke könnte ein Künstler etwas von seinem nur menschlichen Leben einhauchen, geschweige denn göttliches Leben! Das wäre ja die Negation von Gen 2,7. Stellt doch, wie 17 hervorhebt, ein Sterblicher mit seinen gesetzlo- 17 sen Händen nur Totes her. Er, dieser Sterbliche, ist stärker – jetzt spricht der Verf. der Sap sogar von des Menschen Stärke, obwohl er dieses Prädikat bisher vor allem Gott vorbehalten hat – als sein totes Machwerk! Er selbst kam ins Leben, seine „Götter" aber niemals.

In 18 noch einmal ein Hieb gegen Ägypten. Gerade sie sind es, die „Götter" in 18 *Tiergestalt* verehren. In den Augen unseres Autors ist das eine noch schlimmere Perversion der Gottesvorstellung und des Gottesgedankens als der Götzendienst derer, die menschengestalte Götterbilder verehren (s. auch 11,15 und 12,24). Sie verehren ζῷα ἔχθιστα, *zoa echthista,* eine nicht eindeutige Wendung. Heißt das „dem Menschen gegenüber feindseligste Tiere"? Oder „verhaßteste Tiere"? Oder „abscheulichste, widerlichste Tiere"? All diese Übersetzungen sind lexikographisch möglich. So sollte es nicht verwundern, wenn die Autoren, oft ohne Be-

---

[98] S. *Grimm* K 260 (in Absetzung von der Auffassung, daß in 14,15 speziell die Römer gemeint seien): „Denn bekanntlich fanden auch die Griechen in den meisten fremden Religionen ihre eigenen Götter (sehr begreiflich, da die Gottheiten der heidnischen Naturreligionen Hypostasirungen der Naturkräfte und Naturkörper waren), und den meisten heidnischen Religionen war die Ansicht gemeinsam, dass die fremden Götter wirkliche Wesen seyen."

[99] S. auch Ps 135,15–17 bzw. ψ 134,14–17 und den jeweiligen Kontext.

[100] So eine ältere, mit Recht schon von *Grimm* K 261 abgelehnte Auffassung

[101] Z.B. *Fichtner* K 261; *Vilchez* K 407: „ ... jamás podrá transmitir su vida o parte de ella a una sola obra de sus manos, convertir un ídolo en doble de sí mismo, mucho menos podrá superarse a sí mismo, trascender su propia naturaleza humana y crear un ser de la naturaleza divina."

gründung, unterschiedlich urteilen.[102] Vielleicht kommen wir etwas weiter, wenn wir uns einige tiergestaltige Götter der Ägypter vor Augen stellen: Thot als Pavian, Anubis als Schakal oder Wildhund, Hathor, die Himmels- und Liebesgöttin, als Kuh, Horus als Falke, seine Söhne als Schakal, Pavian und Falke und Chepre als Skarabäus, profaner formuliert: als Mistkäfer. Die meisten dieser Tiere mögen aber für den in Alexandrien beheimateten Juden eher das Gefühl des Abscheus als der Angst hervorgerufen haben. So dürfte der Verf. der Sap wohl am ehesten an ihm widerlich erscheinende Tiere gedacht haben. Außerdem sind sie noch dümmer als andere Tiere. So dumm sind also die Ägypter, daß sie sich ausgerechnet die dümmsten Tiere als ihre Götter ausersehen haben! Und dann
19 kommt nach 19 auch noch hinzu, daß sie häßlich sind. Zwar stellt sich der Verf. der Sap die Frage, ob man bei Tieren überhaupt von Schönheit sprechen kann. Aber soweit man sich dazu in der Lage sieht, sind die in Ägypten zu Göttern gemachten Tiere im Vergleich mit anderen keinesfalls schön. Das Verdikt über diese Tiere eskaliert noch weiter: Gottes Segen ist ihnen verlustig gegangen. Wie aber ist dies mit Gen 1,20–25 zu vereinbaren? Eine plausible Antwort gibt Vilchez: Wenn der Mensch diese Tiere zum Objekt seiner Verehrung macht, verlieren sie den in der Schöpfungsgeschichte genannten Segen Gottes.[103] Das wäre eine gewisse Parallele zu Röm 8,20 ff., wo nach Paulus die ganze Schöpfung durch die Sünde der Menschen in die Nichtigkeit hineingezogen ist und auf ihre Erlösung wartet. Vermuten darf man auch, daß der Verf. der Sap Dtn 4,17 assoziierte (Verbot der Anfertigung eines Bildes von einem Tier auf dem Land und eines Vogels unter dem Himmel).

Fortsetzung der Synkrisis
16,1–4 Zweiter Vergleich:
Den Ägyptern Frösche – den Israeliten Wachteln

1 Deshalb bestraftest du sie, o Gott, verdientermaßen durch Tiere der
                                    gleichen widerlichen Art
  Und quältest sie durch eine Unzahl von ihnen.
2 Anstelle einer solchen Strafe hast du deinem Volk Wohltaten erwiesen
  Und ihnen für ihren quälenden Hunger recht ungewöhnliche Speise bereitet,
  Nämlich Wachteln als Nahrung,
3 Damit jene, wenn sie essen wollten,

---

[102] *Grimm* K 261: feindseligste, bösartigste, schädlichste Tiere wie Schlangen und Krokodile; möglich jedoch auch: verhaßteste, verabscheungswürdige Tiere; *Feldmann* K 106: abstoßendste Tiere; *Fichtner* K 56: häßlichste Tiere; *Winston* K 289: the most hateful beasts; *Gilbert,* La critique des dieux, III: les bêtes les plus odieuses; *Vilchez* K 404: màs odiosos, er nennt ib. 407 als Beispiele Schlangen, Krokodile und Käfer; *Engel* K 239: ganz widerliche Tiere.
[103] *Vilchez* K 408; er denkt hierbei vor allem an die Reptilien und die Verfluchung der Schlange in Gen 3,14; er nennt in diesem Zusammenhang auch Lev 11,41–44.

> Wegen des scheußlichen Anblicks der auf sie zugeschickten Tiere ihren
> unvermeidlichen Hunger nicht stillen konnten.
> Diese aber litten nur kurze Zeit Entbehrung
> Und erhielten dann die ungewöhnliche Speise.
> 4 Denn es mußte über jene Bedrücker unerbittlicher Hunger kommen,
> Diesen aber gezeigt werden, *wie* ihre Feinde gequält wurden.

Der Zusammenhang dieser Perikope ist ein doppelter. Wer sie in fortlaufender
Lektüre von Kap. 15 her liest, merkt kaum eine Zäsur, weil 16,1 die Konsequenz   16,1
von 15,18 f. ausspricht: Wer Tiere als Götter verehrt, der muß nach dem fundamentalen Grundsatz von 11,6 durch Tiere bestraft werden: Gleiches wird mit
gleichem bestraft. Das ist im Zuge der Darlegungen der Sap ein ehernes Gesetz.
Es scheint zunächst, daß der Zusammenhang zwischen 15,17 und 15,18 größer
ist als der zwischen 15,19 und 16,1. Und nur unsere heutige Kapiteleinteilung läßt
uns zunächst einen Neuanfang in 16,1 annehmen. Der Exkurs 13,1–15,19, wegen
der fortgesetzten Reflexion deutlich eine thematische Einheit, ist recht fest in seinen Kontext eingebunden. In zweiter Hinsicht, und das ist das eigentliche Struk-
turelement innerhalb des dritten Teils des Sap, ist 16,1–4 als zweites Beispiel der   16,1–4
Synkrisis die Fortsetzung von 11,2–14. Der erste Teil des auf dieses Beispiel folgenden ersten Exkurses enthält ja 11,6.

Auch 16,1–4 ist vom Gegensatz der bestraften Ägypter und des Wohltaten emp-
fangenden Volkes Gottes strukturiert. Diesmal geht es um den durch Gott ver-
hängten Hunger und den durch ihn gestillten Hunger. 1 beginnt mit dem bezeich-   1
nenden „deshalb", διὰ τοῦτο; die Ägypter werden verdientermaßen durch gleich-
artige Tiere bestraft. Denn haben sie Tiere als Götter verehrt, dann *müssen* sie
mit Tieren, und zwar mit möglichst vielen gequält werden. Welche Tiere es sind,
wird nicht gesagt.[104] Nach der Reihenfolge der ägyptischen Plagen sind es
Frösche, Ex 8,1–15LXX (7,26–8,11MT). 2 berichtet das gegensätzliche Schicksal   2
des Volkes Gottes. Es empfängt Gottes Wohltat, indem dieser den quälenden
Hunger durch die ihm unbekannte Speise von Wachteln stillt, Ex 16,1–13.[105]
    Über das Murren der Israeliten gegen Mose und Aaron verliert der Verf. der
Sap jedoch kein Wort. 3 gibt mit einem finalen Nebensatz den Zweck des so un-   3
terschiedlichen göttlichen Handelns an, wieder im Blick auf „jene" und „diese".
„Jenen", den Ägyptern also, wurde durch die Frösche der Appetit verdorben –
trotz ihres quälenden Hungers. In Ex 8 ist aber von diesem Hunger keine Rede;
der Verf. der Sap hat ihn wohl aus Ex 8,3LXX erschlossen, wonach die Frösche
bis in die Backöfen und Backtröge gekrochen sind. Hingegen sollten „diese", die
Israeliten also, die ungewöhnliche Speise[106] erhalten, freilich erst nach einer kur-

---

[104] Mit κνώδαλον kann jedes Tier gemeint sein, angefangen von Insekten, auch quälenden und
stechenden, bis zu großen Tieren, auch und gerade Raubtieren.

[105] An Num 11 denkt der Autor wohl nicht, da er anscheinend Ex vor Augen hat.

[106] Der kunstvolle Aufbau der Perikope Sap 16,1–4 wird durch die *inclusio* ἐβασανίσθησαν (1)
und ἐβασανίζοντο (4) und zugleich durch die Entsprechungen zur *inclusio* in den beiden mittleren
Versen ξένην γεῦσιν (2) und ξένης ... γεύσεως (3) deutlich.

4 zen Zeit des Mangels[107]. In 4 schließlich wird das von Gott stammende „Muß"
deutlich: Auf „jene" kommt unerbittlicher Hunger zu, damit „diesen" gezeigt
wird, wie er ihre Feinde quält.

16,5–14 Dritter Vergleich: Den Israeliten Schlangen – den Ägyptern Stechfliegen und Heuschrecken

5 Denn auch, als die furchtbare Wut wilder Tiere über sie kam
Und sie durch Bisse heimtückischer Schlangen umkamen,
Blieb dein Zorn nicht bis zum Ende.
6 Vielmehr hast du sie zur Warnung nur für kurze Zeit in Schrecken versetzt,
Damit sie ein Zeichen der durch dich bewirkten Rettung erhielten – freilich
zur Erinnerung an das Gebot deines Gesetzes!
7 Denn nicht wurde der gerettet, der sich (diesem nur äußeren Zeichen)
zuwandte und es anblickte,
Nein, Rettung gab es nur durch dich, den Retter aller.
8 Auch hierdurch überzeugtest du deine Feinde,
Daß du aus jeder Katastrophe erlöst.
9 Denn die, welche die Bisse von Heuschrecken und Stechfliegen töteten –
Für deren Leben gab es kein Heilmittel,
Weil sie es verdienten, von solchen (Tieren) bestraft zu werden.
10 Deine Söhne aber konnten nicht durch Zähne giftiger Schlangen besiegt
werden,
Denn dein Erbarmen kam ihnen zu Hilfe und heilte sie.
11 Zur Erinnerung an deine Worte wurden sie nämlich gestochen
Und schnell wieder geheilt,
Damit sie nicht in tiefes Vergessen versänken
Und so unberührt von deiner Wohltat blieben.
12 Weder machte sie ein Heilkraut noch ein Wundpflaster gesund,
Sondern nur *dein Wort,* o Herr, das jeden heilt.
13 Denn du hältst die Macht über Leben und Tod in deiner Hand,
Du führst zu den Pforten der Unterwelt herab, doch dann auch wieder her-
auf.
14 Der Mensch hingegen tötet durch seine Bosheit.
Doch weder holt er den Geist (des durch ihn Ermordeten) zurück, ist dieser
erst einmal hinweggegangen,
Noch befreit er die Seele, die (im Totenreich) aufgenommen wurde.

Es sei noch einmal in Erinnerung gerufen: Die einzelnen Vergleiche der Synkrisis
sind vom Verf. der Sap nach der zeitlichen Folge der ägyptischen Plagen angeordnet. So referiert er insgesamt einen längeren Abschnitt des Buches Exodus;

---

[107] Ist diese Zeit des *Mangels an Nahrung* ein für den Schriftkundigen latenter Hinweis auf den
immer wieder zu beobachtenden *Mangel an Vertrauen auf Gott* während der Wüstenwanderung?

was aber dann das Wirken und die Widerfahrnisse der Israeliten angeht, sind diese auf die Chronologie der Plagen bezogen. Doch „referieren" ist nicht ganz das zutreffende Wort. Denn unserem Autor kommt es ja auf die *Interpretation* der Geschehnisse an, und zwar unter dem Gesichtspunkt eines Vergleichs des Handelns Gottes an Ägyptern und Israeliten. Für ihn ist Interpretation alles, bloß referiertes Geschehen aber nichts. Schon damals hatten also Autoren wie hier der Verf. der Sap die klare Erkenntnis von der Angewiesenheit aller Geschichte auf Interpretation. In unserer Terminologie: Schon der Verf. der Sap dachte geschichtlich und deshalb hermeneutisch. Mag man auch sagen können, daß vieles in der Synkrisis Kap. 11–19 recht künstlich und gezwungen, geradezu gewollt ist, so ist doch solche Kritik, mag sie im Detail noch so zutreffend sein, zweitrangig gegenüber dem geschichtlich-hermeneutischen Bewußtsein des Autors, an dessen jeweiliger Interpretation sich bestens seine theologische Intention ablesen läßt.

5–14 ist wie schon der erste Vergleich in Kap. 16 als *Gebet* formuliert. Also   5–14 werden auch hier wieder die *passiva divina* in der 2. Person Singular übersetzt. Im Vergleich zu 1–4 ist 5–14 erheblich länger. Auch der Charakter der Darstellung ist etwas anders, der theologische Akzent ist stärker. Von 15,18 f. her ist immer noch das Thema „Strafe und Rettung durch Tiere" dominant. Eine Steigerung über 1–4 hinaus[108] ist insofern gegeben, als dort nur latent Israels Sünde vorkommt, jetzt aber der Autor offen vom Zorn Gottes über dieses Volk redet. Doch geschieht das im übergeordneten Kontext seiner Rettung durch Gott. Theologisch spitzt sich Ganze als Hinweis auf *Gottes Wort* zu. Der Gott des Wortes ist aber zugleich der Gott der Macht über Leben und Tod, während ein boshaft den Tod bewirkender Mensch niemals den Getöteten wieder zum Leben zurückzuführen vermag. Die ganze Perikope präsentiert sich somit als kunstvolles Gewebe von „Referat" und theologischer Reflexion. Wie in 11,2–16 ist, im Gegensatz zu 16,1–4, zuerst vom Handeln Gottes an den Israeliten und dann erst an den Ägyptern die Rede.[109]

Mit 5 schließt der folgende Abschnitt über die dritte (und vierte?, oder nur die   5 vierte?) von *Stechfliegen* (Ex 8,16–32LXX; 8,12–28MT)[110] und dann über die achte von *Heuschrecken* verursachte Plage, Ex 10,1–20, wieder eng an unmittelbar zuvor Gesagtes an, denn 5 ist Begründung von 4, wo es um das Gequältwerden der Ägypter durch Tiere ging. Und auch jetzt werden Tiere genannt, nun aber solche, die in ihrer furchtbaren Wut den Menschen überaus gefährlich werden. Zunächst sind es todbringende *Giftschlangen,* also gerade keine Tiere der

---

[108] Von Steigerung spricht in diesem Zusammenhang auch *Engel* K 242.

[109] Mit Recht wehrt sich *Vilchez* K 413 Anm. 3 gegen die Annahme einiger Autoren, 16,5–15 sei als Digression zu beurteilen.

[110] In Ex 8 sind die dritte und vierte Plage (8,16–19.20–32LXX; 8,12–15.16–28MT) Dubletten; in der dritten (J) ist im hebräischen Original von Stechmücken die Rede, in der vierten (P) steht ein Wort, das vielleicht nur die allgemeine Bedeutung „Insektenungeziefer" hat (*M. Noth,* Das zweite Buch Mose. Exodus (ATD 5), 3. Aufl. 1965, 58). In der LXX werden in dritten Plage σκνῖφες, Stechmücken, und in der vierten κυνόμυιαι, Hundsfliegen, genannt. Hat der Verf. der Sap beide Plagen als eine verstanden? Er spricht in 16,9 von μυιῶν ... δήγματα, Stichen von Stechfliegen. Also primärer Bezug auf die vierte Plage?

ägyptischen Plagen! Es sind die in Num 21,4–9 genannten Schlangen, die viele Israeliten, die wider Gott und Mose rebellierten, bissen und töteten. Hier in der Wüste also keine Ägypter! Und in der Tat begegnen diese in 5 ff. zunächst nicht. So sind es in 5b ausgerechnet Israeliten, die durch Schlangenbisse umkommen[111]. Worauf es aber dem Autor ankommt, ist, daß Gottes Zorn über Israel ein Ende hat. Wo bisher in der Sap vom Zorn Gottes, seiner ὀργή, *orge,* die Rede war (5,20; 10,3; 11,9; nur 10,10 ist menschlicher Zorn gemeint), da ging es um den richtenden und vernichtenden Zorn Gottes über die Feinde Israels. Israel wurde aber nach 16,5 in der Wüste nicht vernichtet; vielmehr ereigneten sich der Tod

6   der Gebissenen und der Schrecken über Gottes Volk, wie 6 sagt, „zur Ermahnung". Der Schrecken bedeutete aber für sie das Zeichen der Rettung (wenn hier σύμβολον, *symbolon,* Symbol der Rettung steht, darf in diesen Begriff nicht dessen philosophische Problematik hineingelesen werden), wobei Rettung zwar die Rettung vor tödlichen Schlangenbissen meint, aber doch insofern soteriologische Bedeutung hat, als ja irdische Bewahrung um der verheißenen, also soteriologisch zu verstehenden Landnahme geschieht.[112] Doch die Rettung will Israel nicht nur gnadenhaft etwas geben, sondern auch etwas von ihm fordern. Deshalb wird als ihr Zweck die Erinnerung an das Gebot des Sinai-Gesetzes genannt. Der Ernst der Aussage ist unüberhörbar. Es fällt auf, daß die eherne Schlange von Num 21,8 f. nicht erwähnt wird. Wohl hat sie der Verf. der Sap vor Augen; denn mit dem Zeichen der Rettung ist eindeutig sie gemeint. In Num 21,8 wird sie ja auch als ein solches bezeichnet (σημεῖον, *semeion*). Woran aber der Autor Anstoß genommen hat, ist, daß Num 21,9 so verstanden werden könnte, als würde der Anblick der Schlange als solcher schon die Heilung bewirken. Und gegen ein der

7   artig magisches Verständnis wendet er sich in 7. Nicht die Hinwendung zum bloßen Zeichen und dessen Gesehenwerden können retten, nein, Gott selbst ist der Retter! In 7 hält also unser Autor seinen Lesern ein theologisches Kolleg. Hier geschieht *Theologie*![113]

8   Erst mit 8 geht der Blick auf „unsere Feinde". Gott hat sie „damit" (ἐν τούτῳ, *en touto*) überzeugt; „damit" kann sich nur auf das folgende beziehen: Du bist der, der aus allem Übel errettet. Und da es letztlich um den Untergang des Volkes in Ägypten gegangen wäre, läßt sich das Übel ohne Übertreibung als Katastrophe interpretieren: Du hast uns aus jeglicher Katastrophe herausgerissen. Das hier gebrauchte Verb ῥύεσθαι, *rhyesthai,* findet sich als Beschreibung des göttlichen Ret

---

[111] διεφθείροντο.

[112] Es ist immerhin das Zeichen der σωτηρία!

[113] Besonders schön zeigt dies *Vilchez* K 415, der in 16,7 die Bemühung um die Lösung einer „gravierenden theologischen Schwierigkeit" sieht: „Explica cómo la serpiente de bronce ..., el *emblema de salud,* no poseía virtud mágica curativa; era simplemente (!) una señal o signo de la voluntad salvadora de Yahvé (cf. Núm 21,8s), realizada en todos aquellos que, al volverse hacia la imagen (ἐπιστραφείς), realmente se volvían hacia Dios con un sentimiento de confianza y de arrepentimiento (cf. Núm 21,7; Sal 78,34)." *Vilchez* K 414 sieht diese Intention des Verf. der Sap auch darin, daß dieser die Mittlertätigkeit des Mose übergeht. Die für Num 21 zentrale Funktion sehe er als Beeinträchtigung der unmittelbaren Beziehung zwischen Gott und seinem Volk: „Dios y el pueblo" – nur diese beiden!

tens in nahezu allen Schriften des AT, auch und gerade wie hier als Partizip.[114]
Der Grund, warum die Feinde von Gott überzeugt waren, liegt nach 9 in den,   9
nun endlich auch hier genannten, ägyptischen Plagen. Gott tötete durch Bisse
und Stiche von Heuschrecken und Stechfliegen. Der Verf. der Sap schiebt also
hier die achte und die dritte (bzw. vierte) Plage ineinander. Eigentümlich ist dabei
die chronologische Umstellung. Und eigentümlich ist ebenso, daß diese Bisse und
Stiche tödlich gewesen sein sollen; davon ist aber in Ex 8 und Ex 10 nicht die Rede. So hat dann auch die Aussage, daß es keine Gegenmittel gegen die Bisse und
Stiche gab, in Ex keine Parallele. Nach dem Pentateuch war zwar die Schlangen-
plage für viele Israeliten tödlich, die Stechfliegen- und Heuschreckenplage jedoch
nur sehr unangenehm, also die Strafe für Israel erheblich schlimmer als für seine
Feinde. Worauf es in Sap 16,5ff. ankommt, ist 9c: Die Ägypter verdienten es,
daß viele aus ihrer Mitte durch die genannten Plagen mit dem Tode bestraft wurden. Andererseits behauptet 10, daß die Giftzähne der Schlangen nicht über die   10
Söhne Gottes siegten, weil ihnen Gottes Erbarmen – personal formuliert: Gott in
seinem Erbarmen – zu Hilfe kam und sie heilte. Das klingt so, als ob alle Israeliten mit dem Leben davon gekommen wären. Soll man fragen, ob mit „deine
Söhne" nur die Gehorsamen im Volke Gottes gemeint sind?

Sind in 5–10 Erzählung und theologische Reflexion ineinander verflochten, so
gewinnt in 11–14 das reflektierende Moment die Oberhand. Zum zweiten Mal in   11–14
dieser Perikope begegnet in 11 das Motiv der *Erinnerung.* Die Übersetzung des   11
Verses bereitet aber einige Schwierigkeiten, da das Prädikat ἐνεκεντρίζοντο, *ene-
kentrizonto,* nicht eindeutig ist. Besagt es „sie wurden angespornt/angesta-
chelt"[115] oder „sie wurden gestochen" (durch den Biß der Schlangen)[116]? Nun ist
jedoch „stechen" kaum das passende Verb für das Beißen von Schlangen[117]; aber
der Duktus des Satzes läßt die beiden Verben in 11a und 11b leichter als einander entsprechende Worte verstehen. Deshalb dürfte die zweite Bedeutung eher
die richtige sein, ohne daß dies jedoch mit Sicherheit gesagt werden könnte. Das
Wort „schnell" suggeriert die baldige Heilung des eigentlich todbringenden Bis-
ses. Dann wieder ein Finalsatz, der die Intention des Autors signalisiert: Die Ge-
heilten sollen nicht in tiefes Vergessen versinken, sie sollen nicht unberührt[118] von
Gottes Wohltat bleiben. 12 ist erneut Begründung, und zwar mit größtem theolo-   12
gischen Gewicht. Nicht menschliche Medizin vermochte damals zu helfen, sondern (zu ergänzen: einzig) „dein Wort" hat alle[119] geheilt. Damit rückt 7 in den
Zusammenhang der hier vorliegenden *Wort-Theologie* des Verf. der Sap. Gottes
Wort ist nach 6 das fordernde Wort des Sinai-Gesetzes, Gottes Wort ist aber zu-

---

[114] Sei es das Partizip des Präsens ῥυόμενος oder das des Aorists ῥυσάμενος, so vor allem in
Deuterojesaja (z. B. Jes 44,6; 47,4; 48,17; 54,5. 8).

[115] Z. B. *Fichtner* K 58; *Vilchez* K 417.

[116] Z. B. *Heinisch* K 305; *Feldmann* K 109: Sie wurden „gestochen und schnell wieder geheilt".

[117] Jedoch kann sowohl für Schlangen als auch für Insekten dasselbe Verb δάκνειν gebraucht
werden.

[118] So möchte ich ἀπερίσπαστοι übersetzen; so auch *Arzt* u. a., Sprachlicher Schlüssel, 140.

[119] Die weithin übliche Interpretation von πάντα als Plural des Neutrums ist durch den Kontext nicht gefordert. Es geht doch in der Perikope um geheilte *Menschen*!

gleich das rettende Wort. An beides soll das Geschehen der Heilung der Schlangenbisse erinnern. Das den Menschen anredende Wort Gottes bringt ihn zu seinem Selbstverständnis von Gott her. Es ist das *coram Deo*, das ihn sich selbst neu verstehen läßt. Der Mensch – und gerade der Mensch des Volkes Gottes! – soll sein Mensch-Sein als ein Begnadet- und Gefordert-Sein von Gott her sehen. Der Gedanke „Mensch" ist ohne den Gedanken „Gott" hoffnungs- und sinnlos, ist folglich in dem schon früher dargelegten Sinne nichtig, nihilistisch. Und so sagt

13   es unser Autor mit aller Bestimmtheit, wenn er Gott in 13 als den anspricht, der die Macht über Leben und Tod besitzt. Das heißt, daß Gott einen Menschen wohl zu den Pforten des Hades führen kann, aber auch wieder als Lebenden zurück unter die Lebenden. Auch hier steht der Vf. der Sap wieder ganz in der Tradition seiner atl. Vorgänger. Es ist damit zu rechnen, daß er solche Texte vor Augen hatte und darauf anspielte. Das gilt zumindest für Dtn 32,39: „Es gibt keinen Gott außer mir. *Ich* töte und schaffe Leben. *Ich* schlage und heile." Noch näher am Text von 13 ist 1Sam 2,6: „Der Herr tötet und macht lebendig, er führt in die

14   Unterwelt hinab und wieder herauf."[120] 14 betont dagegen: Ganz anders der Mensch! Er, vor allem der böse, der menschenverachtende und menschenvernichtende Mensch, der Mörder nämlich, heute in brutaler Diktion Killer genannt, kann wohl in all seiner Bosheit töten. Aber ist der Geist des Ermordeten erst einmal „hinweggegangen", so kehrt er nimmer zurück. Der Mörder ist nicht in der Lage, selbst wenn er wollte, die in der Unterwelt aufgenommene Seele aus ihrem Todesdasein zu befreien. Die Perikope 16,5–14 endet also in der Dunkelheit, endet mit Mord, mit der Vernichtung irdischen Lebens.

15   Man könnte überlegen, ob man 15 noch zu 16,5 ff. zählen sollte. Denn in diesem Vers ist, wie in der letzten Anmerkung gesagt, auf Tob 13,2G II angespielt, also auf die Stelle, die der Verf. der Sap schon in 13 vor Augen hatte. Da aber 16 eng mit 15 verbunden ist, soll das Ende der Perikope mit 14 angenommen werden.

16,15–29 Vierter Vergleich: Den Ägyptern Hagel und Blitze – den Israeliten Manna

15   **Deiner Hand zu entfliehen ist unmöglich.**
16   **Denn die Gottlosen, die sich weigern, dich zu kennen,**
      Hast du mit deinem starken Arm gezüchtigt,

---

[120] Sap 16,13: σὺ γὰρ ζωῆς καὶ θανάτου ἐξουσίαν ἔχεις / καὶ κατάγεις εἰς πύλας ᾅδου καὶ ἀνάγεις. 1 Bas 2,6: κύριος θανατοῖ καὶ ζωογονεῖ, / κατάγει εἰς ᾅδου καὶ ἀνάγει. S. auch Tob 13,2 G II: κατάγει ἕως ᾅδου κατωτάτω τῆς γῆς, καὶ αὐτὸς ἀνάγει ἐκ τῆς ἀπωλείας τῆς μεγάλης, / καὶ οὐκ ἔστιν οὐδέν, ὃ ἐκφεύξεται τὴν χεῖρα αὐτοῦ. Daß der Verf. auch diese Stelle vor Augen hatte, beweist die Anspielung auf ihren letzten Stichos unmittelbar danach in Sap 16,15.

Mit ungewöhnlich starken Regengüssen, Hagelschauern und unentrinn-
                  baren Gewittern hast du sie verfolgt,
Mit Blitzen hast du sie erschlagen.

17 Das Sonderbarste war aber, daß im Wasser, das doch sonst alles Feuer
                  löscht,
Eben dieses Feuer mit noch stärkerer Kraft loderte –
Kämpfte doch sogar der Kosmos für die Gerechten!

18 Das eine Mal hast du die Flamme gebändigt,
Damit sie nicht die Tiere verbrenne, die du auf die Gottlosen losgelassen
                  hattest.
Diese sollten vielmehr mit eigenen Augen erkennen, daß sie durch dein
                  Gericht gepeinigt würden.

19 Ein ander Mal loderte das Feuer mehr als sonst mit aller Macht mitten im
                  Wasser,
Damit es vertilge, was die ungerechte Erde hervorsprießen ließ.

20 Dagegen gabst du deinem Volke als Nahrung eine Speise, die eigentlich für
                  Engel bereitet war,
Und gewährtest ihnen unermüdlich das vom Himmel her bereitete Brot,
Das allen Genuß bot und jedem Geschmack entsprach.

21 Denn deine göttliche Macht offenbarte deinen Kindern deine göttliche
                  Liebe.
Jedem, der (dieses Brot) zu essen begehrte, diente es dazu,
Sich in die Speise zu verwandeln, die er gern essen wollte.

22 Schnee und Eis ertrugen sogar das Feuer, ohne zu schmelzen,
Damit sie erkannten, daß das Feuer, das im Hagel brannte,
Die Früchte der Feinde vernichtete
Und durch die Regenschauer hindurchblitzte.

23 Dann wiederum vergaß es seine Kraft,
Damit sich die Gerechten ernähren konnten.

24 Denn die Schöpfung, die dir als ihrem Schöpfer dient,
Steigert ihre Wirksamkeit zur Strafe der Ungerechten
Und mindert sie zur Wohltat an denen, die dir vertrauen.

25 Deshalb verwandelte sie sich auch damals in alles (Erforderliche)
Und diente so deiner Gabe, mit der du alle ernährst,
Sogar auf die Weise, wie es die Bedürftigen wünschten.

26 (So geschah es,) damit deine Söhne, die du, o Herr, liebst, lernen,
Daß es nicht so sehr die einzelnen Arten der Früchte sind, die dem Men-
                  schen die nötige Speise geben,
Sondern daß dein Wort die erhält, die dir glauben.

27 Was aber vom Feuer nicht vernichtet wurde,
Das schmolz einfach aufgrund der Erwärmung durch einen flüchtigen
                  Sonnenstrahl,

28 Damit man seine Pflicht erkenne, dir noch vor Sonnenaufgang zu danken
Und dir noch vor Beginn des Tageslichtes zu begegnen.

29 Denn undankbare Hoffnung schmilzt wie winterlicher Reif dahin
Und zerfließt wie unbrauchbares Wasser.

Der dritte Vergleich der Synkrisis kombinierte die Stechmückenplage (Ex 8) mit
der Heuschreckenplage (Ex 10). Der nun hier folgende vierte Vergleich themati-

siert die siebte ägyptische Plage (Ex 9,13–35), die Hagelplage im Zusammenhang
mit dem Mannawunder (Ex 16,11–36). Dies mag angesichts dessen, daß der Verf.
der Sap nach allgemeiner Überzeugung in der Systematik seiner Synkrisis die Plagen in der chronologischen Ordnung des Buches Exodus bringe, irritieren. Da er
aber die Heuschreckenplage nicht als eigene Plage behandelt, sondern sie sozusagen an die Stechmückenplage anhängt, dürfte nur diese für seine Chronologie
maßgebend sein. Folglich liegt nur eine kleine Ungeschicklichkeit vor, wenn man
überhaupt von einer solchen sprechen will.

Nach der theologischen Feststellung von 15 bringt die Perikope wieder die
16-19   Reihenfolge „Strafe der Gottlosen" (16–19) und „Wohltat für Gottes Volk"
20-23. 24-28 (20–23).[121] In 24–28 wird diese Wohltat etwas eingehender theologisch reflek-
29   tiert, um schließlich in 29 die Strafe für undankbare Israeliten zu nennen.

Vilchez sieht in dieser Perikope einen zentralen Abschnitt des dritten Teils der
Sap. Dessen Thema gebe ihr die Einheit. Er spricht von ihrer großen Tragweite
und theologischen Transzendenz[122] und betont die Dialektik ihrer Gegensätze:
Erde und Himmel, historisch und theologisch, menschlich und kosmisch, Wasser
und Feuer, vernichtendes und wohltätiges Feuer. Dem ist zuzustimmen, vor allem
aber, wenn er herausstellt, daß es in 15–29 entschieden auf *Interpretation* an-
26   kommt, nämlich die Interpretation im Lichte des Glaubens.[123] Mit 26 begegnet
21 a   wieder die Wort-Theologie der Sap, vor allem aber bedarf 21 a angemessener
Aufmerksamkeit, eine Aussage, die freilich exegetisch umstritten ist.

15   Die Sentenz in 15 scheint auf den ersten Augenblick gar nicht so recht zum vierten Vergleich der Synkrisis zu passen. Daß sie vom Verf. der Sap bereits beim Abschluß des dritten Vergleichs mitgedacht wurde, zeigte sich bei der Auslegung
von 13. Die enge Beziehung von 15 auf den nächsten, sie begründenden Vers signalisiert aber, daß die neue Perikope Veranschaulichung der Glaubensüberzeu-
gung ist, keiner könne der Gegenwart Gottes entgehen.[124] Es ist nicht nur die
schon genannte Stelle Tob 15,2, in der dieser Gedanke begegnet. Vor allem ist
16   hier Ps 139 (ψ 138) zu nennen. 16 bezieht die Sentenz zunächst auf die Gottlosen. Sie können dem Strafgericht Gottes nicht entgehen. Sofort kommt auch die
neunte Plage in den Blick, in der die Ägypter dem vernichtenden Hagel ausgesetzt waren; sie wird zunächst mit wenigen Worten geschildert: Regen, Hagel,
Gewitter. Von diesen drei Naturphänomenen finden sich aber nur Hagel und Gewitter in Ex 9. In Sap 16 werden diese beiden Erscheinungen midraschartig[125]

---

[121] Dementsprechend gliedert auch *Vilchez* K 420 ff. diese Perikope. Er versteht sie ib. 420 als
typisches Beispiel eines haggadischen Midraschs.
[122] *Vilchez* K 420: „El tema … es de gran envergadura y trascendencia teológica."
[123] Ib. 420.
[124] Mit *Engel* K 249 kann man von einer Überleitungsfunktion dieses Verses sprechen. Immer
wieder zeigt sich, daß sich in der Sap die Perikopen ineinander schieben. Der Überblick über das
ganze Buch macht deutlich, wie sehr seine einzelnen Abschnitte miteinander verzahnt sind.
[125] Nochmals: Es geht mir hier nicht um eine genau Bestimmung und Definition des Midraschs, wie sie in der gegenwärtigen Diskussion versucht wird. Da aber in der Literatur bei der
Behandlung der Synkrisis immer von Midrasch gesprochen wird, meine ich, man könne diesen
Begriff verwenden, sofern man auf eine genaue Definition verzichtet.

ausgemalt. Dabei weicht unser Autor etwas vom Text des Ex ab. Während nämlich Gott in Ex 9,19 ausdrücklich davor warnt, während des Hagels auf das Feld
zu gehen und unter allen Umständen im Hause zu bleiben, damit weder Vieh
noch Menschen der Tod trifft, zeichnet der Verf. der Sap Gott als den, der die
Ägypter eigens verfolgt, um sie mit seinen Blitzen zu erschlagen. In 17 malt er   17
aus, wie sich wunderlich und wunderhaft Feuer im Wasser aufhält, ohne daß es
gelöscht wird (s. 19,20 f.), während Ex 9,23 lediglich ein außergewöhnlich starkes
Gewitter schildert; es ist vom Donner die Rede und dann vom Feuer, das synonym für Blitz steht. Grimm hat es treffend formuliert: „Vs. 16–19 reproducirt der
Verf. abenteuerlich übertreibend die Erzählung 2Mos 9,22–25."[126] Wichtiger als
die übertreibende Ausmalung ist aber dem Verf. der Sap die theologische Begründung der wunderhaften Details: All das geschieht, weil der Kosmos, d. h. die von
Gott geschaffene Natur den Zweck in sich hat, für die Gerechten, für Israel also,
zu kämpfen. Die Schöpfung ist ins soteriologische Wirken Gottes einbezogen. 18   18
und 19[127] malen in diesem Sinne aus, indem sie berichten, daß die Kraft des Feu-   19
ers ab- oder zunimmt, um die auf die Gottlosen losgelassenen Tiere nicht ver-
brennen zu lassen oder um die Früchte des Landes zu vernichten. Von solchen
Tieren ist jedoch in Ex 9 nicht die Rede; allerdings hat einen gewissen Rückhalt
in Ex 9,22.25, daß nach 19 die Früchte der ungerechten Erde[128] verderben sollen.
In 15 und 18 ist von den Gottlosen die Rede, die sich weigern, Gott zu kennen
und die dann schließlich doch mit eigenen Augen erkennen sollen, daß Gottes
Gericht über sie kommt. Ist mit den Gottlosen die unmittelbare Umgebung des
Pharaos gemeint? Sind es diejenigen unter den „Großen des Pharaos"
(Ex 9.20 f.), die die Warnung Gottes in den Wind schlagen? Sind es die Vertreter
der herrschenden Klasse? Doch lassen wir die Frage unbeantwortet, zumal deutlich ist, daß die Mehrheit des ägyptischen Volkes hier nicht in die Verurteilung
der Großen einbezogen ist.

Mit 20 wendet sich der Verf. der Sap den Israeliten zu. Was für die Ägypter der   20
Hagel von Ex 9 war, das ist *e contrario* für sie das Manna von Ex 16,1–36/
Num 11,1–9. Das *tertium comparationis* ist, daß beides vom Himmel kam und
beides weiß aussieht. Das Manna ist wie Koriandersamen oder Reif[129] bzw. Kri-
stall[130]. Die Dubletten der Mannaerzählung waren somit für einen Vergleich von
Hagel und Manna wie geschaffen, mag uns auch ein solcher Vergleich zunächst
gekünstelt vorkommen. Wird das Manna in 20 als „Speise der Engel" bezeichnet,
so greift der Autor auf ψ 77,25 zurück, und daß diese Speise vom Himmel kam,
steht unmittelbar zuvor in ψ 77,24.[131] Die Speise der Engel ist die im Himmel für

---

[126] *Grimm* K 267.

[127] *Vilchez* K 423: Sap 16,18 und 19 bilden eine Einheit; hier meditiert der Autor frei „sin per-
spectiva histórica". Die Verbindung mit der Episode vom Manna ist „conexión puramente subjec-
tiva"

[128] Die ungerechte Erde ist die Erde der Ungerechten, also die durch die ungerechten Menschen in deren Ungerechtigkeit hineingezogene Erde.

[129] Ex 16,14: ὡσεὶ πάγος.

[130] Num 11,7: καὶ τὸ εἶδος αὐτοῦ εἶδος κρυστάλλου.

[131] ψ 77,24 f.: καὶ ἔβρεξεν αὐτοῖς μαννὰ φαγεῖν / καὶ ἄρτον οὐρανοῦ ἔδωκεν αὐτοῖς. / ἄρτον ἀγ-
γέλων ἔφαγεν ἄνθρωπος.

sie bereitete Speise; damit sie für die Menschen da ist, muß sie „vom Himmel herab" fallen. Eine geringe philologische Schwierigkeit bereitet die Übersetzung von
20 c; die hier gebotene Übersetzung von ἰσχύοντα, *is-chyonta,* als transitives Verb
hat aber schon Grimm für möglich gehalten: Dieses Brot *bot* jeden Genuß. Und
wenn es dann auch jedem Geschmack entsprochen haben sollte, wie unser Autor
annimmt, so geht er damit weit über die Aussagen von Ex 16 und Num 11 hinaus.
In Num 11,4 ff. murrt das Volk sogar gegen Mose, weil es kein Fleisch, sondern
nur Manna bekommt – keine Abwechlung! Von der Fähigkeit des Mannas, sich
21   in jede andere Speise nach Wunsche des Essenden zu verwandeln, wie 21 sagt, ist
hier gerade nicht die Rede. Umstritten ist die Auslegung von 21 a: Gottes „Hypostase", ὑπόστασις, *hypostasis,* offenbarte seine Süßigkeit. Nun hat dieses griechische Wort ein sehr breites Bedeutungsspektrum. Fichtner übersetzt „deine Gabe",
Feldmann mit „die von dir gesandte Substanz", Vilchez mit „Lebensunterhalt".[132]
Es geht aber an dieser Stelle um die Selbsterschließung Gottes, um seine Selbstof-
fenbarung. 21 a liegt ganz auf der kerygmatischen Linie der Sap. *Gott erschließt*
sich, also *sein Wesen,* als Süßigkeit. Und auch dieses Wort muß in der genannten
theologischen Intention unseres Autors verstanden werden. Süßigkeit meint nicht,
wie Schmitt annimmt, die später in der christlichen Mystik so bedeutsame *dulcedo
dei,* mit der Innigkeit und Zärtlichkeit zwischen Gott und Mensch zum Ausdruck
kommen sollen[133], sondern ist metaphorische Sprache: Gott ist in seinem Wesen
der, der uns seine schenkende Liebe zuteil werden läßt. Insofern ist dieser Stichos
eine der theologisch bedeutsamsten Aussagen des ganzen Buches der Sap. Dies
hat bereits Grimm richtig gesehen: „ὑπόστασίς σου (*hypostasis sou,* H. H.) kann
nur seyn *Gottes Wesen* (wie Hebr. 1,3 …) …, wie es sich im Manna mittheilt, in
ihm wirkt und demselben die Eigenschaft himmlischer Speise verleiht … γλυκύτης
(*glykytes,* H. H.) heisst hier die göttliche Freundlichkeit und Milde … in Anspielung auf den honigsüssen Geschmack des Manna (2Mos 16,31)."[134]
Sollten nach 18 die Gottlosen Gott als den in der Hagelplage Wirkenden er-
22   kennen, so jetzt in 22 Gottes Kinder in den Eigenschaften der Manna-Gabe die
Strafe jener Gottlosen durch den Hagel. Die eigenartige Aussage, daß Schnee
und Eis das Feuer ertragen hätten, ohne zu schmelzen, hat wieder metaphori-
schen Charakter; mit Eis und Schnee ist das Manna gemeint, das nach Ex 16,23
23-25 und Num 11,8 gebacken und gekocht, also erhitzt werden soll. In 23–25 greift
der Autor auf den Anfang der Perikope zurück: Die Schöpfung im Dienst des
26   strafenden und schenkenden Gottes. 26 nennt den Zweck des Handelns Gottes,
der die offenbarungstheologische Intention der Sap erneut vorstellt. Seine Söhne
sollen verstehen, daß es nicht auf diese oder jene Art irdischer Substanz ankommt, sondern auf sein Wort. Die Wort-Theologie der Sap kam bisher bereits
zur Genüge zur Sprache. Der Verf. der Sap wird aber nicht müde, immer wieder

---

[132] *Fichtner* K 60, ebenso die Einheitsübersetzung; *Feldmann* K 112; *Vilchez* K 425: „*Sustento
tuyo* o sustancia tuya: non se refiere a la sustancia o esencia divina, sino al ‚manjar de ángeles' o
‚pan del cielo', al maná."
[133] *Schmitt* K II 128.
[134] *Grimm* K 270.

diesen Gesichtspunkt hervorzuheben. Die Stellung von 27 nach 26 ist ein wenig 27
ungeschickt; denn was unser Autor hier sagt, gehörte eigentlich zwischen 25 und
26: Das Schmelzen aufgrund der Erwärmung durch einen flüchtigen Sonnenstrahl
ist ja Anspielung auf Ex 16,21.[135] Vielleicht hat aber der Verf. 27 nach 26 gestellt,
um daraus die für uns nicht ganz nachvollziehbare Folgerung zu ziehen: Wenn
schon ein Sonnenstrahl das Manna vernichten kann, dann sollte man vor Aufgang
der Sonne Gott danken und ihm begegnen. Auch der Anschluß von 29 an 28 29
leuchtet nicht so recht ein. Spielt der Verf. der Sap mit „undankbare Hoffnung"
auf die Undankbarkeit derer im Volke Gottes an, die sich beim Mannawunder
undankbar verhielten (Ex 16,19–21; Num 11)?

17,1–18,4 Fünfter Vergleich: Den Ägyptern die Finsternis –
den Israeliten die Feuersäule

1 Denn schrecklich sind deine Urteile, die du im Gericht sprichst. Und
            schwer zu vermitteln sind sie.
 Deshalb täuschen sich die Menschen ohne Bildung.
2 Nehmen die Gesetzlosen doch an, sie dürften ein heiliges Volk unter-
                   jochen!
 Doch *sie* sind es, die dahinvegetieren als Gefangene der Finsternis, als Ge-
            fesselte in langer Nacht.
 Eingesperrt in ihren Häusern, flüchten sie vor der ewigen Vorsehung.
3 Sie lebten im Wahn, ihre im geheimen praktizierten Sünden blieben im
            Strom des Vergessens verborgen.
 Doch (hast du) sie in furchtbarem Schrecken zerstreut
 Und durch Trugbilder in heillose Verwirrung gebracht.
 (Oder: Doch ließest du Finsternis über sie kommen, so daß sie in furcht-
            baren Schrecken versetzt wurden,
 Und brachtest sie durch Trugbilder in heillose Verwirrung.)
4 Denn nicht einmal der geheime Winkel, der sie barg, konnte ihnen ihre
            Angst nehmen,
 Beunruhigende Geräusche dröhnten in ihren Ohren,
 Und unheimliche Gestalten mit düster drohenden Mienen hatten sie vor
            Augen.
5 Und keines Feuers Macht vermochte ihre Situation zu erhellen,
 Und nicht einmal die funkelnden Sternenlichter
 Getrauten sich, jene grauenvolle Nacht zu erleuchten.
6 Sichtbar wurde ihnen nur ein schauderhaftes Feuer,
 Das sich von selbst entzündet hatte und ihnen größte Furcht einflößte.

---

[135] S. aber die Begründung der Stellung von 27 durch *Grimm* K 272: Gottes Wort als Prinzip
für die Gott Vertrauenden erhellt daraus, daß das Manna, das dem Feuer widerstand, dennoch
durch einen flüchtigen Sonnenstrahl geschmolzen wurde. Ein m. E. recht gewundenes Argument.

Angstgeschüttelt glaubten sie, als sich ihnen dann dieser Anblick entzogen
                                                                        hatte,
Er wäre noch schlimmer als zu der Zeit, da sie ihn sahen.
7 Doch was sie mittels ihrer magischen Praktiken vorzutäuschen versuchten,
                                                    fiel in sich zusammen,
Und der von ihnen angestrengte Beweis, mit dem sie prahlend ihr sogenanntes
        Wissen vorführen wollten, endete in schmachvoller Lächerlichkeit.
8 Denn sie, die versprochen hatten, Schreckensbilder und verwirrende
                                        Alpträume zu verbannen,
Gerade sie krankten an lächerlicher Ängstlichkeit.
9 Und wenn schon nichts besonders Schreckliches sie in Furcht versetzte,
So wurden sie durch vorbeiziehende Bestien und zischende Schlangen aufge-
                                                                    scheucht
10 Und richteten sich zitternd zugrunde.
Sie weigerten sich sogar in die Luft zu sehen, der man doch nun wahrlich
                                        nicht entfliehen kann.
11 Denn in grauenvoller Weise bezeugt sich so die Bosheit in ihrem tiefsten
                        inneren Wesen und verurteilt sich auf diese Weise selbst.
Immer schon hat sie das Schlimme zusammengebracht, doch auch vom
                                        Gewissen bedrängt.
12 Denn die Furcht ist nichts anderes als die Preisgabe der Hilfe, die die Ver-
                                        nunft bietet.
13 Je weniger aber jemand in seiner Einstellung (solche Hilfe) erwartet,
Um so mehr kann man damit rechnen, daß er vom eigentlichen Grund der
                        Peinigung (des Sünders) nichts weiß.
14 Sie schliefen zwar denselben Schlaf (wie andere Menschen),
Jedoch in der in Wahrheit ohnmächtigen Nacht
– Sie kam aus der Tiefe der ohnmächtigen Unterwelt –,
15 Als sie da teils durch bedrohliche Traumbilder verfolgt,
Teils durch Mutlosigkeit gelähmt wurden,
Da kam plötzlich ganz unerwartete Furcht über sie.
16 Und so verfiel in Furcht, wer sich auch immer dort befand,
Und wurde, nun ein Gefangener (der Furcht), eingeschlossen in den
                Kerker, der auch ohne Eisenketten Kerker war.
17 Denn ob es nun ein Bauer war oder ein Hirt,
Oder ein einsamer Arbeiter, der unter großen Mühen schuftete,
Er wurde gepackt und verblieb im unvermeidlichen Zwang –
18 Mit ein und derselben Kette der Dunkelheit angekettet, blieben sie alle
                                        Gefangene.
Mochte es der pfeifende Wind sein
Oder der wohlklingende Gesang der Vögel auf weitem Gezweig
Oder das Rauschen gewaltig dahinströmender Wasser
19 Oder der Lärm herabstürzender Felsen
Oder der hüpfende Lauf von verborgen bleibenden Tieren
Oder das Gebrüll von wilden Tieren
Oder der Widerhall des Echos aus der Höhle der Berge –
Das alles lähmte und erschreckte sie.
20 Denn die übrige Welt leuchtete in hellem Lichte
Und war ganz ihrem eigenen Wirken hingegeben.

Magie

21 Doch nur über jene war düstere, niederdrückende Nacht ausgebreitet,
   Ein Bild der Finsternis, die dabei war, sie aufzunehmen.
   Sich selbst aber waren sie zu einer größeren Last geworden,
   Als es die Finsternis vermochte.
18,1 Deinen Heiligen bist du aber zum hellsten Licht geworden.
   Deren Stimme hatten jene zwar gehört, deren Gestalt aber nicht gesehen.
   Und sie priesen sie glücklich, weil sie nicht gelitten hatten.
 2 Sie dankten ihnen sogar dafür, daß sie ihnen trotz des erlittenen Unrechts
                                                          nicht geschadet hatten,
   Und baten sie für ihr feindliches Verhalten um Verzeihung.
 3 Statt dessen gewährtest du (deinem Volk) die feuerflammende Säule
   Als Wegführerin bei seinem Weg durch unbekanntes Land
   Und auch die Sonne, die ihm bei seiner ruhmvollen Wanderung durch die
                                                          Fremde nicht schadete.
 4 Verdienten doch jene, des Lichtes beraubt und in Dunkelheit gefangen-
                                                          gehalten zu werden,
   Sie nämlich, die deine Söhne eingesperrt und festgehalten hatten,
   Durch die der Menschheit das unvergängliche Licht des Gesetzes gegeben
                                                          werden sollte.

Die Einheit der Perikope 17,1–18,4[136] ergibt sich inhaltlich durch den fünften
Vergleich der Synkrisis, nämlich den Vergleich der neunten Plage, Finsternis über
Ägypten in Ex 10,21–29, mit der Wohltat Gottes für Israel durch die Feuerflam-
me Ex 13,21 und mit dem Schutz vor der Sonne während der ganzen Wüstenwanderung. Formal ergibt sie sich durch die Inklusionen „Finsternis", σκότος, *skotos,*
und „eingeschlossen", κατακλεισθέντες/κατακλείστους, *katakleisthentes / kataklei-
stous,* in 17,2 und 18,4.
  Die Sap ist religiöse und theologische Dichtung. Und sie ist zugleich innerhalb
der hellenistischen Literatur hervorragende Dichtung. Innerhalb des Buches können wir jedoch noch in dieser Hinsicht differenzieren. Denn der fünfte Vergleich
der Synkrisis gehört zu den in sprachlicher Hinsicht hervorragendsten Stücken
des Buches. Damit verbunden ist die dichterische Bewältigung der Verflechtung
von direkter Aussage und Metaphorik; zuweilen ist zu erwägen, ob nicht im konkreten Fall ein Begriff beides in eigentümlicher Vermischung aussagen will. Denn
gerade durch diese Symbiose beider Ausdrucksebenen entsteht die beeindrucken-
de Aussagekraft dieser Perikope. Hinzu kommt die Souveränität, mit der der jüdische Verf. der Sap die griechische Sprache beherrscht, bis hin zum sorgsam aus-
gesuchten Vokabular[137]. Dadurch wird allerdings die Übertragung in eine moderne Sprache erschwert. Der Übersetzer müßte Dichtung als Dichtung wiedergeben, er müßte eigentlich selbst Poet sein, um eine poetische Übersetzung zu
bieten. Exegeten sind aber in der Regel keine Dichter. Doch auch in unzulängli-

---

[136] Die wichtigste Monographie zu dieser Perikope ist *Mazzinghi,* Notte di paura et di luce, in
der die exegetischen und religionsgeschichtlichen Details akribisch und zuverlässig dargestellt
sind. In wesentlichen Punkten stimme ich *Mazzinghi* zu.

[137] Ib. XXIV: „Siamo davanti pertanto ad un vocabolario estremamente curato che fa del nostro dittico un testo singolare all'interno dello stesso libro della Sapienza."

cher Übersetzung dürfte sich zeigen, daß wir es mit einer außergewöhnlichen Perikope zu tun haben, bei der man streiten kann, ob es die beeindruckendste oder
eine der beeindruckendsten ist. Vilchez betont diesen Aspekt bei seiner Auslegung
des fünften Vergleichs der Synkrisis, indem er eine längere Passage des Sap-Kom-
mentars von Alonso Schökel zitiert[138]: Den Abschnitt 17,1–18,4 charakterisieren
beide Exegeten als ein besonders glanzvolles Kapitel des Autors.[139]

Wer diesen Text liest, ohne zu wissen, aus welchem Buch er genommen ist,
wird wohl erst an seinem Ende, wenn überhaupt, darauf kommen, daß es sich um
die ausmalende Deutung der neunten ägyptischen Plage handelt. Kap. 17 kann
als religionspsychologischer Essay in poetischer Form gelesen werden. Ist in 17,2
von Trugbildern die Rede, so kann man die unheimlichen Gestalten in 4 und die
vorbeiziehenden Bestien und zischenden Schlangen in 9 nur allzu leicht als Spukgestalten eines nächtlichen Alptraums verstehen.[140] Unseren Abschnitt könnte
man als Veranschaulichung eines seelischen Prozesses lesen, in dem sich im Innersten des Menschen Schuld als Furcht entlädt. Man könnte sogar fragen, ob
hier nicht nur konkrete Furcht vor einem bestimmten Objekt geschildert wird,
sondern die unbestimmte *Angst,* die mit Existenz als solcher gegeben ist.[141] Und
es ist ja nicht Heidegger allein, der eine solche Unterscheidung von Furcht und
sie fundierender Angst vertritt. Er hat ja für diesen Gedanken immerhin Impulse
von Sören Kierkegaards Angst-Analyse aufgegriffen.[142] Und zudem steht dieser
ganze Gedankenkomplex auch im Zusammenhang mit der Frage nach dem Nihilismus. Heißt es nämlich in 17,10, daß sich die Ägypter zitternd zugrunde richteten, so hat das hier verwendete Verb διώλλυντο, *diollynto,* im Zusammenhang der
Perikope eindeutig nihilistische Implikationen.

Ist nun durch den Tatbestand, daß der Verf. der Sap die Plage der Finsternis
thematisieren will, das zuletzt Gesagte hinfällig? Keineswegs! Vielmehr zeigen
Sprache und Intention der Perikope, daß der fünfte Vergleich *auch eine religions-
psychologische* (ontischer Aspekt) und, im Sinne der Existenzialphilosophie Heideggers, eine *fundamentalontologische Dimension* (ontologischer Aspekt) besitzt.
Und in der bisherigen Auslegung der Sap haben wir uns ja auch schon mehrfach
der Frage nach der dichterischen und inhaltlichen Nihilismuskritik unseres Autors gestellt. Das heißt gerade nicht, daß wir eine moderne philosophische Denkweise in die Sap hineinprojizieren wollten. Der „Sach"-Verhalt ist genau umgekehrt. Nietzsche und Heidegger konnten nur deshalb über das Nichts in je ihrer
Weise nachdenken, weil es eine Bedrohung von Existenz und Welt seit Anbeginn

---

[138] Wir beziehen uns hier auf *Vilchez* K 429 ff., weil wir uns laufend mit seiner Auslegung im
Gespräch befinden und für den der spanischen Sprache Kundigen sein Kommentar im Gegensatz
zu dem von *Alonso* leichter verfügbar ist.

[139] *Vilchez* K 429 (das ganze von *Vilchez* gebrachte Zitat *Alonso* K 192 f.): „Este es el capítulo
(17,1–18,4) de mayor lucimiento del autor."; s. auch ib. 430: „... este capítulo podría servir de
texto para un estudio del estilo alejandrino."

[140] In der Lit. wird von diesen Gestalten oft als Gespenstern gesprochen, z. B. *Grimm* K 275.

[141] *Heidegger,* Sein und Zeit, § 40: Die Grundbefindlichkeit der Angst als eine ausgezeichnete
Erschlossenheit des Daseins.

[142] *S. Kierkegaard,* Der Begriff Angst, hg. von E. Hirsch und H. Gerdes (GTB 608), Gütersloh.

der Menschheit ist; und auch nur in dieser Tradition konnte der Verf. der Sap das Nihilismusproblem angehen, und zwar in der ihm in seiner Zeit zur Verfügung stehenden Sprache und Begrifflichkeit. Und Analoges gilt ebenso für das, was über die Angst von Kierkegaard und Heidegger her zu vernehmen und in unserer Auslegung fruchtbar zu machen ist. Nochmals also: *Die Sap ist ein enorm hermeneutisches Buch.* Und sie war es auch schon, ehe seit etwa zweihundert Jahren Philosophie und Theologie begannen, die Hermeneutik also solche zu thematisieren.

Auffällig sind die *Proportionen* in der Perikope. Sünde und Angst der Ägypter und das ihnen geltende Gericht Gottes umfassen fast das ganze 17. Kap., hingegen sind es nur vier Verse, in denen Gottes Wohltat an den Israeliten geschildert wurde. Doch selbst diese wenigen Verse bringen Israel nur im Vergleich mit den Ägyptern. Von den Israeliten war aber in 17,1–21 so gut wie nicht die Rede.

Eine Eigentümlichkeit von 17,1ff., auf die vor allem Alonso und Vilchez aufmerksam machen[143], muß noch bedacht werden: Wir haben hier die einzige Perikope vor uns, in der sich das Wort *„Gott"* bzw. *„der Herr"* nicht befindet, wenn wir einmal vom Possessivpronomen „deine" in 17,1 und dem Begriff „die ewige Vorsehung" in 17,2 absehen. Aber auch dies gehört zur dichterischen – und rhetorischen – Strategie des Verf. der Sap. Wer die Perikope liest, soll nämlich so sehr durch den *Existenzgehalt* des Gesagten angesprochen werden, daß er *dadurch* zu ihrem *theologischen Gehalt* geführt wird. Zugespitzt, aber in der Intention des Autors verblieben: *Per existentiam ad Deum!*

1 will, vom Ende des Kap. 16 herkommend, eine Art Überschrift über dem fünften Vergleich sein. Denn was im 17. Kap. zu ihm gesagt wird, läßt sich als Gericht Gottes über die ungerechten Ägypter vernehmen. Wenn sie ins Gefängnis der Finsternis geraten, dann hat Gott selbst dieses Gerichtsurteil über sie gesprochen, also diese Strafe über sie verhängt. Grimm übersetzt den Anfang von 1a treffend: Schrecklich sind seine Urteile.[144] Sie sind schwer zu vermitteln.[145] Deshalb täuschen sich diejenigen, die ohne Bildung sind. Das will sagen: die ohne religiöse Bildung, ohne Wissen um Gottes Handeln in der Geschichte Israels sind. Und da in 2 von den Gesetzlosen gesprochen wird (in 18,4 endet die Perikope mit dem Vorwurf, daß die gesetzlosen[146] Ägypter die Israeliten, die aller Welt das Gesetz geben werden, die Empfänger des doch auch ihnen geltenden Gesetzes einsperrten), wird Bildung als „gesetzeskundige" Bildung interpretiert. Die ohne Gesetzeskenntnis lebenden Ägypter kommen also wegen ihres Mangels an religiöser

---

[143] *Vilchez* K 430.

[144] *Grimm* K 273.

[145] *Offerhaus,* Komposition und Intention der Sap, 329, Anm. 192, wendet sich gegen die von *Grimm, Fichtner* u. a. vertretene Deutung von δυσδιήγητοι als „schwer zu erklären", weil der Verf. bemüht sei, die Gerichte Gottes nach *einsichtigen* Grundsätzen klarzumachen (Sap 11,5.16; 12,2), und zwar im Gegensatz zu Röm 11,33. Dieses Argument überzeugt nicht, weil es in Sap 17,1 darum geht, daß es Menschen „ohne (religiöse) Bildung" seien, denen man die Gerichte Gottes schwer erklären und vermitteln könne.

[146] Das Wort „gesetzlos" steht zwar nicht in 18,4, ist aber natürlich implizit mitgedacht.

Bildung zum für sie tödlichen Irrtum (elfte Plage und schließlich Untergang im Roten Meer!), es sei ihnen um des eigenen nationalen Vorteils willen erlaubt, Menschen, ja sogar ein[147] heiliges Volk zu unterjochen. In ihrer Verblendung verwechseln sie frei und eingesperrt. Denn beides erfassen sie nur im vordergründigen, also primitiven Sinn. Sie begreifen nicht, daß sie es sind, die im selbstvernichtenden Irrtum die eigentlichen Gefangenen sind, Gefangene nämlich der Finsternis, Gefesselte in langer Nacht. Es ist damit wohl nicht die Zeit während der neunten Plage gemeint, da diese nicht nur ein Nacht, sondern drei Tage gedauert hat (Ex 10,22). Sie sind vielmehr Gefangene der Finsternis, weil sie Gott und sein heiliges Volk nur mit verfinsterten Augen „sehen" und deshalb auch sich selbst nicht so sehen können, wie sie in Wirklichkeit sind. *Der Irrtum über Gott und sein Volk gebiert den Irrtum über sich selbst und das eigene Volk.* Sie sind – so wörtlich – „eingesperrt unter Dächern", also eingesperrt in ihre eigenen vier Wände. Ihr Horizont geht darüber nicht hinaus. Sie fliehen die Vorsehung[148], fliehen also, wiederum ohne es zu wissen, vor dem, der die Menschen, also auch sie, auf ihren Wegen leitet (s. zu 14,3).

3   Daß der Wahn, der sie in unbewußter geistlicher Gefangenschaft hält, auch mit Schuld und Sünde zu tun hat, sagt 3. Die in diesem Wahn Existierenden wissen, zumindest in partiellem Ausmaß, um ihr Schuldig-Sein. Daher hoffen sie auf das unter Menschen übliche Vergessen. Zudem sündigen sie im geheimen[149] – sowohl gegen Gott, den Urquell aller Gerechtigkeit, als auch gegen die Gerechten, die ihre Gerechtigkeit unmittelbar von Gott haben. Sie rechnen damit, daß die Mitmenschen entweder ihr scheußliches Tun vergessen oder es überhaupt nicht mitbekommen. Der Böse, der den endgültigen Erfolg seines bösen Tuns einkalkuliert, läuft aber am Ende in seine eigene Katastrophe. Es ist seine Dummheit, an den Erfolg der Bosheit zu glauben. Es ist der für den Bösen katastrophale Irrglaube, der ihn selbst einholende Irrglaube, der seine Inkompetenz in Dingen der eigenen Existenz manifestiert. Das Böse wird am Ende niemals verborgen bleiben können. Denn dessen innerste Tendenz geht notwendig auf beschämendes Offenbar-Werden. Es ist ein Ende mit Schrecken, mit „furchtbarem Schrecken", der in die Zerstreuung führt, also in das Zerwürfnis der Bösen untereinander. Heillose

---

[147] In Sap 17,2 steht artikelloses ἔθνος ἅγιον. Übersetzt man „das heilige Volk", so tut man dies aus der Perspektive Israels, übersetzt man „ein heiliges Volk", so ist das aus einer möglichen Sicht außerhalb Israels gesagt. Die anderen Völker, so vielleicht die Meinung des Verf. der Sap, der ja unter einem fremden Volk lebt, können zwar nicht erkennen, daß Israel *das* heilige Volk ist. Aber sie hätten schon begreifen können, daß es ein ihren Gott verehrendes Volk ist, also ein „heiliges" Volk!

[148] πρόνοια im Sinne von *providentia, „Vorsehung"*, ist, wie schon zu Sap 14,3 gesagt, für das stoische Denken zentral; s. das zu dieser Stelle Gesagte!

[149] Viele Exegeten, ich nenne hier nur *Engel* K 260 f., verweisen hierzu auf die bereits seit *Platon, Phaidros* 248–250 erwähnten oder auch geschilderten *Mysterien,* die im geheimen gefeiert werden. *Engel* kommentiert Sap 17,3: „Die Mysterienriten, so gibt der Verfasser hier jedoch zu bedenken, schützen die Mysten nicht vor der Totenwelt, sondern sind schon deren Vorbild ..." *Grimm* K 274 und andere verweisen für 17,3 auf 14,23: κρύφια μυστήρια. Dem Hinweis auf die Mysterien ist Plausibilität nicht abzusprechen. Doch vermag ich nicht wie andere in 17,3 einen zwingenden Bezug zu den Mysterien sehen.

Verwirrung durch Trugbilder bringt die Bösen aus ihrem seelischen Gleichge-
wicht.

Entscheidend für das Verständnis von Kap. 17 ist, was mit diesen *Trugbildern*
gemeint ist. Sind es einfach die unrealistischen Bilder, die sich die Bösen von der
Realität machen und die, da sie als Falschbilder mit der Realität nichts zu tun haben, das ganze Urteilsvermögen dieser Menschen durcheinanderbringen, also
diese als elende Phantasten demaskieren, weil sie, selbst Lügner, durch ihre Le-
benslüge die Wirklichkeit verkennen? Der Böse lebt ja notwendig in einer Schein-
welt. Oder sind jene Trugbilder Halluzinationen, die die Bösen verfolgen, sie
nicht in Ruhe lassen, sondern sie in erschreckte, psychisch zerstörte Wesen verwandeln? Sind es in diesem Sinn die bestialischen „Wesen" (besser: Un-Wesen in
der doppelten Bedeutung des Wortes als wesenlose Wesen und als bestialische
Wesen) der nächtlichen Alpträume, die, weil die Bösen ja trotz allem Menschen
sind, sie irgendwie doch noch in einer vielleicht verdeckten guten Spalte ihrer
Seele erreichen wollen? Oder sind es die Trugbilder, die durch die physische Finsternis der neunten ägyptischen Plage hervorgerufen wurden, weil Gott ihnen damals für einige Zeit alles natürliche Sehen genommen hatte? Könnte die letzte
Frage womöglich deshalb bejaht werden, weil es hier eben um diese Plage geht?
Wahrscheinlich ist aber jede monokausal begründende Antwort unzulänglich.
Daß 3 im Kontext der neunten Plage steht und so dieser Vers auf dieses Geschehen ausgerichtet ist, ist evident. Aber es geht doch hier auch um die *innere Finsternis* von Menschen, die, weil sie in tiefster Seele böse sind, gegen die gerechten Israeliten ungerecht handeln und sie nur deshalb am Leben lassen, weil sie Arbeits-
sklaven brauchen. Das gilt vom Pharao, das gilt von seinen hohen Beamten. Es ist
zu vermuten, daß unser Autor all diese Dimensionen der Trugbilder in einer *Zusammenschau* vor Augen hatte und das Ineinander der Dimensionen vermitteln
wollte. So wird auch uns, wenn wir diese Verse verstehen wollen, solches Zusam-
menschauen zugemutet. Wenn er einige Verse später, in 9 nämlich, von den Bestien und Schlangen spricht, dann hat er wohl noch einmal an die Untiere vergan-
gener Plagen erinnern wollen: Die Ägypter überfielen auch nach diesen früheren
Plagen immer noch Alpträume dieser gefährlichen Tiere, wobei vielleicht nach
der Absicht des Autors die nun neue Plage die alten Plagen wieder in die furchtbare Erinnerung rief. Und so half denn auch nach 4 kein Versteck, kein geheimer   4
Winkel. Überall hatten sie Angst! Überall hörten sie beunruhigende Geräusche,
wirkliche und eingebildete, überall sahen sie unheimliche Gestalten mit düster
drohenden Mienen, wirkliche und eingebildete. Das Hören und Sehen des Bedrohlichen trieb sie in Verzweiflung, in die Enge der Angst.

5 tastet sich noch näher an die Plage der Finsternis heran. Kein Feuer, das lich-   5
terloh brennend doch Helligkeit schafft (Blitze?), vermochte ihre Situation zu erhellen.[150] Damit kann sowohl die durch die Plage geschaffene physische Situation
als auch die psychische gemeint sein. Im Blick auf unmittelbar zuvor Gesagtes
wird man aber vermuten dürfen, daß hier wieder zwei Wirklichkeitsbereiche in-

---

[150] φωτίζειν regiert hier zwar kein Akkusativobjekt; unsere Ergänzung mit „Situation" dürfte
aber die Intention des Autors treffen

einander geschoben sind. Das poetische Moment wird schon allein an der Hypostasierung der Sterne deutlich, die nicht mehr den Mut hatten, das Grauen der Nacht zu erleuchten. Sie mußten respektieren, daß für die Bösen in Ägypten nicht mehr ψ 26,1 galt „Der Herr ist mein Licht", sondern dessen Gegensatz „Die Sünde ist meine Finsternis". Licht und Finsternis sind bekanntlich Urworte in den meisten Religionen. Daran zeigt sich, wie das Reden von Gott in fast allen Religionen ohne ein gehöriges metaphorisches Moment nicht auskommt. Licht hat existentielle Kraft für den Menschen, und gleiches gilt auch für die Finsternis. Und wo selbst der atheistische Dichter die sprachliche Wucht des Chorals braucht und ohne die Tradition der religiösen Sprache nicht auskommt, gerade da bemüht er sich um das Metapherpaar Licht und Finsternis. Zitiert sei hier nur das besonders beredte Beispiel der letzten Strophe des Schlußchorals aus Bertold Brechts Dreigroschenoper:

> Denn die einen sind im Dunkeln
> Und die andern sind im Licht.
> Und man siehet die im Lichte
> Die im Dunkeln sieht man nicht.

In Sap 17 sind es also die Ägypter, die im Dunkeln sind. Sie befinden sich auch deshalb dort, weil sie die Wirklichkeit Gottes nicht sehen, weil ihre Seele dunkel ist und deshalb ihre geistigen Augen durch das selbstverschuldete und zugleich von Gott bewirkte Dunkel nicht hindurchsehen können. Und sie erfahren sich so als Unglückliche, deren Existenz dunkel ist. Ihr Dasein ist derart dunkel, daß selbst das Licht der Sterne nicht mehr ihre innere Dunkelheit zu erhellen vermochte. 6 scheint zunächst die be-*trüb*-liche Situation zu wenden. Aber die seelische Dunkelheit ist so furchtbar, daß auch ein Feuer für sie zum schauderhaften Element wird. So wird selbst das Licht des Feuers für den Menschen mit „schwarzer Seele" zum Quell der Furcht. Aber das kommt daher, daß dieses Feuer – auch es dürfte aus der Dunkelheit der Bösen geboren sein – nicht das Licht der Guten und Gerechten ist. Und wenn es dann heißt, daß es sich von selbst angezündet habe, dann ist anzunehmen, daß es sich an der Bosheit der Bösen entzündet hat. Es ist wieder Grimm, der hier richtig interpretiert. Für ihn ist dieses Feuer „von selbst brennend", weil es kein Holz oder anderen natürlichen Stoff zur Nahrung hat. „Es war also ein prodigiöses oder gespenstiges Feuer."[151] Wir befinden uns also immer noch tief im Bereich der Metaphorik unseres Dichters. War schließlich der Spuk verschwunden, dann war er in ihrer Erinnerung noch bedrohlicher als zur Zeit seiner Erscheinung und rief so einen Zustand höchster Angst in ihnen hervor.

7   7 läßt uns vermuten, daß es sich um jenen Kreis handelt, der am Hof des Pharaos magische Praktiken vollzog (Ex 7,11 f. 22; 8,14).[152] In der Perikope Ex 10,2 ff. taucht dieser Kreis aber nicht mehr auf. Doch unser Autor bringt ihn

---

[151] *Grimm* K 275; *Vilchez* K 435: „Acumula el autor elementos de fantasía para hacer más terrorífica aquelle noche tenebroso … La imagen está inspirada en una tormenta nocturna …"
[152] So z. B. *Vilchez* K 435.

mit seiner Phantasie in sie hinein und malt die Unfähigkeit seiner Mitglieder und deren daraus resultierende Lächerlichkeit aus. Sie stellen sich als die Wissenden hin und wissen nichts. Diese Magier prahlen und demaskieren sich gerade dadurch. Sie hatten nach 8 sogar versprochen, die Gespenster derer zu verbannen, die von Trugbildern und Alpträumen verfolgt wurden. Und ausgerechnet sie kranken an lächerlicher Ängstlichkeit! Man mag spekulieren, welche Praktiken seiner Zeit der Verf. der Sap bei der Niederschrift von 7 vor Augen hatte. Daß Zauberei damals in Alexandrien getrieben wurde, ist bekannt. Man denke nur an die erhaltenen Zauberbücher. Die neunte Plage hat nichts mit den in 9 genannten Bestien und Schlangen zu tun. Entweder nimmt der Autor an, daß dieses Geschehen noch andauert, was aber der Exodus-Schilderung widerspräche, oder daß der Schreck, der sie damals überfallen hatte, ihnen immer noch in den Knochen steckte. Die zweite Annahme dürfte die wahrscheinlichere sein.[153] Denn wenn es in Kap. 17 nicht nur um den „objektiven" Bericht der neunten Plage geht, sondern mehr noch um die seelisch schwer belasteten Ägypter, so wäre es nicht verwunderlich, wenn im Verständnis unseres Autors Spukgestalten aus früheren Plagen in der Furcht und Angst dieser Menschen präsent wären. In 10 steigert der Verf. das selbstverschuldete Trauma dieser Menschen. Sie richten sich zugrunde, katapultieren sich sozusagen ins Nichts – erneut, zumindest indirekt, eine kurze Andeutung des schon mehrfach in der Sap zur Sprache gekommenen *Nihilismus* der Feinde Gottes und seines Volkes (s. o.). Es wirkt grotesk, wenn es heißt, sie würden sich in ihrer Furcht weigern, in die Luft zu sehen. 11 bringt gewissermaßen ein Fazit. Faßt man das Prädikat „sie bezeugt", μαρτυρεῖ, *martyrei*, reflexiv als „sie bezeugt sich", was durch den Kontext naheliegt, so bezeugt die Bosheit in ihrem Verurteilt-Sein ihr eigentliches Wesen[154] als Inbegriff der Nichtswürdigkeit.[155] Es wäre sogar zu erwägen, ob nicht die Verurteilung durch Gott die Selbstverurteilung zur Folge hat, zumindest in dem Sinne, daß die Bosheit, indem sie ihr böses Sein manifestiert, dadurch zugleich, wenn auch gegen ihre eigentliche Intention, ihre Verurteilung aussagt. Doch dürfte es sich bei diesen Unterschieden in der Auslegung nur um Nuancen handeln. 11b beschreibt den Modus des ununterbrochenen Wirkens des Bösen; es ist, so wörtlich, der Tatbestand, daß die Bosheit das Schlimme „dazunimmt", d. h. es zusammennimmt, zusammenbringt. Aber diese Kumulation des Schlimmen (im Sinne des Verf. der Sap: das Ungerechte) kann nicht ohne Einwirkung auf das Gewissen des bösen Menschen bleiben, auch wenn dieser nicht auf seine nicht still werdende innere Stimme

---

[153] In diesem Sinne läßt sich das Part. Perf. ἐκσεσοβημένοι unschwer verstehen.

[154] So möchte ich ἰδίως interpretieren.

[155] *Grimm* K 277 will die Schwierigkeit des Textes dadurch lösen, daß er nicht μαρτυρεῖ, sondern mit ℵ A Origenes und Rahlfs μάρτυρι liest; er übersetzt: „Feig ist (die) durch eigenen Zeugen verurteilte Bosheit." *Vilchez* K 431 f. übersetzt: „Pues la maldad de por sí es cobarde, da testimonio / condenándose a sí misma"; Einheitsübersetzung: „Denn die Schlechtigkeit bezeugt selbst ihr feiges Wesen, wenn sie gestraft wird."; ähnlich viele andere. Diese Übersetzung kommt der unseren zumindest nahe.

reagiert. Der Böse potenziert danach seine Bosheit, weil er sein Gewissen[156] ignoriert.

12   Der zuletzt ausgesprochene Gedanke wird in 12 dadurch weitergeführt, daß
nach dem gefragt wird, was die Furcht ausmacht.[157] Die Antwort erfolgt mit dem
Hinweis auf das Verhältnis von Furcht und Vernunft, λογισμός, *logismos*. Der
Verzicht auf die Vernunft, auf das nüchterne, sachliche Nachdenken, auch über
den Bereich der menschlichen Existenz, das ist der Grund für die Herrschaft der
Furcht über den Menschen. Das aber heißt, daß der denkende Mensch nicht zum
bösen Menschen werden kann, den die Furien heimsuchen. Man wird an Sokrates
erinnert, der bekanntlich Tugend mit Wissen gleichsetzte. Werden durch diese
Definition, zumindest Quasidefinition der Furcht auch möglicherweise Gefühls-
leben und Denkvermögen unzulässig auseinandergerissen[158], so hat unser Autor
doch richtig gesehen, daß zumindest *ein* Element des Bösen jene immer wieder
anzutreffende Torheit ist, in der einer in seiner Blindheit für die schlimmen Folgen der eigenen Bosheit geradezu mit Notwendigkeit Opfer der Furcht wird. So
13   verschmäht also nach 12 der Böse die Hilfe seiner Vernunft. 13 ist die Konsequenz dieses überaus dummen Verhaltens. Wer sich schuldhaft der Stimme seiner
eigenen Vernunft verschließt, also weder auf die Vernunft noch auf das Gewissen
hört, kann nicht erkennen, daß es seine vernunftwidrige Sünde ist, die die Strafe
Gottes auf ihn herabruft. Immer wieder also die Warnung: Der Böse gerät durch
seine Vernunftlosigkeit in die Katastrophe der Gottesferne, die sich in lebensbe-
14. 15 drohender Furcht auswirkt. 14 und 15 sagen inhaltlich kaum etwas Neues. Das
soeben genannte Grundmotiv begegnet hier nur in neuer Variation. Die ohn-
mächtige Nacht ist die Nacht des durch seine Bosheit Ohnmächtigen. Es ist die
Nacht des bösen Menschen, der in seiner Ohnmacht den Gespenstern seines bösen Gewissens, die ihn bis in die Nacht hinein alptraumhaft verfolgen, also der
ohnmächtigen Unterwelt, hilflos preisgegeben ist. Er ist so ohnmächtig, daß
selbst die Ohnmacht ihn besiegt. Seine Ohnmacht führt zur Mutlosigkeit, die
16   Mutlosigkeit zu neuer Furcht. Ein elender Kreislauf! 16 bringt in diesem Sinn das
Bild vom eisenlosen Kerker, in dem man nicht durch Eisenketten, sondern durch
die eigene Furcht an die Schreckgestalten gefesselt ist, die die eigene geängstige
Seele produziert – genau im Sinne des lateinischen *pro-ducere* dem sich fürchten-
den Menschen *vor*-führt. Der so Gefesselte ist demnach an seine eigene Bosheit
17   gefesselt. Nur weiß er es nicht. Denn er hat sich ja seiner Vernunft entledigt. In 17
18 a werden Bauer, Hirt und schwer sich abmühender Arbeiter genannt, die nach 18 a
nun, mit der „Kette der Dunkelheit" angekettet, wie alle anderen Gefangene der

---

[156] In Sap 17,11 begegnet zum ersten Mal in der biblischen Gräzität συνείδησις, Gewissen; s.
auch *Mazzinghi,* Notte di paura e di luce, 79–89.
[157] Für 17,12–15 s. das besonders wichtige Kapitel „Una paura ‚infernale' (Sap 17,12–15)" in:
Mazzinghi, Notte di paura e di luce, 111–151; außerdem *Scarpat,* Una singolare definizione della
paura (Sap,11s).
[158] *Heidegger,* Sein und Zeit, § 29, hat gezeigt, daß Verstehen und Befindlichkeit (die ontologisch bestimmte Befindlichkeit konkretisiert sich ontisch in den Stimmungen) gleichursprüngliche
Existenzialien sind. In unserem Zusammenhang ist auch § 30 relevant: Die Furcht als Modus der
Befindlichkeit.

Dunkelheit sind. Diesmal ist eindeutig die Plage der physischen Dunkelheit gemeint. *Diese* Dunkelheit, also nicht die der eigenen Bosheit und des bösen Gewissens, hat die drei beispielsweise genannten Männer in Ketten gelegt. Denn sie gehören ja nicht zur Clique der in der Oberschicht schuldig Gewordenen. Die Darstellung in 15–18 zeichnet sich nicht durch besondere Klarheit aus. Denn zu leicht
entsteht der Eindruck, als würden auch Bauer, Hirt und Arbeiter mit dem Vorwurf belastet, sie müßten aufgrund eigener Bosheit die bedrohlichen Bilder der
Unterwelt aushalten. Wenn dann in 18 b–19 die Aufzählung von teilweise harmlo-   18 b–19
sen Situationen als Verursachung von Lähmung und Schrecken erfolgt, so hat es
wieder den Anschein, als sollte hier gesagt werden, alle würden ob ihres schlechten Gewissens im Gesang der Vögel oder dem Rausch der Wasser die drohende
Stimme der Anklage hören. Sicher ist das hier mitgemeint, doch wohl nur für die
Schuldigen, nicht aber für das gesamte ägyptische Volk. Doch noch einmal: Diese
Differenzierung wird in Kap. 17 nur implizit, nicht aber *expressis verbis* ausgesprochen. Derjenige Gegensatz, um den es dem Verf. der Sap geht, ist der zwischen Ägypten und der übrigen Welt. Während die Ägypter – ob schuldig oder
unschuldig – Gefangene der physischen oder der physischen und psychischen
Dunkelheit sind, leuchtet nach 20 allen anderen das helle Licht. Sie können sich   20
ganz ihren Aufgaben hingeben. Wohlgemerkt: Von Israel ist hier nicht die Rede!
Von ihm wird erst in 18,1–4 gesprochen. Nachdem also in 20 die ganze übrige
Welt als Völkerwelt im Licht geschildert wurde, kommt der Autor in 21 noch ein-   21
mal auf die Ägypter zurück. Was er aber hier von ihnen sagt, ist nichts Neues. Er
spricht von ihrer düsteren, niederdrückenden Nacht, von der Finsternis, die sie in
sich aufnimmt. Wenn es aber dann heißt, daß sie sich selbst zur noch größeren
Last geworden seien, als es die physische Finsternis vermochte, dann sind hier
wieder nur die schuldig gewordenen Ägypter gemeint.

Mit 18,1 wird mit „deinen Heiligen" wieder Israel als das heilige Volk Gottes   18,1
in die Betrachtung eingeführt. Im Kontrast zur eben erst genannten düsteren
Nacht leben sie im hellsten Licht. Der Autor bezieht sich hier auf Ex 10,21, wo
ausdrücklich erwähnt ist, daß es bei allen Israeliten hell in ihren Wohnungen war,
während die Ägypter im Dunkeln hausten und aufgrund der Finsternis keiner den
Ort, an dem er sich gerade befand, verlassen konnte. Der Zustand der Israeliten
wird sogar noch theologischer formuliert: *Gott* ist ihr helles Licht. Davon war in
der Auslegung dieser ägyptischen Plage schon die Rede. Licht, im eigentlichen
Sinn verstanden, ist die gnädige Beziehung Gottes zum Menschen. Die Ägypter
vernehmen zwar die Stimme der Heiligen, aber sie können diese aufgrund der
Plage der Finsternis mit ihren leiblichen Augen nicht sehen. Über Ex 10 gehen 1 c
und 2 hinaus. Nicht nur, daß die Ägypter die Israeliten priesen, weil sie nicht ge-   2
litten hatten[159]; sie dankten ihnen sogar dafür, daß sie sich nicht gerächt hatten,
und baten um Verzeihung. Wer? Die Hofbeamten? Das Volk? Wahrscheinlich

---

[159] In 18,1 c liegt ein textkritisches Problem vor. Rahlfs und Göttinger LXX lesen mit dem Codex A ὅτι μὲν οὐ κἀκεῖνοι ἐπεπόνθεισαν, ἐμακάριζον. Diesem textkritischen Urteil haben auch wir
uns angeschlossen und deshalb übersetzt: „Und sie priesen sich glücklich, weil sie nicht gelitten
hatten." Z. B. entscheiden so auch *Grimm* K 281 f., *Fichtner* K 64 und *Vilchez* K 438. Eine Reihe

trifft diese Frage unsere Perikope nicht, weil sich der Verf. der Sap an dieser Stelle möglicherweise keine Gedanken darüber gemacht hatte. Engel sieht in 1 c–2 „eine originelle Verdichtung und Auslegung von Ex 8,19; 11,7 f.; 12,32 f. 36 und Ps 105,38".[160] Zumindest die Stellen aus Ex 12 sind für diese Auslegung erwä-

3 genswert. Die in 3 genannte feuerflammende Säule ist aus Ex 13,21 bekannt.[161] Daß die subtropische Sonne Israel bei seiner ganzen Wanderung nicht schadete,

4 wird zudem erwähnt. In 4 bringt der Verf. eine theologische Zusammenfassung der Perikope: Ägypten verdiente die Beraubung des Lichtes und die Gefangenschaft in der Finsternis, denn es hatte ausgerechnet diejenigen eingesperrt, durch die der Menschheit – und also auch ihm! – das unvergängliche Licht des Gesetzes gegeben werden sollte. Wer sich gegen das Licht wendet, wird mit Dunkelheit bestraft. Und wer das Volk des Lichtes einsperrt, wird in Dunkelheit gesperrt. Das ist wieder der Grundsatz von Sap 11,16: „Wodurch jemand sündigt, dadurch wird er bestraft!"

18,5–25 Sechster Vergleich: Den Ägyptern der Tod in Ägypten – den Israeliten der Tod in der Wüste

5 Sie hatten beschlossen, die Kinder der Heiligen zu töten.
Nur *ein* Kind, das ausgesetzt war, wurde gerettet.
Zur Strafe hast du ihnen eine große Zahl an Kindern entrissen
Und sie alle zusammen im Wasser umkommen lassen.

6 Jene Nacht hattest du unseren Vätern im voraus kundgetan,
Damit sie sicher wüßten, welchen eidlichen Zusage sie Vertrauen
schenken dürfen, und damit sie guten Muts sein könnten.

7 So erwartete dein Volk die Rettung der Gerechten, den Untergang aber
der Feinde.

8 Wodurch du aber die Gegner straftest,
Dadurch hast du uns, die du berufen hast, auch verherrlicht.

9 Heimlich hatten nämlich die heiligen Söhne der Guten (dir) geopfert
Und sich einmütig auf dein göttliches Gesetz verpflichtet,
Daß die Heiligen in gleicher Weise an Gütern und Gefahren Anteil
erhielten.

---

von Autoren sieht aber in ℵ B und anderen Textzeugen den ursprünglichen Text: ὅ τι μὲν οὖν κἀκεῖνοι ἐπεπόνθησαν, ἐμακάριζον. So übersetzen z. B. *Heinisch* K 319: „Priesen sie dieselben glücklich trotz ihrer früheren Leiden."; *Feldmann* K 118: „priesen (die Ägypter) sie glücklich, was immer auch jene gelitten hatten." *Engel* K 272, der die in seiner Kommentarreihe zugrunde gelegte Einheitsübersetzung kommentiert, wendet sich ausdrücklich gegen die in ihr gebotene Übersetzung, die ℵ und B folgt.

[160] *Engel* K 272.

[161] Sap 18,3: πυριφλεγῆ στῦλον; Ex 13,21: ἐν στύλῳ πυρός. S. auch ψ 77,14: καὶ ὡδήγησεν αὐτοὺς ἐν νεφέλῃ ἡμέρας / καὶ ὅλην τὴν νύκτα ἐν φωτισμῷ πυρός.

So stimmten sie dann auch zugleich die Lobgesänge der Väter an.
10 Gegen (diese Gesänge) erscholl aber das kreischende Geschrei der Feinde,
Und man vernahm auch die Trauerklage um die Kinder.
11 Mit gleicher Strafe traf es Knecht und Herr.
Der Mann aus dem Volke mußte gleiches wie der König erleiden.
12 Sie alle zusammen hatten durch die gleiche Todesart unzählbare Tote.
Und es gab nicht genug Lebende, um die Toten zu begraben,
Da mit einem einzigen Schlag die besten ihrer Nachkommen ausgerottet
waren.
13 Denn waren sie zunächst wegen ihrer Zauberei ungläubig geblieben,
So bekannten sie dann aufgrund des Verderbens ihrer Erstgeborenen, daß
unser Volk der Sohn Gottes sei.
14 Denn als tiefes Schweigen das All umfing
Und es mit schnellem Lauf der Zeit dann Mitternacht geworden,
15 Da sprang dein allmächtiges Wort vom Himmel herab,
Sprang vom königlichen Throne her wie ein wilder Krieger
Mitten in das dem Verderben preisgegebene Land.
16 Der trug als scharfes Schwert dein Gebot, das nichts verheimlichen wollte.
Und als er dann dastand, da erfüllte er alles mit dem Tode.
Er berührte den Himmel und stand dennoch auf der Erde.
17 Sofort überkam sie das Entsetzen ob des Anblicks grauenvoller Träume,
Unerwartete Furcht bedrohte sie.
18 Und der eine wurde hierhin, der andere dorthin geworfen – halbtot schon
beide.
Jeder machte dabei deutlich, wodurch er sterben werde.
19 Denn schreckliche Träume hatten es ihnen zuvor mitgeteilt,
Damit sie nicht stürben, ohne zu wissen, warum sie so Schlimmes ertragen
mußten.

20 Doch auch die Gerechten mußten die Erfahrung des Todes machen,
In der Wüste widerfuhr ihnen die Vernichtung vieler aus ihrer Mitte.
Aber der Zorn (Gottes) währte nicht lange.
21 Denn rasch trat ein untadeliger Mann als Vorkämpfer auf,
Mit *seiner* Waffe, der des Gottesdienstes,
Das ist mit Gebet und sühnendem Räucherwerk.
Er trat dir, dem zürnenden Gott, entgegen und bereitete dem Unheil ein
Ende.
So zeigte er, daß er dein Diener ist.
22 Er besiegte deinen Zorn nicht mit körperlicher Kraft,
Auch nicht mit Waffengewalt,
Vielmehr bezwang er dich, den Strafenden, mit dem Worte,
Indem er (dich) an deine eidlichen Zusagen an die Väter und die Bundes-
schlüsse erinnerte.
23 Denn als die Toten schon haufenweise aufeinander lagen,
Da trat er dazwischen, wehrte dem Ansturm
Und schnitt ihm den Weg zu den noch Lebenden ab.
24 Auf seinem bis zu den Füßen reichenden Gewand sah man die ganze Welt,
Der Ruhm der Väter war auf den in vier Reihen gesetzten Edelsteinen
eingraviert,

**Und deine majestätische Herrlichkeit erblickte man auf dem Diadem seines
Hauptes.**

25 **Davor wich der Verderber zurück, da er diese Zeichen fürchtete.
So war also allein die Erfahrung deines (kurzen) Zornes hinreichend
(für das Volk).**

Es ist schon eine eigenartige Überschrift über dieser Perikope, so ganz anders als
die vorhergehenden! Diesmal kein Gegensatz von Tod und Leben im Geschick
von Ägyptern und Israeliten! Beide nämlich erfuhren Gottes tötendes Handeln in
ihrem Volk. Der Gegensatz ist diesmal nicht ein absoluter, sondern nur ein relati-
ver, ein gradmäßiger. Die einen erfuhren den Tod durch Gottes Zorn massenhaft,
die anderen ihn in wesentlich geringerem Ausmaß und in entschieden kürzerer
Zeit. Trotzdem, auf beiden Seiten wirkte Gott strafend den Tod. Insofern eignet
dem sechsten Vergleich ein erheblich anderer Charakter als den bisherigen. Im
Abwägen unterschiedlichen Unheils ist unterschiedliche Schuld impliziert; auch
ist die Schuld der Israeliten nur indirekt ausgesprochen. Auffällig ist wieder der

5–19. 20–25   unterschiedliche Umfang der den Ägyptern (5–19) und der den Israeliten (20–25)
zugedachten Verse. Zudem kann man im Blick auf die Darstellung des Unheils,
das Israel trifft, fragen, ob die eigentliche Intention der Aussage mehr den mit
dem Tode Bestraften gilt oder nicht eher doch Aaron, der durch seine Interzessi-
on dem Unheil ein Ende bereitet.[162] Es darf aber nicht übersehen werden, daß im

6–9   Ägypterteil der Perikope, nämlich in 6–9, von Israel Lobendes gesagt wird: Vertrauen, Gerechtigkeit, Berufung und Verherrlichung (s. Röm 8, 30![163]), Beachtung des göttlichen Gesetzes.

Die Überschrift über der Perikope ist nicht ganz korrekt. Denn der Tod trifft

5   nicht nur die Erstgeborenen in ihrem Heimatland Ägypten, sondern nach 5 auch
die „im Wasser" Umgekommenen, also die beim Durchzug des ägyptischen Hee-
res im Roten Meer Ertrunkenen, Ex 14,5–28. Damit ist bereits 19,1–17 in gewis-
ser Weise antizipiert.[164] War bei der Plage der Finsternis der Rückbezug auf die
Plage der gefährlichen Tiere zu registrieren (17,9), so hier der Bezug auf noch
Kommendes. Irgendwie schieben sich in der Konzeption des Verf. der Sap die
Plagen ineinander. Die Intention ist wohl, daß sie eine Einheit der göttlichen
Strafe ausmachen, und zwar im Gegensatz zu der einen Rettung Israels.

5   Mit 5 geht der Blick zunächst auf den Befehl des Pharaos, jeden neugeborenen is-

---

[162] S. z. B. *Vilchez* K 449 zu Sap 18,21: „La intención del autor es la de aminorar la significa-
ción de la dura prueba. Por esto insiste más en la parte positiva, en la figura venerable del sacer-
dote Aarón."

[163] Sap 18,8: προσκαλεσάμενος ἐδόξασας; Röm 8,30: ἐκάλεσεν ... ἐδόξασεν! Ist hier nicht wieder ein Indiz dafür gegeben, daß Paulus die Sapientia Salomonis gekannt hat?

[164] *Vilchez* K 443: „A este terrible castigo (Tod der erstgeborenen Ägypter, H. H.) el autor
une el de la catástrofe sufrida por los egipcios en el mar Rojo." Gut die Formulierung von *Schmitt*
K II 134: „Dabei wird die Tötung der Erstgeburt aus Ex 11,1–12,36 mit der Vernichtung der
ägyptischen Streitmacht (Ex 14f) zusammengezogen, um das Modell von Vergehen und Strafe
auch hier zu realisieren: Die Relation von Tötung der Kinder und Untergang im Wasser soll auch
auf der Strafseite anzutreffen sein; vgl. Jub 48,14."

raelitischen Knaben zu töten, Ex 1,16–22. Es sind Kinder der Heiligen, also Kinder des heiligen Volkes, Sap 10,15 u. ö. Ein einziger Neugeborener wurde ausgesetzt und gerettet, Ex 2,1–10. So ist es nun dieser eine, durch den schließlich die vielen den Tod erleiden werden. Es zeigt sich ein doppelter Gegensatz: Der eine und die vielen, der Gerettete und die Umgekommenen.[165] Erneut ist es der Vollzug des Grundsatzes von Sap 11,16: Im Wasser wurden die israelitischen Neugeborenen getötet, im Wasser kommen die Ägypter um. Deren Tod wird ausdrücklich als Strafe bezeichnet.[166] Ob in 5c mit „die Menge der Kinder" nur die im Roten Meer Ertrunkenen gemeint sind oder auch die bei der zehnten Plage Getöteten, läßt sich nicht mit Sicherheit sagen. 6 beginnt, wie Vilchez treffend sagt, mit   6 „jene Nacht" emphatisch.[167] Jedoch, welche Nacht ist gemeint? Die, in der die ägyptischen Erstgeborenen starben?[168] Oder die Nacht, in der das ägyptische Heer ertrank?[169] Auch, wer die hier genannten „Väter" sind, geht aus dem Gesagten nicht eindeutig hervor.[170] Sind es Abraham und Jakob, denen Gott die Verheißungen Gen 15,13f. und Gen 46,3f. gab?[171] Vor allem die zweite dieser Verheißungen könnte der Verf. der Sap durchaus vor Augen gehabt haben. Nach Vilchez ist aber höchstwahrscheinlich das Volk Israel zur Zeit des Mose gemeint.[172] Gen 46,3f. dürfte m. E. den Ausschlag für die Patriarchen geben. Auch wenn hier nicht von Bundesschlüssen die Rede ist, so legt sich doch für „Eide", „eidliche Zusagen" am ehesten nahe, in ihnen die Verheißungen an die Patriarchen zu sehen. Freilich kann nicht ganz ausgeschlossen werden, daß Ex 12,12 in Betracht kommt: Wegen dieser Zusage Gottes dürfen sie frohen Muts sein, da durch dieses Eingreifen Gottes ihre Rettung bevorstehen dürfte. Man wird aber auch fragen dürfen, ob nicht angesichts der Praxis unseres Autors, Geschehnisse in der *Zusammenschau*[173] zu sehen, Verheißungen Gottes an die Patriarchen *und* die Zusage von Ex 12,12 als Gesamtzusage Gottes an Israel verstanden werden könnte. Haben also die Israeliten die feste Zusage Gottes, so können sie nach 7   7 ihre Rettung ohne den geringsten Zweifel erwarten, zugleich aber auch den Untergang ihrer Feinde. In 8 begegnet wieder das bekannte Motiv von 11,5, mit dem   8

---

[165] Es ist aber eine Überinterpretation, wenn z. B. *Grimm* K 283 behauptet, „das Vergehen an dem Einen Kinde hatten sie zu büssen mit dem Verlust ihrer sämtlichen … Kinder: 2Mos 12,29".

[166] εἰς ἔλεγχον heißt hier „zur Strafe".

[167] *Vilchez* K 443. Er verweist in diesem Zusammenhang ib. 443 Anm. 7 auf die jüdische und die christliche Liturgie (Exultet in der katholischen und evangelisch-lutherischen Liturgie).

[168] So *Grimm* K 284; *Schmitt* K II 134; *Engel* K 276, der auf Ex 12,42LXX verweist, wo sich die Worte ἐκείνη ἡ νύξ finden.

[169] Das ist wohl eher die Ausmalung des Exultet der Osternacht.

[170] Die Bedeutung von „Väter" wechselt innerhalb der Sap. Im Gebet des Salomon 9,1 dürften es mit hoher Wahrscheinlichkeit die Patriarchen (wohl unter Einschluß von David) sein, in 12,6 die Generation, die Palästina eroberte, in 12,21 aber wieder die Patriarchen. Es ist also jeweils der Kontext, der festlegt, wer unter den „Vätern" zu verstehen ist.

[171] So z. B. *Engel* K 276f., der allerdings auf Gen 15,6LXX verweist; s. aber auch seine Exegese von Sap 18,22d, ib. 288. *Schmitt* K II 134 läßt die Frage offen: Entweder die Auszugsgeneration (Ex 6,6; 11,4–6; 12,21–23) oder die Erzväter mit Beispiel Gen 15,14.

[172] *Vilchez* K 444: „más que probable".

[173] So doch auch gerade in 18,5ff., wo der Tod der erstgeborenen Ägypter und der Tod der Ägypter im Roten Meer in *einer* Sicht *zusammengesehen* werden!

die Synkrisis eröffnet wird, hier jedoch in der gesteigerten Form: Wodurch Gott die Feinde bestrafte, damit hat er uns verherrlicht, ἐδόξασας, *edoxasas*. Israel bekam also Anteil an Gottes Doxa, an seiner göttlichen Herrlichkeit!

9   Mit 9 klingt erneut ein Thema an, das für den Verf. der Sap von äußerster Wichtigkeit ist, die Treue zu Gottes Gesetz, auch wenn es natürlich das geschriebene Gesetz vom Sinai noch nicht sein kann. Aber die Kenntnis von wichtigen Satzungen dieses Sinaigesetzes setzt er voraus. Diesmal sind es die Söhne der Israeliten, besonders massiv in der Terminologie in ihrer Beziehung zu Gott herausgestellt. Sie sind die „heiligen Söhne" der „Guten"[174] (in 5 war ja von den „Kindern der Heiligen" die Rede[175]), die im geheimen[176] den Opferdienst vollzogen (Gehorsam gegenüber dem späteren Kultgesetz!) und sich einmütig auf das göttliche Gesetz, wörtlich: auf das „Gesetz der Göttlichkeit", festgelegt hatten, wonach „die Heiligen"[177] in gleicher Weise Anteil an Gütern und Gefahren erhielten.[178] Die „Lobgesänge der Väter" stehen wahrscheinlich im Zusammenhang mit dem zuvor erwähnten Opferdienst der heiligen Söhne. Meint der Autor zeitgenössische Psalmengesänge, etwa im Sinne des Hallels (Pss 113–118; vgl. 2 Chr 30,21; 35,15)? Das wäre dann ernsthaft zu erwägen, wenn mit dem Opfer in 9 a das Paschamahl gemeint wäre, wofür viel spricht. Denn dieses Mahl war ja ein Opfermahl. So sagt Grimm: „Jenes Pascha war das erste Opfer, welches Israel als Gesamtheit seinem Gott brachte und durch welches es sich als Volk und Eigenthum Gottes darstellte. Und da Gott selbst dieses Opfer angeordnet hatte (2Mos 12,3ff.), so war es das Mittel der Berufung des Volkes ..."[179] Dieser Deutung 10 folgt die große Mehrzahl der Exegeten.[180] 10 kann man so verstehen, daß die Ägypter nicht nur Trauergesänge singen, sondern auch durch Kreischen und lautes Schreien die liturgischen Gesänge der Israeliten beim Paschamahl stören wollen. Doch läßt sich der Vers auch so deuten, daß die Trauergesänge wie asymphonisches Schreien klingen.

    Konnte man 17,17ff. immerhin noch so interpretieren, daß das einfache Volk, unschuldig am bösen Treiben des Pharaos und seiner Höflinge, mit diesen leiden 11 mußten, so wird in 11 zwar noch zwischen Herr und Knecht unterschieden. Aber der Zusammenhang ergibt kein Indiz dafür, daß hinsichtlich der Schuld zwischen 12 beiden differenziert würde. 12 malt aus, welch große Menge an Toten zu beklagen war. Daß es jedoch weniger Lebende, die als Totengräber einzusetzen gewesen wären, gegeben hätte, läßt sich nicht aus Ex 12,29f. folgern. Es ist auch aus

---

[174] *Grimm* K 284 versteht ἀγαθῶν als Neutrum und sieht somit in 18,9 eine Aussage über die „Kinder des Heiles". Diese Deutung ist m. E. nicht richtig; sie ergibt sich keineswegs aus dem Zusammenhang.

[175] An beiden Stellen das Adjektiv ὅσιος.

[176] Vielleicht ist die Vermutung von *Schmitt* K II 134 und anderen zutreffend, „daß der Verfasser in einem Milieu schrieb, in dem Mysterienfeiern (Isis und Osiris u. a.) verbreitet waren" und er „deshalb ... vielleicht die Paschazeremonie als Mysterienfeier deklarieren" wollte.

[177] Diesmal τοὺς ἁγίους.

[178] S. dazu vor allem die Vermutungen von *Engel* K 279f.

[179] *Grimm* K 284f.

[180] So zuletzt *Vilchez* K 445 und *Engel* K 278f.

dieser Stelle nicht zu entnehmen, daß es die besten[181] waren, die umkamen. 13   13
geht ebenfalls über Ex 12,29f. hinaus. Denn davon, daß die Ägypter wegen ihrer
Zauberei zunächst ungläubig waren, dann aber wegen des Todes der Erstgeborenen bekannten, daß Israel der Sohn Gottes sei, weiß das Buch Exodus nichts.[182]

Mit 14 beginnt ein kurzer *mythologischer Abschnitt*, wiederum in erhobener   14   *Logos*
poetischer Sprache. Zunächst eine Aussage in *kosmischer Weite:* Tiefes Schweigen
umfängt das All, also die gesamte Schöpfung. Und als es dann sehr rasch Mitternacht geworden war – diese Stunde hat bekanntlich etwas Geheimnisvolles an
sich –, da sprang, so 15, Gottes *Wort* vom Himmel herab, es eilte vom königli-   15
chen Thron Gottes auf die Erde herab. Schon recht oft begegnete uns in der Sap
die Wort-Theologie ihres Verf. Hier nun ist das Wort personifiziert. Mit einer
derartigen Personifizierung begann im zweiten Teil des Buches Salomon sein Gebet. In 9,1 parallelisierte er Weisheit und Wort, Sophia und Logos, im schöp-
fungstheologischen Kontext. In 18,14f. ist jedoch von der Weisheit keine Rede –
warum, wurde bereits gesagt. Das Wort Gottes ist hier zunächst sein über die
Ägypter richtendes Wort und dann, indem es als „wilder Krieger" vorgestellt
wird, das dieses Urteil vollstreckende Wort Gottes, also das tötende Wort Gottes.
Vom Springen ist die Rede, also von einer energischen körperlichen Bewegung.
Es ist der Sprung vom Himmel auf die Erde; der Himmel hält, auf die Erde her-
abgekommen, sein vernichtendes, todbringendes Gericht. Anders gesagt: Vom
Himmel her werden die ägyptischen Erstgeborenen erschlagen. Es ist kein irdisches Geschehen! 16 spricht vom scharfen Schwert des wilden Kriegers. Und   16
doch ist dieses Schwert, so blutig es auch erscheint, metaphorisch das Gebot Gottes. Es ist das „ungeheuchelte" Gebot, d.h. ein Gebot, das offen sagt, was es
meint, ein Schwert, das nichts verbirgt. Das als Kriegsmann erscheinende Wort
Gottes wächst zu gewaltiger, fast unvorstellbarer Größe; der Kriegsmann erreicht
eine Länge, die von der Erde bis zum Himmel mißt.[183] Die Schilderung des Pest-
engels in 2 Chr 21,26 hat dieses Bild in Sap 18 maßgeblich bestimmt: David sieht
einen Engel zwischen Himmel und Erde stehen, ein Schwert in der Hand, ausge-
streckt über Jerusalem. Aber ist nicht das zum Krieger gewordene Wort Gottes,
die Personifikation Gottes, mehr als ein Engel, den Gott zur Vernichtung einer
Stadt schickt? Hinzu kommt noch, daß nach Ex 12,12 Gott ankündigt, er selbst
wollen alle Erstgeburt in Ägypten schlagen (s. auch Ex 12,23.29; ebenso
Ex 11,4). Andererseits verwischen bekanntlich im AT zuweilen die Grenzen zwischen dem Wirken Gottes und dem eines Engels – genau so wie in der Sap zwischen dem Wirken Gottes und dem der Weisheit, die nach 9,1 mit dem Wort
identifiziert, zumindest quasi-identifiziert wird.

Die Frage ist, inwieweit die mythologischen Verse 14–16 vom Verf. der Sap als

---

[181] Wörtlich Komparativ, der aber gemäß der Logik der Aussage ein Superlativ ist; dementsprechend unsere Übersetzung.

[182] Das letzte, was in den Erzählungen über die Plagen von Zauberei berichtet wird, sind die
Blattern an den Zauberern, die deshalb nicht wirken konnte, Ex 9,10f. In der Sap s. aber
11,13f.; 16,8.18; 18,1f.

[183] *Grimm* K 286 verweist für diese Stelle zutreffend auf *Homer,* Ilias II.4.443, wo es von der
Eris heißt: οὐρανῷ ἐστήριξε κάρη καὶ ἐπὶ χθονὶ βαίνει.

poetisches Bild gedacht sind, inwieweit sie *als* dieses poetische Bild eine theologische Wahrheit aussagen.[184] Vilchez stellt mit Recht heraus, daß sich in Sap 18,14–16 die Personifikation des Wortes Gottes in einem weit fortgeschrittenen Stadium befindet, hin auf dem Weg zur Hypostasierung des Logos im Johannes-Evangelium.[185] Daß das Wort in 15 als allmächtig beschrieben, also mit einem Gottesprädikat ausgezeichnet wird, teilt es mit der Weisheit (7,23).[186]

17   Die sofortige Konsequenz berichtet 17, und zwar wieder in gewohnter Terminologie: urplötzlich den Menschen überfallende Schreckbilder, Alpträume und
18. 19 Furcht. 18 und 19 hingegen schildern eine bislang unbekannte Szene: Zwei Ägypter liegen im Sterben, die noch gerade vor ihrem Tod erklären können, warum sie sterben müssen. Furchtbare Traumgesichte haben es sie wissen lassen, damit sie den Grund ihres Leidens und vorzeitigen Todes kennen. Das kann wohl nur so interpretiert werden, daß sie, selber unschuldig an der Ungerechtigkeit des Pharaos und seiner Oberen, von deren Schuld erfahren. Sie sterben nun im Bewußtsein, daß die Regierenden ihren Tod verschuldet haben, daß also auch sie deren Opfer sind – war doch jene Zeit ein getreues Spiegelbild der heutigen (1999)! Die Machthungrigen bezahlten und bezahlen ihre Macht mit dem Blut der Machtlosen, ehe dieses Blut zum Himmel schreit und Gottes Gericht letztendlich auf sie herabschreit (Gen 4,10).

20   Mit 20 kommen die *Gerechten,* also Israel, in den Blick. Auch sie mußten die Erfahrung des gewaltsamen Todes machen. In der Wüste widerfuhr vielen des Volkes Gottes dieser Tod. Aber waren es denn die Gerechten, die ihn erleiden mußten? Wirkte sich Gottes Zorn an den Gerechten dieses heiligen Volkes aus? Welches Geschehen oder welche Geschehnisse hat überhaupt der Verf. der Sap vor Augen? Unbestritten interpretiert er Num 17,6–15 (in der Zählung der Göttinger LXX 16,41–50[187]). Num 16 bringt den Aufstand der Rotte Korach, die dafür Gottes Strafe trifft; sie wird von der Erde verschluckt. Am anderen Morgen murrten *die* Israeliten[188] gegen Mose und Aaron, sie hätten mit der Vernichtung der Rotte Korach das „Volk des Herrn" umgebracht. Auf Gottes Absicht hin, nun das ganze Volk auszurotten, interveniert Aaron auf Bitten des Mose kraft seines priesterlichen Amtes, um den Zorn Gottes, seine ὀργή, *orge,* zu versöhnen. Hat aber das ganze Volk gegen Mose und Aaron und somit gegen Gott selbst gemurrt und hat es sich damit dessen Zorn zugezogen, so daß es sogar von ihm her in seiner Existenz bedroht ist, wird Sap 18,20 unverständlich. Zwar heißt es dort, daß dieser Zorn nicht lange währte, und zwar im Gegensatz zum Zorn Gottes über

---

[184] *Vilchez* K 446 spricht vom bewußt poetischen Ton des Augenblicks.
[185] Ib. 447.
[186] An beiden Stellen παντοδύναμον bzw. παντοδύναμος, außerdem noch 11,17, wo es Gottes Hand charakterisiert. Besonders wichtig ist, daß das Wort in 7,23 begegnet, wo die Prädikate der Weisheit, genauer noch: des Geistes der Weisheit, aufgezählt werden. An drei Stellen hat der Verf. der Sap dieses Wort gebracht, bezeichnenderweise einmal für die *Weisheit,* dann für *Gott* (in der Metapher der Hand Gottes) und schließlich für das *Wort.* Schon dieser dreifache Gebrauch eines Adjektiv signalisiert eine ganze *Theo*-Logie.
[187] *Rahlfs* zählt jedoch in seiner LXX-Ausgabe wie in der Biblia Hebraica: 17,6–15.
[188] Num 16,41: οἱ υἱοὶ Ἰσραήλ.

die Ägypter. Da es aber vor der priesterlichen Intervention Aarons Gottes Absicht gewesen ist, das Volk zu vernichten, darf aus der Perspektive von Num 17 dieser Zorn nicht relativiert werden. Wie aber kann dann der Verf. der Sap in 20 a von der Todeserfahrung der *Gerechten* sprechen? Die Antwort kann nur heißen, daß er den Skopus des Pentateuchberichts so sehr abgemildert hat, daß dessen ursprüngliche Intention ins Gegenteil verkehrt wurde. Aber diese Absicht begegnete ja schon mehrfach in der Sap. Das heilige Volk bleibt heilig. Und wenn es einmal unheilig ist, dann wird diese Unheiligkeit minimalisiert. Daß beim Aufstand Israels gegen Mose und Aaron 14.700 Menschen umkamen, sagt unser Autor, wie zu erwarten, nicht! Daß er aber sehr bewußt auf Num 17 als seine literarische Vorlage zurückgreift, zeigt die Übereinstimmung im Wortfeld beider biblischer Bücher.[189]

21 ist ganz Aaron gewidmet. Er ist ein untadeliger Mann, als Vorkämpfer strei- 21
tet er aber mit der ihm eigenen Waffe, keiner militärischen, sondern einer viel wirksameren, nämlich der des Kults, der Waffe des priesterlichen Dienstes, der „Liturgie". Erklärt wird sie mit Gebet und Räucherwerk. So heißt es Num 17,11: „Da räucherte er und schaffte Sühne für das Volk." Und er hat Erfolg! Wörtlich heißt es: „Er trat dem Zorn[190] entgegen." Gemeint sein kann nur der Zorn Gottes, den er ja versöhnen will.[191] Dann aber können wir paraphrasieren: „Er trat dir, dem zürnenden Gott, entgegen." Priesterliche Liturgie ist hier ein Sich-Gott-Entgegenstellen! Der *Priester* will etwas in Gott bewirken, er *will Gott zu einem anderen machen, als er* im Augenblick *ist*. Das klingt fast blasphemisch, ist es aber nicht, weil Gott selbst das Priestertum eingesetzt hat. Gott selbst will vom Priester zu einem anderen, als er ist, gemacht werden. Deshalb und nur deshalb kann es sich der Priester Aaron herausnehmen, gegen den zürnenden Gott in Opposition zu gehen, ihm zu *wider*-stehen. Gott läßt sich zum anderen machen und beendet die Katastrophe, die das Volk in seiner Existenz bedroht. Der Verf. der Sap geht, was die Diktion angeht, noch einen Schritt weiter: *Aaron* bereitete dem Unheil ein Ende! Doch gerade dadurch erwies er sich als Diener Gottes. Ob der Autor damit auf den „Knecht Jahwähs" des Deuterojesaja anspielen will, bleibe hier unentschieden.[192]

22 führt den Gedanken von 21 weiter. Zunächst stellt sich aber ein textkriti- 22
sches Problem. Die Textzeugen bieten fast einmütig die Lesart: „Er besiegte das Volk, τὸν ὄχλον, *ton ochlon*." Aber nahezu übereinstimmend hat man die Konjektur Baumeisters (1828!) übernommen: „Er besiegte den Zorn, τὸν χόλον, *ton cholon*."[193] Sicherlich ist die erste Lesart die *lectio difficilior* und hat daher ein ge-

---

[189] Z. B. Num 16,46: θραύειν τὸν λαόν; 16,47 und 48: ἡ θραῦσις; 16,49: ἐν τῇ θραύσει; Sap 18,20: θραῦσις; Num 16,46: ὀργή; Sap 18,20: ἡ ὀργή; Num 16,46: ἐξίλασαι; 16,47: ἐξιλάσατο; Sap 18,21: ἐξιλασμόν; Num 16,46: θυμίαμα; 16,47: τὸ θυμίαμα; Sap 18,21: θυμιάματος.

[190] Hier τῷ θυμῷ, nicht τῇ ὀργῇ. Beide Worte sind aber synonym, auch hier synonym gebraucht.

[191] *Vilchez* K 449 richtig (Kursive durch mich): „La oración y el sacrificio de Aarón son eficaces y cesa *la cólera divina*."

[192] Dagegen könnte sprechen, daß in Sap 18,21 θεράπων und nicht παῖς steht.

[193] χόλος heißt zunächst „Galle", dann aber auch „Zorn".

wisses Prä für Ursprünglichkeit. Aber sie stört so sehr den Fluß der Argumentation, daß man doch weiterhin für die genannte Konjektur votieren sollte, zumal
sie nur die Umkehrung von zwei Buchstaben bedeutet. Dann ist mit 22a die unmittelbare Fortsetzung von 21 gegeben: Aaron widerstand Gott und erreichte so
sein Ziel. So hat er auf diese Weise Gottes Zorn besiegt. Daß er das Volk nicht
mit Leibesstärke besiegt hätte und nicht mit Waffen, sondern durch die Erinnerung an eidliche Zusagen Gottes und an Bundesschlüsse, gibt keinen, höchstens
einen recht gezwungenen Sinn. Aber Gott dadurch zu besiegen, daß man ihm
seine eigenen Worte vorhält, das fügt sich bestens in die Aussage von 22f. Übrigens wäre dies eine ausgezeichnete Parallele zur Intervention des Mose bei Gott
in Ex 32,7–14. Dem „er besiegte" in 22a entspricht „er unterwarf durch das Wort
den Strafenden". Der Strafende ist aber kein anderer als Gott. Er ist nicht, wie
z. B. Feldmann meint[194], „nicht ein Todesengel, sondern wie 18,15 die personifi-
zierte Todesmacht oder Strafgewalt".

23   23 malt wieder aus: Die Toten liegen haufenweise aufeinander, ein grauenvolles
Bild! Dazwischen nun wieder Aaron, der dem Ansturm Gottes wehrt, ihm den
Weg zu den noch Lebenden versperrt. Ein gewagtes Bild! Aaron kämpft gegen
Gott an, der seinem Zorn am murrenden Volk freien Lauf lassen will. Es ist, wenn
man so will, eine gefährliche Exegese, weil sie hart am Rande zur Blasphemie
steht. Aber was in dieser Exegese geschehen ist, ist nichts anderes als die Konsequenz, den Autor zunächst in 21 ernst und beim Wort zu nehmen und ihm dann
auf dem Weg zu folgen, den er selbst konsequent geht. Denn hat man erst einmal
gelten lassen, daß er in 21 Aaron Gott in den Weg treten läßt, daß dieser – mit
der ihm von Gott ja selbst gegebenen Priesterwürde und Priestermacht! – Gottes
Zorn mit Gottes Priestermacht bekämpft, so ist es im Grunde nur die Variation
dieses Gedankens, wenn hernach in 22 von Aarons Sieg über Gottes Zorn und
der Unterwerfung des strafenden Gottes offen gesprochen wird. Gottes priesterli-
cher Kult und Gottes unumstößliches Verheißungswort, *das* ist die „Waffe" des
Priesters Aaron. So besiegt er mit dem Gott, der die Möglichkeit der Versöhnung
schenkt, den Gott, der bis in die letzte Konsequenz die tödliche Strafe durchsetzen will. *Aaron kämpft mit dem Gott der Versöhnung gegen den Gott der Todesstrafe
und besiegt mit dem einen den anderen.* Noch anders gesagt: *Aarons Sieg ist der Sieg
Gottes über Gott.* So paradox dies klingt, es ist der grandiose Mut Aarons, den
unbegreifbaren Gott in all seinen Dimensionen Gott sein zu lassen, ihm die Größe selbst des letzten absoluten Gegensatzes zu lassen, nämlich die Größe des Gegensatzes von Leben und Tod. Es ist der Vollzug der Anbetung Gottes
(Ps 145,3): „Der HERR ist groß und sehr zu loben, / und seine Größe ist uner-
forschlich." Scheinbare Blasphemie wandelt sich in die dem Menschen vor Gott
angemessene Sprache: *Te deum laudamus.* Und es ist zugleich die Verehrung Gottes in seinem *Wort,* es ist die Wort-Theologie des Verf. der Sap. Er redet in seinem eigenen Wort die scheinbare Blasphemie, weil er um die Größe und Herrlichkeit und Heiligkeit Gottes weiß.

---

[194] *Feldmann* K 123.

In 24 weist unser Autor auf das hohepriesterliche Gewand Aarons. Es kann   24
nicht die Aufgabe der Exegese von Sap 18 sein, Ex 28 auszulegen, wo die Rede
von den priesterlichen Gewändern ist. Deshalb hier nur der Blick auf das, was
der Verf. der Sap in *seinem* theologischen Horizont von Aarons Gewändern sagt.
Der Horizont ist zunächst der gesamte Kosmos, die ganze Schöpfung. Priesterli-
cher Dienst ist danach Dienst im Auftrag und in der Ermächtigung des Schöpfers.
Doch dem parallel geht der Dienst innerhalb der Geschichte des mit seinen Vätern, hier doch wohl den Patriarchen, auserwählten Volkes. Zu diesen kommen
die zwölf Stämme Israels, die nach Ex 28,21 in 12 Edelsteinen, gesetzt in vier
Reihen, symbolisiert sind. Der Verf. der Sap bezieht sich in 24b also auf diese
Stelle des Sinai-Gesetzes. 24b nennt das Diadem, das Ex 28,36–38 beschreibt. Es
soll nach Ex 28,38 auf der Stirn Aarons sein, der hier eigens genannt wird, damit
er bei allen Opfern alle Sünden trage. Wegen der in Sap 18 implizit genannten
Sünden des Volkes wird wohl in 24c das Diadem genannt sein, das nach der Formulierung dieses Verses die Präsenz der majestätischen Herrlichkeit Gottes ist.
Tritt also Aaron mit dieser Präsenz Gottes Gott entgegen, so bedeutet Aarons
Schritt auf Gott hin, *diesen Gott mit sich selbst zu konfrontieren,* und zwar mit sich
selbst als dem, der Sünde beseitigt. Wenn es dann in 25a heißt, daß diesen Insi-   25a
gnien Aarons „der Verderber" gewichen sei, so ist im Sinne der Aussagen von 20
an gemeint, daß Gott, insofern er „der Verderber", also der *Gott des Verderbens*
ist, ihm selbst als dem *Gott der Versöhnung* gewichen ist.[195] Der Gott des Verderbens „fürchtete" den Gott der Versöhnung. Die aufgezeigte theologische Grund-
linie zieht sich demnach von 20 bis 25 durch.

In 25b geht der Verf. noch einmal auf das für ihn entscheidende Moment der   25b
Kürze des göttlichen Zorns ein. Die Erfahrung dieses nicht lange währenden
Zorns war für den göttlichen Zweck ausreichend. Das heilige Volk hat daraus genug lernen können. Ein wenig ist allerdings dieser Stichos inkonsistent mit der
Perikope; denn in ihr hat ja Aaron die Kürze des Zornes Gottes bewirkt, während Gott selbst zuerst gar nicht seinen Zorn abbrechen wollte, jedenfalls nicht
nach dem Sap 18 zugrunde liegenden Text Num 17. Aber diese Konsequenz wird
wieder dadurch „aufgehoben", daß hinter Aaron der versöhnende Gott stand –
gegen den verderbenden. Damit sind wir aber wieder beim eben Gesagten, einer
„Dialektik" Gottes, die letztes Endes Zeichen der grundsätzlichen Unfähigkeit
des endlichen Menschen ist, den unendlichen Gott zu be-*greifen.* Haben wir den
fünften Vergleich als theologischen Höhepunkt der Synkrisis hervorgehoben, so
ist dem nachzuschieben, daß auch der sechste von nicht geringer theologischer
Substanz ist.

---

[195] *Feldmann* K 123 schwächt möglicherweise diesen Gedanken etwas ab, wenn er zwar von
Gott als dem Herrn über Leben und Tod spricht, aber hier dem Tod ein wirkungsvolles „halt!"
ausgesprochen sieht, ohne zu sagen, daß sich Aaron dem drohenden Tod als dem *im Tod präsen-
ten Gott* entgegenwirft.

19,1–9 Siebter Vergleich: Durchgang der Israeliten
durch das Rote Meer – Tod der Ägypter im Roten Meer

1 Über die Gottlosen kam aber erbarmungsloser Zorn bis zum bitteren Ende,
  Denn (Gott) kannte schon im voraus ihr zukünftiges Verhalten.
2 Denn sie erlaubten den Abzug (der Gerechten).
  Doch nachdem sie sie geradezu mit Eifer fortgeschickt hatten,
  Gereute es sie, und sie nahmen die Verfolgung auf.
3 Als sie noch dabei waren, ihre Wehklage herauszuschreien
  Und über den Gräbern um die Toten zu trauern,
  Da entschieden sie sich zu einem erneuten törichten Entschluß:
  Sie, die sie doch flehentlich (um ihren Weggang) gebeten und sie dann fort-
                                                    geschickt hatten,
  Eben sie verfolgten sie nun wie Flüchtlinge.
4 Denn ein (ihrer Schuld) angemessenes Verhängnis trieb sie zur letzten
                                         Konsequenz (ihrer Dummheit)
  Und zum Vergessen all dessen, was schon geschehen war,
  Damit sie das Maß dessen, was bei den Plagen noch an Strafe aussteht,
                                                            anfüllen.
5 Dein Volk sollte sich auf einen merkwürdigen Weg begeben,
  Jene aber einen ungewöhnlichen Tod finden.
6 Denn die ganze Schöpfung wurde in ihrem innersten Sein neu gestaltet.
  Sie gehorcht nun deinen Geboten,
  Damit deine Kinder in deinem Schutz unbeschadet bleiben.
7 Die Wolke gab deiner Heerschar den Schatten,
  Aus dem zuvor schon vorhandenen Wasser sah man festes Land
                                                    emporragen,
  Aus dem Roten Meer führte ein begehbarer Weg,
  Und sogar aus der wogenden Brandung eine grün bewachsene Ebene.
8 Dadurch ging das ganze Volk, beschützt von deiner Hand,
  Es sah die Zeichen – unbegreifliche Wunder!
9 Denn wie Pferde weideten sie,
  Wie Lämmer sprangen sie umher.
  Und so priesen sie dich, o Herr, der du ihr Retter bist.

Der siebte Vergleich schaut auf keine der ägyptischen Plagen mehr zurück, waren sie doch mit der Tötung der ägyptischen Erstgeburten bereits an ihr Ende gelangt. Doch die zehnte Plage war nicht die letzte Katastrophe dieses Volkes. Deren schlimmste bestand noch bevor, der Untergang des Heeres im Roten Meer. Davon ist im letzten Kapitel der Sap die Rede, sozusagen der Höhepunkt aus der Sicht des Volkes Gottes, die schlimmste Niederlage aus der Sicht der Ägypter. Verwunderlich ist, daß der Verf. der Sap von der Rettung der Israeliten in diesem Kapitel ausführlich spricht, für die Vernichtung des ägyptische Heeres aber am 1-5 Ende von 1–5 nur fünf Worte (im griechischen Text) übrig hat: sie fanden einen ungewöhnlichen Tod. Da nun unmittelbar danach Reflexion und weitere Ausmalung der Rettung Israels anschließen, ist es verständlich, daß man den eigentli-

chen Vergleich mit 5 beendet sieht, so z. B. Engel, der urteilt: „Dementsprechend
gipfelt der kurze Absatz in dem Wort *Tod*."[196] In 6–21 sieht er das Summarium   6–21
des ganzen Buches: Der Kosmos im Dienst Gottes für sein Volk."[197] Offerhaus
und Vilchez sehen in 1–9[198], Grimm und andere in 1–12 die erste Einheit des Ka-   1–9. 1–12
pitels[199]. Am weitesten gehen Fichtner und Keyser, die 1–22 als eine einzige Peri-   1–22
kope betrachten.[200]

Man könnte sogar noch einen Schritt weiter gehen und fragen, ob man nicht
den sechsten und siebten Vergleich zu einem einzigen zusammenziehen könnte,
zumal schon in 18,5 der Tod im Wasser im Zusammenhang mit der zehnten Plage
genannt ist.[201] Dafür könnte man anführen, daß der kurze Abschnitt 19,1–5
kaum die erforderlichen Aussagen zum eigentlichen Vergleich bietet, darüber
hinaus, daß, abgesehen von den Hinweisen auf die Katastrophe der Ägypter im
Roten Meer in 18,5–25, als das gemeinsame *tertium comparationis* der Tod als
Strafe für die Tötung von Israeliten vorliegt und somit die zehnte Plage und die
Katastrophe des ägyptischen Heeres eine gewisse Einheit bilden. In beiden Fällen
war ja der massenweise Tod von Ägyptern der Beginn der eigentlichen Rettungstat Gottes an Israel. Trotzdem hat die Hypothese der Einheit von 19,1–9, für die
vor allem Offerhaus zu nennen ist, die größte Wahrscheinlichkeit für sich. Offerhaus gibt zunächst zu, daß es sich in 1 ff. nicht um einen Vergleich von der Art
handelt, wie in den vorhergehenden Fällen eine ägyptische Plage mit einem Wunder auf der Wüstenwanderung der Israeliten konfrontiert wurde. In den beiden
Teilen 1–5 und 6–9 sieht er eine chiastische Verknüpfung: „Während der Tod der
Gottlosen letztlich ihrer Verstrickung in Sünde entspringt, ist die Rettung der Gerechten durch die Umgestaltung der Schöpfung ermöglicht …"[202] Die damit auch
gegebene Verknüpfung von Referat und Reflexion war aber bereits typisch für die
früheren Vergleiche der Synkrisis, so daß der mehr reflektorische Charakter von
6–9 nicht als Argument gegen die Einheit angeführt werden kann. Auch sind die
ausmalenden Details der Rettung so spezifisch auf das Geschehen im und am Roten Meer zugespitzt, daß man 6–9 nicht von 1–5 trennen sollte.[203]

Noch einmal beginnt der Verf. der Sap mit einer betonten Nennung der *Gottlo-*
sen, der ἀσεβεῖς, *asebeis*. In dieser Hinsicht erinnert 1 an 2,16. Es ist letztlich ein   1
und dieselbe Gruppe von boshaften, ungerechten Menschen, die in der Sap als
Feinde der Gerechten begegnen. Im ersten Teil des Buches haben sie dem un-
schuldigen Gerechten nachgestellt, im dritten Teil dem Volk der Gerechten. Die-

---

[196] *Engel* K 291.
[197] Ib. 296.
[198] *Offerhaus*, Komposition und Intention der Sap, 171 ff. (ausführliche Begründung); *Vilchez*
K 451.
[199] *Grimm* K 291.
[200] *Fichtner* K 67; *Keyser*, Sap und Paulus (s. Selbstdarstellung dieser Hallenser Dissertation,
deren Druck die weltanschauliche Diktatur der damaligen DDR verhinderte, in ThLZ 98, 1973,
951–952).
[201] So immerhin schon *E. Stein*, Ein jüdisch-hellenistischer Midrasch.
[202] *Offerhaus*, Komposition und Intention der Sap, 171.
[203] S. auch *Winston* K 12.

sen sündigen Menschen, die *als* Feinde der Gerechten Feinde Gottes sind, gilt
dessen „unbarmherziger Zorn" bis zur letzten Konsequenz. Und das ist ihre Ver-
2   nichtung. Gott hat ihr künftiges böses Tun vorausgesehen, nämlich, so 2, daß sie
zunächst die Israeliten aufgrund der letzten Plage ziehen ließen, dies sogar „mit
Eifer", dann aber ihre Entscheidung bereuten und den in die Freiheit Entlassenen
3. 4   nachjagten. In 3 und 4 findet sich die Erklärung: Obwohl sie noch die Toten über
ihren Gräbern betrauerten, trafen sie im Unverstand die Entscheidung, diejenigen
wie Flüchtlinge zu verfolgen, die sie doch gerade erst gebeten hatten, ihr Land zu
verlassen. Diese Entscheidung allerdings war *Verhängnis*[204], sie geschah nicht aus
freiem, überlegtem Entschluß. Sie hatten sich nämlich derart in den Irrsinn, in die
Manie ihrer Feindschaft hineingesteigert, daß ihre so tiefe innere Verbohrtheit
ins Böse sie nicht mehr klar denken ließ. In dieser Hinsicht war es also nicht ein
bloßes, vom betroffenen Menschen völlig unabhängiges Verhängnis wie bei so
manchen Gestalten der griechischen Tragödie (z. B. Ödipous), sondern ein Hand
in Hand Gehen von Schuld und Verhängnis; das eine läßt das andere eskalieren,
das andere das eine. Und so spricht auch unser Autor von einem verdienten[205]
Verhängnis, ein Verhängnis bis in die letzte Konsequenz, die des strafenden Todes. Ist aber der Tod recht eigentlich die Begegnung mit dem tötenden Gott, so
bekommt er damit einen letzten, unerbittlichen Ernst. Ist aber somit der Tod als
die höchste Steigerung der Strafe im tiefsten Gott selbst als der den Tod Vollstreckende, so ist im Verhängnis sowohl Gott als der Gott des Todes präsent als
auch (insofern diese Strafe im Blick auf die Rettung seiner Volkes ereignet wird)
als der Gott des Lebens. Es ist keine Ananke, keine Moira im Sinne der griechischen Tragödie, in der selbst die Götter solcher Macht unterworfen sind, sondern
ein Verhängnis, in dem der Mensch in der Konjunktion von Verhängnis und
Schuld sein *coram Deo* erfährt. Dann aber ist Sap 19 das innerbiblische Vorspiel
zu Röm 5,12, wo Paulus im christologisch-soteriologischen Kontext Verhängnis
und Schuld in ihrem Nebeneinander und Ineinander reflektiert.[206] Heißt es dann
noch, daß das Verhängnis, unter dem die Ägypter stehen, das Maß ihrer Strafe
hinsichtlich der Plagen anfüllen soll, und zwar dadurch, daß sie ihre Torheit in
die äußerste Konsequenz treiben, so zeigt sich auch darin ein Topos paulinischen
5   Denkens; man denke nur an 1Thess 2,16[207]. In 5 geschieht wieder eine Gegenüberstellung vom (Lebens-)Weg der Israeliten und vom Tod der Ägypter – inhaltlich wenig Neues, abgesehen vom Aspekt der Eigentümlichkeit beider Geschicke.
Allerdings hat der Vers darin seine spezifische Aussage, daß er den ersten Teil

---

[204] ἀνάγκη hier im Sinne von Verhängnis.

[205] ἀξία, das Verhängnis war ihrer „würdig" – freilich würdig im negativen Sinn! Es war ihrer
so schweren Schuld angemessen.

[206] Auf die idiomatische Parallele von εἰσῆλθεν εἰς τὸν κόσμον von Sap 2,23 und Röm 5,12
wurde bereits bei der Exegese von Sap 2,23 hingewiesen. Dort war es der auch in Röm 5,12 genannte θάνατος, von dem diese Aussage gilt. In Sap 19 ist es die *theologische Denkstruktur,* die ihre Parallele in Röm 5,12 hat. Die Indizien für eine Kenntnis der Sap durch Paulus häufen sich also.

[207] 1Thess 2,16: εἰς τὸ ἀναπληρῶσαι αὐτῶν τὰς ἁμαρτίας πάντοτε.

der Perikope mit diesem Gegensatz abschließt und lapidar die Meereskatastrophe der Ägypter formuliert – das Schlußwort: Tod! θάνατον, *thanaton*!

Mit 6 beginnt eine neue Stufe der *theologischen Reflexion*. Im schöpfungstheo- 6 logischen Kontext werden *Natur* und *Geschichte* in ihrem Zueinander bedacht – auch hier wieder ein gesamtbiblisches Thema. Die Rettung des Volkes Gottes, also ein geschichtliches Ereignis (vielleicht noch besser: die Folge geschichtlicher Ereignisse, die im Rückblick das eine grundlegende Heilsereignis des Alten Testaments ist), ist in diesem dritten Teil der Sap *soteriologisches* Geschehen, das allerdings im ersten Teil ihr *eschatologisches* Pendant besitzt. War die Schöpfung durch die Sünde der Menschen in die Sünde hineingezogen, so bedeutet die Rettung Israels auch die Rettung der Schöpfung, modern ausgedrückt: die Rettung der Natur (s. Röm 8,18ff.[208]). Die Rettung impliziert die Neuschöpfung des menschlichen Seins (s. die „neue Kreatur“, Gal 6,15; 2Kor 5,17 – also noch einmal Paulus!). Wer aber neugeschaffen ist, der gehorcht den Geboten Gottes. Und so bleiben dann auch die Israeliten als Kinder Gottes in dessen Schutz unbeschadet. Die Wolke von Num 10,36 mit ihrer schattenspendenden Gabe wird in 7 ge- 7 nannt. Sie wird zwar auch schon beim Aufbruch aus Ägypten in Ex 13,21 (und Ex 14,19.24; 40,36–38) erwähnt, aber nicht hinsichtlich ihrer schattenspendenden Funktion. In 7b geht der Blick erneut auf das Geschehen im Roten Meer zurück. Wenn da vom begehbaren Weg im Meer gesprochen wird, so erinnert das an die Ausmalung des Durchzugs der Israeliten durch das Meer durch den priesterschriftlichen Autor in Ex 14,22: Wassermauern rechts und links neben den Durchziehenden. Über den Pentateuchbericht hinaus geht aber die fast märchenhafte Ausmalung, daß dieser Weg eine grün bewachsene Ebene gewesen sei. In 8 8 wird sowohl das Rettungsgeschehen als solches genannt, zugleich aber auch der noetische Aspekt: Das Volk sah die Zeichen, und die waren wunderhafte – *Wun-der*-hafte – Zeichen. Auch 9 ist ausmalende Sprache: Die Kinder Gottes als wei- 9 dende Pferde und springende Lämmer. Und wenn dann am Ende der Perikope von Lobpreis Gottes als des Retters die Rede ist, so dürfte dies eine Zusammenfassung von Ex 15 samt dem Lied der Mirjam sein, Ex 15,21: „Singet dem Herrn! Hoch und erhaben ist er! Roß und Reiter warf er ins Meer!“

19,10–22 Epilog: *memoria*

10 **Denn sie erinnerten sich an das, was ihnen in der Fremde widerfahren war,**
   Wie es die Erde war, die Stechmücken hervorbrachte, statt daß es durch die
                                    natürliche Zeugung von Tieren geschah,
   Und wie der Fluß Unmassen an Fröschen statt Wassertiere ausspie.
11 **Später sahen sie noch die Entstehung einer neuen Art von Vögeln,**
   Als sie aus Gier besonders kostbare Speise verlangten.

---

[208] S. zu Sap 11,2ff.

12 Denn um ihrem Begehren entgegenzukommen, stiegen Wachteln aus dem
Meer.

13 Auf die Sünder kamen die Strafen herab,
Jedoch nicht ohne zuvor ergangene Vorzeichen durch heftige Blitze.
Denn zurecht litten sie für die ihnen eigene Boshaftigkeit.
Hatten sie doch schlimmsten Fremdenhaß betrieben!

14 Andere nahmen lediglich Fremde, die sich nicht auskannten, nicht auf.
Diese aber versklavten sogar ausgerechnet diejenigen Ausländer, die ihnen
zuvor Gutes getan hatten!

15 Und nicht nur das! Das Gericht wird sie auch für folgendes Verhalten ereilen:
Während andere die Fremden bloß in feindseliger Gesinnung in ihrer
Mitte duldeten,

16 Machten sie denen, die sie doch zunächst festlich aufgenommen
Und die dann sogar an ihrem Rechtsleben Anteil hatten,
Mit schrecklicher Sklavenarbeit das Leben zur Hölle.

17 Da wurden sie mit Blindheit geschlagen,
Wie jene an der Tür des Gerechten,
Als sie von undurchdringlicher Finsternis umhüllt waren
Und ein jeder zur eigenen Tür den Zugang suchte.

18 Denn die Elemente verwandelten sich ineinander,
Wie sich Töne einer Harfe rhythmisch ändern,
Aber doch bei ihrer Tonart bleiben.
Das kann man recht genau aus dem Anblick dessen erschließen, was
geschehen ist.

19 Denn auf dem Lande lebende Tiere verwandelten sich in Tiere, die im
Wasser leben,
Und Wassertiere in Landtiere.

20 Feuer konnte im Wasser seine ureigene Macht entfalten,
Und Wasser vergaß gar seine Fähigkeit zu löschen.

21 Flammen wiederum zerstörten nicht
Das Fleisch herumlaufender Tiere, die doch so leicht zu vernichten gewesen
wären,
Und schmolzen noch nicht einmal leicht schmelzbare eisförmige Himmels-
speise.

22 In jeder Hinsicht hast du, o Herr, dein Volk groß gemacht und
verherrlicht,
Und keinesfalls hast du es versäumt, ihm zu jeder Zeit und an jedem Ort
beizustehen.

10 In 10 könnte man insofern die unmittelbare Fortsetzung von 9 sehen, als das *Er-innern* anscheinend zeitlich mit dem zuvor genannten Lobpreis Gottes zusam-menfällt. Und so verwundert es nicht, wenn von vielen Exegeten zwischen den beiden Versen keine Zäsur gesehen wird. Trotzdem dürfte es berechtigt sein, in 10 einen neuen Anfang zu sehen. Denn von da an schildert der Verf. der Sap nicht mehr so sehr die Situation unmittelbar nach dem Untergang des ägyptischen Hee-res und nach der Wüstenwanderung, sondern bringt den Rückblick der Israeliten auf die gesamte Zeit, die in den einzelnen Vergleichen der Synkrisis bedacht wur-de. Wie ein Film läuft vor den Augen der Geretteten das glücklich überstandene

Geschehen ab. So vergegenwärtigt der Autor am Ende seiner Schrift alles noch
einmal für seine Leser in Form einer fiktiven *memoria;* all die schweren, aber am
Ende doch siegreichen Stunden werden in wenigen Versen brennpunktartig zu-
sammengefaßt – die *memoria* als vergegenwärtigendes Innewerden göttlichen
Handelns angesichts eigener Anfeindungen in der Gegenwart. Die *memoria* der
Exodus-Generation von 10 ist somit zugleich die *memoria* der in Alexandrien lebenden Diasporajuden. Letztlich geht es ja dem Verf. mehr um diese als um die,
die den Exodus und die Wüstenwanderung erlebt hatten. Er schreibt ja für seine
Gegenwart.

Und so schaut er in der literarischen Form des fiktiven Rückblicks der Exodus-
Generation auf die ägyptischen Plagen und auf Gottes hilfreiches Eingreifen
während der Wüstenwanderung zurück. Dabei begegnet in 10b–12 wieder das in   10b-12
6 bereits anklingende Motiv der Hineinnahme der Natur in das Rettungsgeschehen, und zwar in starker Überhöhung des Wunderhaften. In 13–17 richtet sich   13-17
der Blick noch einmal auf die ägyptischen Sünder im Kontrast zum Volk Gottes.
Dieses Thema verbindet sich dann in 18–21 mit dem wunderhafter Naturphäno-   18-21
mene; erneut also: die Schöpfung wirkt bei der Erlösung mit. Alles läuft dann auf
die „Doxologie" (s.u.) in 22 hinaus: Gott wird gepriesen als der, der jederzeit   22
und allerorts sein Volk groß gemacht hat. Mit dem betonten Hinweis auf die Rettung Israels durch Gott schließt das Buch. Mit Offerhaus sei dieser Schlußab-
schnitt mit „Epilog" überschrieben[209], jedoch mit dem Zusatz *„memoria",* deren
Bedeutsamkeit im Verlaufe der Auslegung immer deutlicher wurde.[210]

Die Erinnerung in 10 vergegenwärtigt zunächst die Stechmückenplage. Im dritten   10
Vergleich der Synkrisis war aber keineswegs die Rede von einer außergewöhnlichen, die Naturerfahrung außer Kraft setzenden Entstehung von Stechmücken
aus der Erde. War auch das in 16,5ff. Gesagte ungewöhnlich, so war doch von einer derartigen Eskalierung des Wunderhaften, wie in 10 erzählt, keine Rede.
Gleiches gilt für das Ausspeien der Frösche durch den Fluß im zweiten Vergleich
16,1-4. In 11 und 12 nimmt der Autor auf denselben Vergleich Bezug, wenn er   11. 12
auf die Sättigung der hungernden Israeliten durch Wachteln verweist. Aber auch
hier wieder Differenzen zwischen dem Vergleich im 16. Kap. und dem Rückblick
in 19,11f. Denn erstens ist in der Synkrisis nicht davon die Rede, daß die Wachteln aus dem Meer gekommen seien, und zweitens wird an den beiden Stellen das
Verhalten der Israeliten recht unterschiedlich dargestellt. In 16,2 sind es vom
Hunger gequälte Menschen, in 19,11f. ist es aber deren Gier nach kostbaren, erlesenen Speisen.[211] Einmal also Menschen in Not, dann Menschen, die nach einer

---

[209] *Offerhaus,* Komposition und Intention der Sap, 191.
[210] S. vor allem die Exegese von Sap 12,2.
[211] Zwar ist in Sap 16,2 von der ἐπιθυμία der Israeliten die Rede, doch ist gemäß dem Argumentationsduktus von 16,1f. mit *Heinisch* K 302 zu urteilen: „Die Wendung εἰς ἐπιθυμίαν ὀρέξεως
dürfte daher nicht so sehr die Lüsternheit der Israeliten, sondern die Heftigkeit des Hungers her-
vorheben, den sie empfanden, als sie einige Zeit ohne Nahrung hatten zubringen müssen …" S.
auch *Vilchez* K 410 (zu Sap 16,2): „… pero el autor sigue la tradición de Exodo, idealizándo al
silenciar la actidud negativa del pueblo." Entgegnet man aber, daß der Verf. der Sap, wenn er an

Luxusspeisekarte zu dinieren wünschen. Eigenartig ist freilich, daß es allem Anschein nach Gott selbst ist, der ihrem Begehren nachkommt und ihnen Wachteln
13 zukommen läßt. Dann aber ist auch der Kontrast von 11 f. und 13 merkwürdig.
Die ägyptischen Sünder werden im Gegensatz zu den Israeliten gezeigt, obwohl
doch auch diese in ihrer Gier sündig waren! Jene werden durch Blitze als Vorzeichen gewarnt. Da sie anscheinend dieser Warnung keinerlei Beachtung schenken,
14 müssen sie für ihre spezifische Bosheit, nämlich ihren Fremdenhaß, leiden. In 14
wird versagte Bereitschaft, Fremde als Gäste aufzunehmen, dem weit schlimmeren Verhalten, ausländische Gäste zu versklaven, gegenübergestellt. Es ist der
Kontrast zwischen den Bewohnern von Sodom (Lot in Gen 19) und den Ägyptern. Dabei wird das Verhalten der Männer von Sodom, milde gesagt, verharm-
lost. Diese kommen nämlich im Urteil unseres Autors besser weg, als sie in
Gen 19 geschildert werden, weil ihm daran liegt, den Ägyptern einen noch größe-
15. 16 ren Fremdenhaß als den Sodomiten zuzuschreiben. Auch nach 15 und 16 handelten die Ägypter noch ärger als diese. Während die Männer von Sodom zumindest
noch Fremde, wenn auch in feindseliger Gesinnung, in ihrer Mitte duldeten, haben sich die Ägypter unehrlich verhalten. Denn wenn sie die Israeliten zuerst festlich aufgenommen, ihnen sogar an ihrem Rechtsleben Anteil gegeben hatten, sie
dann aber auf schrecklichste Weise versklavten, dann dürften sie sich zunächst
verstellt haben (anders Ex 1,8 ff., wo ein neuer Pharao vom Verhalten seines Vor-
17 gängers, Ex 45,16 ff.; 47,1 ff., nichts wußte). 17 vergleicht die Finsternis der
neunten ägyptischen Plage mit der Finsternis der Sodomiten; diese werden nach
Gen 19,11 von zwei Engeln mit Blindheit geschlagen, so daß sie die Tür des gerechten Lot nicht finden konnten.[212] Also: Fremdenhaß bestraft Gott mit Finsternis.
18   In 18 wird das bereits zu Beginn von Kap. 19 genannte Motiv des Wunders in
der Natur wieder aufgegriffen. Vom sich ineinander Verwandeln der Elemente ist
19 die Rede, veranschaulicht (und erklärt!) durch das Beispiel der Harfe.[213] 19 geht
in dem, was über Land- und Wassertiere gesagt wird, wieder weit über das hin-
20. 21 aus, was in der Synkrisis zu lesen ist. In 20 und 21 allerdings ist ein Bezug auf
16,17 ff. zu erkennen. Dort konstatierte ja unser Autor in 17, daß sogar der Kosmos für die Gerechten kämpfe.
22   22 hat doxologischen Charakter, auch wenn typische Elemente einer Doxologie fehlen. Formgeschichtliche Genauigkeit mag es verbieten, hier im strengen
Sinne des Begriffs von einer Doxologie zu sprechen.[214] Vilchez spricht von einem
„Lobhymnus", „himno de alabanza a Dios",[215] nach Offerhaus „rühmt" der Verf.
der Sap hier „in doxologischer Anrede Gottes abschließend sein Eintreten für sein

---

beiden Stellen denselben Begriff verwendet, in 16,2 schon den Gedanken von 19,11 vorbereiten
wolle, so kann man darauf erwidern, daß Autoren zuweilen mit ihren Begriffen zu spielen pflegen
(so z. B. Paulus mit νόμος). Und gerade unser Autor bringt seine Begriffe nicht immer eindeutig.
Das liegt nicht zuletzt an seiner poetischen Sprache.

[212] In Ex 19,11 wie auch in Sap 19,17 ἀορασία.
[213] S. dazu *Engel* K 307 f.
[214] So z. B. *Engel* K 311.
[215] *Vilchez* K 465.

Volk"[216]. Doch wie immer man auch in dieser Hinsicht urteilt, unbestreitbar ist der Schlußvers ein Lobpreis Gottes für seine Taten an seinem Volk. In diesem Lob ist das heilige Volk Gottes in seiner Gegenwart die *memoria* seiner Vergangenheit. Die in Alexandrien wohnenden Diasporajuden sind so „gleichzeitig" mit der Errettung ihrer Ahnen in Ägypten und insofern im Glauben bei aller Verfolgung selber auch „heute" noch die Erretteten.

---

[216] *Offerhaus,* Komposition und Intention der Sap, 76.

Das Alte Testament Deutsch
Apokryphen

Neues Göttinger Bibelwerk.
In Verbindung mit Hans Hübner,
Ingo Kottsieper, Reinhard G. Kratz,
Hermann Lichtenberger, Karl Lüning,
Manfred Oeming, Georg Sauer,
Odil Hannes Steck und Erich Zenger
herausgegeben von Otto Kaiser
und Lothar Perlitt.

Durch die Erweiterung des ATD um
die neue Reihe ATD-Apokryphen
trägt der Verlag dem gesteigerten
Interesse an der zwischentestamentlichen Literatur Rechnung, als Zeugnis des Judentums der letzten vorchristlichen Jahrhunderte wie auch
als Brücke zwischen den Testamenten.

In Vorbereitung:
Band 1: Georg Sauer
Jesus Sirach

Band 2: Hermann Lichtenberger
Die Makkabäerbücher

Band 3: Erich Zenger / Karl Lüning /
Manfred Oehming
Judit und Tobit

Das Gesamtwerk umfaßt 5 Bände.
Bei Subskription der Reihe
10 % Ermäßigung.

Band 5: Odil Hannes Steck /
Reinhard G. Kratz /
Ingo Kottsieper
**Das Buch Baruch
Der Brief des Jeremia
Zusätze zu Ester und
Daniel**
1998. 328 Seiten, kartoniert
ISBN 3-525-51405-0
Der Band enthält die Auslegung
des Buches Baruch und des Jeremia-
briefes sowie der Zusätze der griechischen Bibel zu den Büchern Ester
und Daniel. Die Kommentierung legt
die Texte unter besonderer Berück-
sichtigung ihrers Verhältnisses zu
den kanonischen Büchern des Alten
Testaments gründlich und metho-
disch umfassend aus.

V&R
Vandenhoeck
& Ruprecht